Das Leistungsspektrum von Coaching

Winfried Prost
(Hrsg.)

Das Leistungsspektrum von Coaching

„Was" es kann und „wie" es erfolgreich gelingt

Herausgeber
Winfried Prost
Köln, Deutschland

ISBN 978-3-658-18934-1   ISBN 978-3-658-18935-8 (eBook)
https://doi.org/10.1007/978-3-658-18935-8

Die Deutsche Nationalbibliothek verzeichnet diese Publikation in der Deutschen Nationalbibliografie; detaillierte bibliografische Daten sind im Internet über http://dnb.d-nb.de abrufbar.

Springer Gabler
© Springer Fachmedien Wiesbaden GmbH 2018
Das Werk einschließlich aller seiner Teile ist urheberrechtlich geschützt. Jede Verwertung, die nicht ausdrücklich vom Urheberrechtsgesetz zugelassen ist, bedarf der vorherigen Zustimmung des Verlags. Das gilt insbesondere für Vervielfältigungen, Bearbeitungen, Übersetzungen, Mikroverfilmungen und die Einspeicherung und Verarbeitung in elektronischen Systemen.
Die Wiedergabe von Gebrauchsnamen, Handelsnamen, Warenbezeichnungen usw. in diesem Werk berechtigt auch ohne besondere Kennzeichnung nicht zu der Annahme, dass solche Namen im Sinne der Warenzeichen- und Markenschutz-Gesetzgebung als frei zu betrachten wären und daher von jedermann benutzt werden dürften.
Der Verlag, die Autoren und die Herausgeber gehen davon aus, dass die Angaben und Informationen in diesem Werk zum Zeitpunkt der Veröffentlichung vollständig und korrekt sind. Weder der Verlag noch die Autoren oder die Herausgeber übernehmen, ausdrücklich oder implizit, Gewähr für den Inhalt des Werkes, etwaige Fehler oder Äußerungen. Der Verlag bleibt im Hinblick auf geografische Zuordnungen und Gebietsbezeichnungen in veröffentlichten Karten und Institutionsadressen neutral.

Gedruckt auf säurefreiem und chlorfrei gebleichtem Papier

Springer Gabler ist Teil von Springer Nature
Die eingetragene Gesellschaft ist Springer Fachmedien Wiesbaden GmbH
Die Anschrift der Gesellschaft ist: Abraham-Lincoln-Str. 46, 65189 Wiesbaden, Germany

Vorwort des Herausgebers

Oft ist man zu schnell unterwegs. Die Ereignisse überschlagen sich, die Pflichten überholen einen, man findet weder Ruhe noch entspannenden Schlaf. Bohrt man sich dann im Alltagsmodus des rationalen Denkens in die Herausforderungen hinein, erscheinen sie einem oft als ein Berg von Problemen, die man kaum bewältigen kann. Viele Herausforderungen lassen sich auch nicht situativ lösen. Insbesondere Ereignistypen, die sich ähnlich wiederholen, deuten auf tiefere persönliche Verhaltensmuster hin. Nur wenn man diese auflösen oder ändern kann, wird der Problemgenerator gestoppt.

Coaching sollte einen von Leistungszwängen freien Raum zur Reflexion schaffen, in dem es möglich ist, den Dingen, die einen bewegen, in Ruhe nachzuspüren, sie aus unterschiedlichen Perspektiven abzuwägen, um persönliche Entscheidungen treffen zu können. Häufig geht es dabei um berufliche Herausforderungen, manchmal auch um private. Im Hintergrund kommt dabei allerdings häufig die Frage nach der ganzen persönlichen Lebensausrichtung in den Fokus. Je weiter man den Blick öffnet, desto unvermeidlicher geschieht das. Das kann erheblich erschrecken. Da ist es dann gut, einen Coach als Vertrauenspartner an der Seite zu haben, der mit den kleinen und den großen Fragestellungen vertraut ist und einen auf dem Weg zu persönlichen Antworten und Entscheidungen begleitet.

Dabei umfasst das Leistungsspektrum von Coaching nicht in erster Linie Techniken, die auf Klienten angewandt werden, sondern Coaches, die nicht nur Fragetechniken beherrschen, sondern aus den Antworten auch mehr herauslesen können, als dem Sprecher bewusst gewesen sein mag. Die Reife eines Coaches liegt auch darin, dass er während eines Coachingprozesses selbst dann das Vertrauen zum Sinn des Ganzen bewahrt, wenn ihm noch der Überblick über den Verlauf fehlt.

In diesem Buch stellen unterschiedliche Persönlichkeiten, die teils seit vielen Jahren als Coach arbeiten, ihre Coachingphilosophie, ihre methodischen Ansätze und wesentliche Erfahrungen aus ihrer Arbeit vor. Der Anspruch, dabei ganzheitlich zu denken, entspringt der Einsicht, dass alle Rollen, in denen jemand lebt, immer durch eine gesunde und starke Persönlichkeit gefüllt werden müssen. Nicht die Funktions- und Rollenoptimierung von Klienten darf beim Coaching im Vordergrund stehen, sondern deren umfassende seelische, geistige und auch körperliche Gesundheit. Dass das nur gelingen kann in möglichst großem Einklang mit ihrem Umfeld erhöht den Anspruch, sich eben nicht mit Teillösungen zufrieden zu geben, sondern auch das ganze Feld eines Menschen sinnvoll mit in Lösungen zu integrieren. Wie und auf welchen Wegen das gelingen kann, zeigt dieses Buch. Viel Freude beim Lesen!

Köln, im August 2017   Winfried Prost

Inhaltsverzeichnis

1 **Im Coaching Menschen ganzheitlich erfassen** 1
  Winfried Prost

2 **Businesscoaching Führung** 27
  Silke Rengstorf

3 **Berufliche Neuorientierung** 57
  Christian Ritz

4 **Coaching als Beitrag zur Unternehmensentwicklung – die positiven Auswirkungen auf Führungs- und Unternehmenskultur** 79
  Daniel Feigenbutz

5 **Empathie und Tiefenverstehen – Ein Raum für Entspannung und Geborgenheit** 105
  Ron Oosterhagen

6 **Ernährungs- und Gesundheitscoaching** 123
  Astrid Gerstemeier

7 **Wege zum Selbst** 151
  Gereon Ingendaay

8 **Gesund und Glücklich = Erfolgreich** 187
  Christian Lutz

9 **Der Coach als Sparringpartner, wenn ich mir selbst im Wege stehe** 237
  Julia Schulz

10	**Entrümpelung und Neumöblierung des Lebens** 259
	Angelika Grimm
11	**Persönlichkeitscoaching** 277
	Stefan Heiligtag

Im Coaching Menschen ganzheitlich erfassen

Systemisch, biografisch, mit Körper, Geist und Seele

Winfried Prost

> **Zusammenfassung**
>
> Wenn an einem Gerät alle Bauteile außer einem perfekt funktionieren, so kann das Ganze doch funktionsuntüchtig sein. So wie ein kleiner Stein zwischen Zahnrädern einen ganzen Motor lahmlegen kann, so kann auch manches kleine Ereignis die Lebensfreude von Menschen zerstören. Die Auskunft eines Technikers oder Arztes: „Ich kann nichts finden", bedeutet ja nicht, dass eine Maschine nach dieser Diagnose wieder läuft oder ein Mensch wieder gesund ist. Das, woran man vielleicht zuletzt denkt, kann die Ursache für eine schwere Störung sein. Auch Coaches sind Diagnostiker. Sie untersuchen Lebenssituationen, Handlungsstrategien, Verhaltensmuster und werden konsultiert, wenn irgendetwas nicht so läuft, wie erwünscht. Ganzheitlich zu arbeiten bedeutet dann: Den Überblick zu gewinnen und Lösungen zu finden. Dabei können Coaches technisch genauso exakt vorgehen wie ein Mechaniker oder Chirurg. Die psychologischen Methoden sind vorhanden. Dieses Kapitel zeigt Ihnen die essentiellsten davon.

1.1 „Was heißt ganzheitlich?"

1.1.1 Nur ganzheitliche Lösungen sind nachhaltig

Sie mögen kritisch fragen, ob nicht „ganzheitlich" in Verbindung mit Coaching ein billiges Modewort sei, und Sie mögen verlangen, dass es für ganz konkrete Probleme von Menschen schnelle und pragmatische Lösungen geben solle, nur bloß kein seichtes Psychogeschwafel.

W. Prost (✉)
Köln, Deutschland
E-Mail: kontakt@winfried-prost.de

© Springer Fachmedien Wiesbaden GmbH 2018
W. Prost (Hrsg.), *Das Leistungsspektrum von Coaching*,
https://doi.org/10.1007/978-3-658-18935-8_1

Ich stimme dem zu und so ist es. Besonders im Businesscoaching wird ein Coach letztlich weniger für Streicheleinheiten als für Problemlösungen bezahlt. Diese sollen aber eben nicht nur oberflächlich und von kurzfristiger Haltbarkeit sein, sondern ein Problem professionell und nachhaltig lösen.

Um das erreichen zu können, ist es wichtig sich klar zu machen, dass viele Probleme nicht aus den aktuellen Situationen entstehen, sondern aus dem Umgang von Menschen damit. Da diese nicht nur aus aktueller Einsicht in die Anforderungen einer speziellen Situation handeln, sondern zugleich auch aus inneren Verhaltensmustern, die sie in ihren ersten Lebensjahren eingeprägt bekamen, ist das Handeln von Menschen oft an vergangenen Situationen orientiert und trifft dann nicht unbedingt die aktuellen Herausforderungen.

Für einen ganzheitlichen Coach geht es deshalb nicht nur darum, Lösungen für eine einzige Situation zu schaffen, sondern auch die Grundmuster des Handelns der beteiligten Personen zu erkennen und sie passend in eine Situation zu integrieren oder aber auch die Muster verändern zu helfen. Die beiden folgenden Beispiele zeigen das anhand von zwei realen Fällen:

- *Wenn ein Mitarbeiter ständig Reibereien mit seinem Chef provoziert und diese manchmal bis zu Unverschämtheiten steigert, könnte man einerseits versuchen, ihn durch disziplinarische Maßnahmen zu disziplinieren, man könnte aber auch andererseits untersuchen, welche Probleme er grundsätzlich mit Autoritäten hat. Dabei könnte auffallen, dass er ein extrem schwieriges Verhältnis zu seinem Schwiegervater hat und selbst ohne Vater aufgewachsen ist. Das würde bedeuten, ihm sind in seiner Kindheit nur wenige Grenzen gesetzt worden, weshalb er jetzt später gesetzte, und von anderen als angemessen empfundene Grenzen, als übermäßige Einschränkung seiner persönlichen Autonomie und Freiheit erlebt. Entsprechend reagiert er dann für ein durchschnittliches Umfeld mit unverhältnismäßig heftigem Widerstand.*
- *Ein anderer Mitarbeiter fällt durch häufige Fehler und wiederholtes Vergessen wichtiger Aufträge auf. Er entschuldigt es mit mangelnder Konzentration. Er räumt auch selbst ein, dass er im Moment ziemlich vergesslich sei. Mit mehreren Gesprächen, disziplinarischer Abmahnung und einer fachlichen Schulung gelang es dem Chef nicht, eine Veränderung seines Verhaltens zu erreichen. Im Gegenteil, der Mitarbeiter produzierte eher mehr Fehler als vorher. Da der Mitarbeiter seine Arbeit zuvor zufriedenstellend erledigt hatte, konnte die Ursache nicht darin liegen, dass er seinen Aufgaben nicht gewachsen gewesen wäre. Alles deutete darauf hin, dass seine Aufmerksamkeit an anderer Stelle gebunden war oder dorthin abgesaugt wurde. Da interne Maßnahmen wirkungslos geblieben waren, wurde ein externer Coach zu Rate gezogen, der im Rahmen seiner*

Schweigepflicht die Gelegenheit und Aufgabe hatte, mit dem betreffenden Mitarbeiter eine umfassendere Reflexion seiner Person und seiner Gesamtsituation durchzuführen. Dabei fiel schnell auf, dass die „Symptome" des Mitarbeiters etwa zu der Zeit begannen, als seine Frau sich von ihm getrennt hatte. Hinzu kam, dass seine Mutter gestorben war, als er 11 Jahre alt gewesen war. Der alte Schmerz wirkte auf den aktuellen als Verstärker und potenzierte ihn zu einer Art panischer Verwirrung. Diese machte sich dann im Beruf durch unstrukturiertes und sprunghaftes Arbeiten bemerkbar.

1.1.2 Eindimensionale Betrachtungen blenden wesentliche Faktoren aus

Fachliche Probleme werden in Firmen von Fachleuten diskutiert und andere berufliche Probleme hinsichtlich Motivation und Karriereperspektiven von Vorgesetzten und HR-Kollegen. Erst wenn sie alle ihre Kompetenz eingebracht haben und sich trotzdem keine brauchbare oder funktionierende Lösung zeigt, entsteht die Idee von Coaching. Wenn man sich als Coach dann einen Überblick über alles, was bereits angedacht und unternommen wurde, zu schaffen versucht, stellt man oft fest, dass das im Rahmen des geschäftlichen Horizonts durchaus professionell gehandhabt wurde. Der Aspekt der Persönlichkeitsstrukturen und biografischen Hintergründe des Betroffenen oder anderer Beteiligter kann allerdings im Firmenumfeld oft nur unzureichend thematisiert und mit einbezogen werden. Dafür kann ein externer Coach hilfreich sein, sofern er dazu in der Lage ist. Das ist nicht selbstverständlich, da viele Coaches selbst einmal Führungskraft waren und zu schnellen, aber sachlich oberflächlichen Lösungen neigen, während Psychologen eher zu langfristigen „Therapien" tendieren, die viel Selbstverstehen ermöglichen aber oft wenig lösungsorientiert sind. Ein Coach mit pragmatischem ganzheitlichen Ansatz wird dagegen einen Menschen, seine Situation, sein Umfeld und seine biografische Geschichte möglichst schnell auf seine wesentlichen Strukturen und Zusammenhänge durchchecken und mit ihm dann eine für den Gesamtzusammenhang stimmige Lösung erarbeiten.

1.1.3 Lösungsorientiert arbeiten

Als Businesscoach stehe ich seit über 30 Jahren in der ständigen Herausforderung, in maximal drei Sitzungen mit Klienten zu Lösungen zu kommen, mit denen sie sich nicht nur selbst besser fühlen, sondern die auch in ihrem ganzen Umfeld einen deutlich spürbaren Entlastungseffekt produzieren. Vor allem durch eine Arbeit an den inneren Strukturen einer Person ist das nachhaltig möglich. Gelänge dies nicht in den meisten Fällen, könnte man als Coach kaum erwarten, dass eine Firma noch ein zweites Mal mehrere tausend Euro in einen Coachingprozess investiert.

Was einerseits auch für mich als Coach und ebenfalls für den Klienten einen gewissen Erfolgsdruck bedeutet, hat im Lauf der Jahre andererseits zu tatsächlich sehr effektiven Coachingmethoden geführt. Wenn man weiß, dass es nur ein bis drei Coachings geben wird, ist für Kleinigkeiten und Nebensachen keine Zeit. Da muss es immer darum gehen, möglichst schnell das Wesentliche herauszuschälen und auf den Punkt zu bringen. Da ist im Zweifel nicht einmal der Raum, einen Klienten so lange reden zu lassen, bis er von selbst auf etwas kommt. Zudem mache ich die Erfahrung, dass die meisten Menschen eher eindimensional denken und von sich aus kaum in der Lage sind, sich auf mehr als zwei oder drei der verschiedenen Persönlichkeitsebenen zu reflektieren oder mehrere Lebensbereiche oder Lebensepochen analog vergleichend mitzudenken. So muss ich als Coach oft den Wechsel von einer Ebene auf eine andere, von einem Bereich zum benachbarten anstoßen und selbst möglichst schnell scannen, was auf welcher Ebene läuft und wo der oder die zentralen Knoten liegen.

1.1.4 Auslöser sind keine Ursachen: Wenn Altlasten plötzlich wieder hochkommen

Es liegt im Normalbereich, dass jemand bei einem persönlich-privaten Tief- oder Höhepunkt in seinem Leben desorientiert ist und eine Zeit der Sammlung und Festigung braucht. Der Schock über den plötzlichen Tod eines nahen Angehörigen, der Selbstmord eines Freundes, eine frische, rauschhafte Verliebtheit und eine schmerzliche Trennung gehören zu solchen unvermeidlichen Ereignissen, die die meisten in ihrem Leben erleben und verarbeiten können. Ob aber solche Erlebnisse von jemandem leichter oder schwerer genommen werden, ob er drei Monate oder drei Jahre daran herumkaut, liegt in seinen früheren Erfahrungen begründet. Wer aus schmerzlichen früheren Verlusten eine depressive Grundstimmung hat, wird Krisen der Gegenwart auf dieser Basis schwerer nehmen als jemand ohne solche negativen Urerfahrungen. Häufig ist sich ein Betroffener seiner alten negativen persönlichen Grundstimmung gar nicht bewusst. Er fühlt sich normal. Das kann daran liegen, dass diese Stimmung schon vor seiner Geburt bei seinen Eltern oder seiner Hauptidentifikationsperson vorlag und er sie als Kind wie mit der Muttermilch in sich aufgenommen hat.

All das in Kürze durchzuchecken, betrachte ich als die Aufgabe eines ganzheitlich arbeitenden Coaches. Eine Beratung der äußerlichen Situation durch ihn wäre nicht nur nutzlos, sondern auch verantwortungslos. Wo aber greift man als ganzheitlich arbeitender Coach dann ein? Welche Lösungsansätze kann es geben?

Ein erster Ansatz dazu ist einfach: Wenn man alle negativen Lebenseinstellungen, die ein zu coachender Mitarbeiter bislang überflüssiger Weise in sein berufliches Tun hat einfließen lassen, abstellen könnte, wäre schon viel gewonnen. Man könnte wieder klarer die reale Situation erkennen, fühlen und positiv beeinflussen.

Solche Interventionen kann man auf unterschiedlichen Ebenen vornehmen: Man kann einen falschen Informationsstand korrigieren, man kann Ziele korrigieren oder klarer formulieren, man kann durch eine lustvollere Arbeitsorganisation seine Gefühle positiv stimulieren und Ärger vermeiden, man kann durch eine bessere Erkenntnis des eigenen Charakters typische Verhaltensmuster aufdecken und entweder mit Humor zur Kenntnis nehmen oder sie ändern, oder man kann sich seiner eigenen wirklichen Motive bewusster werden und sie vielleicht mit einem Projekt aktiv verbinden und sich auf einer letzten Ebene den nachhaltigen Sinn von einer anstrengenden Maßnahme klarmachen und sich dann vielleicht doch Energie dafür freimachen, indem man sich damit stärker identifiziert.

Wenn man die Zufuhr negativer Energie erst einmal stoppt und auf mehreren Ebenen eine Verbindung herstellen kann, ist man schon weit mit der Verbesserung einer vormals unglücklichen Situation zum Besseren vorangekommen.

1.2 Das Vorgehen im ganzheitlichen Coaching

1.2.1 Vertrauen und kriminalistischer Ehrgeiz

Coachinggespräche sollen weiterhelfen. Coaching soll Lösungen für schwierige Fragestellungen erarbeiten, sowie Situations- und Lebenshilfe sein. Zum Gelingen eines solchen Gesprächsprozesses tragen viele Faktoren bei. Dazu gehören Empathie, Verständnis, Vertrauen und eine entspannende Atmosphäre. Doch die Basis ist Vertrauen, oder anders ausgedrückt: Ohne Vertrauen geht es nicht.

Es gibt genügend Untersuchungen, die nachweisen, dass nicht die Coaching- oder Therapiemethode ausschlaggebend für den Erfolg ist, sondern grundlegender das Vertrauensverhältnis zwischen den beteiligten Gesprächspartnern.

Darüber hinaus gibt es hilfreiche Methoden und Werkzeuge, um zu erkennen, was in einer Person oder Situation eigentlich abläuft, welche Grundeinstellungen da wirken, und wie man dann Lösungen erarbeitet.

Mit teils kriminalistischem Ehrgeiz und teils akribisch archäologisch-tiefenpsychologischer Recherche lege ich dann oft frei, dass den gegenwärtigen Problemen, wegen denen jemand zu mir gekommen ist, Verhaltensmuster aus einer anderen Lebensepoche zugrunde liegen, oder sogar aus dem Leben anderer Familienmitglieder aus einer Vorgeneration. Wenn die Indizien exakt zusammenpassen, ist meistens eine nützliche Schlussfolgerung daraus möglich, die auch die situativen Probleme lösen hilft.

Seit vielen Jahren erlebe ich, dass es möglich ist, sich von vielen Altlasten, Problemen und Symptomen zu befreien, wenn man solche Muster ablegt.

Oft ist das sogar in sehr kurzer Zeit möglich. Mittlerweile gelingt es mir meistens, solche Analysen innerhalb von zwei bis drei Stunden zu erstellen. Je mehr der Betreffende über sich und seine Familie weiß, desto leichter kann das geschehen. Immerhin wissen die meisten mehr, als ihnen bewusst ist und durch Befragung und Analyse von Analogien lässt sich vieles eindeutig erschließen.

Die Lösungen, die ich mit meinen Gesprächspartnern erarbeite, müssen sie dann außerhalb der Coachings umsetzen. Das braucht oft mehr Zeit. Mittlerweile konnte ich vielfach beobachten, dass die Wirkungen enorm sein können. Sie befreien, entlasten und eröffnen oft neue Lebensmöglichkeiten oder sogar neue Lebensabschnitte.

1.3 Methodenkompetenz

1.3.1 Empirisch und nachvollziehbar arbeiten

Es gibt eine unendliche Vielzahl von Coachingmethoden. Letztlich kann man alles, was einmal zum Erfolg eines Coachingprozesses beigetragen hat, nachträglich als solche beschreiben. Das bedeutet aber nicht, dass diese Methode bei anderen Menschen unter anderen Umständen ebenfalls den gleichen Effekt bringt. Vielleicht war es nur das Vertrauen oder die Offenheit in der Coachingbeziehung, die eine individuelle Einsicht oder ein individuell angemessenes Vorgehen auslöste.

Worum es an dieser Stelle geht, ist von Methoden zu berichten, die sich immerhin in vielen Fällen bewährt haben und als Grundlage für eine weitere Coachingarbeit gelten können. Einerseits ermöglichen sie dem Coach eine Analyse vorzunehmen, andererseits dem Klienten, sich selbst auf einer Indizienbasis besser zu verstehen, als wenn der Coach seine Empfehlungen lediglich aus nicht nachvollziehbaren intuitiven Gefühlen und Einsichten ableiten würde. Wegen dieser Nachvollziehbarkeit für den Klienten lege ich in meiner Arbeit großen Wert darauf, empirisch und nachvollziehbar zu arbeiten und immer wieder zu erklären, wie ich vorgehe. Manchmal kann das erst im Nachhinein geschehen, um einen Prozess nicht zu stören oder zu beeinflussen, um das Vertrauen des Klienten zu bewahren und zu fördern, sollte er aber immer wieder aufgeklärt werden.

Folgende Methoden erweisen sich als besonders wertvoll und hilfreich:

1.3.2 Analyse der sprachlichen Oberfläche

In vordergründigen Äußerungen von Gesprächspartnern sind vielfältige Signale aus den tieferen Ebenen enthalten. Sie lassen sich besonders gut beobachten in Abweichungen von

→ der normalen Sprache des anderen,
→ von seinem normalen Sprechfluss,
→ durch eine besondere Energieladung,
→ bei außergewöhnlichen Worten und
→ bei Versprechern.

Wenn man mit besonderer Aufmerksamkeit darauf achtet, lassen sich solche Signale als Hinweise und Indizien auf Botschaften anderer Ebenen erkennen. Ich schätze sie wie „Goldnuggets" im Sand. Sie sind unter den vielen Worten selten, aber äußerst wertvoll. Man kann sie auflesen und prüfen, auf welche tieferen Zusammenhänge, bzw. auf welche „Goldadern" sie hinweisen.

- *Ein Ingenieur sagte, seine Frau „schmeiße" die Dinge zu Hause und „schmeiße" die Welt draußen. Ich bemerke die verstärkte Energieladung und nehme kurz darauf Formulierungen wahr wie: „Dem habe ich sofort eine E-Mail rüber geschossen" und: „das hat wie eine Granate eingeschlagen" und „ich war jahrelang draußen an der Verkaufsfront und habe da die Projekte geschmissen".*
- *Ein 39-jähriger Informatiker berichtete 2011 von seinem Stress mit seinem Chef und verwendete in seiner dreiviertelstündigen Anklage die Formulierungen: „Da hast Du das Gefühl, Du wirst gleich an die Wand gestellt", „da braucht sich keiner zu wundern, wenn er gleich abgeschossen wird", „da kommt man sich vor wie im KZ", „das geht da ohne Gnade zu wie im Arbeitsvernichtungslager", „da muss man jederzeit befürchten, hinterrücks umgebracht zu werden", „das kommt dann wie Maschinengewehrfeuer 1945 in Königsberg".*
- *Jemand versprach sich: „Meine Mutter, nein, Frau, hat gesagt ...".*

Angesichts solcher Aussagen ist es dann möglich, den Gesprächspartner zu befragen, wie er auf solche Formulierungen komme.

Im ersten Fall beschrieb der Ingenieur sich als „zackig" und „ungeduldig" wie seine Mutter es auch gewesen sei.

Im zweiten Fall ergab sich nach einigen wenigen Nachfragen, dass beide Großväter des Informatikers KZ-Aufseher gewesen waren. Der Enkel fand sich offenkundig in einer opferanalogen Gefühlslage und reagierte deshalb so empfindlich auf Druck. Interessanterweise hatte ihm wenige Wochen zuvor eine Hellseherin gesagt, seine beiden Großväter säßen ihm noch auf den Schultern und würden ihn aussaugen.

In der Beziehung bestand eine Rollenvermengung zwischen Frau und Mutter.

Das weitere Vorgehen ergibt sich aus dem, was sich in der tieferen, bislang verborgenen Schicht zeigt. Der Informatiker muss sich mit seinem Verfolgungsgefühl und seinem Verharren in einer unbewussten Antwortreaktion zu seinen Großvätern auseinandersetzen, das Ehepaar mit der Entflechtung von Mutter- und Partnerinnenrolle.

1.3.3 Analyse von Analogien

Zur Absicherung einer Vermutung hilft es, wenn man parallel zu einem Ereignisstrang weitere ähnliche, oder zumindest strukturgleiche Stränge gibt. Sie zeigen, dass eine innere Grundeinstellung sich in verschiedenen Lebens- oder Verhaltensbereichen zeigt.

- *Der Informatiker berichtete analog passend zu seinen Verfolgungsphantasien im Geschäft aus seinem Privatleben, dass er noch nie eine Beziehung gehabt habe und sich auch gar keine wünsche: „Nur, wenn ich allein zu Hause bin und die Tür hinter mir zu mache, kann ich abschalten und mich entspannen." Jede Partnerin stelle für ihn eine potentielle Verfolgerin dar.*

Analogien lassen sich entdecken in

→ verschiedenem parallelen Verhalten, etwa gegenüber verschiedenen Personen oder
→ ausgedrückt in analogen Tätigkeiten oder Hobbies,
→ ähnlichen Ereignissen in verschiedenen Lebensphasen, etwa: Kindheit, Jugend, erste Ehe, zweite Ehe, erster Arbeitgeber, dritter und fünfter Arbeitgeber.

Solche Analogien ließen sich auch in den Beispielen finden:

- *Der Ingenieur berichtete, dass er folgende Hobbies habe:*
  (a) Er war mehrere Marathons gelaufen.
  (b) Er spielte regelmäßig Squash.
  (c) Er hatte an einem Triathlon teilgenommen.
  (d) Er fuhr Mountainbike.

All das waren Aktivitäten, bei denen er persönlich viel eigene Energie einsetzen musste.

- *Bei einer Person fiel mir auf, dass sie als Schüler, Student, Angestellter stets „Stellvertreterfunktionen" ausübte. Das ursprüngliche Muster dafür lag in ihrer Vergangenheit: Sie war schon als Stellvertreter für ein bei der Geburt gestorbenes Geschwisterkind gezeugt worden.*

Entdeckt man solche Analogien, so kann man davon ausgehen, dass sie Ausdruck tiefgehender und problematischer Dynamiken sind, die bisher zumindest nicht ausreichend aufgelöst wurden. Häufig kommen Personen erst dann zum Coaching, wenn viele andere Lösungswege bereits versucht wurden und sie damit gescheitert sind.

Kann man im Coaching diese Tiefenstrukturen deutlich machen und gegebenenfalls abschalten, braucht man sich nicht weiter um das Problem auf der Oberfläche zu kümmern, denn es erlischt dann wie von selbst.

1.3.4 Biografische Details als Metaphern lesen

Über Wortanalogien und Handlungsanalogien hinaus lassen sich Analogien auch in Symbolen aus dem Umfeld einer Person finden und deuten.

Dass der Ingenieur an drei Tagen hintereinander rote Elemente in seiner Kleidung trug, wies auf seine Power hin. Hemden mussten senkrecht gestreift sein und ein Logo mit Polospieler deutete mit dem ausholenden Schläger auch auf den klaren Durchsetzungswillen hin. Seine Schuhe waren Laufschuhe und seine Armbanduhr eine Pilotenuhr.

Bei vielen Personen lassen sich so in ihrer Kleidung deutliche oder versteckte Hinweise auf Interessen, Hobbies, Neigungen, und damit auf Grundstrukturen oder Charakterzüge entdecken.

- *Ein Mann berichtete von einem Sturz beim Skifahren. Dabei sei ihm ein Bein gebrochen, weil er es quer über das andere geschlagen sei. Mir fielen auf seiner Brille ebenfalls sich überkreuzende Striche auf den Bügeln auf. Als Dekor seiner Schuhe entdeckte ich ebenfalls sich überkreuzende Linien. Ich vermutete, dass ihm im Leben die geraden Linien fehlten. Auf Nachfrage erfuhr ich, dass er schon länger mit seinem Chef über quer lag ...*

Aber auch in der Einrichtung eines Büros, einer Wohnung oder der Wahl eines Fahrzeugs drücken sich immer persönliche Vorlieben und Strukturen aus:

- *Beim Besuch des Büros eines Geschäftsführers beobachtete ich, dass die drei Pflanzen dort vertrocknet waren. Ich zog daraus den Schluss, dass derzeit viel Arbeit in der Firma zu tun sei. Mein Gesprächspartner bejahte das. Ich folgerte weiter: „Hoffentlich fühlt sich Ihre Frau dann nicht genauso vernachlässigt!" Er reagierte darauf hin betroffen und sagte: „Ja, Sie treffen den Nagel auf den Kopf! Was Sie alles sehen!"*
- *Jemand bekam von seinem jüngeren Bruder einen Bonsaibaum geschenkt. Als der ihm dann ausführlich erklärte, dass so ein kleiner Baum genauso perfekt wie ein großer sei, langweilte er sich so lange bis ihm dämmerte, dass der kleine Bruder nicht nur über den Baum sprach, sondern sich um die Anerkennung des Großen bemühte: „Schau mal, wie toll der Kleine ist!"*

In Symbolen finden sich zusammengeballt und visualisiert Strukturen, die ansonsten unsichtbar und unbewusst, sich auf diese Weise zeigen und ausdrücken. Wenn man die Dinge als Symbole zu lesen lernt, ist man verblüfft über die Fantasie und Kreativität des Unterbewusstseins von Menschen. Es bringt so vieles so treffsicher zum Ausdruck. Doch sehen können es nur die Menschen, die ein Bewusstsein über Symbolsysteme haben und es vermögen, sie zu entschlüsseln.

1.3.5 Analyse von Grundstrukturen im Charakter einer Person

Manchmal liegen die Strukturen in einem ursprünglichen Beziehungsmuster begründet. Ein Mensch, der sich etwa nur im Trotz gegen seine Eltern behaupten konnte, neigt häufig dazu, auch später Trotzstrukturen in seinem Charakter mit sich zu tragen. Das kann sich darin ausdrücken, dass er ein notorischer Zuspätkommer oder Verweigerer ist. In diesem Fall sind die Verhaltensstrukturen erlernt worden.

Eine Persönlichkeitsstruktur kann aber auch als Kopie der Struktur einer wichtigen Bezugsperson erworben worden sein. In diesem Fall werden die Verhaltensstrukturen kopiert beziehungsweise mittels Spiegelneuronen imitiert.

- *Bei der Coaching-Fragestellung des Ingenieurs, ob er persönlich weiter Karriere machen oder lieber etwas ruhiger treten wolle, ließ sich aufgrund der vorliegenden Erkenntnisse über seine Charakterstruktur schnell und klar analysieren, dass er von einem grundlegenden Persönlichkeitsmuster her sehr energiegeladen war und sicher nicht ruhig im Sessel sitzen wollte. Zugleich ließ sich das Spannungsverhältnis zwischen ihm und seinem Chef, der eher ein ruhiger und gelassener Mensch war, recht leicht verstehen. Er fühlte sich von dem gebremst und blockiert. Als Lösung bot sich eine größere Distanz zwischen beiden an.*
- *Bei dem Informatiker war durch eine Identifikation mit den Opfern der Konzentrationslager eine heftige Angstbesetzung bis hin zu Verfolgungs- und Todesangst in seiner Persönlichkeitsstruktur festzustellen, sowie der Wunsch, von diesen Ängsten loszukommen.*

Erkennt man die in der Persönlichkeit eines Menschen verankerten Verhaltensmuster, gewinnt man dadurch gewissermaßen eine Gebrauchsanleitung zu ihm. Man kann prognostizieren, wie er sich unter ähnlichen Umständen in vergleichbaren Situationen verhalten wird. Ebenfalls im Sinne der analogen Betrachtung kann man aus dem Vergleich des Verhaltens in verschiedenen Situationen auf die Persönlichkeitsstruktur eines Menschen rückschließen.

Der erste Ansatz ist immer zu prüfen, wo ein Mensch mit seiner Art am besten in der Welt platziert ist. Zeigt sich, dass seine Struktur (etwa das Trotzmuster) nahezu überall zu Konflikten führen wird, ist an eine Änderung dieses Musters zu denken. In diesem Fall besteht die Chance dafür in einer erneuten Abgrenzung von der Bevormundung in der Kindheit und das Hineintreten in eine erwachsene Autonomie.

1.3.6 Abschluss unvollendeter Vergangenheit

Während bei dem Ingenieur Lösungen ohne eine Veränderung seiner Persönlichkeitsmuster möglich waren, schien es notwendig, dem Informatiker zu einer Veränderung seiner Angststruktur zu verhelfen.

Das Prinzip dafür lautet: Unabgeschlossenes muss abgeschlossen werden. Sprachlich: Was Imperfekt ist, muss ins Perfekt überführt werden.

Die Aufgabe wird sehr deutlich am Beispiel alter Schulden. Egal wie lange die Schuldenaufnahme in der Vergangenheit zurück liegt, die Schulden sind erst erledigt (perfekt) und werden zur Anekdote, wenn sie zurückgezahlt worden sind.

- *Mit dem Informatiker beriet ich entsprechend, wie es sich für ihn gut anfühlen könne, mit der Schuld seiner Großväter umzugehen. Sein Lösungsvorschlag war, die beiden Konzentrationslager aufzusuchen und sich im Namen der Familie bei den Opfern zu entschuldigen.*
- *Der erwachsene Ehemann verlangte gewissermaßen von seiner Frau, auch die Mutterrolle für ihn zu übernehmen. Er hatte sich von seinen kindlichen Versorgungswünschen und von seiner Mutter noch nicht verabschiedet. Das konnte er tun, indem er endlich sein altes Kinderzimmer im Haus seiner Eltern auflöste und bei sich zu Hause begann, seinen Koffer für seine Dienst- und Urlaubsreisen selber zu packen.*

Konkret von der Basis her, könnte der Abschluss nachteiliger Grundeinstellungen so geschehen:

→ Jemand macht sich die negative Stimmung seiner Urfamilie bewusst und trennt sich innerlich von dieser Einstellung oder Familienmitgliedern, die diese Einstellung noch aktiv leben.

→ Ein Klient verarbeitet seinen früheren privaten Schmerz oder Konflikte am Ort des Ereignisses, wo sie passiert sind, indem er dort mit seinem jüngeren Selbst oder den damals Anwesenden eine innere Aussprache vollzieht.

→ Der Betreffende versucht, das Gute am Schlechten zu erkennen und einen Nutzen daraus für sich zu ziehen und eine neue Lebenshaltung daraus abzuleiten.

→ Manchmal lassen sich durch eine schärfere Trennung zwischen Beruf und Privatem private Probleme aus dem Beruflichen heraushalten oder umgekehrt berufliche Probleme aus dem Privaten. Dann wird wenigstens ein Lebensbereich problemfrei gehalten und man kann dort seine innere Stabilität finden. Gefährlich wird es meistens, wenn man zulässt, dass ein konkretes Problem in alle Lebensbereiche hineinwirken kann und die gesamte Lebensstimmung verdirbt.

→ Ein Klient findet einen Weg, sich so mit seiner beruflichen Rolle zu identifizieren, dass die Lust, sich darin zu verwirklichen, jede andere üble Stimmung vertreibt.

→ Oft hilft es, sich während einer Zeit empfundenen Leidens ein anstrebenswertes und lohnendes Ziel für die persönliche Zukunft vorzustellen, welches einen innerlich so beglückt, dass man sich dafür aus jeder Misere dorthin emporarbeiten würde.

1.3.7 Symbolische Akte

So wie man durch eine Taufe, Hochzeit oder Einweihung etwas Neues durch einen symbolischen Akt beginnt, so beendet man durch das Zerschlagen von Porzellan bei einem Polterabend einen alten Lebensabschnitt. So vollzieht man durch eine berufliche Kündigung oder eine private gerichtliche Scheidung den Schlussstrich unter eine dann abgeschlossene Beziehung. Solche Akte können und sollen tief ins Unterbewusstsein hineinwirken, um tatsächlich einen Abschluss hinzubekommen. Die statistische Zahl von jährlich etwa 20.000 angezeigten Stalkingfällen in Deutschland pro Jahr zeigt, dass dies nicht immer gelingt.

Entsprechend können auch andere, insbesondere traumatische Ereignisse tief in die Psyche einwirken und dauerhafte Spuren hinterlassen. Gerade beim Bemühen um Auflösung alter Hemmungen, Ängste und Blockaden können deshalb symbolische Akte ein Mittel sein, dem Unterbewusstsein den Abschluss einer alten Situation und den Beginn einer neuen klar zu machen. Dadurch kann man sowohl die eigene Gefühlswahrnehmung, als auch das daraus entstehende Verhalten gewissermaßen „umprogrammieren".

- *Ich empfahl dem Informatiker, dessen Großväter KZ-Aufseher gewesen waren, seine Verfolgungsängste als Abbild der Ängste der Gefangenen von damals zu nehmen und diesen gegenüber in einem symbolischen Akt in einem der Konzentrationslager sein Mitgefühl so persönlich, authentisch und ausdrücklich wie möglich auszudrücken und ihnen die Ehre zu erweisen, sich vom Verhalten seiner Großväter zu distanzieren. Damit trete er aus dem Geschehen heraus und vollende seinen Part darin. Er könne dann wieder in seine eigene Identität und sein eigenes Leben eintreten.*

Symbolische Akte spielen auch dann eine Rolle, wenn, wie etwa bei den Schulden, der Gläubiger gestorben wäre. Weil dann eine Rückzahlung nicht mehr real möglich wäre, könnte der Schuldner auf seinen Schuldgefühlen sitzen bleiben. Der Zweck eines symbolischen Aktes liegt dann darin, etwas analog Angemessenes zu tun und dem eigenen Unterbewusstsein damit klar zu machen, dass die Angelegenheit jetzt ausbalanciert, gerecht und erledigt ist und nun keine Rolle mehr spielt. Vielleicht kann die ausdrückliche Anerkennung am Ort des Geschehens oder am Grab des Gläubigers schon wirksam sein, manchmal ist aber eine zusätzliche Handlung notwendig. Im Fall der Geldschuld könnte die Erstattung an die Erben, die vielleicht nicht einmal von der Schuld wissen, ein abschließender Akt sein. Er könnte aber auch darin bestehen, eine Spende oder Aktivität für ein Anliegen zu erbringen, das dem Gläubiger wichtig war.

Ich habe in vielen Fällen erlebt, dass nach einem starken symbolischen Akt auch schwerwiegende Schuldgefühle und sogar damit verbundene schwere psychische oder körperliche Symptome wie Alkoholismus oder Depressionen vollständig verschwunden sind:

- *Eine Frau konnte ihren heftigen, auf alle Männer ausgeweiteten Männerhass hinter sich lassen, nachdem sie ihrem in ihrer Kindheit gegen sie gewalttätigen Vater „Scheiße" aufs Grab gelegt hatte. Sie hatte zuvor mehrere vaterähnliche, das heißt gewalttätige, Partner gehabt, und fand in der Zeit nach ihrem symbolischen Akt erstmals einen ganz anderen, verständnisvollen und warmherzigen Partner.*

Neben den abschließenden Ritualen kann es auch wichtig sein, sich ein Symbol oder einen symbolischen Akt als Zeichen des Neubeginns zu schaffen. Oft sind, wie bei Polterabend und Hochzeit, beide wichtig.

1.3.8 Analyse und Veränderung von Selbstbildern

Verhalten entsteht aus inneren Einstellungen. Vielfach konnten Menschen ihr Verhalten trotz bester Vorsätze und vieler Versuche nicht ändern und verzweifeln schier daran. Sie verlieren dann an Selbstachtung und ein Teufelskreis beginnt. Verhalten lässt sich am leichtesten ändern, wenn man die Einstellungen, die dazu führen, ändert. Manchmal können das Prinzipien sein, manchmal auch Rollen oder Rollenvorstellungen, die man lebt oder in denen man lebt. Manchmal hat jemand auch Selbstbilder oder Vorbilder, und das können auch Metaphern sein, mit denen er sich identifiziert.

Vielfach lassen sich diese Einstellungen aus dem Gesprächsmaterial heraus analysieren. Sie finden sich in den Formulierungen eines Klienten als Worte, die auf sein Selbstverständnis hinweisen:

- *„Da bin ich dann auch mal treudoof rüber gedackelt", weist auf ein Selbstverständnis als Dackel. – „Ich bin eine Wasserratte/Leseratte", weist auf ein Selbstverständnis als Ratte.*
- *„Ich dummes Huhn!", weist auf ein Huhn.*
- *„Daran werde ich noch zu nagen haben", zeigt ein Selbstbild als Nagetier.*

Oft fällt es aber schwer, sie begrifflich zu fassen und in eine einfache Formulierung zu bringen. Vielfach hilft es in einer Coachingsituation, sich als Coach oder den Klienten zu fragen, welcher Vergleich einem zu einer Person oder Situation einfällt.

Häufig zeigt sich auch, dass jemand ein recht geringwertiges Selbstverständnis oder Selbstbild hat. Man kann dann oft eine Alternative finden, indem man jemand fragt, ob er sich nur als solches Tier/Wesen sehe, oder ob er sich auch in anderen Situationen anders kenne. Meistens finden sich dann auch andere Bilder:

- *Die „Wasserratte" kann dann vielleicht empfinden: „Ich bin so gern im Wasser wie ein Delphin."*
- *„Nun, ich habe auch etwas von einer Löwin in mir. Meine Mitarbeiter haben schon einmal ‚Löwenmutter' zu mir gesagt."*
- *„Ja, ich glaube, ich habe auch einen schlafenden Leoparden in mir, aber der wird nur selten wach!"*

Es kann aber auch Sinn machen, sich im Coaching gemeinsam neue Selbstbilder für eine Situation oder Rolle auszudenken:

- *„Vielleicht würde da die Rolle eines Dirigenten ein gutes Vorbild abgeben."*
- *„Da muss ich wohl wie ein Präsident drüberstehen."*
- *Jemandem, der sich als „Morgenmuffel" bezeichnete schlug ich einmal vor, sich stattdessen lieber mit einer „langsam startenden Rakete" zu vergleichen, die dann aber „stetig die Geschwindigkeit steigert".*

1.3.9 Symptome und ihre Symbolik

Wilhelm Reich sprach davon, dass alles Unerledigte als Spannung im Organismus erhalten bleibe und zu einer Erstarrung in einem Muskelpanzer führen könne. Insofern sind körperliche und psychische Symptome ebenfalls als Symbole für unerledigte Altlasten zu betrachten. Wichtig ist dabei, zwischen Primär- und Sekundärsymptom zu unterscheiden. Vor allem die Primärsymptome sind einer Deutung als Symbole zugänglich.

Bei Alkohol ist meistens eine Depression das Primärsymptom und der Alkohol als Betäubungsmittel für die Depression ist ein Sekundärsymptom. Entsprechend muss der Grund der Niedergeschlagenheit/Trauer gesucht und aufgelöst werden.

- *Bei einem Alkoholiker, der homosexuell war, stellten sich beide Symptome als sekundär heraus. Primär war seine als Depression missverstandene Traurigkeit um seinen ihm unbekannten Vater. Die darin enthaltene Sehnsucht nach einem fehlenden Mann hatte sich in seiner Orientierung zu Männern als Homosexualität manifestiert. Nachdem er seinen Vater gefunden und sich mit ihm liebevoll zusammengefunden hatte, erledigte sich das Bedürfnis, sich mit Alkohol zu betäuben, das drei langen und ausdrücklichen Alkoholtherapien widerstanden hatte, sofort vollständig und ohne weitere Komplikationen. Seine angeblichen Depressionen verschwanden ebenfalls.*

- *Bei einer von Therapeuten mit dem stigmatisierenden Begriff "Zwangsneurotikerin" belasteten Frau mit Waschzwang konnte das Symptom als Hinweis auf eine Verunreinigung verstanden werden, die ihrem Vater und ihrer Großmutter durch die uneheliche Geburt ihres Vaters vermeintlich geschehen war. Als die Enkelin sich dann bei ihrer Großmutter dafür bedankte, dass auch ihr Leben dadurch möglich geworden war und die vermeintliche Schande durch diesen Dank in ihr Gegenteil gewandelt wurde, konnte auch der Waschzwang verblassen.*
- *Bei mittlerweile etwa 30 von mir analysierten Gehirntumoren und deren Geschichte, konnte ich in allen Fällen herausfinden, dass er Symbol bzw. Ausdruck eines vermeintlich unaussprechlichen Geheimnisses war. Meistens handelte es sich dabei um ein verheimlichtes Kind in der Vor- oder Vorvorgeneration.*

Symptome visualisieren als Symbole etwas, das in der Psyche verdrängt ist und weder eine andere Ausdrucksmöglichkeit noch eine auflösende Erledigung findet. Schafft man sowohl andere Ausdrucksmöglichkeiten (sei es verbal oder künstlerisch), als auch eine echte Erledigung, verlieren Symptome ihren Zweck und können (sofern reversibel) vollständig verschwinden.

1.3.10 Analogien aus den Schicksalen anderer Familienmitglieder

Wenn es Ziel eines Coachings ist, ein Symptom abzustellen, ist es notwendig, den Ursprung des Symptoms zu orten. Wenn man das erste Auftreten schon in der Kindheit eines Klienten feststellen kann, braucht man die Ursache und Auflösung nicht beim schwierigen Verhältnis zum Chef oder in der ehelichen Beziehung zu suchen. Es handelt sich dann um ältere Strukturen. Diese können dann in einem Ereignis der Kindheit begründet sein, das nicht auflösend verarbeitet wurde, aber es ist auch möglich, dass sich schon im Kind Muster ausprägen, die es von seinen Eltern übernommen hat.

Oft lässt sich das durch die Frage klären, ob Vater oder Mutter ähnliche Strukturen, Verhaltensweisen oder Symptome – oder analoge – aufgewiesen hätten. Die analogen Dinge erkennt der Klient oft nicht selbst, weil er diese Art zu denken nicht gelernt und geübt hat. Lassen sich aber solche Übereinstimmungen finden, kann das Verhalten des Klienten als Kopie betrachtet werden und man findet vielleicht in der Biografie des betreffenden Elternteils ein schwerwiegendes und unverarbeitetes traumatisches Erlebnis, das zum Symptom des Klienten passt. Zur Absicherung einer solchen Hypothese wäre es hilfreich, wenn man bei Geschwistern des Klienten gleiche oder wiederum analoge Symptome feststellen kann.

- *Gleich wäre, wenn ein depressiver Klient eine depressive Schwester oder einen depressiven Bruder hat.*
- *Analog wäre es, wenn ein Alkoholiker eine kettenrauchende Schwester und einen drogenabhängigen Bruder hätte.*
- *Es gibt aber auch konträre Symptome, etwa wenn der Bruder eines Depressiven ein ausdrücklicher Karnevalist und Witzbold wäre.*
- *Und es gibt konträr-analoge Symptome, falls ein Geschwister eines Depressiven hyperaktiv, Workaholic oder Leistungssportler wäre.*

In allen Fällen wären das Antwortvarianten auf ein gemeinsames Ur-Trauma und man hätte die Ursache nicht in der Biografie des Klienten, sondern in der Familiengeschichte vor seiner Geburt zu suchen.

Stellt man solche Symptome dann auch bei Geschwistern der Eltern oder bei den eigenen Cousins und Cousinen fest, kann man davon ausgehen, dass das „Urtrauma" schon aus der Großelterngeneration stammt.

Wenn dort etwa eine gewaltsame Heimatvertreibung stattgefunden hat, kann man dann das vielleicht übertriebene Klammern an Wohnung und Arbeitsplatz, an Beziehungspartner und Kinder der Folgegeneration daraus verstehen. Aus der gleichen Ursache könnte man ebenfalls die Sammelleidenschaft eines anderen Familienmitgliedes oder konträr dazu die vollständige Wurzellosigkeit eines Anderen ursächlich begreifen.

Gelingt es, auf das Urtrauma eine angemessene reale oder symbolische Antwort zu geben und es auf eine definitive Art zu verarbeiten, oder durch einen symbolischen Akt abzuschließen, so können die aus einem solchen Familienmuster in einer Person resultierenden Verhaltensweisen oft schlagartig geändert werden.

1.3.11 Von Inhalten abstrahieren

Die Verklebung von Elementen verschiedener Persönlichkeitsebenen findet in der Sprache immer wieder ihren Ausdruck: Teilweise in Aussagezusammenhängen, teils in Sätzen, teils in einzelnen Worten.

„Das war lebensgefährlich!" muss nicht bedeuten, dass etwas wirklich „lebensgefährlich" war, sondern kann auch Ausdruck eines affektiven Schreckens oder einer ängstlichen Charakterstruktur sein.

In Alltagsgesprächen wird man die Aufmerksamkeit fast immer auf das berichtete Ereignis richten und vielleicht nach dessen Umständen und Details fragen. Im Coaching geht es allerdings wesentlich darum, einen gegenwärtigen, situativen oder chronischen emotionalen Zustand eines Menschen einzuschätzen und damit umzugehen. Dieser zeigt sich zwar anlässlich von Ereignissen oder wird immer wieder auf ähnliche Weise von unterschiedlichen Ereignissen ausgelöst, kennzeichnet aber das „Weltbild" eines Menschen und beeinflusst damit seine Art, wie er sich auch künftig verhalten wird.

- *Eine Frau hatte beispielsweise regelmäßig Angst, beim Kochen zu stark zu würzen und das Essen zu verderben, Auto zu fahren, allein durch die Stadt zu gehen, zu fliegen, keinen Mann zu finden, kinderlos zu bleiben und ihren Job zu verlieren.*

Hier darf es im Coaching nicht darum gehen, die einzelnen Themen mit ihr zu diskutieren. Dann bliebe man auf einer (Sach-)Ebene, ihr einen Selbstverteidigungskurs zu empfehlen, ihr ein Antiflugangstseminar vorzuschlagen, ihr weitere Fortbildungen zuzumuten, um sich für ihren Job noch weiter zu qualifizieren und mit ihren wichtigsten Gästen lieber ins Restaurant zu gehen, als sich den Stress in der eigenen Küche zuzumuten, etc.

Der Coach, dem jedes einzelne Thema gegebenenfalls mit dramatischer emotionaler Bewegtheit vorgelegt wird, sollte seine Aufmerksamkeit nicht auf der Sachebene fesseln lassen und nach Sachlösungen suchen, auch nicht voller Empathie im Mitgefühl mit all den schwierigen Umständen und dem Leiden daran versumpfen, sondern mit klarem Kopf alle Inhalte „*herausbeamen*" und erkennen, dass es sich hierbei um eine höchst angstbesetzte Persönlichkeit handelt, die eine ganz andere und viel wesentlichere Hilfe benötigt.

Es ist in einem solchen Fall zu prüfen, ob es ein prägendes und unverarbeitetes Urereignis in der Biografie oder im Familiensystem der betroffenen Person gegeben hat. Gelingt es, dies zu finden und neu zu verarbeiten, können die chronisch alles verseuchenden Ängste verschwinden.

1.3.12 Die Zeit „herausbeamen"

Die zuvor beschriebene Methode lässt sich noch erweitern, wenn man die Zeit „herausbeamt".

Im Geltungsraum der Psychologik gilt: Einerseits kennt das Unterbewusstsein keine Zeit. Manches fühlt sich noch Jahre später so an, als sei es gestern gewesen. Entsprechend kann man sich vorstellen, dass dramatische Ereignisse, die vor Jahren ererbt wurden und nicht verarbeitet worden sind, auch heute noch „heiß", relevant und wirksam sein können.

Wenn man so, wie oben geschildert, die Inhalte rausfiltert und ausschließlich den Emotionsgehalt betrachtet, so kann man auch die Zeit heraus abstrahieren und dadurch klarer erkennen, dass es vor 30, vor 20, vor 10, vor 5 Jahren und heute eigentlich immer dieselben Emotionen und Verhaltensmuster bei einer Person, einer Familie oder einem Organisationssystem gibt.

Es kann dann im Coaching nicht mehr nur um eine aktuelle Situation gehen, sondern zum Kernthema muss dann die, sich in der aktuellen Situation zeigende, Struktur bzw. das Verhaltensmuster dahinter werden.

Man kann sich viel Zeit und Mühe in Coachings ersparen, wenn man gleich zu Beginn fragt, ob jemand schon ähnliche Erlebnisse, Probleme oder Symptome hatte, wie die, wegen denen er ins Coaching kommt. War das schon vor Jahren der Fall, braucht man die Ursachen von Problemen und deren Lösungen nicht mehr in der Zeit danach zu suchen, sondern für die ursprüngliche Situation, die im Unterbewusstsein des Betreffenden zur Vorlage für viele folgende geworden ist.

1.3.13 Das (traumatische) Urereignis freilegen

Verhaltensmuster deuten auf prägende Urereignisse hin. Diese aufzuspüren und deren Nachwirkungen aufzulösen, kann erheblich weiterhelfen. Wie findet man das Urereignis – die Prima Causa?

Wenn ein Baum vom Sturm geschüttelt wird, schadet ihm das nicht. Wenn aber ein Blitz in ihn einschlägt, dann kann er schwer beschädigt sein. So ist es mit Ereignissen, die jemand als traumatisch erlebt hat – sie hinterlassen dauerhafte Spuren. Insofern kann man sich in Coachings viele Details ersparen, wenn man gleich nach dem Wesentlichen sucht. Meistens finden sich tatsächlich irgendwo im Leben der betreffenden Person schwerwiegende Ereignisse. Auch wenn ein solches Ereignis von der erlebenden Person zum damaligen Zeitpunkt vielleicht nicht in seiner Tragweite erkannt und empfunden wurde, kann es dennoch maßgeblich das eine oder andere Verhaltensmuster beeinflussen: Wie etwa eine Person, die sich nach der Trennung der Eltern von einem Elternteil verabschieden musste, und wo erst im Nachhinein klar wurde, dass es eine Trennung auf sehr lange Zeit war. Das Ereignis selbst kann von der damaligen Person als nicht sonderlich bedeutsam erlebt worden sein, doch im Rückblick gewinnt diese Situation eine erhebliche

Bedeutung. Solange dies unbewusst bleibt, wird die Person vielleicht niemals zur Klarheit gelangen, warum sie seit Jahren unter Einsamkeitsgefühlen leidet oder warum jede neue Partnerschaft durch die eifersüchtige Angst, verlassen zu werden, verseucht oder zerstört wird.

Insofern kann man sich als Coach nicht auf die Aussagen von Klienten verlassen, was sie als schlimm empfunden haben oder nicht. Das aktuelle Beziehungsproblem, wegen dem jemand zum Coaching gekommen ist, wäre im oben geschilderten Szenario nur die Spitze des Eisbergs. Als Coach darf und muss man auch mit eigener Urteilsfähigkeit einzuschätzen versuchen, welche Erfahrungen eines Menschen als schwerwiegend genug einzuschätzen sind, um dauerhaft belastende Folgen gehabt zu haben.

Wenn man dabei trotz gründlicher Analyse der Lebensgeschichte eines Menschen kein Urereignis findet, kann man prüfen, ob die Person in ihren Verhaltensmustern eine deutliche Ähnlichkeit mit einem Eltern- oder Großelternteil hat. Ist das der Fall, so kann man prüfen, ob sich das vermutete Urereignis in deren Biografie findet. Das ist häufig der Fall. Da viele Coachingklienten aber noch nie auf die Idee gekommen sind, die Ursache ihrer Probleme in schicksalhaften Erlebnissen von anderen Personen ihrer Familie vor der eigenen Geburt zu suchen, sind selbst sehr kluge und intelligente Menschen oft schon daran schier verzweifelt, dass sie ihre „Macken" und die daraus folgenden Probleme seit Jahren nicht in den Griff bekommen.

Natürlich muss nicht jedes schwerwiegende Ereignis dauerhafte traumatische Folgen haben. Aber umgekehrt ist davon auszugehen, dass unfreiwillige erhebliche Abweichungen von durchschnittlichem Verhalten die Folge von schwerwiegenden Ursachen sind.

1.3.14 Umwertung

Vielfach beklagen sich Coachingklienten über irgendwelche Ereignisse, die ihnen geschehen sind, oder klagen sich wegen eigener Fehler an. Sie bewerten dabei sich und ihr Verhalten negativ. Das schwächt und entmutigt sie und kann ihr Selbstwertgefühl beschädigen. Oft hilft es dann, wenn der Coach eine andere Bewertung vorschlägt. Dafür braucht es manchmal andere Worte zur Beschreibung einer Situation als der Klient verwendet hat:

„Mir geht aber auch alles schief" könnte etwa beantwortet werden mit: „So ist das beim Experimentieren halt. Bis man den Durchbruch schafft, muss man meistens erst einmal eine ganze Menge ausprobieren."

Bei der erwähnten Zwangsneurotikerin könnte man das alte Urteil über die voreheliche Beziehung ihrer Großmutter und die daraus folgende Schwangerschaft umwerten, indem man vorschlägt, einmal die heutigen moralischen Maßstäbe auf die Oma anzuwenden. Eine erste Liebe mit 17 Jahren gälte da wohl als ziemlich normal. Damals seien die Mädchen allerdings oft nicht aufgeklärt gewesen und die eigentliche Verantwortung für die frühe Schwangerschaft sei nicht bei dem Mädchen, sondern eher bei deren Eltern zu suchen.

Während traditionell in der Beichte nicht umgewertet, sondern nur etwas negativ Bewertetes vergeben wurde, lässt sich im Coaching durch eine Umwertung oft etwas vermeintlich Schlechtes als etwas Gutes zeigen. Vielfach lässt sich auch zeigen, dass jedes Ding zwei Seiten, und damit auch etwas Gutes hat.

Eine Scheidung muss eben nicht nur der Bruch eines Versprechens sein, sondern kann auch als eine Form der Konfliktlösung betrachtet werden, die für alle Beteiligten mehr Frieden schafft. Das umso mehr, je mehr alle Beteiligten das in diesem Sinn verstehen.

Der Verlust eines langjährigen Arbeitsplatzes kann auch die Freisetzung für einen neuen Aufbruch sein.

Man kann den Nutzen weiter forcieren, wenn man bei negativen Erfahrungen erfragt, welche Lehre jemand aus dieser Erfahrung für sich zieht. Damit landet man immer im Gewinn und fördert beim Klienten eine positivere Stimmung.

1.3.15 Drehung aus einem horizontalen in ein senkrechtes Denken

Eine weitere hilfreiche Coachingtechnik liegt darin, die horizontale Reflexion eines Problems mit einer senkrechten Reflexion zu ergänzen. Was ist damit gemeint? In einem horizontalen Weltbild steht das Ich gleichrangig mit Anderem auf einer Ebene:

Welt, Kontinente, Länder, Städte, Beruf, ICH, Du, Familie, Freunde, Bekannte, Kollegen.

Problemlösungen werden dann von anderen Umständen, anderen Methoden, anderen Menschen oder durch entsprechendes Verhalten anderer Menschen erwartet:

→ Was machen wir jetzt?
→ Wer kann da helfen?
→ Wer kann noch helfen?

→ Wie könnte es sonst gehen?
→ Welche Alternativen gibt es?

Oft liegt im Scheitern, auf dieser horizontalen Ebene eine funktionierende Lösung zu finden, der Anlass zum externen Coaching. Wer beispielsweise in seinem Beruf aus einer Position in seiner Karriere nicht mehr weiterkommt und auch mit dem Geschäftsführer und Inhaber des Unternehmens keine Perspektive mehr heraushandeln kann, könnte resignieren und sich mit dem alten Job weiterhin zufriedengeben. Seine Versorgungssicherheit könnte damit weiter gewährleistet sein. Es könnte aber auch ein Punkt in seinem Leben gekommen sein, an dem er noch einmal über sein Lebensgefühl, seine Träume und Visionen, seine empfundene Berufung reflektiert, und dann auf die Idee kommt, auch etwas ganz Anderes machen zu können. Vielleicht ergibt sich daraus ein neuer Aufbruch mit neuer Motivation und neuer Kraft.

Dazu hilft es, den Fragewinkel um 90 Grad zu drehen und die Betrachtung aus der oberflächlichen Vielfalt nach innen zu richten. Dann ergeben sich durch andere Fragen zugleich neue Perspektiven und Lösungsmöglichkeiten:

→ Welche Absichten stecken dahinter?
→ Wie fühlt sich das für Dich an?
→ Wie könntest Du anders damit umgehen?
→ Welche Grundmuster tauchen da in Dir oder den anderen Beteiligten oder in der Situation auf?
→ Was sind für Dich die wirklich wichtigen Werte in Deinem Leben?
→ Nach welchen Prinzipien willst Du handeln und leben?
→ Welche Bedürfnisse und welche Motive werden da in Dir und den anderen angesprochen?
→ Was willst Du eigentlich selber wirklich, worin siehst du deine persönliche Berufung?
→ Welchen Sinn siehst Du darin?
→ Welchen Stellenwert hat das in Deinem Leben?

Die sich daraus ergebenden Reflexionen und Gespräche haben oft einen philosophisch-nachdenklichen Charakter und umkreisen das Wesentliche, das Ganze und den Sinn. Oft öffnen sich durch die 90-Grad-Vertikaldrehung unerwartete neue Denk-, Fühl- und Lebensräume oder kehren bekannte Perspektive in eine andere Bedeutungsdimension. Sie lassen ein Coachinggespräch dann scheinbar aus der sonstigen Zeit heraustreten und geben ihm einen über den Augenblick weit hinausweisenden Wert.

Aus den sich daraus ergebenden Perspektivverschiebungen ergeben sich oft ganz neue und andere Lösungsansätze, die für einen Menschen noch nach Jahren als lohnend oder für seinen Lebensweg bedeutsam erscheinen.

1.3.16 Ermutigung

„Das geht nicht; Das ist zu riskant; Dass darf man nicht; Das könnte schiefgehen; Da wirst Du schief angesehen!" Die Welt ist voller Entmutigungen. Würde eine Raupe andere Raupen fragen, ob man wohl fliegen könne, so würden die das vermutlich verneinen und ihre Empörung würde groß sein, wenn die erste Raupe doch weiter daran glauben wollte.

Nach meiner Erfahrung formulieren etwa zwei Drittel meiner Klienten in Coachinggesprächen: „Eigentlich würde ich gerne, aber …". Meine Antwort darauf lautet dann etwa so: „Die Gründe, warum das nicht gehen könnte, kennen Sie schon. Mich interessieren sie nicht. Lassen Sie uns lieber überlegen, wie es vielleicht doch gehen könnte oder wie Sie wenigstens etwas von dem, was Sie eigentlich möchten, erreichen können."

Ermutigung sollte immer eine Ermutigung zu sich selbst und zur Umsetzung eigener Impulse sein und nicht auffordern, Vorschläge eines Coaches zu verwirklichen. Man kann den Klienten auch darauf aufmerksam machen und ihn dabei unterstützen, seine Vernunft nicht einsetzen, um sich und anderen zu erklären, warum etwas nicht geht, sondern wie man etwas Gewünschtes klug und erfolgversprechend erreichen kann, wie man es trotz Hindernissen bewerkstelligt, oder dass man ja immerhin einen Versuch wagen kann.

> Einen guten Coach nenne den, der Dich ermutigt, die Dinge endlich zu tun, die Du immer schon tun wolltest, Dich allein aber nicht zu tun getraut hast.

Neben allen Entmutigern könnte man Coaches durchaus empfehlen, sich als Berufsstand der Ermutiger zu verstehen. Die Kompetenz der Ermutigung sollte sich aber nicht auf Beschwichtigen und „Gutzureden" beschränken, sondern sich darin bewähren, konsequent an der Umsetzung von persönlich angemessenen Ideen und voll befriedigenden und technisch funktionsfähige Lösungen zu arbeiten.

Auch ein optimistischer Grundimpuls sollte immer wie Wind unter den Flügeln dabei sein:

Es sind in der Menschheitsgeschichte schon so viele Lösungen gefunden worden, dann werden wir in dieser Angelegenheit wohl auch eine finden.

Und wenn dann eine taugliche Lösung erarbeitet ist, und der Klient noch zaudert, war es entweder noch nicht die richtige, oder aber es hilft ein Bild wie:

Nur wenn ein Pilot auf der Startbahn auch den Mut hat wirklich Gas zu geben, kann das Flugzeug rechtzeitig abheben.

1.3.17 Die authentische Beziehung

Wenn ich mit Menschen- und mit Engelzungen redete, und hätte die Liebe nicht, so wäre ich ein tönendes Erz oder eine klingende Schelle.
(Paulus im 1. Brief an die Korinther, Vers 13)

Vergessen Sie alle Methoden und Techniken (nicht ganz!) und seien Sie sich klar: Kein Mensch möchte nur mit Techniken behandelt werden. Er möchte persönlich wahrgenommen werden, er wünscht sich, dass man sich um ihn individuell kümmert und jede beliebige Technik so für ihn abwandelt, ändert und einsetzt, dass er sie als für sich passend empfindet. Er möchte persönliche Anerkennung und Wertschätzung und im Gegenüber einen lebendigen Menschen erkennen, dem er begegnen kann und mit dem er in eine persönliche Beziehung treten kann.

Im Gegensatz zur klassischen Freudschen Psychoanalyse, wo jegliche Beziehungsaufnahme ausdrücklich vermieden wurde, beschreibt der mittlerweile 80-jährige amerikanische Analytiker und Romancier Irvin D. Yalom in seinem Buch „Und Nietzsche weinte" auf wunderbare Art die authentische und wertschätzende Beziehung zwischen den beiden Menschen, die in einer Beratungssituation aufeinandertreffen, als das definitive A und O einer solchen Begegnung. Wenn er ratlos war, wie er helfen könnte, ließ er sich authentisch auf die Beziehung ein und ließ sich dadurch inspirieren und führen. So wurde er vielen Menschen zum echten Freund und in der Geborgenheit einer solchen Beziehung waren viele heilsame Schritte möglich, die durch kein Methoden- und Technikhandbuch angeleitet worden wären.

Schauen Sie als Coach also die Menschen, die Ihnen begegnen mit freundlichen Augen und einem liebevollen Herzen an und vertrauen Sie mit Respekt und Behutsamkeit auf die Richtigkeit des alten, Augustinus zugeschriebenen Satzes: „Liebe, und tue, was du willst!"

1.4 Zusammenfassung

Coaching kann und sollte neben allen Problemen und Baustellen, um die es darin zu gehen scheint, in erster Linie eine sehr menschliche und persönliche Begegnung von hoher Qualität und Intimität sein. Dabei sind in erster Linie ein offenes Herz beim Coach sowie Behutsamkeit und Empathie erforderlich. Selbst wenn der Klient im Modus einer Kampfmaschine ins Coaching stürmt und schnelle Reparatur einer Situation verlangt, so ist Entspannung und Entschleunigung eine Grundvoraussetzung sowohl für die Problemanalyse und -lösung, als auch für das Umschalten in einen gegebenenfalls notwendigen anderen Problemlösungsmodus für den Klienten. Als Coach sieht man sich oft einem gewissen Druck ausgesetzt, möglichst schnell dem Auftraggeber eine einfache Lösung vorzulegen. Dem sollte man widerstehen, denn solche „schnellen Lösungen" taugen in den meisten Fällen nicht. Der zentrierte Fokus auf einen Problempunkt erfasst meistens nicht die Faktoren des Umfeldes oder anderer Problem- und Persönlichkeitsebenen, die ebenfalls für eine solide Lösung mit einbezogen werden müssen. Entspannung, Abstand und Metaebene sind insofern ebenfalls wichtige Werkzeuge eines Coaches, um sinnvoll für seine Klienten arbeiten zu können. Das setzt für Coaches selbst wiederum voraus, dass sie selbst ihr Leben im Griff haben oder zumindest die Zuversicht besitzen, wieder eine ausgeglichene Balance herstellen zu können, wenn es im Moment turbulent ist. Hilfreich und überzeugend ist vor allem der Coach, der vorlebt, wofür er steht. Das bedeutet nicht, dass er problemfrei sein muss, sondern dass er konstruktiv und erfolgreich mit den ihm begegnenden Problemen umzugehen versteht.

Außerdem sollte ein Coach immer bereit sein, für seinen Klienten und mit ihm so vorzugehen, wie es diesem angemessen ist. Dafür bedarf es einer gewissen Empathie beim Coach sowie der Fähigkeit, gegebenenfalls aus dem Stegreif Methoden oder Vorgehensweisen zu entwickeln, zu erfinden, die in dieser Situation weiterführen. Oft sind es auch die intuitiven Impulse des Coaches oder des Klienten, die aus einem hohen inneren Durchdringungsgrad des Prozesses entspringen, und denen man dann jenseits aller vorgenannten Methoden den Vorrang einräumen darf und sollte.

Für einen Coachingklienten sollte entsprechend das wichtigste Kriterium bei der Auswahl eines Coaches das intuitive Vertrauen sein, das er zu diesem empfindet. In zweiter Linie wird dann die Problemanalyse- und Problemlösungskompetenz des Coaches unter Einbeziehung mehrerer Ebenen und Lebensbereiche entscheidend sein.

Als wichtigsten Hinweis eines erfahrenen Coaches möchte ich Ihnen aber zur Ermutigung mit auf den Weg geben: Erstaunliche und unerwartete Problemlösungen sind möglich. Ich habe es oftmals erlebt, dass Probleme oder Schicksalsknoten, für die über viele Jahre keine Lösung gefunden worden war, in wenigen Coachings nicht nur entschärfbar sondern auch komplett auflösbar waren. Sie verstehen das richtig: Hier wird nicht eine Lösung für alle Fälle versprochen, aber ehrenwörtlich versichert, dass vielfach auch bei schwerwiegenden Umständen sehr gute und nachhaltige Lösungen erzielt werden konnten. Wagen Sie Ihren heilsamen Entwicklungsprozess.

Weiterführende Literatur

Prost, W. (1999). *Glasperlenspiele – vom tieferen Sinn unserer Worte*. Akademiereihe. Köln: Eigenverlag.

Prost, W. (2008a). *Dialektik – Die Psychologie des Überzeugens – Wie Sie Gespräche und Verhandlungen optimieren*. Wiesbaden: Gabler.

Prost, W. (2008b). *Führen mit Autorität und Charisma*. Wiesbaden: Gabler.

Prost, W. (2008c). *Manipulation und Überzeugungskraft – Wie Sie andere gewinnen und sich vor Fremdsteuerung schützen*. Wiesbaden: Gabler.

Prost, W. (Hrsg.). (2009). *Vom Umgang mit schwierigen Menschen – 12 Experten schildern ihre schwierigsten Fälle*. Wiesbaden: Gabler.

Prost, W. (2010). *Führe dich selbst! Die eigene Lebensenergie als Kraftquelle nutzen*. Wiesbaden: Gabler.

Prost, W. (2011a). *Coaching-Brevier – 150 Goldene Regeln für Ganzheitliches Coaching*. Akademiereihe. Köln: Eigenverlag.

Prost, W. (2011b). *Coaching als Mitarbeit an der Evolution; 15 Beiträge und Reflexionen*. Akademiereihe. Köln: Eigenverlag.

Prost, W. (2013). *Vertrauen und Verrat*. Hess.

Prost, W. (2014a). *Psychosomatische Deutung und Auflösung von Symptomen – ein psychosomatisches Lexikon*. Hess.

Prost, W. (2014b). *Coaching – ein gepflasterter Weg – erkennen, verstehen, lösen – 19 + 1 essentielle Methoden*. Akademiereihe. Köln: Eigenverlag.

Prost, W. (2014c). *Freiraum für die Seele – Wie ganzheitliches Coaching öffnen und Weite schaffen kann*. Hess.

Prost, W. *Aus Partituren des Schicksals, Schicksale und Krankheiten tiefenpsychologisch gedeutet*. Lingenbrink.

Dr. phil. Winfried Prost ist Gründer und Leiter der Akademie für Ganzheitliche Führung und Coaching in Köln und Zürich. Er studierte Philosophie, Pädagogik und Theologie und absolvierte zusätzlich zahlreiche psychologische Weiterbildungen. Seit seinem 23. Lebensjahr führt er etwa 17.500 Management-Coachings und 2.000 Führungs-Seminare durch. Seit 2001 bildete er etwa 120 Coaches aus, seit 2011 ist er Präsident des Verbandes Ganzheitliches Führungs- und Persönlichkeits-Coaching, 2017 wurde er in die Liste der „TOP-100-Excellent-Trainers" aufgenommen. Er ist Autor von 42 Büchern und Vater von sechs Kindern. Der von ihm entwickelte ganzheitliche Ansatz zielt auf die Integration von sieben Persönlichkeitsebenen und neun Lebensfeldern zu einer gesunden Einheit und Lifebalance.

(www.winfried-prost.de)

Businesscoaching Führung

Unter Druck tragfähige Lösungen für herausfordernde Führungssituationen erzeugen

2

Silke Rengstorf

> **Zusammenfassung**
> Dieses Kapitel ist aus der Praxis – für die Praxis. Ich konzentriere mich auf Fragestellungen, die immer wieder in Coachings an mich herangetragen wurden und die ich aus eigener Führungserfahrung kenne. Führungskräfte nutzen aus zwei Gründen ein Coaching: entweder weil sie sich selbst in der Rolle unsicher fühlen oder weil ihre Vorgehensweise bei Kollegen oder Mitarbeitern Gegenwind erzeugt oder auf Abwehr stößt. Die Herausforderung in der Führung kann also von innen oder von außen ausgelöst werden. Beiden Quellen nähern wir uns in dem Kapitel und zeigen pragmatisch Lösungen hierzu auf. Eines sollten Sie sich als Führungskraft vor Augen halten: Leistungsträger entscheiden sich für ein Unternehmen, weil sie sowohl die Firma als auch die Aufgabe spannend finden und sie kündigen ihren Job, weil sie mit ihrem Vorgesetzten und seinem Führungsstil nicht zurechtkommen. Businesscoaching soll also sowohl den Blick für das große Ganze im Unternehmen schärfen als auch die Eigenverantwortung und Authentizität in der Führung stärken. Nur so kann eine Führungskraft als unternehmerisches Vorbild wirken und nachhaltig den Unternehmenserfolg steigern.

2.1 Wozu braucht ein Unternehmen Führung?

Damit wir uns den herausfordernden Führungssituationen zielgerichtet widmen können, möchte ich erklären, wozu Führung in Unternehmen überhaupt sinnvoll und erforderlich ist. Brauchen Unternehmen überhaupt Führung und wenn ja, wie

S. Rengstorf (✉)
Willich, Deutschland
E-Mail: info@coachingschool.de

viel? Lassen Sie uns diesen Gedanken von der Keimzelle eines Unternehmens aus betrachten.

Vereinfacht dargestellt entsteht ein Unternehmen durch eine Idee einer oder mehrerer Personen, um eine spezifische Aufgabe am Markt zu erfüllen. Im optimalen Fall gibt es diese Form der Aufgabenerfüllung noch nicht, sodass das Angebot für eine definierte Zielgruppe attraktiv erscheint und nachgefragt wird. Die Unternehmensgründer werden selbst geleitet durch ihre Inspiration und das Feedback, welches sie von ihren Kunden erhalten. Das Unternehmen wächst. Auch die ersten Mitarbeiter des Start-up-Unternehmens werden in den Bann des Gründungsgeistes gezogen. Alle ziehen an einem Strang, um aus dem „Unternehmensbaby" ein gesundes und leistungsstarkes Unternehmen zu entwickeln.

Je größer das Unternehmen wird, umso mehr Strukturen werden aufgebaut. Es kann sich nicht mehr jeder um alles kümmern. Die Kommunikation muss nun durch definierte Informations- und Abstimmungsprozesse organisiert werden. Entscheidungen werden jetzt aufgabenbezogen von Einzelnen getroffen. Die Verantwortung in dem Unternehmen wird aufgeteilt. Es wird schwieriger, den Blick für das Ganze zu behalten.

Unterschiedliche Interessen auf den verschiedenen Positionen führen zu Konflikten. Prioritäten werden unterschiedlich gesetzt. Es entstehen Machtkämpfe. Zu den unterschiedlichen Unternehmensinteressen kommen persönliche Bedürfnisse der Mitarbeiter dazu, die sich zum Teil nur schwer mit der Unternehmenssituation in Einklang bringen lassen. Die Situation wird komplexer. Es wird erforderlich, die Führungsverantwortung für Aufgaben und Menschen in Geschäftsbereiche mit Abteilungen und Teams aufzuteilen, um den gestiegenen Marktbedürfnissen – quantitativ und qualitativ – gerecht zu werden und den Wachstumskurs aktiv gestalten zu können.

Führung ist also ein elementarer Bestandteil eines jeden Unternehmens und muss ab einer bestimmten Größe mit Kompetenz und Weitblick organisiert werden. Ohne Führung kein anhaltender Erfolg oder anders ausgedrückt:

▶ Führung sorgt durch eine zielgerichtete Ausrichtung aller Tätigkeiten für eine optimale Erfüllung der Unternehmensaufgabe im Marktumfeld.

Hierzu erfüllt die Führungskraft drei **Kernaufgaben** (Abb. 2.1):

1. **Die Leistungssteuerung** (Soll = Ist): Durch die aktive Leistungssteuerung der Geschäftseinheit wird das operative Geschäft gemanagt, sodass die Anforderungen vom Markt zeitnah und hochwertig befriedigt werden.

2 Businesscoaching Führung

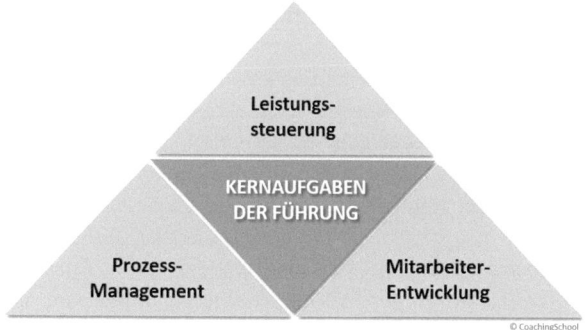

Abb. 2.1 Schlüsselfunktionen der Führung

2. **Das Prozessmanagement**: Bei dieser Kernaufgabe kümmert sich die Führungskraft darum, die Arbeitsabläufe in der Geschäftseinheit kontinuierlich zu verbessern, effektiv zu gestalten und zukunftstauglich aufzustellen.
3. **Die Mitarbeiterentwicklung**: Hier ist die Führungskraft der Trainer und Coach, der die Mitarbeiter der Geschäftseinheit so trainiert und fördert, dass gegenwärtige und zukünftige Aufgaben mit hohem Engagement und mit Fachkompetenz erledigt werden können.

Damit eine Führungskraft diese drei Kernaufgaben professionell ausüben kann, braucht sie selbst Training und Unterstützung. Oder unterliegen Sie etwa noch dem Irrglauben, dass man zur Führungskraft geboren wird? Es gibt zwar einige Faktoren, welche die Persönlichkeitsentwicklung zur Führungskraft begünstigen, aber auch diese müssen entwickelt werden, damit sie situativ intelligent genutzt werden können.

Dies bedeutet: Auch wenn die Basis stimmt, ist Führung kein Selbstläufer. Die Qualität in der Führung wird entscheidend geprägt über die Fähigkeit der Führungskraft reflektiert und somit bewusst zu kommunizieren. Eine große Herausforderung für viele. Ich komme später noch einmal detailliert darauf zu sprechen.

Lassen Sie mich kurz noch erwähnen, was Führung auf keinen Fall sein sollte:

1. **Führung als Statussymbol**: Oft werden Mitarbeiter zu Führungskräften gemacht, um den Mitarbeiter zu halten oder zu belohnen – eine Beförderung zur Führungskraft als Mitarbeiterbindungsinstrument. Vorsicht: Eine gute Fachkraft ist noch längst keine gute Führungskraft. Im Zweifelsfalle ist es besser,

die Fachkraft in ihrer Rolle aufzuwerten als eine Führungsfunktion hierfür zu missbrauchen.
2. Führung als Add-on-Aufgabe: Führung kostet Zeit und kann professionell nicht abends zwischen 19:00–20:00 Uhr erledigt werden. Oft werden Leistungsträger mit Führungsaufgaben zusätzlich belastet – nach dem Motto: „Das machst du doch nebenbei". Dies wird weder den Mitarbeitern noch den Aufgaben gerecht. Konflikte sind vorprogrammiert.

In den letzten Jahren zeichnet sich ein Trend zu flachen Hierarchien ab, das heißt, es ist eine Reduktion der Führungsebenen zu beobachten. Die Eigeninitiative, Kreativität und Eigenverantwortung der Mitarbeiter soll wieder gestärkt werden – weg vom reaktiven Anpassen („Bloß keinen Fehler machen") hin zum unternehmerischen Gestaltungsspielraum. Es geht also auch darum, das richtige Maß an Führung zu definieren.

2.2 Neu in der Führungsrolle – von intern oder extern

Eine nicht zu unterschätzende Herausforderung in der Führung ist der Start. Auch für die Führung gilt: Es gibt keine zweite Chance für den ersten Eindruck. Egal, ob der Mitarbeiter von intern zum Vorgesetzten befördert wird oder ob die Stelle von extern neu besetzt wird, die erste Weichenstellung sollte fachlich und menschlich gelingen. Einen Fehlstart zu korrigieren ist aufwendig und teuer für das Unternehmen und manchmal auch nicht mehr möglich. Lassen Sie uns einige spezielle Herausforderungen dieser Anfangsphase unter die Lupe nehmen.

2.2.1 Die Herausforderung im Umgang mit Nähe und Distanz

Ein Mitarbeiter, der sich im Unternehmen zur Führungskraft entwickelt hat, muss lernen, eine gewisse Distanz zum Team herzustellen und auszuhalten. Seine Mitarbeiter wollen eher das Gegenteil. Sie erhoffen sich durch die alte Nähe Vorteile wie z. B. eine direkte Informationsquelle bei Veränderungen oder die aktive Einbeziehung in Managemententscheidungen. Die Mitarbeiter nehmen sich also häufig mehr heraus als bei einem neuen Vorgesetzten, der von außen kommt. Wenn sich der alte Kollege nun aus Sicht des Teams als Chef aufspielt, indem er sich zurückzieht, mehr mit sich ausmacht und Informationen nur noch teilweise weiterleitet, dann macht er es aus Führungssicht genau richtig. Die neue Rolle erfordert Distanz.

Ohne das richtige Maß von Nähe und Distanz ist Mitarbeiterführung nicht möglich.
Zwei Beispiele hierzu:

> **Beispiel 1: Ein Kollege wird zum Vorgesetzten**
> Der neue Vorgesetzte nimmt einen ehemaligen engen Teamkollegen und jetzigen Mitarbeiter oft zu Meetings mit, lobt ihn für sein Engagement und gibt ihm auch mehr Aufmerksamkeit und Informationen. Für den neuen Teamchef ist es erst einmal eine Entlastung, um den Berg an neuen Aufgaben und Fragestellungen zu stemmen. Er hat einen Vertrauten an seiner Seite. Der Mitarbeiter macht möglichst viel, um diese Sonderrolle zu behalten. Die anderen Teammitglieder fühlen sich allerdings benachteiligt und unfair behandelt, da sie aufgrund der engen Beziehung des Vorgesetzten zu einem Kollegen ein Ungleichgewicht wahrnehmen.
>
> Die typische Folge: Sowohl die Motivation als auch die Leistungsorientierung im Team nimmt ab. Es wird verdeckt über die unbefriedigende Situation geredet und zusätzlich hineininterpretiert – die Gerüchteküche ist aktiv. Die eigentlichen Aufgaben werden vernachlässigt, man macht Dienst nach Vorschrift.
>
> Der neue Vorgesetzte muss hier aufpassen. Es geht nicht darum, jeden gleich zu behandeln. Aber aus der Unsicherheit in der neuen Führungsrolle – in Verbindung mit der zu schwachen Selbstreflexion, die er versucht hat durch die Einbeziehung eines einzelnen Teammitglieds zu kompensieren – ist ein Ungleichgewicht im Team entstanden. Insgesamt also eine Vorgehensweise mit negativen Konsequenzen für alle Beteiligten.
>
> Die Nähe insbesondere zu sehr vertrauten Kollegen ein Stück weit loszulassen und sich von ihnen zu distanzieren, fällt etlichen Führungskräften schwer. Hier leistet ein Coaching wichtige Starthilfe, um in der neuen Funktion ganz anzukommen und die Weichen von Anfang an richtig zu stellen. Auch wenn das Feedback vom Team zu Beginn nicht immer positiv ausfällt, wird die Distanz wichtig sein, um mittelfristig von den Mitarbeitern akzeptiert zu werden und dem Team eine Richtung geben zu können.
>
> Mithilfe des Coachings lernt die Führungskraft, die notwendigen Verhaltensänderungen in der neuen Rolle dem Team auch angemessen zu kommunizieren. Der Vorgang des Distanzierens muss nicht heimlich passieren, ganz im Gegenteil. Führungskräfte, die sich trauen, ihre Gedanken, Gefühle und die daraus resultierenden Maßnahmen dem Team gegenüber transparent zu machen, werden als authentisch und glaubwürdig wahrgenommen.

Beispiel 2: Ein Quereinsteiger wird für die Führungsposition ausgewählt

Die Führungskraft wird neu eingestellt. Sie ist nun in einer nicht zu unterschätzenden Drucksituation. Erstens muss sie in kürzester Zeit das Unternehmen mit all seinen formellen und informellen Strukturen verstehen. Hier gilt die berühmte 100-Tage-Regel (sinngemäß und mit etwas Humor: „Nur gucken, nicht anfassen"). Dies fällt vielen Quereinsteigern verdammt schwer. Sie wollen ihre Kompetenz so schnell wie möglich unter Beweis stellen.

Zweitens muss sie möglichst schnell Nähe zum eigenen Team aufbauen, damit Vertrauen entstehen kann und konstruktive Führung überhaupt möglich ist. Einige Führungskräfte versuchen sich diesen Weg zu erleichtern, indem sie Verbündete aus der alten Firma nachholen, die dann relativ schnell eine Sonderrolle bekommen. Dies hat häufig äußerst negative Konsequenzen: die Kluft zu den bestehenden Mitarbeitern wird größer anstatt kleiner. Die eingeleiteten Maßnahmen passen nicht zum Unternehmen und sorgen somit insgesamt für mehr Aufwand und/oder weniger Ertrag.

Anstatt alte Kollegen aus der Vorgängerfirma zu mobilisieren, ist es besser, einen Coach zu konsultieren – am besten einen, der das neue Unternehmen kennt. Er kann helfen, der neuen Führungskraft die ungeschriebene, aber höchst lebendige Dynamik des Unternehmens näher zu bringen. Fehleinschätzungen können durch die gemeinsame Beleuchtung der Situation mit dem externen Coach ohne Konsequenzen korrigiert werden.

Überstürztes Handeln aus der Unsicherheit heraus wird umgewandelt in ein reflektiertes und strukturiertes Vorgehen. Sie wissen ja, wie schnell der Ruf einer neuen Führungskraft ruiniert sein kann. Hat die Führungskraft das erste Jahr sinnvoll genutzt, kann sie anschließend Fahrt aufnehmen und passend zur Unternehmenskultur und den Mitarbeitern ihre Führungs- und Managementaufgaben professionell wahrnehmen.

▶ Als Führungskraft sollte ich eine gewisse Flexibilität im Umgang mit Nähe und Distanz zum eigenen Team entwickeln. Die Nähe brauche ich als Führungskraft, um meine Mitarbeiter zu verstehen und sie fachlich als auch menschlich abholen zu können. So entsteht Akzeptanz und Vertrauen.

Die Distanz brauche ich als Führungskraft, um den Überblick zu behalten und um mich nicht von einzelnen Teammitgliedern instrumentalisieren zu lassen. Die Distanz sorgt also für Sachlichkeit und reflektiertes unternehmerisches Vorgehen, damit die Führungskraft dem Team eine Richtung geben kann. Beide Aspekte können durch ein „Startcoaching" effektiv und nachhaltig feinjustiert werden.

2.2.2 Die Führungskraft in der Sandwichposition

Als Führungskraft sind Sie eingebunden in das Unternehmenssystem wie jeder andere Mitarbeiter auch. Insofern sind alle in der Zugehörigkeit zum Unternehmen gleichwertig. Durch die Führungsrolle steigt die Verantwortung für Mensch und Sache. Die meisten Führungskräfte haben ebenfalls wiederum einen Vorgesetzten. In gewisser Weise ist dies Fluch und Segen zugleich. Lassen Sie uns einige typische Herausforderungen und den Umgang damit anschauen.

2.2.3 Mitarbeiter wenden sich direkt an den übergeordneten Vorgesetzten

Warum sollte ein Mitarbeiter seinen Chef übergehen und das Gespräch mit seinem übergeordneten Chef suchen? In der Regel gibt es dafür aus Sicht des Mitarbeiters triftige Gründe. Einige dafür sind z. B.:

1. Der Mitarbeiter fühlt sich von seinen Vorgesetzen unfair behandelt, weil er z. B. mit dem Feedback zu einem Projekt oder mit der Leistungsbeurteilung insgesamt nicht einverstanden ist. Von der übergeordneten Führungskraft erhofft er sich Verständnis und Einflussnahme. Schließlich geht es um seine Karriere oder auch um die Sicherung seines Arbeitsplatzes.
2. Es besteht eine besondere Verbindung zum übergeordneten Leiter, die historisch im Unternehmen gewachsen sein kann oder manchmal auch aufgrund von privaten Kontakten (Hobbys, Kinder, Wohnort etc.) besteht. Diese Beziehungskarte wird dann bei Bedarf gezogen.
3. Der Mitarbeiter ist der Meinung, dass die neue Führungskraft nicht im Sinne des Unternehmens handelt und falsche Entscheidungen trifft. Der Mitarbeiter möchte den Gesamtleiter hierüber in Kenntnis setzen, damit dieser gegensteuert und seinen Einfluss ausübt.

Haben Sie diese Szenarien bereits persönlich oder bei anderen Führungskräften erlebt? Was sagen Sie hierzu als Führungskraft?

Zuerst einmal ist es aus meiner Sicht wichtig zu betonen, dass ein Mitarbeiter prinzipiell das Recht hat, sich an übergeordnete Führungskräfte inkl. Vorstand oder Geschäftsführung zu wenden. Es ist also keine Unverschämtheit oder Anmaßung des Mitarbeiters, wie ich es des Öfteren im Coaching gehört habe, sondern es ist ein Feedback und manchmal auch ein Hilfeschrei.

Aus Unternehmenssicht ist die Open-Door-Policy konstruktiv zu sehen, da langjährige Mitarbeiter wesentlich schneller Fehlentwicklungen in Abteilungen mitbekommen als das Topmanagement. Auch das Ausbremsen oder Nichtfördern von Potenzialträgern kann aus Unternehmenssicht kein Vorteil sein. Aus Abteilungsleitersicht wäre es hingegen nützlich, einen guten Mitarbeiter möglichst lange im Team zu behalten. Doch ein intrinsisch motivierter Mitarbeiter will sich weiterentwickeln, entweder im Unternehmen oder außerhalb. Ein Stück weit haben Sie das in der Hand.

Als Coach empfehle ich Ihnen, das Vorgehen des Mitarbeiters als konstruktive Lernerfahrung im Bereich Führung zu sehen. Wichtig ist, dass Sie mit Ihrem Vorgesetzten Transparenz schaffen und eine Vereinbarung treffen, wie Sie mit solchen Situationen umgehen. Eine hilfreiche Vereinbarung ist z. B., wenn es um die Beurteilung des Mitarbeiters geht, dass eine Klärung der Situation zu dritt stattfindet.

Der übergeordnete Leiter fungiert dann mehr als Moderator und sorgt dafür, dass alle wichtigen Aspekte (sachlich und emotional) zur aktuellen Situation auf den Tisch kommen. Durch die offen geführte Aussprache wird ein anderer Umgang mit der Situation inklusive neuer Vereinbarungen möglich. Dieser moderierte Klärungsprozess kann auch durch einen Coach erfolgen, falls die übergeordnete Führungskraft Bedenken hat, das Gespräch mit dem notwendigen Abstand strukturiert und neutral zu moderieren. Die übergeordnete Führungskraft informiert dann den Coach über die Gesamtsituation, ist aber beim Klärungsgespräch selbst nicht dabei.

Prinzipiell ist es wichtig, dass der Vorgesetzte der Führungskraft keine Vereinbarungen mit dem Mitarbeiter trifft, ohne sich vorher mit der Führungskraft abgestimmt zu haben. Solche Entscheidungen würden die Akzeptanz und auch die Möglichkeiten der Einflussnahme der Führungskraft aufs Team deutlich schwächen. Die Haltung des Vorgesetzten sollte eher klärend und für die Führungskraft unterstützend sein. Er stärkt ihm also den Rücken, damit die Führungskraft sich der schwierigen Führungssituation stellt und lernt konstruktiv damit umzugehen.

Aus meiner Erfahrung sind auch langjährige Führungskräfte in gehobener Position damit teilweise überfordert oder werten diese Unstimmigkeiten ab, weil sie andere Prioritäten setzen. Auch die Rückenstärkung kann eine Aufgabe des Businesscoachings sein. Der Coach begleitet die Führungskraft durch seine/ihre schwierige Führungssituation pragmatisch und lösungsorientiert bis er/sie gefestigt aus der Erfahrung herausgeht.

Wie begleitet der Coach in diesem Falle die Führungskraft?
Ein guter Coach geht hier ganzheitlich vor. Wir starten im Äußeren: Was ist genau vorgefallen? Was ist zuerst passiert, was danach? Wer hat Einfluss genommen?

Wie wurde im Team über die Situation geredet? Wie lange besteht das Problem schon?... usw. Dann schauen wir nach innen: Wie hat die Führungskraft die Situation emotional erlebt? Welche Gedanken kamen hoch? Welche Schlussfolgerungen hat sie daraus gezogen? Welche Emotionen entstanden wiederum durch diese Schlussfolgerungen? Wie ist der innere Dialog ausgegangen? Wie bekannt sind der Führungskraft diese Gedankenschleifen? Welche Parallelen gibt es zu anderen Lebenssituationen?

Ein Coach stellt viele Fragen. Man könnte annehmen, dass es ihm darum geht, die Situation möglichst umfassend zu verstehen. Dies ist nur ein kleiner Teil seiner Absicht. Größtenteils geht es ihm darum, dass die Führungskraft ihr Verhalten, ihre Emotionen und Gedanken sowie die Konsequenzen daraus selbst begreift.

▸ Der Coach will ein Bewusstsein zur Situation schaffen, die der Führungskraft ermöglicht, anders mit der Herausforderung umzugehen und zwar praxis- und zeitnah.

Denkt die Führungskraft anders über die Situation, bewertet sie sie neu. Bewertet die Führungskraft sich selbst in der Situation neu, dann können auch alternative Handlungsoptionen entwickelt werden. Dies ist erst einmal unabhängig vom einzelnen Mitarbeiter. Der Coach hilft in der Ausarbeitung der Handlungsschritte. Insofern ist Businesscoaching immer auch ein Stück weit Beratung.

2.2.4 Die neue Führungskraft wird selbst kaum vom Vorgesetzten geführt

In der neuen Rolle als Führungskraft braucht die Person selbst noch relativ viel Orientierung. Sie muss sich von den operativen Aufgaben nach und nach lösen, was häufig auf Grund von Personalengpässen nicht einfach so umzusetzen ist. Darüber hinaus sind die neuen Führungsaufgaben noch recht unvertraut, sodass viele Fragen entstehen und Antworten dringend benötigt werden.

Meine Empfehlung an Sie, als neue Führungskraft: Sprechen Sie offen mit Ihrem Vorgesetzten über Ihren Wunsch möglichst viel Austausch und auch Feedback von ihm zu bekommen und dass regelmäßige Meetings zwischen Ihnen beiden speziell in den ersten Monaten sehr hilfreich wären.

Auch hier kann ein Coach zur Entlastung des Vorgesetzten beitragen, sodass der Coach und der Vorgesetzte sich die Aufgabe der Einarbeitung der Führungskraft teilen. Der Vorgesetzte übernimmt dann den fachlichen Part und die Unternehmensperspektive. Der Coach unterstützt die Führungskraft zum einen in ihrer

Persönlichkeitsentwicklung, damit der neue Chef die erforderliche Robustheit für die Führungsaufgabe entwickelt. Zum anderen trainiert der Coach mit der neuen Führungskraft praxisnahe Führungs- und Kommunikationstools, damit sie das konkrete Handwerkszeug für ihr Daily Business zur Verfügung hat. Dies kann so weit gehen, dass konkrete Kommunikationsleitfäden für Ansprachen oder Einzelgespräche ausgearbeitet werden.

2.3 Die eigene Motivation zur Führungsfunktion klären

Egal, ob Sie neu oder schon jahrelang als Führungskraft agieren. Eine Frage sollten Sie sich hin und wieder stellen und auch beantworten: Warum mache ich diesen Job? Führung fängt mit Selbstführung an. Selbstführung setzt wiederum Selbstreflexion voraus. Wenn ich meine Motivation und meine Antreiber nicht kenne, wie will ich dann meine Mitarbeiter zu ihrer Bestleistung bringen? Viele Führungskräfte kommen zu mir, weil sie eine Klärung oder Unterstützung in der Reflexion brauchen. Dies ist keinesfalls verwerflich. Ganz im Gegenteil, es ist sehr ratsam als Führungskraft ab und zu mal einen Boxenstopp einzulegen und sich kritisch zu hinterfragen.

Ein Businesscoach ist der optimale Sparringspartner hierfür. Er ist neutral, denn er ist absichtslos. Und wenn er gut ist, dann ist er auch schonungslos. Einige Coaches sind recht vorsichtig im Umgang mit ihren Klienten und schwächen das Feedback zu kritischen Verhaltensweisen ab, indem sie es z. B. relativieren. Oft steckt die Angst dahinter, den Klienten zu verärgern und somit die Kundenbeziehung zu gefährden. Ich halte nichts davon. Das Feedback eines Coaches sollte klar sein – sowohl in Bezug auf die Stärken als auf die Schwächen einer Führungskraft.

Das alleinige Feedback von Kollegen reicht meistens für die Weiterentwicklung auch nicht aus. Denn oft sagt das Feedback mehr über den Feedbackgeber aus als über den Feedbacknehmer. Der Inhalt des Feedbacks ist mit einer gewissen Absicht des Feedbackgebers verknüpft. Der Kollege sagt z. B.: „Dein offensives Auftreten im Führungskreis ist super. Mach bloß weiter so." Was er nicht sagt ist: „Für mich ist das ein Vorteil, weil du die kritischen Punkte auf den Tisch bringst. Ich muss somit nicht aus der der Deckung kommen."

Das Feedback von Kollegen und Mitarbeitern ist wichtig, aber häufig eingefärbt. Sie sollten die Relativität des Feedbacks je nach Position und Beziehung des Feedbackgebers zu Ihnen berücksichtigen.

Es macht also Sinn sich von Zeit zu Zeit einen neutralen Blick auf sich zu genehmigen. Lassen Sie uns den Aspekt der Motivation etwas genauer beleuchten, um die Bedeutung der Selbstreflexion in der Führung wirklich zu begreifen.

2.3.1 Motivation Gestaltungsfreiraum

Fragt man Führungskräfte nach ihrer Motivation, kommt häufig folgende Antwort: Ich wollte meinen Gestaltungsfreiraum vergrößern. Wenn dies z. B. ein Programmierer sagt, dann meint er damit, dass er mehr entscheiden kann, was er programmiert. In gewisser Weise ist das ein Trugschluss. Er kann zwar mehr entscheiden, aber er programmiert dann in der Regel nicht mehr selbst. Denn dafür hat er in seiner neuen Funktion kaum noch Zeit. Im realen Fall fragte ich den ehemaligen Programmierer, wie er denn nun seine Freude am Programmieren auslebt. Die Antwort lautete: am Wochenende.

Viele Mitarbeiter, die fachlich versiert sind und Spaß an ihrer operativen Tätigkeit haben, wie in dem obigen Beispiel, sind nicht automatisch geeignet für eine Führungsrolle. Trotzdem werden sie häufig ohne eine umfassende Potenzialanalyse zum Teamleiter befördert. Erst wenn die neue Führungskraft den Aufgabenwechsel vollzogen hat, realisiert sie in Gänze, dass auch Aufgaben wie Kritikgespräche wegen mangelnder Leistung oder Konfliktklärung zwischen zwei Teamkollegen zum Führungsalltag gehören. Dies hat mit der ursprünglichen Leistungsmotivation so gar nichts zu tun.

Vertriebsmitarbeiter – speziell im Außendienst – haben im Normalfall ein stark ausgeprägtes Freiheitsmotiv. Wenn ein guter Vertriebler nun zum Vertriebschef befördert wird, dann erwartet er häufig von seinem Team, dass sie sich seinem Vertriebsstil anpassen. Frei nach dem Motto: „Macht es so wie ich, dann seid ihr auch genauso erfolgreich wie ich". Wann klappt das? Nur in dem Falle, wenn der Mitarbeiter sehr ähnlich gestrickt ist wie der Chef. Alle anderen verzweifeln an dem Versuch.

Auch hier stimmt die Motivation nicht mit der neuen Rolle überein. Dadurch dass der Vertriebschef seinen Gestaltungsraum erweitern möchte, engt er den Gestaltungsraum der Vertriebsmitarbeiter ein, was für die operative Vertriebsaufgabe schädlich ist. Dies kann zur Folge haben, dass die Motivation, Eigeninitiative und Kreativität der Vertriebsmitarbeiter nachlässt und gleichzeitig der Verkaufsdruck zunimmt. Schließlich will der neue Chef messbar erfolgreich sein. Die Schere zwischen Anspruch und Realität wird größer. Anstatt der neuen Führungskraft werden Vertriebsmitarbeiter ausgetauscht oder verlassen freiwillig das Unternehmen.

Praxistipp für neue Vertriebsleiter
Betrachten Sie Ihre Mitarbeiter wie Ihre besten Kunden. Dann sind Sie bereit, ihnen zuzuhören, sie nach ihren Bedürfnissen zu fragen, konstruktive Vereinbarungen zu treffen und eine stabile Bindung zu ihnen herzustellen. Denn theoretisch hat ein Vertriebler bereits einen gut gefüllten Handwerkskoffer für die Führungs-

aufgabe. Doch durch die unterschiedliche Bewertung von Kunde und Mitarbeiter nutzt er seinen Erfahrungsschatz nur sehr begrenzt.

▶ Die Motivation, selbst gestalten zu wollen, ist in der Führungsfunktion wichtig. Sie reicht aber offensichtlich als Hauptmotiv nicht aus.

2.3.2 Motivation Anschluss

In der Psychologie finden wir häufig die Bezeichnung des Menschen als „Gemeinschaftswesen". Umgangssprachlich nutzen viele den Begriff „Herdentier". Beide meinen im Grunde genommen das gleiche. Wir Menschen fühlen uns in der Gemeinschaft wohler und sicherer als allein. In der Gruppe sind wir mutiger, etwas zu wagen oder neue Dinge auszuprobieren.

Für das Team ist das Anschlussmotiv wichtig, denn wenn die Gruppe harmoniert, dann stemmt das Team auch herausfordernde Aufgaben. Man unterstützt und ermutigt sich gegenseitig: „Komm, gemeinsam schaffen wir das". Für die Führungskraft ist es also ein riesiger Vorteil, wenn der Teamspirit stimmt – das heißt, wenn die Anschlussmotivation mit Freude ausgelebt wird. In vielen Firmen werden zur Förderung der Gemeinschaft Teamevents oder auch Weihnachtsfeiern etc. gesponsert.

> **Praxisbeispiel**
>
> Ein Kunde von mir hat aufgrund eines außergewöhnlich guten Geschäftsjahres das gesamte Team (ca. 200 Mitarbeiter) eingeladen, ein Skiwochenende gemeinsam zu verbringen. Die Kosten wurden komplett übernommen; die Freizeit hat jeder Mitarbeiter selbst eingebracht. Ungefähr 80 % der Mitarbeiter sind mitgefahren.
>
> Die Mitarbeiter waren von der Gemeinschaftsaktion so begeistert, dass sie im Folgejahr wieder einen vergleichbaren Event wollten. Das Problem war nur, dass das alte Geschäftsjahr wirklich außergewöhnlich war und der Erfolg sich im Folgejahr nicht so einfach wiederholen ließ.
>
> Der Geschäftsführer hatte eine Idee. Er verkündete Anfang Juni Folgendes: Wenn wir es schaffen, bis Ende Oktober den Umsatz über Summe X zu steigern, dann gönnen wir uns Ende des Jahres noch einmal gemeinsam ein Eventwochenende in den Bergen.
>
> Das kam in der gesamten Mannschaft an. Jeder – egal in welcher Funktion – hat Gas gegeben und ist die sog. Extrameile gegangen. Das Ziel war herausfordernd, aber alle glaubten daran, es irgendwie schaffen zu können. Und sie haben

es tatsächlich geschafft. Die Freude über den Erfolg war riesig und wurde dann ausgiebig an dem Eventwochenende gefeiert.

Glauben Sie, dass das Team dieses herausfordernde Ziel auch ohne den Anreiz geschafft hätte?

▶ Wenn die Atmosphäre im Team mit einem echten Plus versehen ist, dann ist auch die Leistungsbereitschaft – der Wille, gemeinsam erfolgreich zu sein – deutlich höher.

Für das Team ist also die Anschlussmotivation enorm wichtig – sowohl emotional als auch in Bezug auf die Arbeitsergebnisse. Doch wie sieht es nun mit der Führungskraft aus? Im letzten Jahrhundert ist man noch davon ausgegangen, dass das Anschlussmotiv bei Führungskräften zu vernachlässigen sei. Schließlich sind sie ja nicht mehr direkter Teil des Teams und sollen eine gewisse Größe und Autorität ausstrahlen.

Heutzutage hat das Anschlussmotiv auch in der Führung einen höheren Stellenwert. Man weiß mittlerweile, dass Führungskräfte mit einer „soliden" Anschlussmotivation (nicht zu stark/nicht zu schwach – also ein guter Durchschnitt) ihr Team besser abholen, inspirieren und auch binden können. Das „Empowerment" des Teams klappt besser, weil die Führungskraft in der Lage ist, sich auf das Team einzustellen. Die Führungskraft ist also empathischer.

Zu viel Empathie hat aber auch Nachteile in der Führung. Denken Sie an das Thema „Umgang mit Nähe und Distanz". Eine hohe Anschlussmotivation bedeutet in der Regel auch ein höheres Harmoniebedürfnis und somit eine geringere Konfliktfähigkeit. Führungskräfte trauen sich dann nicht unliebsame Entscheidungen zu treffen, die aber manchmal aus Unternehmenssicht notwendig sind. Sie rechtfertigen sich dann oder entschuldigen sich dafür – nach dem Motto: „Mir waren die Hände gebunden".

Eine Führungskraft mit gebundenen Händen kann nicht handeln und somit auch nicht führen. Sie ist also in dem Moment keine Führungskraft, sondern nur ein reaktiver Weiterleiter. Sie kennen das sicher. Im Management ist man immer mal wieder nur der Durchleiter einer Information.

Praxistipp – Herausforderung Führungskraft als Weiterleiter
Fragen Sie erstens im Topmanagement nach, warum genau diese Entscheidung aus Unternehmenssicht wichtig und richtig sei, obwohl sie für einzelne Bereiche Nachteile aufweist. So können Sie die Logik der Entscheidung zumindest nachvollziehen – auch wenn Sie es vielleicht anders entschieden hätten.

Zweitens sollten Sie Ihrem Team gegenüber aktiv (als Führungskraft) und nicht passiv (als Ausgelieferter) kommunizieren. Dies könnte so klingen: Diese Entscheidung hat die Firmenleitung aus folgenden Gründen getroffen: ... Für unseren Bereich ist dies momentan ein Nachteil, für das Unternehmen insgesamt wird diese strategische Neuausrichtung Marktvorteile bedeuten. Mir ist wichtig, dass wir die Entscheidung respektieren und mittragen. Ich informiere Sie zeitnah, wie wir konkret mit der Situation umgehen und das Beste daraus machen können.

Erkennen Sie den Unterschied zwischen der passiv-reaktiven und der aktiv gestaltenden Haltung? Welchen Vorgesetzten hätten Sie lieber?

▶ Das Motiv *Anschluss* sichert der Führungskraft einen authentischen Zugang zum Team. Sie kann in der Normalsituation emotional und sachlich Einfluss nehmen. Sie wirkt glaubwürdig. Die Mitarbeiter folgen ihrem Chef. Als Hauptmotiv für die Führungsrolle reicht das Anschlussmotiv allerdings nicht aus, da die Führungskraft in herausfordernden Situationen eher abwartet und reagiert als zu steuern. Sie gibt dann sehr schnell das Ruder aus der Hand – im Endeffekt auch ein Nachteil für die Mitarbeiter.

2.3.3 Motivation Macht

Historisch gesehen haben viele Menschen in Deutschland ein Problem oder eine negative Assoziation mit dem Wort „Macht". Wenn ich Führungskräfte frage, wie stark ihr Machtbedürfnis sei, dann winken sie erst einmal ab. Sie wollen kein „Machtmensch" sein und „Machtkämpfe" wollen sie auch nicht austragen. Mir ist wichtig, dass Sie hier das Wort Macht anders begreifen.

Das Machtmotiv beschreibt das Bedürfnis eines Menschen, in einer Gruppe eine Position der Stärke einzunehmen. Der Mensch will also nicht nur dabei sein, sondern er will Einfluss auf die Gruppe nehmen. Bildlich gesprochen: Er ist motiviert für die Gruppe das Steuer in die Hand zu nehmen und die Richtung vorzugeben. Je nach Konstellation will er zumindest mit zum Steuerungsteam gehören und den Kurs mitbestimmen.

Zum Machtmotiv gehören Aspekte wie Überzeugungskraft, Charisma, aus der Erfahrung Wissen weitergeben, anderen helfen oder sie schützen wollen, Entscheidungsfreude, Standfestigkeit und auch Dominanz. Wie bei jedem Motiv, kann es positiv oder negativ umgesetzt werden. Wenn man keine Macht hat, ist man ohnmächtig (ohne Macht). Das Wort Macht kommt ganz allgemein von „machen" –

d. h. ein Mensch mit einem stark ausgeprägten Machtmotiv will Machen im Sinne von Bewirken.

Sie sehen schon an der Erklärung: Das Machtmotiv hat eine besondere Bedeutung für die Führungsfunktion. Menschen mit einen hohen Machtmotiv versuchen, ihren Einfluss auf andere im Team zu vergrößern. Dies kann man auch bei Teamkollegen auf gleicher Hierarchieebene beobachten. Insofern motiviert das Machtbedürfnis Mitarbeiter, auf der Karriereleiter weiter zu kommen.

Wenn wir das Machtmotiv in Kombination mit Führung vertiefen, dann lassen sich Führungskräfte aus meiner Erfahrung in drei Kategorien einteilen.

2.3.4 Führungskräfte mit integriertem Machtmotiv

Die erste Kategorie von Führungskräften kennt ihr Machtbedürfnis und hat es integriert. Sie nutzt also ihr Bedürfnis nach Einflussnahme sowohl im Sinne des Unternehmens als auch im Sinne der Mitarbeiter. Mitarbeiter werden gefordert und gefördert. Die Führungskraft zeigt klare Leitplanken und Grenzen auf und gibt dem Team Orientierung. Die Denkweise des Vorgesetzten ist dem Team bekannt. Er zeigt eine gewisse Kontinuität im Handeln – insofern ist er für das Team einschätzbar.

Das integrierte Machtmotiv ist das Resultat einer starken Selbstreflexion. Der Mensch ist mit sich und seiner Lebenssituation im großen Ganzen im Reinen. Er weiß, wofür er steht, was ihm wichtig ist und was er leisten kann. Selbst- und Fremdbild passen zueinander. Das integrierte Machtmotiv hilft ihm, eine solide Führungsposition einzunehmen ohne abzuheben und bei Gegenwind nicht gleich umzukippen.

In der Regel ist dieser Status das Ergebnis eines jahrelangen Prozesses der Persönlichkeitsreifung. Viele Führungskräfte nehmen für dieses Ziel gezielte professionelle Unterstützung durch einen Coach in Anspruch. Durch ein Coaching wird der Prozess sowohl effektiver als auch effizienter.

Die Führungskraft dreht mithilfe des Coaches weniger Wiederholungsschleifen. Sie vermeidet Fehler und der Lernprozess schreitet schneller voran. Sie wird ermutigt auch schwierige Situationen konsequent anzugehen und bekommt regelmäßig Feedback und somit Orientierung in Bezug auf ihren eigenen Entwicklungsprozess. Das Coaching wirkt also einerseits wie ein Katalysator und andererseits auch wie ein Gewächshaus.

▸ Der Coachingprozess beschleunigt, schützt und fördert die natürliche Reifung der Persönlichkeit.

2.3.5 Führungskräfte mit einem Entweder-oder-Machtmotiv

Die zweite Kategorie an Führungskräften ist sich ihres Machtbedürfnisses ebenfalls bewusst. Bei ihnen ist allerdings ein Entweder-oder-Muster in Bezug auf das Machtmotiv zu sehen. Entweder sie können ihren Einfluss konstruktiv ausüben, weil die Situation oder die Menschen zu ihren Zielen passen. Die Ampel steht also auf Grün und es läuft in ihrem Sinne. Oder es tritt der gegenteilige Fall ein, ihre Ziele sind aus ihrer Sicht gefährdet. Dann werden sie dominant und versuchen mit Druck, ihr Vorhaben durchzuboxen – wenn es sein muss auch auf Kosten anderer.

Dieses 0/1-Verhalten ist bei vielen Führungskräften zu beobachten. Sobald sie unter Druck stehen, ist „Schluss mit lustig". Sie können sich vorstellen, dass in dieser Haltung kaum tragfähige Lösungen produziert werden. Ziel des Coachings ist es hier, erstens das Schwarz-Weiß-Muster zu erkennen und zweitens es zu relativieren, indem wir bildlich gesprochen „Graustufen einfügen".

Nimmt die Führungskraft mehr Handlungsoptionen wahr, weil sie im Coaching die Situation umfassender betrachtet und bewertet, dann lässt der Druck nach. Aus der Entspannung können dann Maßnahmen aus dem Überblick entwickelt werden, die wesentlich nachhaltiger sind. Aus dem anfänglichen Kippschaltermuster wird nach und nach ein feinstufiger Drehschalter.

2.3.6 Führungskräfte mit inhibiertem Machtmotiv

Die dritte Kategorie an Führungskräften denkt, dass das Machtmotiv bei ihr nur schwach ausgeprägt sei, versucht aber bei jeder Möglichkeit direkt oder indirekt Einfluss zu nehmen. Hier spricht man von einem inhibierten Machtmotiv. Das Machtbedürfnis ist unterdrückt. Der Wunsch nach Einflussnahme ist zwar vorhanden, er ist dem Menschen aber nicht bewusst oder er will ihn nicht wahrhaben, da das Bedürfnis als Manko angesehen wird. Man könnte auch sagen, die Führungskraft hat hier einen sogenannten blinden Fleck.

Wie Sie sich denken können, ist diese Konstellation für die Mitarbeiter schwierig. Die Führungskraft bleibt für das Team ein Stück weit unberechenbar. Verhaltensweisen ändern sich von vorsichtig und zögerlich bis aktionistisch.

Auch das inhibierte Machtmotiv kommt bei Führungskräften in der heutigen Zeit oft vor. Um das Machtbedürfnis an die Oberfläche zu holen, damit es bewusst und rational genutzt werden kann, ist es wichtig im Coaching die persönliche Geschichte der Führungskraft zu verstehen: Wann war der Ursprung der Unterdrückung dieses Bedürfnisses? Durch was genau wurde es hervorgerufen? Welche weiteren Erfahrungen haben das Machtmotiv eingeschränkt? Gibt es Ausnahmen?

Sehr häufig wird das Machtbedürfnis bereits in der Kindheit z. B. durch einen sehr autoritären Vater unterdrückt. Das Kind kann dann keine positiven Erfahrungen mit seinem Bedürfnis nach Einflussnahme und Stärke machen. Es zieht sozusagen in der direkten Auseinandersetzung immer den Kürzeren. Was bleibt, ist ein Gefühl der Ohnmacht. Es entwickelt dann den Plan B, die Einflussnahme anders auszuüben z. B. über die Mutter (man sucht sich Komplizen zur Zielerreichung) oder indem es sich zurückzieht und über den Aufbau von Fachwissen punktet.

Ist der Grund der Verdrängung und Unterdrückung des Bedürfnisses erkannt, dann geht es im Coaching in die zweite Phase. Nun trainieren wir, das Machtmotiv aktiv, konstruktiv und zielgerichtet einzusetzen. Die Führungsaufgabe bietet hierfür ein reichhaltiges Trainingsfeld. Jede Herausforderung wie z. B. ein „rebellischer Mitarbeiter", eine Konfliktsituation im Team, ein Ressourcenengpass, eine Verzögerung im Projekt, Qualitätsabfall im operativen Geschäft, eine Meinungsverschiedenheit mit dem eigenen Vorgesetzten usw. kann für das Training genutzt werden. Ein bisschen ist es wie neu Laufen lernen. Das kennen Sie. Sind die ersten Schritte erfolgreich geschafft, dann wird es deutlich leichter. Der Coach passt auf, dass sich die Führungskraft nicht übernimmt aber auch nicht zu vorsichtig agiert. Die Führungskraft braucht messbare Erfolgserlebnisse, die Mut und Lust auf mehr machen.

2.3.7 Einen optimalen Motivmix Führung kreieren

Nach dem aktuellen Stand der Motivationspsychologie unterscheiden wir vier wesentliche Motive:

- das Anschlussmotiv: Bedürfnis nach Nähe, Austausch und Gemeinschaft
- das Leistungsmotiv: Bedürfnis nach Verstehen und Erforschen von Komplexität und Variabilität
- das Freiheitsmotiv: Bedürfnis nach Autonomie und Selbstsein
- das Machtmotiv: Bedürfnis nach Stärke; Einflussnahme und Führung einer Gemeinschaft

In den obigen Aufführungen bin ich auf das Leistungsmotiv nur in Verbindung mit dem Gestaltungsfreiraum eingegangen, da das Freiheitsmotiv das Leistungsmotiv in Richtung Führung pusht. Hat ein Mensch vorrangig das Leistungsmotiv stark ausgeprägt, dann will er sich in erster Linie fachlich weiterentwickeln. Für eine Führungsaufgabe wird er sich nur begeistern, wenn er ein Spezialistenteam – also ein Team Gleichgesinnter – bekommt.

▶ Damit Sie als Führungskraft auch unter Druck tragfähige Lösungen erzeugen können, ist es wichtig, den eigenen Motivmix zu kennen. Was treibt Sie aktuell an? Die Motive verändern sich je nach Lebensphase. Es macht also Sinn, sich in größeren Etappen immer mal wieder diese Frage zu stellen.

Zusätzlich zur Reflexion der Istsituation helfen wissenschaftlich fundierte Motivtests. Mehrere psychologische Fakultäten haben sehr brauchbare Tests entwickelt. Ich selbst verwende für meine Klienten „TOP 360° Führung" der Universität Osnabrück. Neben einer umfassenden Motivanalyse zeigt dieser Test zusätzlich die Ausreifung der Selbststeuerungskompetenzen sowie typische Verhaltensmuster der Führungskraft, wenn sie entspannt ist und wenn sie im Vergleich dazu unter Druck steht. Dieser Test gibt so viel Aufschluss über die Person, dass klar wird, auf was wir uns im Coaching zur Zielerreichung konzentrieren müssen.

Unabhängig von Ihrem jetzigen Motivmix gibt es im Allgemeinen für Führungspositionen eine Art günstige Motivausrichtung, die ich Ihnen natürlich nicht vorenthalten möchte. Auf Platz Eins der Wichtigkeitsskala für Führung steht in der Tat das Machtmotiv. Es sollte bei Führungskräften überdurchschnittlich ausgeprägt sein – insbesondere, wenn man der Chef von Führungskräften werden möchte.

Auf Platz Zwei kommt das Anschlussmotiv. Gerade bei größeren Unternehmen und Konzernen gewinnt das Anschlussmotiv an Gewicht, da das interne Networking und auch die Anpassungsfähigkeit in der Führung besonders gefragt sind. Das Anschlussmotiv ist aber auch wichtiger geworden in der Führung aufgrund des stärker ausgeprägten Freiheitsmotivs bei der sog. Generation Y. Die Führungskraft muss sich also mehr auf die individuellen Bedürfnisse der Mitarbeiter einstellen können.

Je nach Führungsposition und Unternehmen folgen auf Platz Drei entweder das Freiheitsmotiv oder das Leistungsmotiv. Wenn die Führungskraft einen neuen Bereich wie z. B. eine neue Dienstleistung innerhalb des Unternehmens aufbauen soll, dann ist das Freiheitsmotiv eindeutig wichtiger. Es müssen neue Strukturen geschaffen werden. Vielleicht muss man auch mal das Pferd von hinten aufzäumen – also ausgetretene Pfade verlassen. Unternehmerisches Denken und Handeln ist gefragt.

Das Leistungsmotiv ist wie oben bereits erwähnt von besonderer Bedeutung, wenn es um die Führung eines Spezialistenteams geht. Insgesamt spielt für die Führung das Leistungsmotiv eine eher untergeordnete Rolle.

Je nach spezifischer Führungsaufgabe und Hierarchieebene kann der Motivmix der Führungskraft etwas variieren. Reicht es aus, dass bei Teamleitern das Machtmotiv nur leicht höher als das Anschlussmotiv und Leistungsmotiv ist, so sollte der Unterschied bei Bereichsleitern deutlich stärker ausgeprägt sein. Sie müssen noch mehr aus der Distanz führen und übergeordnete Entscheidungen mit Weitblick treffen.

2.4 Motivation der Mitarbeiter

Durch ein Coaching lernt die Führungskraft wie vorhergehend beschrieben, die eigenen oft verdeckten Antreiber zu verstehen und sie ins Bewusstsein zu holen, um sie für ein zielgerichtetes Handeln nutzbar zu machen. Dies ist ein Vorteil. Ein weiterer Vorteil dieser Reflexion ist, dass die Führungskraft die Motivation der Mitarbeiter besser wahrnehmen kann. Was treibt den jeweiligen Mitarbeiter an, sich in bestimmten Situationen so und nicht anders zu verhalten?

Führungskräften fällt es oft schwer, bestimmte Verhaltensweisen von Mitarbeitern einzuordnen, weil sie sie nicht nachvollziehen können. Sie würden sich selbst nie so verhalten. Verhaltensweisen, die ein Mensch nicht versteht, erzeugen Unsicherheit und manchmal auch Ärger. „Wie gehe ich mit dieser Situation um – wir sind hier doch nicht im Kindergarten?", fragt sich die Führungskraft.

Wenn ich als Führungskraft nun erkenne, welche Motive zu diesem Verhalten führen, dann fühle ich mich erstens nicht mehr angegriffen und zweitens weiterhin souverän handlungsfähig – ein gutes Gefühl.

In dem ersten Kapitel „Wozu Führung?" hatten wir festgehalten, dass eine Kernaufgabe der Führung die Mitarbeiterentwicklung ist. Die Mitarbeiterentwicklung ist aus mehreren Gründen elementar wichtig: zum einen muss das Team fachlich auf dem neuesten Stand sein. Zum anderen geht es aber auch darum, die Motivation der Mitarbeiter zu halten und im optimalen Falle auch zu verstärken.

Lassen Sie mich eins noch einmal betonen: Ist der Mitarbeiter nicht mehr motiviert, was seine täglichen Aufgaben angeht, dann muss er etwas anderes machen oder woanders hingehen. Sie können als Führungskraft nicht die Grundlage für eine Motivation schaffen. Macht dem Mitarbeiter die Arbeit also vom Grundsatz her keinen Spaß mehr, dann ist es Zeit für einen Wechsel. Mitarbeiterentwicklung ist dann Zeitverschwendung.

Ist der Mitarbeiter prinzipiell leistungsbereit und leistungsfähig – die Grundmotivation stimmt also, wird aber durch z. B. bestimmte Faktoren im Team blockiert oder reduziert, dann macht ein klärendes Gespräch auf jeden Fall Sinn.

Welche blockierenden Aspekte kennen Sie? Hier eine Auswahl:

Fall 1: Der Mitarbeiter hat einen Konflikt mit einem Kollegen und fühlt sich unwohl mit der Situation. Es wird im Team darüber geredet und zum Teil auch Stimmung gegen ihn gemacht.

Fall 2: Der Mitarbeiter fühlt sich benachteiligt, weil andere Kollegen befördert wurden und er nicht.

Fall 3: Der Kollege muss zu viel Tagesgeschäft abarbeiten und würde gerne mehr in Projekten tätig sein.

Fall 4: Der Kollege macht viele Aufgaben allein. Ihm fehlt der Austausch. Er würde gerne mehr im Team agieren.

Fall 5: Der Kollege schätzt seine eigene Leistung und sein Potenzial wesentlich höher ein. Das Feedback, was er erhält, ist aus seiner Sicht zu negativ.

Übung: Machen Sie Folgendes

Gehen Sie die fünf Beispiele durch und ordnen Sie jeder Situation das passende Motiv zu.

Vergleichen Sie sie anschließend mit den folgenden Texten. Kommen Sie zu dem gleichen Ergebnis?

Zu Fall 1: Bedürfnis nach mehr Harmonie und Akzeptanz im Team – Anschlussmotiv

Der Mitarbeiter braucht mehr Nähe, Harmonie und Akzeptanz im Team. Er fühlt sich nicht komplett integriert – vielleicht sogar ein Stück weit ausgeschlossen. Als Führungskraft ist es wichtig, dieses Bedürfnis ernst zu nehmen. Eine Möglichkeit, damit umzugehen, ist beim nächsten Teammeeting die Qualität der teaminternen Kooperation und Kommunikation zu besprechen: Was läuft gut? Was können wir verbessern? Sie können also jeden in die Pflicht nehmen, an dem Teamspirit zu arbeiten.

Zu Fall 2: Bedürfnis nach Anerkennung/Status – Freiheitsmotiv

Der Wunsch nach Anerkennung der Leistung mit der entsprechenden offiziellen Auszeichnung gehört zum Freiheitsmotiv. Durch die Beförderung wird dem Mitarbeiter faktisch bestätigt, dass er sein Aufgabengebiet (seinen Freiraum im Unternehmen) gut erfüllt hat. Er ist nun motiviert, mehr zu leisten und sein Aufgabengebiet zu erweitern. Die Führungskraft muss bei Beförderungen sehr auf Nachvollziehbarkeit achten. Werden Mitarbeiter aufgrund eines guten Verhältnisses zum Vorgesetzten befördert ohne entsprechende Leistungserbringung, dann vermitteln Sie damit eine ganz schlechte Botschaft: Leistung lohnt sich nicht.

Sprechen Sie also mit dem unzufriedenen Kollegen, warum Sie ihn dieses Jahr nicht befördert haben und was er tun kann, damit er in der nächsten Runde dabei ist. Sie stellen somit gemeinsam einen Mitarbeiterentwicklungsplan auf. Dies gibt ihm Orientierung und die Chance, effektiv sein Bedürfnis nach Anerkennung zu befriedigen.

Zu Fall 3: Bedürfnis nach Wissenserweiterung – Leistungsmotiv
Mitarbeiter mit einem starken Leistungsmotiv brauchen in regelmäßigen Abständen neue Aufgaben. Projektarbeit ist also optimal. Schauen Sie, wie Sie die Aufgaben für den Leistungsmotivierten interessant machen können. Vielleicht kann er auch abteilungsübergreifende Aufgaben mit übernehmen. Fragen Sie ihn aktiv, welche Themengebiete ihn speziell interessieren. Auch wenn Sie nicht sofort die passende Aufgabe für ihn haben, haben Sie seinen Wunsch vermerkt. Er fühlt sich ernst genommen. Die nächste herausfordernde Aufgabe wird schon kommen.

Zu Fall 4: Bedürfnis nach mehr Austausch – Anschlussmotiv
Es gibt zwar keine Probleme im Team wie in Fall eins. Dem Mitarbeiter fehlen aber insgesamt die Nähe und der Austausch. Schaffen Sie Möglichkeiten wie z. B. regelmäßige Teammeetings. Eine andere Möglichkeit ist einmal pro Woche ein Teamlunch einzuführen. So können sich die Mitarbeiter z. B. jeden Montag in gemütlicher Runde zwanglos austauschen. Das Meeting und den Lunch können Sie selbstverständlich auch koppeln.

Zu Fall 5: Bedürfnis nach Stärke und Einflussnahme – Machtmotiv
Der Mitarbeiter möchte mehr Einfluss nehmen und sieht sein Potenzial hierfür. Vielleicht tritt er in Meetings sehr selbstbewusst bis forsch auf und bekommt auch deswegen ein schlechteres Feedback. Es ist wichtig, die Motivation des Mitarbeiters nicht abzuwerten. Sprechen Sie mit dem Mitarbeiter unter vier Augen und gehen Sie mit ihm ins Detail. Was macht er gut? Welches Verhalten kommt im Unternehmen positiv an? Welches nicht? Geben Sie ihm ein differenziertes Feedback über das „Was" und das „Wie" seiner Leistung.

Wenn er versteht, wie er nach außen wirkt, dann kann er sein Verhalten anpassen, wie er auf Andere wirkt – zumindest ist er motivierter, dies zu tun. Oft liegen bei jungen Menschen mit einem hohen Machtmotiv, Selbst- und Fremdwahrnehmung noch zu weit auseinander. Regelmäßige Rückmeldungen seitens der Führungskraft helfen dem Mitarbeiter diese Kluft zu reduzieren und damit die Wahrnehmung im Unternehmen zu verändern.

> ▶ Allein schon das Erfassen der Motive, die hinter dem Handeln stecken, hilft der Führungskraft tragfähige Lösungen vorzubereiten. Durch eine entsprechende Kommunikation mit den Mitarbeitern können dann zeitnah konkrete Lösungswege aufgezeigt und vereinbart werden.

Lassen Sie mich diesbezüglich noch einen Punkt vertiefen. Es gibt Situationen, da kennen Sie die Mitarbeitermotivation und halten eine Förderung des Mitarbeiters auch für richtig. Sie haben nur ein Problem: Es gibt derzeit und auch in absehbarer Zukunft keine Entwicklungschance für den Mitarbeiter in Ihrer Abteilung und im Unternehmen.

Jetzt müssen Sie eine grundsätzliche Entscheidung treffen. Eine Möglichkeit ist, den Mitarbeiter mit leeren Versprechungen so lange wie möglich hinzuhalten. Eine andere Option ist, dem Mitarbeiter zu erklären, dass Sie derzeit keine Lösung sehen, jedoch sehr an seiner Entwicklung im Unternehmen interessiert sind. Gemeinsam können Sie dann nach Übergangslösungen wie z. B. einer berufsbegleitenden Weiterbildung schauen oder wenn möglich einen befristeten Aufenthalt in einer Niederlassung bzw. einem Tochterunternehmen im Ausland organisieren.

Ist der Mitarbeiter selbst Führungskraft, dann können Sie ihm auch eine berufsbegleitende Coachausbildung anbieten. Dies stärkt seine Führungskompetenzen und bereitet ihn umfassend auf die Führung einer größeren Abteilung oder eines Bereichs vor. Zusätzlich stärkt die Weiterbildung die Bindung zum Unternehmen.

2.5 Weitere Beispiele herausfordernder Führungssituationen

Die Anzahl möglicher herausfordernder Führungssituationen ist aufgrund der vielfältigen Faktoren fast unbegrenzt. Da im Coaching immer die Führungskraft selbst und nicht das Thema im Fokus steht, ist der Coachingprozess sehr individuell auf die derzeitige Situation der Führungskraft sowie ihrer Persönlichkeit ausgerichtet. Im Einzelfall zählen somit nur die spezifischen Faktoren, die bei dem Klienten aktuell zu einer Herausforderung führen.

Natürlich gibt es Fragestellungen, die immer wieder Thema einer Coachingsitzung sind. Einige wesentliche Aspekte haben wir auf den vorhergehenden Seiten beleuchtet. Einige weitere Beispiele möchte ich nun noch ergänzen.

2.5.1 Übernahme des Mitarbeiters am Ende der Probezeit – Ja/Nein/Vielleicht

Für viele Berufe ist es mittlerweile schwierig, gutes Personal zu bekommen. Es werden B- und C-Kandidaten eingestellt, weil keine A-Kandidaten verfügbar sind. Größere Unternehmen haben mittlerweile eigene Abteilungen, die sich ausschließlich um die Akquise potenzieller Leistungsträger z. B. an Hochschulen kümmern. Auf lange Sicht ist es für das Unternehmen rentabler, mehr Energie in die Personalsuche und den Auswahlprozess zu stecken, als „Quick-and-dirty-Lösungen" zu wählen.

Gehen wir von der Situation aus, dass die Führungskraft bei der Einstellung Abstriche gemacht hat. Sie sieht aber bei dem Kandidaten Entwicklungsmöglichkeiten, ganz in die Aufgabe hineinzuwachsen. Sie sollte dann die Probezeit besonders ernst nehmen. Sechs Monate sind schnell vorbei. Gerade bei Wackelkandidaten ist zum Ende der Probezeit ein besonderes Engagement zu beobachten. Lassen Sie sich hiervon nicht blenden. Die kompletten sechs Monate zählen.

Falls Sie sich also unsicher sind, sollten Sie dem Mitarbeiter lieber einen befristeten Vertrag anbieten, anstatt das Prinzip Hoffnung walten zu lassen und den Mitarbeiter unbefristet zu übernehmen. Ich hatte schon häufig die Drucksituation von Führungskräften im Coaching, dass sie nach gut einem Jahr sehr unzufrieden mit der Leistung des Mitarbeiters waren. Als Antwort auf meine Frage, warum sie den Mitarbeiter denn überhaupt übernommen hätten, kam dann: „In der Probezeit zeigte der Mitarbeiter noch Willen zu lernen".

Der Wille alleine sollte meiner Meinung nach nicht ausreichen, um die Probezeit in einen Festvertrag umzuwandeln. Testen Sie den Mitarbeiter mit konkreten Aufgaben, die er schon in der Probezeit alleine bewerkstelligen soll. Fordern Sie ihn also von Anfang an heraus, damit er später nicht für Sie zur Herausforderung wird.

Bei Unsicherheit ist es manchmal besser sich gegen den Mitarbeiter zu entscheiden und ihn nicht zu übernehmen. Ein leistungsschwacher Mitarbeiter bedeutet nicht nur mehr Führungsaufwand für Sie, sondern auch Mehrarbeit für die Teamkollegen. Je nach Belastung des Teams sollten Sie sich das gut überlegen.

Auch wenn der neue Mitarbeiter sich aufgrund seiner Persönlichkeit schlecht in das Team integrieren kann, sollten Sie sich eine Übernahme gut überlegen. Denn Leistung bemisst sich nicht nur im „Was" – Was leistet der Mitarbeiter, sondern auch im „Wie" – Wie verhält er sich dabei. Und wenn das „Wie" nicht stimmt, weil der Mitarbeiter z. B. zu viel Unruhe ins Team bringt, dann leidet das „Was" im Team zumindest mittelfristig auch.

▶ Nutzen Sie die Probezeit intensiv, um die Motivation und die Kompetenz des Mitarbeiters genau einordnen zu können. Wenn Sie nicht hundertprozentig überzeugt sind, dann verlängern Sie lieber die Probezeit oder geben dem Mitarbeiter einen befristeten Vertrag.

2.5.2 Leistungsabfall bei Mitarbeitern aufgrund von privaten Belastungssituationen

Eine häufige Herausforderung für Führungskräfte ist eine private Belastungssituation eines Mitarbeiters wie z. B. die Trennung vom Partner, schulische Probleme der Kinder, die Betreuung der eigenen Eltern oder auch wiederkehrende gesundheitliche Probleme bei dem Mitarbeiter selbst. Es ist normal, dass die Leistungsfähigkeit eines Mitarbeiters in einer solchen Situation nachlässt.

Wenn Sie eine Verhaltensänderung bei dem betreffenden Mitarbeiter wahrnehmen, zögern Sie nicht, ihn darauf anzusprechen – am besten in einer wohlwollenden Form. Vermeiden Sie es möglichst, noch mehr Druck durch die Art der Gesprächsführung zu erzeugen. Wenn der Mitarbeiter sich Ihnen anvertraut, dann haben Sie schon viel gewonnen – zumindest Klarheit.

Nun hängt es von Ihrer Abteilungssituation ab, wie flexibel Sie auf die Situation reagieren können. Prinzipiell kann ein Mitarbeiter eine gewisse Rücksichtnahme in diesen Ausnahmesituationen vom Arbeitgeber erwarten. Sorgen Sie dafür, dass der Mitarbeiter ein Stück weit entlastet wird z. B. durch Homeoffice oder durch Einhaltung der Regelarbeitszeit (keine Überstunden). Vielleicht kann er auch flexibler seinen Urlaub nehmen oder Überstunden abbauen. Informieren Sie das Team in Absprache mit dem Mitarbeiter über diese zeitlich befristete Sondersituation. Ein gutes Team schweißt das gemeinsame Stemmen von Belastungssituationen zusammen. Man hilft sich gegenseitig und kann sich aufeinander verlassen – ein echter Mehrwert.

2.5.3 Konflikte zwischen Teamkollegen

Was machen Sie als Führungskraft, wenn es zwischen Kollegen in Ihrem Team Spannungen gibt, die offensichtlich werden? Aus meiner Erfahrung machen viele Führungskräfte erst einmal gar nichts und hoffen, dass sich die Situation von alleine beruhigt. Dies erweist sich in der Regel als Fehler. Denn was passiert, wenn man an einen Konflikt nicht angeht? Er wächst und gedeiht.

Gehen Sie davon aus, wenn zwei Kollegen immer wieder aneinander geraten, können sie das Problem nicht untereinander lösen. Wenn sie dazu in der Lage wären, hätten sie es wahrscheinlich schon getan. Der Mensch sucht grundsätzlich Harmonie. Ein Konflikt entsteht im Team also erst, wenn zumindest ein Mitarbeiter im Team sich benachteiligt sieht und andere mitverantwortlich dafür macht.

Konflikte werden in der Anfangsphase nicht offen sondern verdeckt ausgetragen. Dies macht es für einen Vorgesetzten schwieriger, die Brisanz zu erkennen.

Die Negativwirkung wird unterschätzt. Machen Sie sich eins klar als Führungskraft: Jeder Konflikt reduziert die Leistungsfähigkeit im Team. Die Aufmerksamkeit ist dann nur noch teilweise auf die Arbeit gerichtet. Der Mitarbeiter ärgert sich und grübelt, wie er am besten mit der Situation umgeht. Die Gedanken kreisen und kreisen um die unbefriedigende Konstellation. Kollegen werden mit einbezogen und ebenfalls abgelenkt.

Woher genau kommen diese Spannungen? Konflikte lassen sich auf drei Hauptursachen zurückführen.

Wahrnehmungskonflikte
Sie entstehen dadurch, dass wir unterschiedliche Aspekte zu einem Sachverhalt wahrnehmen. D. h. wir picken uns unbewusst bestimmte Fakten heraus, andere Punkte ignorieren wir, da sie z. B. nicht zu unseren Erfahrungen passen. Aufgrund der Selektion trifft der Mitarbeiter nun bestimmte Annahmen und Schlussfolgerungen. Ein Kollege mit einer anderen Wahrnehmung, weil er z. B. mehr Vorwissen zu dem Thema mitbringt, schlussfolgert anders. Die typische Folge hiervon sind Unverständnis und Missverständnisse. Es sind dann Äußerungen zu hören wie: „Der Kollege kapiert aber auch gar nichts. Dem muss man ja alles doppelt und dreifach erklären."

Bewertungskonflikte
Eine zweite Ursache von Reibung im Team ist eine unterschiedliche Bewertung einer Situation. Wir haben zwar eine ähnliche Wahrnehmung, aber wir setzen unterschiedliche Prioritäten. Für den Kollegen A hat dieser Sachverhalt oberste Priorität. Für den Kollegen B ist es nebensächlich. Wenn nun Kollege A auf die Mithilfe von B angewiesen ist, er aber nicht so mitzieht, weil eine andere Aufgabe für ihn Vorrang hat, dann kommt es zwangsläufig zu Missstimmung bis lautstark gezeigtem Ärger.

Zielkonflikte
Die dritte Ursache von Konflikten sind Unterschiede im Wollen. Die Mitarbeiter verfolgen unterschiedliche Ziele. Normalerweise sollte dies innerhalb eines Teams mit einer Kernfunktion nicht der Fall sein. Bereichs- oder abteilungsübergreifend sind Zielkonflikte aber normal. So hat z. B. der Vertriebsaußendienst das Ziel, möglichst viele Kundenanfragen zu generieren. Dies verursacht im Vertriebsinnendienst einen hohen Arbeitsaufwand. Der Innendienst hätte lieber weniger Anfragen, aber dafür stärker validierte, damit das Angebot dann auch mit hoher Wahrscheinlichkeit zum Auftrag führt. Hat der Außendienstmitarbeiter eine gewisse Angebotsquote in seiner prämienrelevanten Zielvereinbarung, dann verschärft

sich der Konflikt sogar. Das Endziel der beiden Teams ist zwar gleich, aber das Zwischenziel unterschiedlich.

Je schneller Sie den Konflikt erkennen und sich aktiv mit ihm auseinandersetzen, umso effektiver die Lösung. Ein Konflikt eskaliert zum Teil sehr schnell. Warten Sie nicht bis das Tischtuch zerschnitten ist.

Die einfachsten Konflikte für Sie, als Führungskraft, sind Wahrnehmungskonflikte. Hier reicht häufig ein gut strukturiertes klärendes Gespräch, welches von Ihnen moderiert werden sollte. Missverständnisse und Meinungsverschiedenheiten klären sich, wenn die Fakten umfassend gemeinsam beleuchtet werden. Maßnahmen lassen sich relativ leicht ableiten wie z. B. eine Veränderung des Emailverteilers oder durch mehr Austausch der Kollegen in dem Projekt.

Bewertungskonflikte sind ebenfalls sehr häufig in Teams anzutreffen. Hier benötigen Sie als Führungskraft bereits mehr Handwerkszeug, da die Emotionalität der Beteiligten stärker ausgeprägt ist. Ihr Schlüssel zur Konfliktklärung ist aber auch in diesem Fall Ihre Kommunikationsfähigkeit. Sowohl auf der Sach- als auch auf der Gefühlsebene müssen Sie aktiv in die Konfliktlösung gehen. Oft ist es leichter, erst einmal mit jedem Mitarbeiter einzeln zu sprechen. Dann können Sie danach Ihre eigene Position reflektieren und einen Gesprächsleitfaden für das Lösungsgespräch zu dritt entwerfen. Es lohnt sich für die Gesprächsvorbereitung einen erfahrenen Coach hinzuzuziehen.

Zielkonflikte binden viel Energie und rauben Kraft. Hier sollte je nach Ebene die Geschäftsführung oder Bereichsleitung den Teams eine klare Richtung mit Prioritäten und Grenzen zur Orientierung vorgeben. Es wird immer Einzelfallentscheidungen geben. Wenn aber jeder Business Case intern verhandelt wird, dann verliert das Unternehmen an Effizienz.

▶ Reibung im Team ist ganz normal und gehört somit zum Tagesgeschäft. Je schneller eine Führungskraft die Spannung im Team erkennt, aufgreift und klärt, umso leichter lässt sich ein Lösungsweg entwickeln. Sprechen Sie Fakten und Emotionen offen und ohne Beurteilung an. Erklären Sie sachlich Ihre Position zu dem Thema. Versuchen Sie eine Vereinbarung zu erzielen oder geben Sie wenn erforderlich die Richtung vor. Behalten Sie das Steuer der Gesprächsführung auf jeden Fall in der Hand.

2.5.4 Anzeichen von Burnout

Fast jede Führungskraft kennt Fälle von Burnout. Da das Thema umfassend in einem anderen Kapitel des Buches bearbeitet wird, möchte ich hier allein Ihre Rolle als Führungskraft vertiefen.

Wie Sie wissen, ist die allgemeine Arbeitsbelastung pro Job deutlich gestiegen. Fachkräfte machen Überstunden um Überstunden. Oft wird das Unternehmen erst wach, wenn mehrere Mitarbeiter aufgrund von dauerhaftem Stress längerfristig ausfallen. Diagnose: Burnout.

Dabei fällt eine Burnouterkrankung nicht vom Himmel. In der Regel kommen mehrere Faktoren zusammen. Stress ist ein wesentlicher Faktor, wobei Stress sowohl quantitativ als auch qualitativ entstehen kann. Man weiß, dass die Belastbarkeit von Mitarbeitern sehr unterschiedlich ist. Die meisten Menschen können mit mengenmäßiger Belastung besser umgehen als mit innerem Druck, der z. B. durch teaminterne Konflikte verursacht wird. Kommt beides dauerhaft zusammen, ist der Zusammenbruch nur noch eine Frage der Zeit.

Schützen Sie Ihre Mitarbeiter vor diesem Dauerstress und lösen Sie auch aus dem Grund teaminterne Konflikte aktiv und konsequent. Menschen können mit starker Belastung umgehen, wenn es Erholungsphasen gibt. Wenn Sie merken, dass die Leistungsfähigkeit eines Mitarbeiters nachlässt z. B. anhand einer erhöhten Fehlerquote, Antriebsschwäche oder Gereiztheit, dann suchen Sie bitte zeitnah das Gespräch unter vier Augen.

Auch wenn Sie momentan selbst keine Möglichkeit der Entlastung sehen, sollten Sie trotzdem genau hinterfragen, wie es dem Mitarbeiter geht und was genau der Grund der Leistungsveränderung ist. So können Sie, wenn erforderlich, frühzeitig umorganisieren und Alternativen entwickeln sowie diese bei der Geschäftsführung einfordern. Immer noch besser als den Mitarbeiter kollabieren zu lassen und von heute auf morgen für Wochen eine Kraft weniger im Team zu haben – was auch zu einem Dominoeffekt führen kann.

Als Führungskraft übernehmen Sie Verantwortung – sowohl für die jeweilige Aufgabe als auch für Ihr Team. Ein Vorgesetzter hat für sein Team eine Fürsorgepflicht. Auch wenn es eine Herausforderung ist und bei der Führungskraft selbst Druck erzeugt, bleiben Sie stark und gehen Sie ins Handeln. Und wenn der erste Schritt ein Anruf bei Ihrem Coach ist – auch das gehört zum Leistungsspektrum des Coachings.

2.6 Quintessenz

Als Führungskraft tragfähige Lösungen unter Druck zu erzeugen ist ein Stück weit „Daily Business". Als neue Führungskraft muss ich zuerst lernen, mit meinem inneren Druck umzugehen. Viele neue herausfordernde Situationen verunsichern mich und lähmen somit eher mein Handeln. Ein Businesscoach als Starthilfe ist auf jeden Fall zu empfehlen. Die Investition lohnt sich, weil Kardinalfehler mit eventuellen hohen Folgekosten vermieden werden.

Je nach Position und Branche muss die Führungskraft lernen mit einer hohen Veränderungsgeschwindigkeit umzugehen bzw. sie zu managen. Flexibilität im Denken und Handeln als Erfolgsfaktor in der Führung hat aus dem Grund heutzutage ein besonderes Gewicht. Bitte nicht verwechseln mit (blindem) Aktionismus.

Wie fördere ich meine Flexibilität in der Führung? Ein wichtiger Faktor ist das regelmäßige Verlassen der eigenen Komfortzone: das eigene Handeln als Führungskraft zu hinterfragen, die eigenen Motive regelmäßig neu zu bewerten, den Sinn in der Aufgabe für sich zu definieren und kontinuierlich das eigene Wissen zu erweitern. Eine zweite Aufgabe des Businesscoaches ist somit die Weiterentwicklung der Führungskraft zu fördern, sodass sie in der Lage ist, die Führungsfunktion eigenverantwortlich und authentisch auszuführen.

Eine dritte Funktion ist es, die Führungskraft in akuten Belastungssituationen zu stärken. Dies können Situationen sein wie Mitarbeiterkonflikte, abteilungsübergreifende Spannungen oder auch Auseinandersetzungen mit den eigenen Vorgesetzten. Die Führungskraft nutzt den vertrauten Coach, um sich selbst zu reflektieren, Optionen zu eruieren und konkrete Handlungsschritte inkl. Kommunikationsleitfäden zu erarbeiten.

Der Businesscoach ist somit Begleiter, Unterstützer und Berater in einer Funktion. Das Coaching wirkt zum einen wie ein Katalysator – die Führungskräfteentwicklung wird beschleunigt. Darüber hinaus bewirkt das ganzheitliche Coaching die Reifung der Persönlichkeit. Ein wichtiger Faktor in der Führung, denn wenn die Führungskraft ein tiefgreifendes Gespür für sich selbst entwickelt hat, dann kann sie auch Mitarbeiter in ihren Stärken und Schwächen ganzheitlich erfassen und ihr Entwicklungspotenzial richtig einschätzen. Die Führungskraft gibt Orientierung und wird zum Vorbild für die Mitarbeiter. Leistungsträger bleiben länger im Team, weil sie sich anerkannt fühlen, gefördert werden und sich schlicht wohlfühlen. Die Führungskraft wird zum Multiplikator. Die innere Stärke und Klarheit des Teams spiegelt sich in einem einheitlichen Auftritt wider.

Auch für Unternehmen gilt: innere Stärke = äußere Stärke. Haben alle Führungskräfte diesen Klärungs- und Reifungsprozess vollzogen und ihre Stärken in einer einheitlichen Unternehmensausrichtung gebündelt, dann steht der Unternehmenserfolg auf soliden Beinen.

Die Kernaufgabe im Führungskräftecoaching ist somit, die echten Qualitäten der Führungskräfte aufzudecken und auszugreifen, damit sie zielgerichtet für das Unternehmen genutzt werden können. Wirksame Führung geht also nur aus der Stärke. Entdecken Sie die Freude am Splash und entwickeln Sie Ihre wahre Stärke.

Silke Rengstorf ist Inhaberin der Coaching School – Institut für Führungskräfte-Entwicklung in Willich bei Düsseldorf. Sie ist seit 18 Jahren als Beraterin, Trainerin und Coach für Unternehmen europaweit tätig.

Ihr Leitsatz: „Leben heißt Lernen"
Dieses Motto nimmt Silke Rengstorf auch für sich in Anspruch. Sie verfügt sowohl über eine fundierte kaufmännische als auch psychologische Ausbildung. Sie ist Diplom-Betriebswirtin, Direktmarketing-Fachwirtin (BAW), Management-Trainerin (TAM-Trainerdiplom), lizenzierte High-Ropes-Trainerin, systemische Unternehmensberaterin, Heilpraktikerin Psychotherapie sowie zertifizierter Führungskräfte-Coach.

Ihre Erfahrungen: Viele Jahre war sie selbst als Führungskraft in Unternehmen tätig
Silke Rengstorf hat für die NUR Touristic – jetzt Thomas Cook – von 1990 bis 1996 das Kunden-Databasemanagement und das Dialogmarketing aufgebaut und als Profit-Center geleitet. Bis 1998 war sie als Marketing- und Vertriebsleiterin für die Euroforum Deutschland GmbH, ein internationaler Konferenz- und Seminaranbieter, tätig. Seit Mitte 1998 ist sie als Unternehmensberaterin, Trainerin und Coach branchen- und länderübergreifend aktiv. Zu ihrem Kundenkreis zählen sowohl mittelständische Unternehmen als auch internationale Konzerne.

Ihre Schwerpunkte: Lassen Sie Ihre Persönlichkeit „splashen"
In ihrer Coaching School entwickeln sie Fach- und Führungskräfte zielorientiert weiter in den Bereichen Kommunikation, Persönlichkeit und Führung. Silke Rengstorf selbst trainiert und coacht nach einem ganzheitlichen, lösungsorientierten Ansatz in den Sprachen Deutsch und Englisch. Ihr Spezialgebiet von Ausreifung der Persön-

lichkeit zu mehr Authentizität und Charisma wird stark nachgefragt.

Persönliche Anmerkung:
Ich freue mich über Ihr Feedback zu dem Kapitel. Mailen Sie mir Ihre Rückmeldung oder schreiben Sie mir, wenn Sie weitere Fragen haben unter: info@coachingschool.de. Weitere Informationen finden Sie auch auf meiner Homepage: www.coachingschool.de

Berufliche Neuorientierung

3

Christian Ritz

Zusammenfassung

Ursprünglich kommt der Begriff „Coach" aus dem Sport. Es ging und geht auch heute noch um die spezielle Begleitung eines Sportlers, mit deren Hilfe er oder sie ungenutzte Energiereserven mobilisiert und möglichst gewinnt. Dass dies nicht nur im Sport seine Gültigkeit hat, zeigt die Fülle an Coaches, die sich in den letzten Jahren etabliert haben. Auch in anderen Lebensbereichen profitieren Menschen davon, wenn sie sich einer professionellen Begleitung bedienen, die sie an die eigenen ungenutzten Energiereserven heranführt. In diesem Beitrag geht es um Berufstätige. Exemplarisch werden Einflussfaktoren und Abhängigkeiten aufgezeigt, wie Arbeit gelingen und misslingen kann. Es werden Ansatzpunkte und Interventionen beschrieben, wie eine Coachingbegleitung auf Augenhöhe stattfinden kann.

3.1 Einleitung

Coaching ist ein Modebegriff und sowohl die, die es praktizieren, als auch die, die es als Unbeteiligte hören und erleben, und natürlich auch diejenigen, die es in Anspruch nehmen, leiden unter der Begriffsinflation, der zunehmenden Intransparenz, den fehlenden Qualitätskriterien und auch der Schwierigkeit einer Marktübersicht. Dass Coaching so boomt, hat seine Gründe. Da es oftmals im beruflichen Kontext stattfindet, wird in diesem Text versucht, wesentliche Einflussfaktoren von Coaching, mit denen ein stimmiges und gelungenes Berufsleben möglich werden

C. Ritz (✉)
Egelsbach, Deutschland
E-Mail: kontakt@christian-ritz.com

© Springer Fachmedien Wiesbaden GmbH 2018
W. Prost (Hrsg.), *Das Leistungsspektrum von Coaching*,
https://doi.org/10.1007/978-3-658-18935-8_3

kann, herauszuarbeiten und so die Bedeutung und besondere Wirkungsweise von Coaching zu vermitteln.[1]

Den Ausführungen liegt die Annahme und Überzeugung zugrunde, dass sich Menschen jederzeit mit entsprechender Distanz und geeigneten Reflexionsmöglichkeiten in ihrem beruflichen Wirken neu ausrichten können. Menschen können sich verändern, wenngleich dies oftmals nur durch einen entsprechenden Leidensdruck möglich wird. Und Menschen können selbstbestimmt handeln, wenn sie orientierungsfähig sind.

Am Beispiel eines „repräsentativen" Coachingkunden (dies ist der Versuch einer kollektiven Betrachtung, obwohl jeder Mensch natürlich einzigartig und individuell ist) sollen vier relevante Themenbereiche in ihrer Wirkung, Konsequenz und unter dem Aspekt einer konkreten Coachingmaßnahme betrachtet werden:[2]

- die Berufswahl, mit ihrer grundsätzlichen Weichenstellung für die ersten Schritte,
- das Privatleben und die sich hieraus ergebenden Wechselwirkungen,
- die moderne Arbeitswelt und deren Auswirkungen auf den Einzelnen und
- die altersbedingte Veränderung innerhalb eines Berufslebens.

Teil 1: Ansatzpunkte fürs Coaching

Wir hatten vor ein paar Wochen einen ersten telefonischen Kontakt, in dem wir uns kurz über den Grund seines Anliegens austauschen konnten. Ja, es macht Sinn, dass wir uns treffen und uns die Zeit für ein Coachinggespräch nehmen. Also ging es zunächst darum, einen passenden Termin dafür zu finden und das war nicht ganz einfach. Sein Kalender war gut gefüllt, viele Verpflichtungen, Dienstreisen, Routinemeetings, seit längerer Zeit geplante Sitzungen, Telefonkonferenzen – ein gut durchgeplanter Manager, den ich live mit seinen beiden

---

[1] Bei meinen Betrachtungsweisen orientiere ich mich an einem grundsätzlich gesunden Menschen, der keine wesentlichen, traumatischen Erlebnisse und negativen, persönlichkeitsprägenden Erfahrungen gemacht hat, also jene Klientel, die sich für eine grundsätzliche Arbeitsfähigkeit weder in klinische, ärztliche noch psychotherapeutische Behandlung begeben muss, die aber dennoch spürbar unter den Rahmenbedingungen des eigenen beruflichen Selbstverständnisses und Umfeldes leidet. Diese Gruppe ist wirklich groß und wird scheinbar immer größer.

[2] Unberücksichtigt bleiben hier Zäsuren, wie sie z. B. eine schwere Krankheit oder unvorhergesehene Schicksalsschläge nach sich ziehen, durch die die Grundvoraussetzungen für eine Arbeitsfähigkeit entfallen und die offensichtlich massive und existentielle berufliche Neuorientierungen erfordern, oder auch Kündigungen, die erhebliche materielle Unsicherheit und Konsequenzen nach sich ziehen. Aus Gründen der sprachlichen Vereinfachung habe ich in meinem Text überwiegend die männliche Ausdrucksweise verwendet, damit sind aber stets beide Geschlechter gemeint.

wichtigsten Hilfsmitteln erleben durfte, dem Telefon und dem Terminkalender. Möglicherweise standen unserer Terminfindung auch ein paar private Vorhaben im Weg, davon ließ er sich aber nichts anmerken. Irgendwie schafften wir es dann doch noch, ein freies Zeitfenster zu finden und er wollte auch zu mir kommen: „Nein, hier können wir nicht reden, Sie wissen ja wie das so ist ... ". Nein, das wusste ich nicht. Ich vermutete es vielleicht, aber so war es mir auf jeden Fall recht.

Ein sympathischer Mensch, und wie er so dasitzt, kann ich mir in ihm einen kompetenten Partner im Geschäftsleben vorstellen. Es geht um seine momentane berufliche Situation. Nichts funktionierte so richtig, eine Blockade nach der anderen. Er kam nicht voran. Versuche, die Karriereleiter zu erklimmen, waren durchaus erfolgreich, aber irgendwie war es trotzdem so, als würde er in einer Sackgasse stecken.

Den Sessel, in dem er sitzt, hat er fest im Griff. Sein Gestikulieren wirkt lebendig und vital, die Stimme ist – wie bereits am Telefon – kräftig und bestimmt. Er wirkt insgesamt souverän und strahlt eine gewisse Autorität aus, etwas Spitzbübisches spielt um seine Mundwinkel und der Wortwitz steht ihm gut. Und trotzdem liegt etwas Ermattendes in der Luft. Eine lähmende und tatsächlich blockierende Stimmung, als würde man bis zur Hüfte in einem Brei stecken, der jedes Vorankommen verhindert.

Er hat schon viele Kurse und Trainings besucht, sich weitergebildet und an sich gearbeitet, ist interessiert und aufgeschlossen, scheint auch den Mut zu haben, Dinge in Frage zu stellen, aber irgendetwas fehlt. Es ist so ein Eindruck, dass sein Leben besser laufen könnte. Eine latente Ahnung von Misstrauen und Zweifel und Sinnlosigkeit, das eigenartige und passive Gefühl, die Frage nach dem „Warum" nicht beantworten zu können und etwas Wichtiges zu verpassen.

Unser Gespräch mäandriert, wandert von einem Thema zum nächsten, scheint ziellos, aber legt doch das Grundmuster einer Persönlichkeit in all ihren Facetten frei. Ein Mensch, der reich an Potenzialen und Erfahrungen ist, vom Elternhaus, der Schule, der Gesellschaft und dem beruflichen Umfeld geprägt ist, Beziehungen geliebt und durchlitten hat und die Gegebenheiten unserer Welt widerspiegelt. Die Grundstimmung unseres Gesprächs wird ehrlicher, zerbrechlicher, zarter und auch wärmer. Der Brei ist noch da, aber er scheint nicht mehr so dick, undurchdringlich und hinderlich zu sein, lässt jetzt mehr Bewegungen zu und irgendwann hält er den ersten Stein der Erkenntnis in der Hand, ein „Ja, genau", ein „Ach so" und ein „Natürlich". Es wird leichter und leichter und auch einladender, Dinge einfach auszuprobieren.

Eigentlich geht es um seine momentane berufliche Situation, das war der Grund für sein Kommen und das Gespräch. Und nun sind wir bei einem ganz *anderen Thema, einem Aspekt seines Lebens, der sich beharrlich hinter der beruflichen und alltäglichen Maske der vermeintlichen Normalität versteckt hat, der sich aber genauso beharrlich in unserem Gespräch immer wieder gezeigt hat und die Dringlichkeit deutlich gemacht hat. Ja, es geht um berufliche Neuorientierung und irgendwie aber auch nicht. Aber genau darum geht es hier ja.*

3.2 Die Berufswahl

Wenn man am Anfang seiner beruflichen Entwicklung steht und eine Entscheidung über das, was man zukünftig in der Arbeitszeit leisten, welchen Beruf man wählen und welche Richtung man verfolgen soll, treffen muss, dann fällt uns dies oftmals schwer. Als junger Mensch hat man vielfältigste Interessen und die beruflichen sind nur ein kleiner Teil und möglicherweise der geringste davon. Wir stehen am Anfang einer Wahl, die größtenteils noch nicht so richtig formuliert und gegriffen werden kann.

3.2.1 Die Freiheit der Wahl

Früher gab es Familienstrukturen, die kaum Entscheidungsspielraum über die Wahl des Berufs und des Arbeitsumfeldes zuließen. Systeme, die „vorbereitet" waren. Traditionen, denen gefolgt werden musste und Zugehörigkeiten, die keine Eigenständigkeit zuließen. Ein Verhaltenskodex, verdeckt oder ausgesprochene Erwartungen und gesellschaftliche Normen, also Rahmenbedingungen, anhand derer der berufliche Werdegang mehr oder weniger beschlossene Sache war. Diese Zeiten sind mittlerweile vorbei und die Grundlagen einer freiheitlich (sozial-)demokratischen Rechtsordnung und eines föderativen Systems, wie es in der Bundesrepublik Deutschland gegeben ist, ermöglicht oftmals eine sehr individuelle, persönliche und maßgeschneiderte Wahl, auch wenn man natürlich anerkennen muss, dass der Anteil derjenigen, die eine Schulbildung, Ausbildung und Berufswahl in Abhängigkeit ihrer sozialen Herkunft gewählt haben bzw. wählen mussten, immer noch beträchtlich ist. Aber der Trend ist eindeutig, heutzutage können Berufe mehr nach eigenen, individuellen Vorstellungen gewählt werden. Schulen und Beratungsstellen versuchen frühzeitig, einen Überblick zu geben, und die Vielfalt der beruflichen Alternativen aufzuzeigen. Qualifizierte Berater stehen mit ihrem großen Wissen, ihrer methodischen Ausbildung und Kompetenz bereit, Hilfe und Orientierung zu geben.

Innere und äußere Einflussfaktoren sollten so eine weitgehend freie Entscheidung ermöglichen und somit ideale Voraussetzungen für eine gelungene Berufswahl sein.[3]

Das, was in den Familien vorgelebt wird, bleibt für die jungen Menschen aber auch heutzutage prägend und nimmt sehr häufig Einfluss auf die berufliche Wahl. Entweder als Motivation – genau so etwas, wie es die Eltern praktizieren, zukünftig auch machen zu wollen (z. B. stammen aus Unternehmerfamilien häufiger Kinder, die ihrerseits wieder Unternehmer werden) – oder oft genug auch als das Gegenteil, genau dies um alles in der Welt zu vermeiden. Insofern wirkt auch heutzutage immer noch die familiäre Tradition und Prägung. Sie führt eben häufig dazu, dass elterliche Berufe für den eigenen Werdegang adaptiert werden.

Unser familiäres Umfeld steht meistens bereit und gibt uns Ratschläge, Empfehlungen und Hinweise, lässt uns teilhaben an den eigenen beruflichen Erfahrungen und Bewertungen, erzählt uns die Geschichten, die das Berufsleben so schreibt (Abb. 3.1). Oft genug breitet sich implizit eine Grundhaltung aus, die mahnend dazu auffordert, sich an dem Vorgelebten zu orientieren, Fehler zu vermeiden, sich vernünftig und möglichst erwachsen zu verhalten und, angesichts der Bedeutung einer solchen Wahl, auch intensiv damit auseinanderzusetzen. Helikoptereltern, die genau wissen, was gut für die eigene Nachkommenschaft ist, regeln, entscheiden und entmündigen ihre eigenen Kinder regelrecht (auf der anderen Seite hören wir aber von genau diesen Eltern zunehmend Klagen über die Entscheidungsschwäche unserer Kinder).

3.2.2 Gereifte Entscheidung

Trotz der idealen Voraussetzungen einer modernen westlichen Gesellschaft und dem Vorhandensein einer hierfür hilfreichen Infrastruktur scheint die Orientierungslosigkeit bei der Fragestellung, welche berufliche Richtung man nehmen soll, zuzunehmen. Wir erleben Trägheit, Passivität und Ängstlichkeit, stellen uns die Frage, was mit unseren Kindern los ist und erleben bei ihnen manchmal Kompen-

---

[3] Mir persönlich gefällt der Begriff einer „gelungenen Berufswahl" hier sehr gut, da er sich vom ökonomischen Kontext einer effizienten und zielorientierten Entscheidung wohltuend abhebt. Gerald Hüther führt die Bedeutung des „Gelingens" in seinen Vorträgen wunderbar vor Augen und macht am Beispiel seines selbst gebackenen und gelungenen Kirschkuchens deutlich, dass es sich hierbei nicht um eine Betrachtung, die primär von den Gesetzmäßigkeiten des messbaren Erfolges geprägt ist, handelt, sondern ganzheitlich das Zusammenwirken aller wesentlichen Einflussfaktoren und Handlungskomponenten gemeint ist, die ein in sich stimmiges und überzeugendes Gesamtergebnis zur Folge haben.

Abb. 3.1 Junge Menschen werden in ihrer Entwicklung innerhalb und außerhalb der Familie mit vielfältigen Impulsen und Erfahrungen konfrontiert, die sich als versteckte Erwartungen bei ihrer eigenen beruflichen Entscheidung manifestieren können. Nicht immer ist dadurch eine selbstbestimmte Berufswahl möglich

sationen, die teilweise Suchtcharakter und selbstzerstörerische Ambitionen (z. B. Komasaufen, Autorennen, Computersucht) in sich tragen. Die Abnabelung vom Elternhaus dauert scheinbar immer länger und berufliche Entschlusskraft und Eigenständigkeit lassen auf sich warten.

Dass jugendliche Reifeprozesse ein typisches Spannungsfeld der Generationen sind und einen wichtigen Teil unserer menschlichen Entwicklung und Evolution darstellen, ist hinlänglich bekannt. Genau so haben wir es ja auch mit unseren Eltern erlebt und sie mit uns. Loslösung braucht unterschiedliche Sichtweisen, Konfrontation und das Wandeln auf eigenen Wegen und lebt auch von Andersartigkeit und Ausgrenzung. Aber irgendetwas scheint tatsächlich anders zu sein, sich länger hinzuziehen oder einfach nicht zu einem Abschluss zu kommen. Unsere moderne Gesellschaft und Zivilisation hat sich durch vielfältige Entwicklungen zu einer Spielwiese entwickelt, auf der die Generationen Seite an Seite ihre kindlichen Bedürfnisse zu befriedigen suchen.[4]

---

[4] Peter Maier hat sich in einem bemerkenswerten Buch – „Initiation, Erwachsenwerden in einer unreifen Gesellschaft", Edition Octopus (Maier 2011) – mit den Übergangsritualen von Jugendlichen beschäftigt. Anhand von 10 Thesen und der Beschreibung eines „WalkAways" zeigt er auf, wie jungen Menschen eine Orientierungshilfe für einen Einstieg in die Welt der Erwachsenen gegeben werden kann und damit die Grundlagen für ein verantwortungsvolles und sinnstiftendes Leben geschaffen werden können.

Trotz aller Polarisierungen und immer größer werdenden gesellschaftlichen Ungleichheiten, die derzeit am deutlichsten in der Schere zwischen Armut und Reichtum sichtbar wird, hat sie sich immer mehr zu einem generationsübergreifenden Marktplatz der Eitelkeiten entwickelt, in dem vor allem das Entertainment, die Unterhaltung und Bespaßung und die eigene Sichtbarkeit ausgelebt werden wollen. Klassische Rollen und typische Vorbilder beginnen zu verschwimmen, die archaischen Ausprägungen von schützender und nährender Mutter sowie existenzsicherndem und Rückhalt gebendem Vater scheinen an Bedeutung zu verlieren. Ideologisierungen und moderne Technik lenken ab, stellen in Frage und führen so zu einem neuen Verständnis von Familie.

Konsequenzen

- Unsere Gesellschaft wird immer unreifer.
- Pubertierende Alte und unmündige Junge suchen ihr Ego und verändern damit etablierte Familienstrukturen.
- Technologische Ersatzbefriedigungen, neue Kommunikationsgewohnheiten und teilweise zwanghaftes Konsumverhalten beeinflussen in allen Altersgruppen unsere gesellschaftlichen Werte.
- Eine immer stärker kapitalisierte soziale Marktwirtschaft regelt die Erfordernisse von Angebot und Nachfrage auf eine immer penetrantere und unpersönlichere Art und Weise.
- Unsere moderne Gesellschaft führt zur Angleichung und Vereinzelung des Einzelnen.
- Gerade den jungen Menschen fehlt aus den Familien heraus eine Klarheit und ein Rückhalt, um gestärkt der eigenen Berufung folgen zu können.
- Immer häufiger wird versucht, familiäre Bedürfnisse durch zweifelhafte Organisationen und Heilsversprecher zu kompensieren.

Teil 2: Ansatzpunkte fürs Coaching

In unserem Gespräch sind wir bei der Familie angekommen. Die Eltern hatten dem Sohn eine gute und solide Ausbildung ermöglicht. Behütet und finanziert, getragen von der klassischen Rollenteilung einer Vollzeitmutter und eines berufstätigen Vaters. Die Mutter hatte unausgesprochen die Führungsrolle inne, war die „Stärkere" und Dreh- und Angelpunkt der Familie. „Es war eine gute Kindheit", sagt er, und seine Erinnerungen sind reich an Beispielen. Der Vater sei halt abwesend gewesen, Dienstreisen und auch mal lange Abende, an denen noch etwas fürs Büro fertiggestellt werden musste. Und natürlich seien da auch die Streitereien und Auseinandersetzungen gewesen. Die Erinnerungen sind da und wir beginnen die Gefühlswelt zu erkunden. Verloren geglaubte Bilder kommen in den Sinn, Zusammenhänge werden spürbar, unerfüllte Wünsche und Bedürfnisse formulierbar. Wir wenden uns den Antreibern seines Lebens zu und finden zwei ausgeprägte Einflussfaktoren („Mach es allen recht!" und „Streng dich an!") die sein Handeln schon immer geprägt haben.[5] Er ist einfach der Nette, dafür liebt man ihn, und der Stress ist zum unverzichtbaren Bestandteil seines Lebens geworden.

Wir sondieren Möglichkeiten, wie es auch anders sein könnte und vor seinem inneren Auge entstehen neue Wege und Alternativen.

Ein fiktives Gespräch zwischen Vater und Sohn offenbart verpasste Gelegenheiten und macht deutlich, wie stark die technischen Errungenschaften der heutigen Zeit Ablenkungen geboten haben. Nebenschauplätze, wo doch eher Anteilnahme, Zuwendung und Bestätigung erforderlich gewesen wären. Und es reift die Idee, welche ganz persönlichen und identitätsstiftenden Vorhaben verwirklicht werden wollen.

Erstmals hat er das Gefühl, verstanden worden zu sein und sich selbst auch mehr zu verstehen. Er beginnt seine eigene Landkarte, auf der er sich bewegt, zu erkennen und auch die Gründe seiner damaligen Berufswahl besser zu durchschauen.

3.3 Das erste und das zweite Leben

Der Wecker klingelt. Millionenfach spielt sich alltäglich eine Routine ab, die zum Takt unseres Lebens geworden ist. Der Beginn eines ganz normalen Tages, der Beginn eines Arbeitstages. Aufstehen, waschen, anziehen, frühstücken, vielleicht ein wenig Kommunikation mit der Familie oder ein paar Informationen, was in der Welt passiert ist, manchmal etwas Musik zur Einstimmung und schließlich der Weg zur Arbeit. Und dort angekommen, begeben wir uns an unseren Arbeitsplatz und beschäftigen uns mit Dingen, die wir aus irgendwelchen Gründen erledigen müssen oder wollen.

---

[5] Das Treiberkonzept ist eine Weiterentwicklung der Transaktionsanalyse. Taibi Kahler, ein Kollege des Erfinders der Transaktionsanalyse – Eric Berne – hat mit seinen Mitarbeitern auf Basis klinischer Beobachtungen fünf Eltern-Kind-Interaktionen identifiziert, die nachhaltigen Einfluss auf das eigene Lebensmodell haben können. Vgl. Stewart und Joines (2010, S. 228 ff.).

3.3.1 Das Arbeitsleben

So oder so ähnlich starten wir in den Tag und leben unser Leben, unser Arbeitsleben. Dabei ist es zunächst einmal unerheblich, ob wir für dieses Arbeitsleben Geld bekommen oder auch nicht, ob sich unser Arbeitsplatz in einem Unternehmen befindet oder wir auf Dienstreise sind, ob wir im eigenen Haushalt mit den Arbeitsroutinen beginnen, ob wir als Familienmitglied erwerbstätig oder zuarbeitend sind, das Arbeitsleben taktet uns und muss auf die eine oder andere Art erledigt werden.

3.3.2 Das Privatleben

Und dann gibt es unser anderes Leben, das wir Privatleben nennen. Das Leben, das uns die Freiräume bietet, in denen wir ebenfalls Dinge erledigen können, die uns wichtig sind, in dem wir die Zeit für Partnerschaft, Familie, Heim, Haushalt, Hobbys, Urlaub, Freunde und andere Beschäftigungen verwenden. Auch hier ist es unerheblich, ob wir mit diesem Privatleben einen Beitrag liefern, der das andere Leben erst ermöglicht oder ob wir unsere individuellen Vorstellungen von Freizeit umsetzen.

Beide Leben sind nicht wirklich trennscharf, es gibt eine Unmenge von Dingen, die sowohl im Arbeitsleben als auch im Privatleben stattfinden können, aber es bleibt bei einer grundsätzlichen Differenzierung dieser zwei Leben, nach denen das eine eher eine Pflicht darstellt und das andere mehr einer Kür entspricht. Auf der einen Seite den Lebensunterhalt sichern, auf der anderen Seite Zeit für Erholung und Muße haben.[6]

3.3.3 Das ganze Leben

Für das eine Leben, das Arbeitsleben, durchlaufen wir von frühester Kindheit an Phasen der Vorbereitung, nehmen an Entwicklungen und Ausbildungen teil, die

---

[6] Es geht hier nicht um eine exakte arbeitssoziologische Begriffsdefinition, sondern um die Gegenüberstellungen von zwei grundsätzlich anders motivierten Bestandteilen unseres Lebens. Andere Autoren nutzen ebenfalls eine solche polarisierende Differenzierung, um entscheidende Ausprägungen unseres Lebens herauszuarbeiten. Erwähnt sei hier Richard Rohr (2012), der unter dem Begriff erstes und zweites Leben eine theologische motivierte Betrachtungsweise des Menschen anbietet, nach der das leidvolle Erleben als unverzichtbarer Teil unseres Lebens uns den Zugang zu höherer Erkenntnis und Transzendenz ermöglicht.

uns von außen angetragen werden, werden geformt und geprägt und konfrontiert mit den Erwartungen unserer Umwelt. Das andere Leben, das Privatleben, bleibt weitgehend uns selbst überlassen und gestattet uns, unseren Neigungen und Bedürfnissen entsprechende Aktivitäten auszuüben, auch wenn wir manchmal von uns nahestehenden Personen mehr als nur dazu ermuntert werden.

Beide Leben stellen eine Einheit dar, in der wir grundsätzlich wachsen können, autarkes Handeln möglich ist und wir mit Anderen verbunden sein können. Also jenen Grundbedürfnissen nachkommen, die uns antreiben und die uns Menschen prägen und die letztlich von Geburt an wirken.[7]

Ein durchschnittliches Arbeitsleben nimmt heutzutage etwa ein Viertel unserer Lebenszeit ein (in den erwerbstätigen Jahren steigt der direkt dem Arbeitsleben zuordenbare Teil auf etwa ein Drittel). Ein Drittel verbringen wir mit Schlafen bzw. Regeneration und fast die Hälfte steht uns für unser Privatleben zur Verfügung.

Üblicherweise rangiert aber das Arbeitsleben als erstes Leben, was zweifellos mit der Würdigung und Bedeutung desselben zu tun hat, da es – wie schon gesagt – die Basis unserer Existenz darstellt. Das zweite Leben, unser Privatleben, kommt danach und muss sich oft genug dem anpassen, was uns das erste Leben diktiert (obwohl entwicklungschronologisch eigentlich zuerst das Privatleben da war und damit eher das Anrecht auf Erstnennung hätte).

3.3.4 Störungen

Gibt es nun grundlegende Verwerfungen, Verwirrungen oder Verstrickungen in einem der beiden Leben, dann wirkt sich dies ganzheitlich auf uns aus, d. h. es ist in beiden Leben spürbar. Allerdings scheinen sich die Einflüsse des Arbeitslebens gewichtiger bemerkbar zu machen. Die Zwänge, im Arbeitsalltag funktionieren zu müssen, lassen Probleme aus dem Privatleben kleiner erscheinen und werden oft genug auch unterdrückt, wohingegen Probleme aus dem Arbeitsleben oftmals unser Privatleben dominieren und empfindlich stören, womöglich sogar existenzieller wahrgenommen werden, obwohl beide Einflüsse gleichermaßen wichtig sind.

In diesem Sinne verhalten wir uns auch unterschiedlich im Umgang mit beruflichen Neuausrichtungen und Richtungswechseln. Während sich im Privatleben Veränderungen leichter und bereitwilliger arrangieren lassen, sind entsprechende Ansatzpunkte im beruflichen Leben viel schwerer umzusetzen. Die Konsequenzen erscheinen zu gewaltig und bremsen das eigene Verhalten. Infolgedessen stauen sich mögliche Veränderungsimpulse, da sie nicht leichtfertig gehandhabt werden

---

[7] Siehe Hüther (2011).

3 Berufliche Neuorientierung

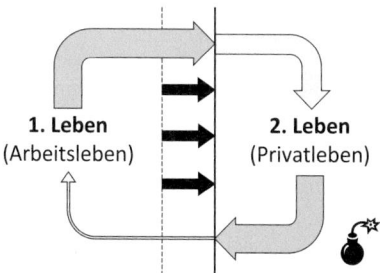

Abb. 3.2 Unsere vom Arbeitsleben dominierte Welt führt zu einer Verschiebung der Grenzen zwischen Berufs- und Privatleben. Um im Beruf funktionieren zu können, weitet sich der Einflussbereich des Arbeitslebens immer mehr aus. Impulse aus dem Privatleben werden weitgehend unterdrückt, wohingegen Impulse aus dem Arbeitsleben viel stärker das Privatleben beeinflussen. Auf Dauer kann das die Ausgewogenheit beider Welten, die für das persönliche Wohlbefinden erforderlich ist, empfindlich stören und einen Überdruck erzeugen

sollen und „verstopfen" den natürlichen Fluss der Veränderung, der alltäglicher Bestandteil unseres Lebens ist. Wir halten fest und passen an, verlieren Leichtigkeit und Beweglichkeit, und stabilisieren oft, was schon längst eine unkorrigierbare Schieflage bekommen hat, statt einen radikalen Schnitt herbeizuführen.

Diese ungleiche Koexistenz beider Leben kann eine zusätzliche Quelle von Spannungen und Beeinflussungen sein (Abb. 3.2). Dadurch können weitere Dramatisierungen und Verstärkungen entstehen, die manchmal nur mühsam bewältigt werden können und einen Ausgleich von Störungen und das Finden einer Balance verhindern.

Konsequenzen

- Neue und mutige berufliche Orientierungen finden viel weniger statt, als es für ein ausgeglichenes Arbeitsleben erforderlich wäre.
- Berufliche Veränderungen sind durch vielfältige Einflüsse des Privatlebens belastet, die aber oftmals ignoriert oder bagatellisiert werden.
- Berufliche Neuausrichtungen unterliegen in hohem Maße der Erwartungshaltung unserer Umwelt und unseres Umfeldes und sind oftmals fremdgesteuert.
- Für berufliche Neuorientierungen gibt es keine objektiven Gesprächspartner.
- Fehlende oder nicht vollzogene berufliche Veränderungen können krank machen.

> **Teil 3: Ansatzpunkte fürs Coaching**
>
> *Seine beruflichen Stationen zeigen einen ambitionierten Manager. Er ist ein Profi und versteht sein Geschäft und er liebt die alltäglichen Herausforderungen. Sowohl als Führungskraft, als auch als Experte steht er seinen Mann.*
>
> *Zuhause lebt er mehr oder weniger das nach, was er von seinen Eltern her kannte. Er, beruflich getaktet, sie, häuslich determiniert, eine liebevolle Mutter für die beiden Jungs. In seinem Privatleben spielt der Sport eine große Rolle – Mountainbiking – an dem er die Kombination aus Hochleistungsgerätschaft, Leistungsehrgeiz und jugendlicher Abenteuerfreude so mag. Es klingt nach Hochglanzbroschüre.*
>
> *Wir nutzen die Transaktionsanalyse, um etwas strukturierter und vermeintlich analytischer die eigenen Ichanteile zu ergründen und halten ein Bild in den Händen, das einen großen Anteil an Angepasstheit und übernommenen Regeln und Normen offenbart. Rahmenbedingungen, die das eigene Ausleben und den persönlichen Freiheitsgrad einschränken.[8]*
>
> *Und plötzlich werden die Brüche sichtbar. Schon zweimal kam er nicht zum Zug und musste sich Demütigungen gefallen lassen. Ohne seine Jungs hätte er alles schon mal hingeschmissen, hat er aber nicht. Zuhause muss er funktionieren, sie versteht das einfach nicht und die Kumpels, na ja, mit denen kann man auch nicht über alles reden und will doch irgendwie der Beste sein.*
>
> *Das Herz öffnet sich und Tränen fließen. Endlich mal über alles reden können, ohne Tabus, ohne Scham, das tut so gut.*
>
> *Mit einer Standortbestimmung zeichnet er nun seinen ganz persönlichen Weg nach, kann sich besser orientieren und findet sich zurecht. Er erkennt deutlicher die Orte und Anteile seines Lebens, die ihm Stärke geben und jene, vor denen er sich schützen muss. Sein Arbeits- und Privatleben fügt sich zu einer Einheit und wieder wird ihm seine Landkarte bewusst, die ihm die Topografie seines Lebens aufzeigt.*

3.4 Die moderne Arbeitswelt

Die moderne Arbeitswelt hat sich verändert. In der Literatur liest man von der 4. Industriellen Revolution, die dem Internet einen maßgeblichen Anteil an der weiteren Entwicklung unserer Arbeitswelt zuweist. Überall werden die Chancen und Risi-

---

[8] Diese psychologische Theorie der menschlichen Persönlichkeitsstruktur geht auf den Psychiater Eric Berne zurück und bildet einfache Konzepte, anhand derer Menschen ihre erlebte Wirklichkeit reflektieren, analysieren und verändern können.

ken der Digitalisierung diskutiert, man spricht von disruptiven Innovationen und Konsequenzen, etablierte Geschäftssysteme und Abläufe werden vollständig in Frage gestellt, nichts wird mehr so sein wie vorher. Die Realisierung von sich selbst steuernden technischen Systemen steht unmittelbar bevor, ganze Branchen stehen vor radikalen Veränderungen und für viele Menschen kann dies existenzielle Konsequenzen haben.

3.4.1 Eher Evolution statt Revolution

Alte Berufe fallen weg, neue kommen dazu. Mittlerweile drängen die „neuen" Berufstätigen auf den Markt. Geprägt vom digitalen Zeitalter und gebündelt in Modellen, die sich Generation Y, „digital natives" oder wie auch immer nennen. Neue Managementmethoden und Strategien sind angesagt und alles wird agiler. Eigentlich ist es wie immer, Innovationen verändern unsere Welt, beeinflussen unser Arbeitsleben und lösen immer wieder Horrorvorstellungen oder Heilserwartungen aus.

3.4.2 Zunehmender Leidensdruck

Aber geht man mit offenen Augen und Ohren durch die Welt, dann kann man den Eindruck gewinnen, dass ein großer Teil der arbeitenden Bevölkerung den beruflichen Verpflichtungen seit vielen Jahren nur unfreiwillig nachkommt und sich an ihnen reibt (und dies nicht erst seit der aktuellen Digitalisierungswelle).[9]

Kommentare über das eigene berufliche Tun signalisieren oftmals Widerstand und Verärgerung. In den Presseveröffentlichungen findet man umfangreiche Abhandlungen über Auswüchse, die sich in den Diskussionen um Mitarbeitermotivation, Zielorientierung, den Gesundheitszustand der Unternehmen, der Burnoutprävention, der Zunahme von psychischen Erkrankungen am Arbeitsplatz, einer Nachhaltigkeitsdiskussion, der Life-Time-Balance und vielen ähnlichen Themenstellungen wiederfinden. Auch wenn einige der Themen eher modisch flüchtig dem aktuellen Zeitgeist entsprechen, steckt dahinter doch der dauerhafte Wunsch nach Heilung, Linderung und Verbesserung. Gibt es hier generellen Handlungsbedarf

---

[9] Seit vielen Jahren werden in den Gallup Studien Erkenntnisse und Beobachtungen aus der Arbeitswelt zusammengetragen und Veränderungen analysiert. Bereits 2002 wurde festgestellt, dass nur 16 % der deutschen Angestellten mit Freude ihrer Arbeit nachgehen, 14 % haben innerlich bereits gekündigt und etwa 70 % machen nur Dienst nach Vorschrift; siehe Corssen (2004).

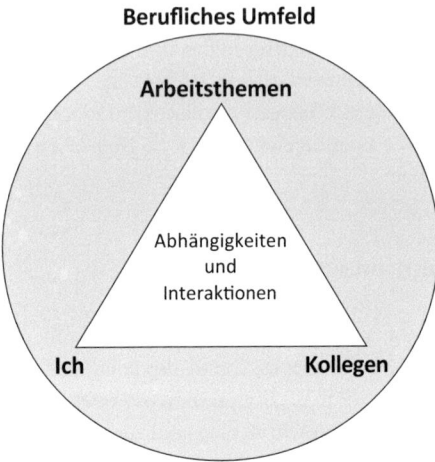

Abb. 3.3 Die Psychoanalytikerin Ruth Cohn hat mit ihrem TZI Modell ein Handlungskonzept geschaffen, das effektives Lernen und Arbeiten mit Gruppen, sowie die Balance zwischen Sachlichkeit und Menschlichkeit thematisiert. Die Themenzentrierte Interaktion (TZI) beschreibt vier Faktoren, die sich gegenseitig beeinflussen und stellt damit die ideale Grundlage für vielfältige systemische Betrachtungs- und Wirkungsweisen dar. Aus diesem Grund findet es auch in diesem Kontext Anwendung, um die Bedeutung des „Ichs" und die damit verbundene und selbst veränderbare Sichtweise auf die restlichen Faktoren zu verdeutlichen. (Siehe Gantenbein und Späth 2006, S. 114 ff.)

oder ist das ewige Nörgeln zwangsläufig elementarer Bestandteil einer berufstätigen Gesellschaft?

Immer wenn Menschen zusammenarbeiten, dann entstehen daraus Interaktionsmuster, die sich auf die einzelne Person, die Gruppe, die berufliche Themenstellung und das Umfeld auswirken und den bisherigen Zustand verändern (Abb. 3.3).

Ob Veränderung nun als bedrohlich oder als begünstigend wahrgenommen wird, hängt in hohem Maße von der einzelnen Person und ihrer Sichtweise auf die sie umgebende Welt ab. Rein statistisch gesehen ist das normal, d. h. es gibt vermeintlich gleiche Anteile von Menschen, die eine Veränderung positiv und solche, die sie negativ sehen, was aus Sicht der Betroffenen natürlich höchst unbefriedigend ist. Formulierungen wie „Love it or leave it" bringen es auf den Punkt, vermitteln aber einen Fatalismus, der das Gefühl des Ausgeliefertseins zusätzlich bestärkt. Dreh- und Angelpunkt ist insofern die Frage, wie die Sichtweise des Einzelnen hier aus eigener Kraft positiv beeinflusst bzw. stimuliert werden kann. Wohlgemeinte Unternehmensinitiativen, die dem Mitarbeiter einen

"Wohlfühlaspekt" vermitteln wollen, scheitern zwangsläufig und münden oftmals in Bespaßungsprogrammen, die irgendwann aufgrund der immensen Kosten oder dem Eindruck von Ineffizienz eingestellt werden. Insofern gibt es individuellen Handlungsbedarf und damit sollte der persönlichen Betroffenheit Aufmerksamkeit geschenkt und sich intensiver damit auseinandergesetzt werden.

Konsequenzen
Dauerhafte Unzufriedenheit kann

- Auslöser für verschiedenste Krankheitssymptome und Konsequenzen sein,
- sich erheblich auf unsere Lebensgemeinschaften auswirken und
- ein Grund für extrem destruktive Lebenssituationen sein.

> **Teil 4: Ansatzpunkte fürs Coaching**
>
> *„Wenn ich das doch bloß damals schon erkannt hätte". Aus seinen Ausführungen hört man das Schicksalhafte heraus, Selbstmitleid und Jammern sind unüberhörbar. Eigentlich sind die anderen schuld und auch an Vorwürfen mangelt es nicht. Jetzt teilt er aus und es drängt sich der Eindruck auf, dass er dies gelegentlich auch in seinen beiden Leben so praktiziert.*[10]
>
> *Um ihn herum gibt es Gründe und Ursachen und sein eigener Anteil daran tritt immer mehr in den Hintergrund. Wir machen einen kleinen Ausflug in die Welt der Persönlichkeitstypologien und nutzen deren Begriffswelt und Schablonen.*[11]
>
> *Seine eigene Prägung und sein Handlungsmuster werden sichtbar und vor allem auch die seiner Umwelt. Mit einem Mal erkennt er die Unterschiedlichkeit und beginnt sie auch anzuerkennen, scheint zu verstehen, dass die berufliche Welt (und nicht nur die) um ihn herum ganz eigene Sichtweisen hat. Verständnis für andere Verhaltensweisen hat er schon vorher gehabt, aber nun werden ihm die Anknüpfungspunkte für sein eigenes Handeln bewusst.*
>
> *Wir nehmen einen Perspektivwechsel vor, versetzen uns in die Welt vermeintlicher Konfliktpartner und erkunden deren Blickwinkel. Und am Ende sind wir*

---

[10] Mir gefallen die englischen Begriffe „vain, blame and complain" gut, weil die Tragik ihrer Wirkungsweise sich in einem so schönen semantischen Gleichklang vermitteln lässt und sie damit stets erinnerbar sind.

[11] Fritz Riemann hat mit seinem Buch „Grundformen der Angst", Ernst Reinhard Verlag (Riemann 1995), die Grundlagen für die hier verwendete Typologie geschaffen. Seine Erkenntnisse wurden von Christoph Thomann und Friedemann Schulz von Thun aufgegriffen und zu einem metakommunikativen Führungsinstrument weiterentwickelt „Klärungshilfe Band 2", rororo Verlag (Thomann und Schulz von Thun 2008, S. 254 ff.).

bei den Grundzügen einer gewaltfreien Kommunikation angekommen und probieren Ich-Botschaften und Feedbackprinzipien aus.

Er erkundet auf seiner Landkarte die ihn umgebende Welt und beginnt sich ihr mitzuteilen, sodass nicht nur er sie, sondern umgekehrt auch sie ihn versteht.

3.5 Die berufliche Metamorphose

Immer häufiger hört man, dass die klassische Karriere immer seltener zu beobachten ist und zukünftig die Entwicklung eines Arbeitslebens anderen Gesetzmäßigkeiten folgen wird. Früher musste man sich in jungen Jahren beweisen, sich die „Hörner abstoßen". Einer soliden Ausbildung folgten Lehr- und Erfahrungsjahre, dann Herausforderungen und Bewährungen, die Übernahme zunehmend größerer Fach- und Personalverantwortungen und irgendwann dann das Ende des Berufslebens und der wohlverdiente Ruhestand. Eine Ideallinie, die so in vielen Fällen niemals stattgefunden hat, da das Leben doch immer Überraschungen bereithält. Dennoch hat dieses Bild unsere Erwartungshaltung und Sichtweise stark beeinflusst. Es hat auch dazu geführt, dass allzu viele Menschen im Laufe ihres Berufslebens in Stellen und Positionen hineinbefördert wurden, vor allem in Führungspositionen, die so gar nichts mit ihren wahren Fähigkeiten und Ambitionen zu tun hatten, sehr zum Leidwesen vieler Betroffener.

3.5.1 Äußere Einflussfaktoren

Internet und Internationalisierung führen zu ausgeprägter Konzentration und Spezialisierung in der Arbeitswelt und auch die Diskussion um immer flexiblere Arbeitsmodelle löst die bisherige Vorstellung von langjährigen Arbeitsprozessen ab. Aber sind das wirkliche Veränderungen? Oder handelt es sich dabei nicht nur um Folgen einer konsequenten Weiterentwicklung von Volkswirtschaften, Globalisierung und angepasster Arbeitsmarktpolitik?

Auch wenn die Märkte mittlerweile die immer größer werdende Zielgruppe der Senioren erkannt hat und dafür auch gefällige Bezeichnungen bereithält (Silver Ager), ältere Arbeitnehmer sind in unserer nach wie vor von jugendlicher Ausstrahlungskraft und Ästhetik geprägten Zeit wenig attraktiv und werden nur bei einem echten und dramatischen Fachkräftemangel in Erwägung gezogen.

3.5.2 Innere Einflussfaktoren

Die wahre Veränderung liegt in uns selbst. Betrachtet man die Chronologie eines Berufstätigen, dann ist es offensichtlich, dass sich Menschen im Laufe ihres Alterungsprozesses verändern. Häufig hört man Klagen über zunehmende Konzentrationsprobleme, geringere Reaktionsgeschwindigkeit, deutlich wahrnehmbare Grenzen der Belastungsfähigkeit und auch die Flexibilität ist nicht mehr so gegeben.

Dass ältere Berufstätige nicht nur bisherige Fähigkeiten verlieren, sondern auch neue Fähigkeiten hinzugewinnen, wird allzu häufig übersehen. Langjährige Erfahrungen haben zu einem „Berufsinstinkt" geführt, größere Gelassenheit und Souveränität können kurzfristige Verirrungen vermeiden und eine zunehmende Weitsichtigkeit hilft langfristig Orientierungspunkte nicht aus den Augen zu verlieren. Außerdem verfügen diese Älteren über einen wertvollen Erfahrungsschatz, von dem die jüngeren Kollegen profitieren können.

3.5.3 Die Kunst des Scheiterns

Jeder Mensch weiß, dass sich ein Berufsleben nicht immer erfolgreich entwickelt. Viele Bücher wurden darüber geschrieben. Gibt man den Begriff „Scheitern" bei Amazon ein, so erhält man über 1700 Nennungen. An Universitäten wird eine neue Sicht auf den wirtschaftlichen Misserfolg gefordert und die Bedeutung, Erfahrungen zu sammeln, herausgestellt. Scheitern ist Lernen aus Fehlern. Aber in der beruflichen Welt hält sich der Makel des Versagens beharrlich. Schlechte berufliche Entwicklungen mindern nach vorherrschender Meinung den Wert eines Berufstätigen. Arbeitssuchende werden beispielsweise von Dienstleistern, die sie bei ihrer Suche unterstützen, intensiv darin geschult, wie sie solche Vorkommnisse im Lebenslauf möglichst neutral aussehen lassen können. Ein Berufsleben muss sich stets positiv entwickeln.

3.5.4 Der Lebenszyklus eines Berufstätigen

Jeder Produktmanager kennt aus seinem Arbeitsgebiet den sog. Produktlebenszyklus. Dabei handelt es sich um eine grafische Darstellung, in der Umsatz oder Erlös eines Produktes in Relation zu seinem Alter in verschiedenen Phasen darge-

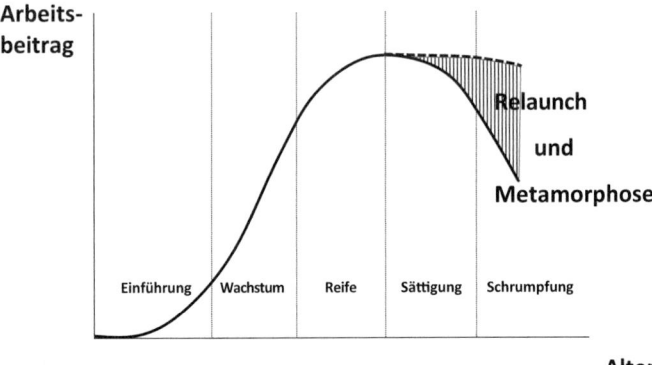

Abb. 3.4 Die Produktlebenszyklustheorie gibt es seit den 1960er-Jahren und geht auf Raymond Vernon zurück. Sie ist eine Standarddarstellung der Betriebswirtschaftslehre geworden und wird in diesem Zusammenhang zu einer Arbeitslebenszyklustheorie umgedeutet, um die Erfordernisse einer Neupositionierung im fortgeschrittenen beruflichen Alter deutlich zu machen

stellt wird. Das Ziel ist natürlich, aus dem Produkt in jeder Phase größtmöglichen Nutzen zu ziehen und vor allem den Produktlebenszyklus durch geeignete Unterstützungsmaßnahmen möglichst zu verlängern. Gegen Ende einer solchen Laufzeit versucht man nochmals einen „Relaunch", also eine Neupositionierung, bevor das Produkt dann endgültig vom Markt genommen wird.

Ein Berufstätiger ist natürlich kein Produkt, dennoch eignet sich das Bild für eine Übertragung. Die Entwicklungslinie eines Berufstätigen entspricht weitgehend dem Phasenmodell des Produktlebenszyklus (Abb. 3.4). Betrachtet man die aktuelle Arbeit der Personalabteilungen, die ja eigentlich die Produktmanager der beschäftigten Arbeiter und Angestellten sein sollten, dann erkennt man aber, dass die Unterstützungsmaßnahmen für Mitarbeiter, die die Reifephase beendet haben, überwiegend in Überlegungen zur kostengünstigen Entsorgung münden. Es gibt kaum eine echte Maßnahme, aus der ein Relaunch eines älteren Berufstätigen erkennbar ist.

Und nicht anders sieht es aus Sicht der Berufstätigen selbst aus: Sie ergeben sich schicksalhaft den Abnutzungserscheinungen ihres Arbeitslebens, in der Hoffnung, noch bis zur Rente durchzuhalten, anstatt sich über eine Neupositionierung und ihre eigene Metamorphose Gedanken zu machen. Vorherrschend in unserer aktuellen, von Männern geprägten, Arbeitswelt ist immer noch die Beweisführung einer nicht verloren gegangenen Potenz und damit zwanghaft demonstrieren zu müssen, nichts von seiner Schaffenskraft verloren zu haben und unverändert mithalten zu können.

Konsequenzen

- Der Konkurrenz- und Verdrängungsdruck nimmt für den Einzelnen zu.
- Personalabteilungen versuchen alte und vermeintlich teure Arbeitskräfte durch junge und kostengünstigere Nachwuchskräfte zu substituieren.
- Versagensängste und Überforderungen führen zu psychischem Stress und Belastungen.
- Kollektive Ausgrenzungen können Identitätskrisen auslösen.

Teil 5: Ansatzpunkte fürs Coaching

Mittlerweile hat er schon einige Berufsjahre hinter sich gebracht und um ihn herum haben sich neue Kollegen positioniert. Sein Vorgesetzter schätzt an ihm seine Expertise und Verlässlichkeit, aber letztens machte er so eine Anmerkung, dass man bei ihm endlich mal den frischen Wind spüren würde. Und auch der Hinweis, er solle endlich wie die anderen auch, die neuen Konzernvorgaben leben, hatte Spuren hinterlassen. Für den Herbst hat er einen Fortbildungskurs geplant und seine Stimme wird schriller. Er ist nun im besten Alter aber „man muss schon was tun, um mitspielen zu können". Der Druck wird spürbar und dieser fühlt sich an wie ein zu enger Hemdkragen.

Die Einladung, sich mal etwas intensiver mit seinen Werten zu beschäftigen, nimmt er an. Mit dem Wertequadrat offenbart sich ihm ein Teil seiner Persönlichkeit, der ihm so in dieser Deutlichkeit nicht bewusst war.[12]

Er ist überrascht und ein wenig betroffen und wir beginnen über seine Positionierung und Lebensausrichtung zu sprechen. Er erkennt die sich wiederholenden Gegebenheiten und Muster in seinen Abläufen und eine Ahnung, wie er diese Muster unterbrechen kann und wohin er eigentlich will, macht sich breit. Mit dem Medizinrad begeben wir uns auf eine meditative Reise, in der er sich der vergangenen, der gegenwärtigen und auch der zukünftigen Aspekte

---

[12] Das Wertequadrat ist eine antike Methode, sich mit der Verhältnismäßigkeit von Werten und Tugenden auseinanderzusetzen. Bereits Aristoteles hat auf die Wechselwirkung menschlicher Eigenschaften hingewiesen und Friedemann Schulz von Thun hat durch die Hinzunahme des „Inneren Teams" einen erweiterten methodischen Ansatz geschaffen, mit dem nicht nur vorhandene Werte bewusst gemacht werden können, sondern auch Veränderungen möglich sind. Vgl. Schulz von Thun (1993).

seiner Schaffenskraft bewusst wird und ganz konkrete Anknüpfungspunkte für sein eigenes Leben identifizieren kann.[13]
Er ist fündig geworden und komplettiert die weißen Flecken seiner ganz persönlichen Landkarte.

3.6 Finale Betrachtung

Eine ganz normale Geschichte aus dem Berufsleben, wie sie millionenfach vorkommt. Und doch eigen, teilweise tragisch und vor allem unerfüllt. Nichts Außergewöhnliches, aber trotzdem limitierend.

Manchmal reichen ein oder zwei Coachingtermine für den entscheidenden Impuls, manchmal sind es vier, die sich über fast ein Jahr erstrecken und ganz selten auch dauerhaftere Begegnungen, aus denen der Klient regelmäßig Kraft und Bestätigung für sein Leben zieht. Auf keinen Fall aber endlose therapeutische Gesprächsrunden, möglichst noch von der Krankenkasse bezahlt, die dem Klienten das Gefühl einer Abhängigkeit und dem Behandelnden einen dicken Geldbeutel bescheren.

Will man den hier beschriebenen Coachingansatz für eine berufliche Neuorientierung auf eine gemeinsame Formel bringen, so könnte man sagen, dass es in der heutigen Zeit für eine dauerhaft befriedigende berufliche Ausrichtung immer häufiger eines „professionellen Freundes (Freundin)" bedarf, der von außen und ohne familiäre Abhängigkeit eine Orientierung zu geben vermag.

Ein Begleiter, der sich weitgehend ohne Eigeninteresse dem Ratsuchenden wohlwollend und freundlich zuwendet und methodisch in der Lage ist, einen bildhaften, assoziativen und ebenso analytisch-strukturierten Fokus auf den Klärungsbedarf zu richten. Ein fürsorglicher und aufmerksamer Zuhörer, der Verständnis für die Sorgen und Nöte seines Klienten hat, mit ihm fühlt und in der Lage ist, die Komplexität seiner Impulse ganzheitlich zu würdigen und zu betrachten und ihm Impulse für eine Neuausrichtung geben kann.

Unser Protagonist hat seine ganz persönlichen Ansatzpunkte für ein eigenmotiviertes Handeln gefunden. Nun weiß er was er ändern will und wie er es umsetzen kann. Er strahlt, es geht ihm gut, er fühlt sich wohl und signalisiert eine große Bereitschaft, sich mit seinen Erkenntnissen auseinanderzusetzen. Er hat seine ganz

---

[13] Indigene Kulturen bieten ein großes Repertoire an Reflexionsmethoden, sich mit der aktuellen Lebenssituation auseinander zu setzen. Neben einer erfrischenden Exotik in unserer rationalen westlichen Welt liefern sie auch eine ganz eigene Herangehensweise, die den eigenen Kontext in einem neuen Rahmen sichtbar macht und dadurch sehr aufschlussreich sein kann.

persönliche Landkarte gemalt, hält seinen Kompass in der Hand und denkt über einen Richtungswechsel und eine berufliche Neuorientierung nach. Ob er es auch wirklich macht, ist zu diesem Zeitpunkt nicht klar, denn dafür braucht es Mut – und davon sehr viel. Aber das ist eine andere Geschichte.

Literatur

Corssen, J. (2004). *Der Selbstentwickler* (S. 9). Wiesbaden: Marix Verlag GmbH.

Gantenbein, & Späth (2006). *Handbuch Bildung, Training und Beratung* (S. 114). Weinheim und Basel: Beltz Verlag.

Hüther, G. (2011). *Was wir sind und was wir sein könnten*. Frankfurt a. M.: S. Fischer Verlag.

Maier, P. (2011). *Initiation, Erwachsenwerden in einer unreifen Gesellschaft*. Münster: Edition Octopus.

Riemann, F. (1995). *Grundformen der Angst*. München und Basel: Ernst Reinhardt.

Rohr, R. (2012). *Reifes Leben*. Freiburg, Basel, Wien: Herder.

Schulz von Thun, F. (1993). *Miteinander reden*. Bd. 2. Reinbeck bei Hamburg: rororo.

Stewart, & Joines (2010). *Die Transaktionsanalyse. Eine Einführung* (S. 228). Freiburg: Herder.

Thomann, C., & Schulz von Thun, F. (2008). *Klärungshilfe*. Bd. 2 (S. 254). Reinbeck bei Hamburg: rororo.

Christian Ritz ist leidenschaftlicher Coach. Der studierte Wirtschaftswissenschaftler und Informatiker hat es sich zur Aufgabe gemacht, Menschen dabei zu unterstützen, ihre Potenziale zu identifizieren und bestmöglich zu entfalten. Dabei blickt er auf über 25 Jahre Führungs- und Leitungserfahrung zurück. Seit 15 Jahren wird er als gefragter Moderator, Mentor und Coach von namhaften Firmen beauftragt und begleitet auch längere Veränderungsprozesse von Menschen und Organisationen erfolgreich. Er ist vertrauensvoller Gesprächs- und Sparringspartner von Führungskräften, Klärungshelfer für besondere Situationen und sowohl Förderer als auch Forderer von Teams und Projektgruppen. Darüber hinaus gibt er sein Wissen und seine Erfahrung auch als Dozent an Studenten weiter.

Coaching als Beitrag zur Unternehmensentwicklung – die positiven Auswirkungen auf Führungs- und Unternehmenskultur

4

Daniel Feigenbutz

> **Zusammenfassung**
>
> Welches Unternehmen wünscht sich nicht Folgendes: zufriedene Kunden, motivierte Mitarbeiter, innovative Ideen, hohe Produktivität und Effektivität, Gewinnsteigerung, moderate Personalkosten, eine niedrige Krankheitsquote, etc.?
>
> Keine Angst – ich werde Ihnen Coaching nicht als eierlegende Wollmilchsau verkaufen, die all das wie von Zauberhand erfüllen kann. Einen guten und vor allem nachhaltigen Beitrag zu solchen positiven Entwicklungen kann Coaching allerdings in der Tat leisten.

4.1 Woran es Unternehmen mangelt

In vielen Unternehmen herrscht heute ein ungesundes Betriebsklima, das von Misstrauen und mangelnder Wertschätzung geprägt ist. Technisierung und Automatisierung haben dazu geführt, dass die Maschine oft als effizienter eingestuft wird als der Mensch. Dieser wird eher als Kostenfaktor angesehen, der sich negativ auf den Unternehmensgewinn auswirkt. Der Mensch soll möglichst funktionieren und das ausführen, was ihm vorgegeben wird – und ausgerechnet das tut er nicht oder eben nicht gut genug. Stattdessen beschwert er sich auch noch über ein kaltes und emotionsloses Betriebsklima.

Unternehmensleitungen geht es da übrigens nicht anders. Auch sie sind getrieben von Anteilseignern, Markt, Kostendruck und sozialer Verantwortung. Auch sie müssen funktionieren, weil sie kaum Zeit haben, etwas zu bewegen, da sie sonst

D. Feigenbutz (✉)
Düsseldorf, Deutschland
E-Mail: kontakt@danielfeigenbutz.de

ganz schnell ihren Job wieder los sind. Auch hier regieren Misstrauen und Angst, und „wirklich recht machen kann man es ja eh niemandem…"

Am Ende ist nicht nur der einzelne Mensch krank, sondern das ganze Unternehmen.

Der Grund dafür liegt auf der Hand: Menschen sind eben keine Maschinen. Während man für Computer vereinheitlichte Programmiersprachen entwickeln konnte, müssen Menschen individuell angesprochen werden. Wir wollen als Individuum mit unseren ganz eigenen Bedürfnissen wahr- und ernstgenommen werden.

Die Ursache liegt allerdings nicht direkt bei den Unternehmen, sondern ist eher ein gesellschaftliches Phänomen. Schon in frühester Kindheit lernen wir, was von uns erwartet wird, wie wir sein sollen und wie nicht. Wir werden nicht geliebt, weil wir sind, wie wir sind, sondern weil und auch nur wenn wir artig sind – ansonsten straft man uns mit Liebesentzug.

Insofern ist es fast konsequent, dass in unseren Unternehmen heute häufig ein kaltes Klima herrscht, immer mehr kontrolliert und weniger vertraut wird. Man kennt es eben nicht anders.

Da uns in der Regel unsere Eltern in der Kindheit am nächsten standen, sind sie auch in beruflicher Hinsicht oft unsere Vorbilder. Werte wie Sicherheit und Beständigkeit stehen in der Generation der sogenannten Kriegskinder aus gutem Grund an erster Stelle, deswegen lernt man „was Anständiges". Und irgendwann im Leben kommt dann die (Sinn-)Frage: „Bin das eigentlich ich?" Und: „Was will ICH eigentlich wirklich?"

Hier kann dann (und sollte vielleicht auch) jeder für sich schauen, was für ihn die passende Lösung ist. Angebote dafür gibt es reichlich, und vielleicht nimmt man sie wahr, bevor an die Stelle einer brennenden Flamme (engl.: „burning flame") der Burnout tritt.

Unternehmerischer Burnout

Aber auch wenn Unternehmen nicht die Ursache für solche Erscheinungen sind (die Unternehmenskultur sie aber durchaus fördern kann), müssen sie mit den Konsequenzen umgehen. Krankheitsquoten steigen (Mitarbeiter, die krank zur Arbeit kommen, verursachen übrigens doppelt so hohe Kosten wie Mitarbeiter, die krankgeschrieben werden, siehe unten „Präsentismus"), innovative Ideen bleiben aus, der Kostendruck steigt, es werden immer panischer noch so kleine Rädchen gedreht, weil das Unternehmen kränkelt und in eine wirtschaftliche Schieflage gerät – und am Ende steht dann eine Art unternehmerischer Burnout, denn die Symptome einer wirtschaftlichen Unternehmenskrise ähneln auffällig denen des menschlichen Burnouts.

„Mensch und Maschine" statt „Mensch oder Maschine"

Während früher der Mensch im Fokus stand, wurde in den letzten Jahren bzw. Jahrzehnten in erster Linie die Maschine in den Vordergrund gestellt, da sie sicherlich an vielen Stellen auch kostengünstiger, schneller und präziser arbeiten kann, als es ein Mensch kann – dafür kann eine Maschine weder denken oder innovativ sein noch Bauchentscheidungen treffen. Auch eine Kundenbeziehung kann eine Maschine weder aufbauen noch aufrechterhalten.

In die Entwicklung von Maschinen oder Software wird mehr investiert als in die Entwicklung von Menschen, die oft gerade mal für den Umgang mit den neuen Maschinen geschult werden. Bei Maschinen kann man den Output ja schließlich besser messen, bei Menschen geht das nicht so gut.

Menschen möchten sich aber auch entwickeln, haben dazu in Unternehmen allerdings nur noch sehr wenig Gelegenheit. Seminare oder gar Coachings kosten Geld, deren „Return-on-Investment" (Wirtschaftsdeutsch für: „die Kosten wieder reinholen") oft nicht unmittelbar messbar ist. Dabei liegt es auf der Hand, dass zufriedene und kreative Mitarbeiter (natürlich auch Manager) ein Unternehmen nachhaltig positiv beeinflussen können und somit auch den Erfolg steigern.

Oft wird aber nur die Frage „Mensch oder Maschine" gestellt, obwohl ein „Sowohl als auch" viel gewinnbringender sein kann. Und welche für das Unternehmen nützlichen Kompetenzen bzw. Talente haben eigentlich die Mitarbeiter, die aufgrund der Automatisierung nicht mehr gebraucht werden? Möglicherweise lassen sich sogar Kosten sparen, weil wertschätzend behandelte Mitarbeiter eben nicht ihren Frust durch mehr privaten Konsum kompensieren müssen – und dann die Führungskraft zwischen Gehaltserhöhung oder noch frustrierterem Mitarbeiter wählen kann –, sondern gesund und kraftvoll zur Arbeit kommen und gerne einen Beitrag zum Unternehmenswachstum leisten möchten.

Wandel in der Unternehmenskultur

Ohne eine wertschätzende und nachhaltige Unternehmenskultur, die sich auch (proaktiv!) sehr für die Gesunderhaltung bzw. Gesundung ihrer Mitarbeiter einsetzt, wird es bald nicht mehr gehen. Es müssen mit Sinn erfüllte Perspektiven entwickelt und Werte geschaffen werden, die von allen gelebt werden.

Die Identität des Einzelnen spielt da eine entscheidende Rolle, daher muss der Mensch wieder in den Mittelpunkt gerückt werden. Die Gemeinschaft der Mitarbeiter – egal auf welcher Hierarchieebene – macht die Identität des Unternehmens aus. Auch das Unternehmen braucht daher eine Antwort auf die Frage: „Was will ich eigentlich wirklich?"

4.2 Relevante Zahlen zu kostenintensiven Problemen

Unternehmen operieren im Spannungsfeld vielschichtiger Herausforderungen. Bezogen auf die Mitarbeiterschaft beinhalten die folgenden Themen hohe betriebs- bzw. volkswirtschaftliche Kosten:

- fehlende Mitarbeiterbindung,
- Fachkräftemangel,
- steigende Krankheitsquoten,
- Präsentismus.

Die zunehmende Unzufriedenheit von Mitarbeitern prägt das Bild in vielen Unternehmen. Die Krankheitsquoten steigen, die Produktivität sinkt und Machtkämpfe nehmen zu. Burnout, Depressionen und Angsterkrankungen sind weiter auf dem Vormarsch.

Zudem werden hinter vielen anderen Krankheiten wie z. B. Rückenleiden, dem statistisch häufigsten Grund für Krankschreibungen, psychische Ursachen vermutet. Die Anzahl der Krankheitsfälle und die Dauer der Krankschreibungen nehmen zu.

Auch wenn hier die Ursachen sicherlich nicht nur in den Unternehmen zu suchen sind, gefährden die Konsequenzen daraus den Erfolg des Unternehmens und die Sicherheit der Arbeitsplätze. Aufgrund des steigenden Bedarfs an Fachkräften werden diese von anderen Unternehmen abgeworben.

Der Teufelskreis ist mit den bisherigen Lösungsansätzen kaum zu durchbrechen. Die Unternehmen werden gezwungen sein, diesem Trend nachhaltig entgegenzutreten. Die weit verbreitete, oft alibihafte Symptombekämpfung bietet keine dauerhaften und befriedigenden Lösungen. Wenn der Boden verseucht ist, reicht das Abschneiden eines verfaulten Blattes am Baum nicht aus.

Auf der anderen Seite erkennen immer mehr Menschen, dass sie selbst der Schlüssel für die Veränderungen in ihrem Leben sind. Sie wollen gesund bleiben oder wieder gesund werden, suchen nach einer sinnerfüllten Tätigkeit oder Beschäftigung. Sie wollen wertschätzend behandelt werden und das Gefühl haben, dass sie gebraucht werden. Diese Menschen sind auf der Suche nach nachhaltigen Perspektiven für ihr eigenes Leben – und je mehr sie diese Perspektive kennen und umsetzen können, umso höher kann ihr Beitrag zu einem unternehmerischen Erfolg sein.

4.2.1 Fehlende Mitarbeiterbindung

Nach einer jährlich vom Gallup-Institut durchgeführten Studie („Gallup Engagement Index") hatten im Jahr 2015 84 % aller befragten Mitarbeiter eine geringe oder keine emotionale Bindung an ihren Arbeitsplatz. Nicht mal die Hälfte dieser Mitarbeiter würde ihren Freunden oder Familienangehörigen die Produkte ihres Arbeitgebers empfehlen (geringe Bindung: 46 %, keine Bindung: 16 %), noch deutlich weniger würden ihren Freunden oder Familienangehörigen eine Anstellung bei ihrem Arbeitgeber nahelegen (geringe Bindung: 27 %, keine Bindung: 3 %).

Es liegt auf der Hand, dass Mitarbeiter, die innerlich gekündigt haben, weder innovative Ideen einbringen noch anderweitig Interesse haben, das Unternehmen nach vorne zu bringen. Laut Gallup liegen die volkswirtschaftlichen Kosten aufgrund von innerer Kündigung jährlich zwischen 75,6 und 99,2 Mrd. €.

Zudem wirkt es sich negativ auf die Nachfrage der Produkte aus, wenn die eigenen Mitarbeiter nicht dafür werben oder sogar davon abraten, diese zu kaufen. Es spricht sich herum, wenn Mitarbeiter sich ausgebeutet fühlen; und spätestens wenn der Kunde selbst merkt, dass nicht er im Mittelpunkt steht, sondern ausschließlich der Unternehmenserfolg, ist es keine tragfähige Beziehung mehr und der Kunde wird sich nach alternativen Anbietern umsehen.

4.2.2 Fachkräftemangel

Der zunehmende Mangel an Fachkräften ist ein seit langem bekanntes Problem. Aufgrund des demografischen Wandels wird dieses Thema immer evidenter, da schlichtweg der Nachwuchs fehlt.

Umso wichtiger wird es für Unternehmen, vorhandene Fachkräfte zufrieden zu stellen und an sich zu binden. Zudem ist es wichtig, auch nach außen ein positives, einladendes Image aufzubauen, denn schon heute ist das Finden von qualifiziertem Personal schwierig. Zukünftige Mitarbeiter sollten sich daher schon aufgrund der Reputation des Unternehmens auf ein positives Arbeitsumfeld freuen können, da sie sich ansonsten für einen Wettbewerber entscheiden. Heutzutage sind die Möglichkeiten für Bewerber vielfältig, sich schon vor einem Gespräch beim potentiellen neuen Arbeitgeber informieren zu können, was dieser ihnen bietet. Das Verhältnis von offenen Stellen zu geeigneten Bewerbern hat sich an vielen Stellen umgekehrt, sodass auch Personaler umdenken müssen (siehe unten „Coaching von Personalern").

Die Wirtschaftsprüfungsgesellschaft Ernst & Young führt zweimal jährlich Umfragen in mittelständischen Unternehmen durch und fasst die Ergebnisse im sogenannten Mittelstandsbarometer zusammen. Im Dezember 2014 sahen mehr als die Hälfte der Befragten den Fachkräftemangel als Bedrohung für die Unternehmensentwicklung (34 %: eher große Gefahr; 18 %: sehr große Gefahr). 51 % der befragten Unternehmen gaben an, dass sie aufgrund der vergeblichen Suche nach Mitarbeitern Umsatzeinbußen verzeichnen. „Für 14 % ergeben sich sogar erhebliche Einbußen. Insgesamt summieren sich die Umsatzeinbußen aufgrund des Fachkräftemangels somit auf 36,5 Mrd. € jährlich."

4.2.3 Steigende Krankheitsquoten

Gemäß dem Gesundheitsreport 2016 der DAK, einer der größten deutschen Krankenkassen, ist der Krankenstand der DAK-Mitglieder 2015 von 3,9 % im Vorjahr auf 4,1 % gestiegen, mehr als jeder zweite Versicherte (50,4 %) war von einer Krankheit betroffen. Die Erkrankungshäufigkeit lag dabei bei 124,4 Erkrankungsfällen je 100 Versicherten und somit über sieben Prozent höher als im Vergleichsjahr 2014.

Besonders signifikant ist der Anstieg bei den Krankheitstagen/-fällen aufgrund psychischer Erkrankungen, die zwischen 1997 und 2015 um 318 % bzw. 276 % gestiegen sind.

Gemessen werden hierbei natürlich lediglich die durch Ärzte ausgestellte und bei den Krankenkassen eingereichten Arbeitsunfähigkeitsbescheinigungen, die in der Regel erst bei Abwesenheiten ab drei Kalendertagen zwingend sind. Die tatsächlichen Quoten liegen somit noch höher. Die DAK gibt den „wahren Krankenstand" für 2015 mit etwa 4,3 % an (basierend auf eigenen Untersuchungen zur „Dunkelziffer").

Der Krankenstand ist meines Erachtens auch ein Indikator dafür, wie krank das Unternehmen ist – schließlich ist das Unternehmen die Summe seiner Mitarbeiter. Natürlich lassen sich nicht alle Krankheitsfälle verhindern, das Unternehmen sollte aber alles ihm Mögliche dafür tun, dass die Mitarbeiter gesunde Rahmenbedingungen für die Ausübung ihrer Arbeit haben. Das sollte auch über das gesetzlich Erforderliche herausgehen. Hier empfiehlt sich dringend die Einbindung der Mitarbeiter, die Umsetzung möglichst vieler Maßnahmen und eine transparente Kommunikation, sofern eine Maßnahme nicht umgesetzt werden kann.

4.2.4 Präsentismus

Eine bisher noch weitestgehend unberücksichtigte Ursache für sinkende Produktivität ist der Präsentismus.
„Präsentismus" wird wie folgt definiert (Quelle: Wikipedia):

> Mit Präsentismus (von *Präsenz* – Anwesenheit) bezeichnet die Arbeitsmedizin das Verhalten von Arbeitnehmern, die insbesondere in Zeiten hoher Arbeitslosigkeit (z. B. bei Konjunkturschwäche) trotz Krankheit am Arbeitsplatz sind [...].
> Die Mitarbeiter verordnen sich selbst Anwesenheitspflicht aus Angst um den Arbeitsplatz. Dies ist nicht wünschenswert, da die Mitarbeiter trotz ihrer körperlichen Anwesenheit nicht die volle Leistung bringen können und damit die Produktivität sinkt sowie die Unfallgefahr ansteigt. Die durch körperliche und geistige Beeinträchtigungen negativ beeinflusste Konzentrationsfähigkeit führt zu mehr Fehlern. Viele Arbeitgeber, aber auch Arbeitnehmer sind sich der Tatsache nicht bewusst, dass die bloße Anwesenheit das Unternehmen viel teurer zu stehen kommt als das Auskurieren der Krankheit.

Einer Befragung des WIdO (Wissenschaftliches Institut der AOK) von 2009 zufolge gehen von vier erkrankten Mitarbeitern statistisch gesehen knapp drei trotzdem arbeiten.

Gemäß iga.Barometer 2007 (Initiative Gesundheit & Arbeit) haben sich „59 Prozent der Befragten mit gesundheitlichen Problemen aufgrund dieser Probleme in ihrer Produktivität behindert gefühlt. Die Einschränkung der Produktivität wurde von den Befragten relativ einheitlich berichtet. Rund 20 Prozent der Befragten mit gesundheitlichen Problemen sind jeweils der Auffassung, dass ihre Produktivität um 20 Prozent bzw. um bis zu jeweils 40 Prozent eingeschränkt ist."

Der Bericht kommt dementsprechend zu der Schlussfolgerung, dass „die Gesamtbeeinträchtigung der Arbeit durch Gesundheitsprobleme in erster Linie von den Produktivitätseinbußen geprägt [ist] und weniger von den Fehlzeiten".

Die Studie „Vorteil Vorsorge – Die Rolle der betrieblichen Prävention für die Zukunftsfähigkeit des Wirtschaftsstandortes Deutschland" der Unternehmensberatung Booz & Company für die Felix Burda Stiftung aus dem Jahr 2011 kommt zu dem Schluss, dass die Kosten für Präsentismus sich auf 2399 € pro Mitarbeiter belaufen und somit doppelt so hoch sind wie die Kosten, die ein krankheitsbedingt fehlender Mitarbeiter verursacht (1199 €). Die Kosten für Präsentismus und Absentismus gesamt werden mit 129 Mrd. € angegeben. „Der volkswirtschaftliche Schaden gemessen als Bruttowertschöpfungsausfall belief sich auf 225 Mrd. Euro."

4.3 Handlungsbedarf für Unternehmen

Aus den hier angeführten Gründen ergibt sich für Unternehmen ein enormer Handlungsbedarf, um negativen Entwicklungen entgegenzuwirken bzw. positive Entwicklungen zu verstärken. Einen Königsweg gibt es hierbei nicht, das Adaptieren von sogenannten Best-Practice-Modellen scheitert häufig, weil kein Unternehmen eins zu eins mit einem anderen vergleichbar ist.

Jedes Unternehmen muss also ganz individuell schauen, welcher Weg den bestmöglichen Erfolg verspricht und dabei Kosten und Nutzen in ein gutes Verhältnis setzt. Coaching kann hierbei neben anderen ein wesentlicher Bestandteil sein.

Auch beim Entwickeln dieses Weges kann es hilfreich sein, sich einen Coach zur Seite zu holen, da dieser z. B. eher unbequeme Fragen stellen kann als ein abhängig Beschäftigter oder mit den ihm bekannten Methoden den Prozess der Lösungsfindung begleiten kann.

4.4 Was Coaching leisten kann

Nachdem ich im Folgenden kurz erläutere, welche Zielrichtungen es im Coaching gibt, stelle ich die für den Unternehmenskontext relevanten Coachingvarianten vor. Dabei berücksichtige ich deren Nutzen, Voraussetzungen und Risiken.

4.4.1 Coaching ist nicht gleich Coaching

Aus meiner Sicht gilt es im Businessbereich zwei grundlegende Ausrichtungen von Coaching zu unterscheiden. Zum einen gibt es das funktionsorientierte Coaching, zum anderen das persönlichkeitsorientierte Coaching.

1. Funktionsorientiertes Coaching: Unter diesem Begriff verstehe ich die Begleitung, die einem Menschen dazu verhilft, seinen Platz in einem Unternehmen, also seine Funktion, besser auszufüllen. Ziel des Coachings ist es, dass der Mitarbeiter mehr Leistung bringen kann. Ein klassisches Beispiel wäre hier das Vertriebscoaching. Dieses Coaching hat also direkt mit der Aufgabe zu tun und zielt auf eine Ertragssteigerung oder höhere Marktdurchdringung ab.
Zum einen reden wir hier allerdings eher über Training statt über Coaching, denn in erster Linie werden hier z. B. Gesprächsführungen geübt, wie man den Kunden von den Vorzügen des Produktes überzeugen kann. Zum anderen steht hier eben nur der direkte Nutzen für das Unternehmen im Vordergrund, d. h.

auf die persönliche Wertestruktur des Mitarbeiters (und nicht selten auch des Kunden, den man ja möglichst nachhaltig an sich binden möchte) wird hier wenig Rücksicht genommen.
2. Persönlichkeitsorientiertes Coaching: Hier geht es um die persönliche Weiterentwicklung eines Menschen als Ganzes und eben nicht nur in seiner Funktion. Es geht um seine Werte und seine Haltung, z. B. in Konfliktsituationen, die sich am Arbeitsplatz, aber eben auch im Privaten zeigen und ihn belasten – was wiederum einen negativen Effekt auf seine Produktivität haben kann. Diese Art Coaching ist dabei nicht zu verwechseln mit einer Psychotherapie, wobei die Grenzen auch hier fließend sein können und das ein oder andere Element „semitherapeutische" Züge haben kann.

Es gibt sicherlich mehr Zwischentöne als nur das eine oder das andere. Während ein persönlichkeitsorientiertes Coaching auch für sich stehen und motivieren kann, verhält es sich beim funktionsorientierten Coaching anders. Wenn es dem Mitarbeiter mehr und mehr bewusst wird, dass es nicht um ihn als Menschen geht, sondern dass er nur zur „Cashcow" (entspr. „Goldesel") gemästet werden soll, ist der Widerstand vorprogrammiert. Das mag überspitzt formuliert sein, trifft in der Realität allerdings leider allzu oft zu.

Ich möchte das funktionsorientierte Coaching keinesfalls abwerten. Ich halte es für wichtig – nur eben nicht für sich allein stehend. Die Mischung macht es.

Den Mitarbeiter als Menschen wahrnehmen
Wesentlich ist, dass der Mitarbeiter das Gefühl hat, dass er auch als Mensch wahrgenommen und wertgeschätzt wird. Und das nicht nur aus reinem Kalkül, weil er dann schon mehr Leistung bringen wird – Menschen haben mindestens unterschwellig Antennen dafür, wenn man ihnen vordergründig etwas vormacht, man hintergründig aber etwas anderes meint.

Oft herrscht die Einstellung seitens des Unternehmens vor, dass sich ein Mitarbeiter ein „Goodie" (eine Belohnung), z. B. in Form eines persönlichkeitsorientierten Coachings, erst verdienen muss. Wie motivierend könnte es sich auf einen Mitarbeiter aber auswirken, wenn das Unternehmen in Vorleistung tritt? Möglicherweise fühlt der Mitarbeiter sich dann sogar unbewusst moralisch verpflichtet, dies mit mehr Engagement bei der Arbeit zurückzuzahlen.

Eine klassische Mischform stellt das Führungskräftecoaching dar. Hier werden beispielsweise aktuelle, oft konfliktreiche Führungssituationen beleuchtet und die Einstellung der Führungskraft betrachtet (wie sie ist und wie sie gerne wäre) – mit dem Ziel, in solchen Situationen souveräner agieren zu können und die Mitarbeiter besser zu erreichen und zu motivieren (bzw. nicht zu demotivieren). Erlernte

Handlungsroutinen helfen hier in den seltensten Fällen – die Überprüfung der eigenen Haltung, aus der heraus dann authentisches Handeln möglich wird, sehr wohl.

4.5 Arten von Coaching im Unternehmenskontext

Im Folgenden möchte ich die Varianten von Coaching vorstellen, die im Unternehmenskontext nicht fehlen sollten bzw. einen guten Nutzen bringen. Die Grenzen zwischen den verschiedenen Arten können dabei genauso fließend sein wie zu Training und Beratung.

4.5.1 Führungskräftecoaching

Das Führungskräftecoaching ist sicherlich die am weitesten verbreitete Variante des Coachings, da das Verhalten der Führungskraft immer einen gewissen Multiplikatoreffekt hat. Mitarbeiter orientieren sich an ihren Vorgesetzten und beobachten sehr genau, wie diese sich verhalten, ähnlich wie Kinder es bei ihren Eltern tun. Auch im beruflichen Kontext wirkt vorgelebtes Verhalten deutlich besser als ein Verhalten, das lediglich erwartet wird. Man kann nicht damit rechnen, dass Mitarbeiter sich an Regeln halten, an die sich die Führungskraft selbst nicht gebunden fühlt.

Dementsprechend groß kann sich hier auch der positive Einfluss von Coaching zeigen, da die Entwicklung einer wertschätzenden Führungskultur einen wesentlichen Anteil an der Potentialentfaltung der Mitarbeiter hat.

Klarheit über die eigenen Motive
Sich Klarheit über die eigene Persönlichkeit mit den dazugehörigen Werten und Bedürfnissen zu verschaffen, ist ein essentieller Baustein, um als Führungskraft möglichst unabhängig von äußeren Einflüssen und somit eher selbst- als fremdbestimmt die eigene Funktion zu meistern. Dies dient zudem als wirksame Prävention gegen Burnout.

Auch sich bewusst zu machen, aus welcher Rolle heraus man als Führungskraft gerade agiert und warum nicht selten das Gefühl innerer Zerrissenheit auftritt, ist sinnvoll auf dem Weg zu mehr Autonomie. Je höher der Grad der Fremdbestimmung ist, umso mehr kann man nur reagieren. Nur wer proaktiv handeln kann, kann auch gestalten. Und das geht auch in Abhängigkeitsverhältnissen, in denen sich nun mal nahezu jede Führungskraft und jeder Angestellte befindet.

Reflexion im geschützten Rahmen
Das in bestimmten Situationen gezeigte Verhalten in einem geschützten Rahmen zu reflektieren, ist hilfreich für kommende Situationen. Hier lassen sich auch andere Perspektiven einnehmen und durchspielen, während in einer Livesituation spontane Handlungen gefragt sind. Natürlich lässt sich nicht jede Situation im Vorhinein erarbeiten; es ist aber möglich, die Sinne immer weiter zu schärfen. Zudem ist im Coaching auch die Arbeit an der inneren Haltung und deren Entwicklung derart möglich, wie es für den Klienten authentisch ist.

Die hier gezeigten Beispiele für das Führungskräftecoaching helfen dabei, mehr und mehr eine Führungskraft zu werden, die auch in schwierigsten Situationen die Ruhe bewahren und besonnen durch den Sturm steuern kann – und dabei trotzdem noch selbst zu kreativen Lösungen, die dann dringend benötigt werden, kommen kann bzw. ihren Mitarbeitern den Raum dafür schafft, diese zu entwickeln.

4.5.2 Coaching von Personalern

Auch für Vertreter der Personalabteilung, die mit Führungskräften, Mitarbeitern und Bewerbern Kontakt haben, kann Coaching ein wertvoller Begleiter sein.

Sicherlich ist für Personalbetreuer auch eine psychologische Ausbildung bzw. Weiterbildung hilfreich, dennoch bietet sich der Austausch mit einem neutralen Dritten an, mit dessen Begleitung man z. B. die Perspektiven der Gesprächspartner in Ruhe beleuchten kann.

Auch Personaler befinden sich ähnlich wie Führungskräfte oft im Spannungsfeld zwischen den Erwartungen, die an sie gestellt werden, und den eigenen Werten. Das kann zu intrapersonalen Konflikten führen (siehe nächstes Unterkapitel „Konfliktcoaching"), bei denen es Klarheit und Entspannung braucht.

Empathie bei steigender Komplexität
Die Betreuung von Führungskräften und Mitarbeitern wird immer komplexer und oft bleibt aufgrund von erhöhten Anforderungen kaum Zeit dafür, sodass auch Personaler immer mehr unter Druck stehen, wobei in den Gesprächen ein Höchstmaß an Empathie gefordert ist – hier bleibt die Selbstempathie dann aber oft auf der Strecke. Daher ist es sinnvoll, einmal zur Seite zu treten und sich die eigenen Bedürfnisse bewusst zu machen.

Kündigungsgespräche: hohe Belastung auch für Personaler
In vom Arbeitsplatzabbau geprägten Zeiten müssen Personaler auch häufig Kündigungsgespräche führen bzw. sind zumindest daran beteiligt. Diese Gespräche

sind nicht nur für den Gekündigten eine Belastung, aber gerade hier wird eine besondere Sensibilität erwartet. Auch Kündigungsgespräche können wertschätzend geführt werden. Kündigungsgespräche können sogar mit dem Ziel geführt werden, dass der gekündigte Mitarbeiter sich – nach einer Zeit der emotionalen Regulierung – vorstellen kann, wieder für das Unternehmen zu arbeiten. Das kann je nach Marktlage durchaus wünschenswert sein. Insofern ist es äußerst hilfreich, Kündigungsgespräche erst einmal in einer „Laborsituation" mit einem Coach zu üben.

Bewerbungsgespräche auf Augenhöhe
Auch die Atmosphäre in Bewerbungsgesprächen hat sich gewandelt. Während der Bewerber früher auf Herz und Nieren geprüft und unter Umständen sogar von mehreren Unternehmensvertretern ins Kreuzverhör genommen wurde, sind heute Gespräche auf Augenhöhe gefragt. Nicht nur aufgrund des Fachkräftemangels ist es wichtig, dass der potentielle neue Mitarbeiter sich bereits beim Bewerbungsgespräch wohlfühlen kann. Zudem ist dem Unternehmen nicht geholfen, wenn nur einseitig beleuchtet wird, ob der Bewerber zum Unternehmen passt – auch das Unternehmen muss zum Bewerber passen. Auch der Umgang mit Bewerbern lässt sich im Coaching hervorragend simulieren.

4.5.3 Konfliktcoaching

Beim Konfliktcoaching gilt es zunächst zwei Varianten zu unterscheiden. Zum einen gibt es die im Außen ausgetragenen Konflikte zwischen zwei oder mehr Parteien („interpersonale Konflikte"), zum anderen gibt es auch innere Konflikte, die uns das souveräne Handeln im Außen erschweren („intrapersonale Konflikte").

Sowohl bei inneren als auch bei äußeren Konflikten sorgen Klarheit und Klärung für weniger „Produktionsstau" und eine geringere Fehleranfälligkeit. Zudem wirken sie sich positiv auf das Betriebsklima aus.

4.5.4 Interpersonale Konflikte

Bei interpersonalen Konflikten kann man zum einen den Annäherungsprozess zwischen den „zerstrittenen" Parteien coachend begleiten. Das Prozedere folgt nicht zwingend dem ähnlich klar strukturierten Vorgehen einer Mediation, hat damit aber eine große Schnittmenge.

Statt den kleinsten gemeinsamen Nenner für einen Kompromiss zu finden (was klassisch nicht zu einer Win-Win-Situation führen kann, da beide Parteien nachgeben müssen), versucht man im Konfliktcoaching sensibel die Bedürfnisse der Beteiligten herauszuarbeiten. Es zeigt sich immer wieder, dass die Bedürfnisse oft deckungsgleich sind, allerdings die zur Befriedigung dieser Bedürfnisse angewandten Strategien Auslöser für den Konflikt sind. Herrscht hier Klarheit und alle Beteiligten konnten in einem fairen Rahmen ihren Standpunkt erläutern, ist die Schaffung einer gemeinsamen Lösung oft mit erstaunlich wenig Mühe zu erreichen.

Zum anderen ist es auch möglich, sich im Einzelgespräch nur den eigenen Anteil an einem Konflikt anzuschauen. Hier kann ebenfalls erarbeitet werden, welches Bedürfnis grundlegend ist (durch Wechseln der Perspektive auch das Bedürfnis des Konfliktgegners), um dann mit mehr Klarheit und gut vorbereitet in ein anstehendes Gespräch zu gehen. Auch die Art und Weise, wie das eigene Bedürfnis geäußert werden kann, kann im Coaching eingeübt werden (siehe „Coaching in wertschätzender Kommunikation" im folgenden Unterkapitel).

4.5.5 Intrapersonale Konflikte

Bei intrapersonalen Konflikten geht es um die Art Konflikte, die wir in unserem Innern austragen. Wenn wir uns beispielsweise nicht entscheiden können bzw. wollen oder in Situationen, wo wir das Verhalten anderer einerseits verstehen können und gleichzeitig andererseits aber auch nicht, dann liegt es sehr nahe, dass hier unterschiedliche „innere Anteile" miteinander im Konflikt sind. Dieser Zustand wird oft mit „innerer Zerrissenheit" bezeichnet.

Ein Konfliktcoaching kann hier Klarheit bringen, die Bedürfnisse der einzelnen inneren Anteile offenlegen und dafür sorgen, dass möglichst alle zu ihrem Recht kommen.

4.5.6 Coaching in wertschätzender Kommunikation

Ein Thema, das deutlich komplexer ist, als es der Name zunächst vermuten lässt, ist die wertschätzende Kommunikation. Das Prinzip ist schnell erklärt, die Umsetzung allerdings erfordert einiges an Übung, die man gut in einem geschützten Rahmen mit einem neutralen Coach praktizieren kann.

Nicht selten geraten wir beruflich wie privat in Situationen, in denen wir uns über jemand anderen ärgern. Oder wir sind irritiert, weil jemand etwas anders macht, als wir es erwartet haben. Oft ist die erste Reaktion, den anderen zu kritisieren oder ihm Vorwürfe zu machen. Das reduziert die Gesprächsbereitschaft des anderen enorm und eine Konfliktlösung wird unwahrscheinlicher.

Jemand tut etwas für sich und nicht gegen andere
In der Gewaltfreien Kommunikation (GfK) nach Marshall B. Rosenberg, aus der sich das oben beschriebene Konfliktcoaching ableitet und sich die in diesem Unterkapitel behandelte wertschätzende Kommunikation entwickelt hat, geht man davon aus, dass der andere nicht etwas gegen mich tut, sondern für sich – um für sich die Befriedigung eines Bedürfnisses sicherzustellen.

Alleine diese Einstellung kann viel Brisanz aus einer Konfliktsituation nehmen; es fehlt schlicht die Basis dafür, sich persönlich angegriffen zu fühlen.

Bei sich bleiben statt beim anderen
Ziel bei der wertschätzenden Kommunikation ist es, komplett bei sich zu bleiben und seinem Gesprächspartner auf Augenhöhe zu begegnen. Diese Augenhöhe verlassen wir schneller als uns bewusst ist.

Ein „Das hast Du super gemacht!" klingt zunächst nach einem tollen Lob (und es ist natürlich auch besser, als nichts zu sagen!), tatsächlich stellen wir uns durch die Bewertung aber auf eine höhere Stufe im Vergleich zu demjenigen, mit dem wir sprechen. Die Wirkung ist sicherlich subtil und es kommt auch wie bei allem immer darauf an, wie der andere unsere Worte auffasst.

Wie man wertschätzend kommuniziert
Wenn man nun wertschätzend kommuniziert, drückt man zunächst mit einem konkreten Bezug und zeitnah die reine Beobachtung aus – ohne Bewertungen.

Danach äußert man das Gefühl, das diese Beobachtung in einem ausgelöst hat – dafür braucht es aber erst einmal die Bewusstheit, um welches (echte) Gefühl es sich handelt, denn oft gleiten wir hierbei in Nichtgefühle ab (z. B. „Ich habe das Gefühl, ich werde ausgegrenzt." – Das ist eher ein Gedanke und kein Gefühl).

Um das darauffolgende Bedürfnis kommunizieren zu können, muss auch darüber zunächst Klarheit herrschen.

Abgeschlossen wird die Botschaft mit einer Bitte an den Gesprächspartner.

Diese strukturierte Vorgehensweise mag zunächst etwas statisch erscheinen und sicherlich erfordert es auch einige Übung, die Botschaft authentisch vermitteln zu können.

Weniger Konflikte, mehr Entwicklung
Die Vorteile aber überwiegen: mehr Klarheit über die eigenen Gefühle und Bedürfnisse, der Gesprächspartner fühlt sich weniger angegriffen. Dadurch ist es möglich, auch kritischere Themen klar anzusprechen und Konflikte zu reduzieren. Dieser ausbleibende Reibungsverlust ermöglicht es, dass sich das Unternehmen besser und schneller entwickeln kann.

Zudem wird durch das zeitnahe Ansprechen von Situationen bzw. Problemen vermieden, dass sich Frust aufstaut und geballt an Stellen entlädt, wo es destruktiv ist. Denn der sprichwörtliche Tropfen, der das Fass zum Überlaufen bringt, ist nicht verantwortlich für die vielen Liter, die vorher nicht abgelassen wurden.

Wertschätzend delegieren
Auch beim Delegieren ist die wertschätzende Kommunikation hilfreich, da aufgrund einer klaren Vorgehensweise (inklusive Bestätigung durch den „Empfänger") einerseits klar ist, was vom „Delegationsempfänger" erwartet wird, andererseits hat dieser auch aufgrund des geäußerten Bedürfnisses die Möglichkeit, weitere Aufgaben von sich aus zu übernehmen, die dieses Bedürfnis abdecken. Oder er kann delegierte Aufgaben anders erledigen, wenn eine Abarbeitung mit dem gewünschten Ergebnis nicht komplett möglich ist – und dabei das Bedürfnis trotzdem befriedigen und so auch für Zufriedenheit sorgen.

Kommunikation negativer Nachrichten
Mit wertschätzender Kommunikation lassen sich auch Nachrichten, die negativen Einfluss auf die Mitarbeiter haben können (z. B. Abbau von Arbeitsplätzen), so vermitteln, dass die Mitarbeiter sich den Umständen entsprechend gut abgeholt fühlen und somit gesprächsoffen bleiben.

Die Sensibilisierung hin zu einer wertschätzenden Kommunikation ist also für alle Belange im Unternehmen hilfreich, natürlich auch für den Umgang mit Kunden.

4.5.7 Berufungscoaching

Auch wenn es aus Unternehmenssicht auf den ersten Blick abwegig erscheinen mag, den eigenen Mitarbeitern ein Berufungscoaching zu ermöglichen, gibt es gute Gründe dafür, die sich auch für Unternehmen bezahlt machen.

Mehr Zufriedenheit durch Potentialentfaltung
Für jeden Menschen ist es ein durchaus essentielles Thema, die eigene Berufung zu finden. Denn nur eine Tätigkeit, die den eigenen Anlagen entspricht, führt zu nachhaltiger Zufriedenheit und der Möglichkeit, sich authentisch selbst auszudrücken. Was zunächst möglicherweise ein wenig esoterisch klingen mag, wird angesichts der oben genannten Zahlen zur Mitarbeiterbindung zu einem sehr realen und kostenintensiven Thema. Insofern ist es äußerst förderlich, Mitarbeiter ihren Fähigkeiten und Neigungen entsprechend einzusetzen und nicht auf Stellen zu schieben, wo das Unternehmen gerade Bedarf hat.

Ein Berufungscoaching für ihre Mitarbeiter kann für Unternehmen von mehreren Seiten her interessant sein kann. Doch zunächst möchte ich einen Schritt zurückgehen und erläutern, warum viele Menschen einen Beruf ausüben, der nicht ihrer Berufung entspricht.

Warum viele Menschen nicht ihre Berufung leben
Zum einen lernen wir Menschen gerne am Modell. Im Normalfall sind die ersten Vorbilder in unserem Leben unsere Eltern, die natürlich auch ihre beruflichen Erfahrungen direkt oder indirekt in die Erziehung ihrer Kinder einfließen lassen. Das prägt auch unser Wertesystem und setzt in gewisser Weise Leitplanken bei unserer beruflichen Entwicklung.

Zum anderen ist unser Bildungssystem nicht darauf ausgerichtet, nach den Potentialen des Einzelnen zu forschen und diese zu fördern. Stattdessen müssen alle Schüler die gleichen Inhalte lernen und werden bei Themen, die ihnen schwerfallen (vielleicht, weil sie einfach nicht ihrer Natur entsprechen), unter den Druck gesetzt, ihre Schwächen z. B. mit Nachhilfe zu kompensieren. Der Fokus wird eher darauf gesetzt, was nicht funktioniert, als auf das, was schon längst da ist. Die ursprüngliche Bedeutung des lateinischen Wortes für Erziehung und Ausbildung „educare" wird umgedreht, denn statt das Beste aus jedem Menschen herauszuholen (so die wörtliche Übersetzung), wird Wissen in die Menschen hineingegeben – in der falschen Annahme, dass Menschen leer sind und „befüllt" werden müssen, wenn sie auf die Welt kommen.

Wie im Apfelkern schon alle Informationen für den fertigen Apfelbaum stecken, bringen aber auch wir Menschen von Geburt an unsere grundlegenden Eigenschaften und Fähigkeiten mit auf diese Welt. Aufgrund der Prägungen und bildungssystematischen Rahmenbedingungen können sich diese aber nicht oder nur wenig entfalten und verkümmern oft spätestens nach der Kindheit, in der wir die Welt noch spielerisch erkunden dürfen (oder uns das Recht dazu noch unangepasst nehmen).

Die Konsequenz zeigt sich unter anderem in mangelnder Performance am Arbeitsplatz, chronischer Unzufriedenheit und auch hohen Krankheitsquoten. Die Wertekultur in vielen Unternehmen fördert diese negative Entwicklung zusätzlich.

Es liegt mir fern, diese Beobachtung zu pauschalisieren. Leider bestätigt sie sich immer wieder, sobald man mit Menschen etwas tiefgründiger spricht.

Verschiedene Kontexte und Ziele von Berufungscoaching
Nun gibt es, wie bereits erwähnt, für Unternehmen verschiedene Ansatzmöglichkeiten.

4 Coaching als Beitrag zur Unternehmensentwicklung

Aktuell sehen sich viele Unternehmen gezwungen, Arbeitsplätze abzubauen. Hier kann ein Berufungscoaching in zweierlei Richtungen wirken:

1. Mitarbeiter, die ihre Berufung (er)kennen, entwickeln eine neue Perspektive, wenn sie das Unternehmen verlassen (der Mangel an einer beruflichen Perspektive lässt viele Mitarbeiter auch trotz Abfindungsangeboten vor einem Weggang zurückschrecken, zumal sie oft nicht mehr in der gleichen Branche unterkommen können).
Das wäre im Übrigen auch ein wertschätzender Umgang mit Mitarbeitern, die das Unternehmen verlassen, auch um zu verhindern, dass die eigene Marke durch negative Kommunikation beschädigt wird (Stichwort „Brand Protection").
2. Mitarbeiter, die nach einem Berufungscoaching wissen, dass sie in ihrem Job genau richtig sind, tragen sich nicht mehr mit dem Gedanken, ob sie sich umorientieren sollten. Das bedeutet, sie haben den Kopf frei und können sich voll und ganz ihrer Aufgabe widmen und sind somit produktiver als vorher.

Ein Angebot muss für alle Mitarbeiter gelten, nicht nur für ausgewählte
Eine wichtige Voraussetzung für die Akzeptanz für ein Berufungscoaching in Unternehmen: Das Angebot muss für alle Mitarbeiter gelten und nicht nur für die, die das Unternehmen gerne loswerden möchte. Ansonsten werden die Mitarbeiter hierdurch in zwei Gruppen geteilt (1. die, die man behalten möchte; 2. die, die man loswerden möchte), was zu einer großen Unruhe mit entsprechenden Produktionseinbußen führen kann. Denn nicht zuletzt die gesetzlichen Rahmenbedingungen erlauben es nicht unbedingt, dass man sich von den Mitarbeitern auch tatsächlich trennen kann, von denen sich das Unternehmen gerne trennen möchte. Und jemandem wegen Leistungsverweigerung zu kündigen, ist äußerst aufwendig bis kaum möglich.

Natürlich besteht die Gefahr, dass auch Leistungsträger sich umorientieren, die Wahrscheinlichkeit ist allerdings eher gering, da sie in erster Linie deswegen eine gute Leistung bringen, weil ihre Aufgabe eine große Schnittmenge mit ihrer Berufung hat.

Zudem leidet massiv die ohnehin schon angeschlagene Stimmung in Zeiten des Arbeitsplatzabbaus, wenn Mitarbeiter gezielt ein Berufungscoaching erhalten.

Enorme Entwicklungsmöglichkeit für Unternehmen
Ein anderer und viel positiverer Ansatz birgt eine enorme Entwicklungsmöglichkeit für Unternehmen und Mitarbeiter. Da in einem Berufungscoaching Potentiale

sowie Werte und Rahmenbedingungen für eine optimale Entfaltung zutage gefördert werden, ergeben sich auch neue Wachstumspotentiale für ein Unternehmen.

Entwicklungsmodelle wie Spiral Dynamics (Don Beck, Chris Cowan) gehen davon aus, dass nach der aktuellen Stufe der materiellen Anreize für Leistung eine Stufe folgt, in der Gruppen sich nach den Stärken ihrer Mitglieder organisieren. Das bedeutet, es wird nicht mehr aussortiert, wer vermeintlich zu wenig leistet, sondern es wird geschaut, was jeder einzelne in der Gruppe an Fähigkeiten mitbringt, um diese gewinnbringend einzusetzen – was in Zeiten von auslaufenden Geschäftsmodellen auch eine Überlebenschance für das eine oder andere Unternehmen sein kann.

Voraussetzung hierfür ist, dass der Mensch an sich wieder in den Vordergrund gerückt wird und nicht nur die Funktion, die er ausfüllen soll.

Daher birgt ein Berufungscoaching ein enormes Potential für Unternehmen. Teile davon sollten auch Teil der täglichen Führungsarbeit sein, was allerdings noch viel zu selten der Fall ist, aber ein Bestandteil vom oben behandelten Führungskräftecoaching sein kann.

4.5.8 Wingwave®-Coaching

Bei Wingwave® handelt es sich um eine Kurzzeitcoachingmethode zur Auflösung von Blockaden oder negativen Emotionen sowie zur Leistungssteigerung. Kurzzeitcoaching deswegen, weil es oft einfach sehr schnell wirkt. Die Probleme werden dabei einfach weggewinkt.

Wingwave® wird im Businessbereich, aber auch im Leistungssport erfolgreich eingesetzt. Mit dieser Methode lassen sich positive Auswirkungen z. B. bei Redeangst, Nervosität oder generell bei Stress erreichen.

Zugrunde liegt die Erkenntnis, dass Menschen stressauslösende Erfahrungen normalerweise nachts in den sogenannten REM-Phasen verarbeiten (REM steht für Rapid Eye Movement, auf Deutsch: schnelle Augenbewegungen). Gelingt diese Verarbeitung nicht oder nicht komplett, verursachen ähnliche Erlebnisse erneut Stress oder andere negative Emotionen. Oft sind Momente ursächlich, an die man sich aus dem Stegreif bewusst nicht erinnern kann. Zudem muss es sich nicht um eigene Emotionen handeln, es können auch von anderen übernommene sein. Hier handelt es sich dann um sogenannte „Spiegelneurone".

Wie läuft ein Wingwave®-Coaching ab?
Das Wingwave®-Coaching ist logisch und einfach strukturiert.

Zunächst wird auf einer Skala die Intensität der negativen Emotion bestimmt. Anhand des sogenannten Myostatiktestes (auch „O-Ring-Test") wird mit gezielten Aussagen überprüft, welche Situationen die Ursache für den Stress sind. Der Myostatiktest kommt aus der Kinesiologie.

Der Klient drückt dabei Daumen und Zeigefinger fest zusammen. Wenn die Aussage keinen Stress verursacht, bleiben die Finger fest zusammen, während der Coach versucht, sie auseinander zu ziehen; wenn die Aussage aber Stress verursacht, kann der Klient die Finger nicht zusammenhalten. So kann man sich Aussage für Aussage zur auslösenden Situation vorarbeiten.

Oft kann sich der Klient dann schon selbst an eine Situation erinnern (wenn nicht, auch nicht schlimm!). Dann wird getestet, welche Emotionen eine Rolle spielen. Der Klient spürt dieser Emotion kurz nach und der Coach beginnt dann mit dem Winken, während der Klient den Fingern des Coaches mit den Augen folgt – so werden die oben genannten REM-Phasen imitiert und die stressauslösende Situation kann nachträglich verarbeitet werden, bis sie nicht mehr abrufbar ist. Diese Methode wird auch sehr erfolgreich bei Traumapatienten im psychotherapeutischen Umfeld angewendet („EMDR-Therapie").

Dieser Vorgang wird so oft wiederholt, bis das ungewünschte Verhalten aufgelöst ist. Anschließend kann der Klient anhand des neuen Skalenwertes den Fortschritt sehen und muss nun bestimmte Situationen nicht mehr vermeiden, sondern kann sie gelassener angehen.

Wingwave® kann aber noch mehr. So eignet sich die Methode nicht nur zum Abbau von Stress, sondern auch zum Aufbau von Ressourcen. Wenn nun ein Klient z. B. als Redner vor einem Publikum stehen möchte, kann man auch Fähigkeiten wie Begeisterungsfähigkeit, Textsicherheit, Entspanntheit etc. „einwinken".

Die Wirksamkeit von Wingwave® ist wissenschaftlich erforscht. Informationen dazu gibt es auf der Internetseite www.wingwave.com.

4.5.9 Weitere Coachingarten

Natürlich gibt es noch weitere Coachingarten, die auch im Unternehmenskontext unterstützend wirken können. Eine detaillierte Beschreibung würde an dieser Stelle allerdings zu weit führen, zum Teil werden diese in diesem Buch in anderen Beiträgen abgedeckt.

Zu den weiteren Coachingarten gehören z. B.:

- Ernährungscoaching
- Entspannungscoaching

- Burnoutcoaching
- Resilienzcoaching

4.6 Was Coaching nicht leisten kann

Auch wenn ein guter Coach mit seiner Perspektive von außen auf vielleicht noch nicht bekannte Missstände aufmerksam machen kann bzw. auch Ideen für bereits bekannte Probleme einbringt, lassen sich diese selten von heute auf morgen beheben.

Unternehmensleitung muss Veränderung wollen und unterstützen
Zum einen braucht es dafür die Bereitschaft des Unternehmens, diese problematischen Entwicklungen erst einmal überhaupt zu sehen und sich auch einzugestehen, dass sie vorhanden sind. Die Offenheit, sich damit auseinanderzusetzen, ist also wesentlich und kann nur von den Vertretern des Unternehmens mitgebracht werden – auch wenn das schon mal unbequem sein mag. Ein Coach kann noch so klar herausarbeiten, woran es im Unternehmen fehlt – wenn seine Ausführungen und Vorschläge nicht auf fruchtbaren Boden fallen, kann sich nichts verbessern.

Zum anderen sind der Mut und der Wille zur Veränderung wichtige Voraussetzungen, um tatsächlich etwas zu bewegen. Damit Veränderungen wirksam werden können, braucht es die unabdingbare Rückendeckung der Unternehmensführung. Leider kommt es gelegentlich vor, dass sich die Führungsetage von den (von ihr selbst) beschlossenen Änderungen ausnimmt, womit diese zum Scheitern verurteilt sind. Diese Bereitschaft zur Veränderung kann nur aus dem Unternehmen selbst kommen und nicht durch das Einkaufen von außen. Einen Coach als Alibi zu beschäftigen, dass man etwas tut, funktioniert nicht. Die Verantwortung für das Umsetzen von Veränderungen ist nicht delegierbar.

Das interne Werben und mit gutem Beispiel voranzugehen sind also essentiell und können nicht von einem externen und temporär eingesetzten Coach geleistet werden, genauso wenig wie die Bereitschaft, die Mitarbeiter in der Breite mit einzubinden und deren Ideen wertschätzend zu überprüfen und einzubinden. Hierzu braucht es die absolute Bereitschaft seitens der Unternehmensleitung, dieses zu wollen und auch zu leisten.

Veränderungen brauchen Zeit und Durchhaltevermögen
Des Weiteren ist Geduld gefragt. Dass die Mitarbeiter darin Vertrauen fassen, dass die umgesetzten Maßnahmen ernstgemeint sind und auch nicht beim kleinsten Gegenwind wieder gekippt werden, benötigt Zeit. Ein Wandel in der Unternehmens-

kultur erfordert eine gewisse Beständigkeit und auch regelmäßige Überprüfungen und Anpassungen der getroffenen Maßnahmen im Hinblick auf ihre Wirksamkeit.

Es kann unter Umständen auch nötig sein, gegenüber Investoren Rückgrat zu beweisen. Daher ist es wichtig, bei der Planung von Maßnahmen auch die Auswirkungen auf Kunden, die ein möglichst günstiges Produkt erwerben möchten, und Investoren, die einen möglichst hohen Gewinn einfahren möchten, zu bedenken. Gegebenenfalls ist es hilfreich, dort auch dafür zu werben, dass Kunden und Investoren die Maßnahmen indirekt mittragen – denn wenn das Unternehmen nachhaltig wächst, freuen sich auch Kunden und Investoren. Zugegeben ist das die Unternehmern wohlbekannte Gratwanderung zwischen kurzfristigem Nutzen und nachhaltigem Wachstum.

4.7 Coaching als „Bestrafung"?

Nicht selten höre ich davon, dass Coaching als eine Art Bestrafung gilt. Dies ist darauf zurückzuführen, dass Coaching von einem Vorgesetzten oft zur Kompensation von Defiziten angeraten, wenn nicht sogar angewiesen wird – und selten wird dies wertschätzend formuliert.

Auch hier sind Widerstände seitens des Mitarbeiters nachvollziehbar, was den Erfolg des Coachings stark gefährden kann. Denn: wesentliche Voraussetzung für ein erfolgreiches Coaching ist, dass der Klient sich aus freien Stücken dafür entscheidet und somit auch die entsprechende Bereitschaft zur Reflexion und zur Veränderung mitbringt.

Damit sich der Mitarbeiter dem Coach gegenüber öffnen kann, ist es auch essentiell, dass er sich selbst den Coach frei aussuchen darf, dieser also nicht vorgegeben wird. Das Vertrauensverhältnis zwischen Klient und Coach ist äußerst hoch zu bewerten; ein Vertrauensverhältnis zwischen Vorgesetztem bzw. Personalabteilung und Coach kann hier sogar kontraproduktiv sein, denn der Mitarbeiter muss sicher sein können, dass alle Inhalte des Coachings vertraulich behandelt werden.

4.8 Coaching nur für Führungskräfte oder für jedermann?

Coaching wird heutzutage, wie bereits erwähnt, oft für bestimmte Funktionen gebucht. Sicherlich ist insbesondere für Führungskräfte eine Begleitung sinnvoll, da diese – wie bereits im Unterkapitel „Führungskräftecoaching" beschrieben – eine besondere Stellung im Unternehmen haben und als Vorbild fungieren. Aus

Unternehmersicht sind auch gezielte Maßnahmen wie Vertriebscoachings nachvollziehbar und förderlich.

Dennoch kann es im Sinne der Mitarbeiterzufriedenheit und -bindung hilfreich sein, zumindest allen Mitarbeitern das Angebot einer neutralen Anlaufstelle zu machen, bei der sie ihre Anliegen vertraulich besprechen können. Dabei sollten auch private Probleme besprochen werden dürfen, denn diese „schleppen" Mitarbeiter zumindest mental mit an den Arbeitsplatz und lassen sich davon ablenken, womit diese persönlichen Angelegenheiten auch negative Auswirkungen auf die Produktivität oder Qualität der geleisteten Arbeit haben kann.

Ob das Angebot aus Coaching oder einer psychologischen Anlaufstation besteht, hängt hierbei in erster Linie von der Akzeptanz und dem Vertrauen seitens der Mitarbeiter ab; insofern empfiehlt sich bei der Auswahl die Einbindung der Belegschaft.

4.9 Ist der Erfolg von Coaching messbar? Stehen die Kosten in Relation zum Nutzen?

Zugegeben: Coaching kostet Geld. Und gutes Coaching kostet auch gutes Geld. Stundensätze zwischen 150 und 400 € für externe Coaches sind im Businessbereich keine Seltenheit, auch höhere Sätze sind durchaus gängig.

Natürlich stellt sich da die Frage, ob Coaching „sich rechnet", zumal sich möglichst nicht nur ein Return On Investment ergeben soll, sondern auch ein monetär messbarer Benefit.

Wie in diesem Beitrag bereits ausführlich dargestellt, kann Coaching einen positiven Einfluss auf viele Bereiche haben, die in einem Unternehmen eine Rolle spielen. Diese Bereiche werden aber auch von anderen Parametern beeinflusst, sodass sich nur selten eine klare Abgrenzung vornehmen lässt. Rein faktisch lässt sich der Einfluss von Coaching also in den meisten Fällen nicht messen. Bei einer Umfrage der (ICF) International Coach Federation, die der Unabhängigkeit wegen von PWC (Price Waterhouse Cooper) durchgeführt wurde, gaben aber 86 % der befragten Unternehmen an, dass sie mindestens ihre Investition wieder eingespielt haben (weitere Zahlen am Ende dieses Kapitels).

Unter der Prämisse, dass Coaching einen Beitrag zu einer wertschätzenden Unternehmenskultur leisten kann, rechnet sich Coaching durchaus. Denn es kann andersherum gedacht auch helfen, betriebswirtschaftlichen Schaden zu verkleinern oder gar zu vermeiden, was auch einen positiven Effekt auf der Kostenseite hat. Beispielsweise können gecoachte Führungskräfte Gespräche anders führen als vorher und somit Demotivation vorbeugen. Dass ein demotivierter Mitarbeiter weniger produktiv ist als ein motivierter, wird kaum jemand bestreiten – messen lässt sich der Schaden hier ebenfalls nicht (und ist sicherlich auch individuell verschieden), vorhanden ist er trotzdem.

Beim in diesem Beitrag genannten Beispiel des Berufungscoaching in Phasen des Personalabbaus ließe sich aber durchaus direkt ein Nutzen messen. Denn wenn ein Mitarbeiter aufgrund der im Coaching erarbeiteten neuen Perspektive das Unternehmen verlässt, lässt sich auch die entsprechende Einsparung beziffern. Auch hier lohnt sich also die Einzelfallbetrachtung.

Einen subjektiven Nutzen kann man durchaus sogar in jeder Coachingsitzung quantifizieren, indem man mit Skalierungsfragen arbeitet und den Zustand vor und nach dem Coaching vergleicht.

Externer oder interner Coach?
Zudem kann man bei der Umsetzung von Coaching auch kreativ werden. Es muss nicht immer ein externer Coach sein. Im Unternehmen einen „hauptamtlichen" Coach zu installieren, spart Kosten und gibt zudem der Belegschaft das Signal, dass es einen Ansprechpartner für zwischenmenschliche Themen gibt. Der Coach kann je nach Ausbildung auch die Moderatorenrolle in Meetings übernehmen, sodass diese effektiver werden, was wieder einen positiven wirtschaftlichen Effekt hat. Möglicherweise kann ein Coach aufgrund seiner anderen Perspektive auch ein wichtiger Impulsgeber für interne Projekte sein.

Das sind nur Beispiele – die Einsatzmöglichkeiten sind vielfältig; es braucht aber eine gute Abgrenzung zu Themen, die zum Beispiel aus Gründen der Allparteilichkeit besser von einem externen Coach betreut werden. Ein interner Coach unterliegt eben auch den Vorgaben des Unternehmens und nicht zuletzt den Gesetzen des Flurfunks – und er ist nicht von einem Tag auf den anderen ohne Weiteres auszutauschen. Daher empfiehlt sich bei kritischen Themen durchaus der Einsatz eines externen Coaches, aber die Mischung aus intern und extern vermag die Kosten zu begrenzen und trotzdem sehr positive Effekte zu erreichen.

An dieser Stelle die oben angekündigten weiteren Ergebnisse der ICF-Umfrage zu den positiven Auswirkungen von Coaching (Quelle: ICF „Why Coaching Works"):

- 70 %*: verbesserte Arbeitsleistung,
- 61 %*: verbessertes Business Management,
- 57 %*: verbessertes Zeitmanagement,
- 51 %*: verbesserte Teamfähigkeit,
- 80 %*: größeres Selbstbewusstsein,
- 72 %*: verbesserte Kommunikationsfähigkeit,

- 73 %*: Verbesserung in Beziehungen,
- 67 %*: verbesserte Work-Life-Balance,
- 99 %*: waren mit dem Coaching-Ergebnis zufrieden,
- 96 %*: würden wieder ein Coaching in Anspruch nehmen.

*... der befragten Unternehmen gaben an

4.10 Fazit

Coaching leistet einen wesentlichen Beitrag zur positiven Entwicklung eines Unternehmens. Auch wenn dieser Beitrag nicht immer sofort und auf Nachkommastellen genau zu beziffern ist, ist der subjektive Nutzen unbestritten und wirkt sich positiv auf die Motivation und Produktivität der Mitarbeiter aus und somit auch auf den Unternehmenserfolg.

Voraussetzung für erfolgreiches Coaching ist dabei neben der Rückendeckung durch die Unternehmensleitung auch ihr aktives Mitwirken beim Vorleben der Veränderungen bzw. die Unterstützung von gecoachten Mitarbeitern jeglicher Hierarchiestufe.

Durch Coaching kann der Wandel hin zu einer wertschätzenden Unternehmenskultur mit hochmotivierten, kreativen und zufriedenen Mitarbeitern begleitet werden, die einen Beitrag zum eigentlichen Zweck eines Unternehmens leisten: zufriedene Kunden. Dadurch können nachhaltiges Wachstum sowie sichere Arbeitsplätze erreicht werden. Zudem senkt eine gesunde Atmosphäre die Krankheitsquote und Konflikte reduzieren sich bzw. werden als Chance betrachtet.

Ein für Mitarbeiter, Unternehmen, Investoren und Kunden gewinnbringendes Ergebnis, das sich anzustreben lohnt.

Daniel Feigenbutz, geboren 1974, war 17 Jahre in der Finanzbranche tätig, davon drei Jahre als stellvertretender Gruppenleiter und acht Jahre als direkte Führungskraft, zeitweise in einem äußerst schwierigen Marktumfeld mit entsprechenden Herausforderungen und Erfahrungsmöglichkeiten.

Im Rahmen einer persönlichen Neuorientierung hat er parallel zum Job verschiedene Fortbildungen absolviert, die ihn zum Coach und Trainer qualifizierten und ihm auch halfen, mehr zu sich selbst zu finden und somit freier und selbstbestimmter handeln zu können. Heute begleitet er Menschen und Unternehmen auf dem Weg zu mehr Selbstzentriertheit, um einen Beitrag zu einer gesünderen und wertschätzenden Unternehmens- und Führungskultur zu leisten, indem er den Menschen und seine Individualität wieder mehr in den Fokus rückt, Potentiale offenlegt und deren Entwicklung anstößt. Er ist Vorstandsmitglied im Verband für Ganzheitliches Führungs- und Persönlichkeitscoaching (www.verband-coaching.de). Nebenher singt er in einer Band und spielt Improvisationstheater. (www.danielfeigenbutz.de)

Empathie und Tiefenverstehen – Ein Raum für Entspannung und Geborgenheit

Arbeiten mit und an der Persönlichkeit

Ron Oosterhagen

> **Zusammenfassung**
>
> Ein Mensch kann sich ändern. Nur wie?
>
> Immer wieder stellen sich Menschen diese Frage. Bei Beziehungsproblemen, bei Problemen auf der Arbeit oder auch bei Problemen mit der eigenen Person. Die Frage, ob sich ein Mensch ändern kann, ist mit einem klaren „Ja" zu beantworten. Und es passiert quasi kontinuierlich, oft auch unbewusst. Das folgende Kapitel widmet sich der Frage wie Persönlichkeitsänderungen möglich sind. Es beschäftigt sich mit diesem Schwerpunkt des Coachings, mit den dafür benötigten Umständen, den Eigenschaften, den Talenten des Coaches und einigen Methoden, die für die Persönlichkeitsarbeit förderlich sind.

5.1 Persönlichkeitscoaching

5.1.1 Einleitung

Dieses Buch stellt verschiedene Möglichkeiten und Ansätze des Coachings da. Für mich als angehenden Psychologen liegt im Coaching der Interessenschwerpunkt auf dem Persönlichkeitscoaching, worüber dieser Artikel Ihnen einen Überblick verschaffen soll. Durch mein junges Alter und mein aktuelles Psychologiestudium bin ich selber noch in einer starken Entwicklung begriffen. Fast täglich habe ich neue Einsichten und Erkenntnisse, die sich nach und nach wie ein großes Puzzle zu einem Bild zusammensetzen. Schon häufig hatte ich das Gefühl, nun ein fertiges Bild vor mir zu sehen, nur um ein paar Tage oder Wochen später festzustellen, dass

R. Oosterhagen (✉)
Köln, Deutschland
E-Mail: ron.oosterhagen@gmail.com

© Springer Fachmedien Wiesbaden GmbH 2018
W. Prost (Hrsg.), *Das Leistungsspektrum von Coaching*,
https://doi.org/10.1007/978-3-658-18935-8_5

es doch noch lange nicht fertig war. So wird es Ihnen vermutlich auch schon häufiger ergangen sein. Ich möchte Sie in diesem Kapitel dazu einladen, sich erneut in die Situation zu versetzen, wie es war, mit Anfang zwanzig die Welt mit Neugierde zu betrachten und mit mir ein wenig in den Schuhen eines Psychologie studierenden Coaches zu gehen. Vielleicht eröffnen sich ja auch Ihnen neue Perspektiven! Lassen Sie uns Schritt für Schritt vorangehen.

Zuerst: Was ist ein Coach und wie arbeitet er?

Das englische Wort „Coach" bedeutet Trainer. Und das Wort trifft es gut: Der Coach ist ein Trainer; kein Lehrer und kein Mentor. Der Coach tritt als „Freund" des Klienten auf und versucht bei diesem Hilfe zur Selbsthilfe zu leisten. Er will den Klienten nicht belehren, sondern unterstützen.

Eine Grundannahme dabei ist, dass die menschliche Psyche an sich vollkommen ausgestattet ist. Daher bringt der Klient auch immer selber die Lösung mit, weswegen das Ziel des Coachings darin besteht, dass der Klient das auch selber erkennen kann. Der Coach ist dabei, um es mit Sokrates Worten zu sagen, lediglich der „Geburtshelfer der Erkenntnis".

Nun zum Thema Persönlichkeit und Persönlichkeitscoaching.

Ich glaube: Nur ein Mensch mit einer gesunden Persönlichkeit kann sich seinem Lebensweg widmen und nur mit einer gesunden Persönlichkeit kann er wachsen, sich entwickeln und sich selbst verwirklichen. Eine gesunde Persönlichkeit besteht aus positiven, lebensfördernden Angewohnheiten und Grundeinstellungen und fördert daher auch gesunde Beziehungen zu anderen Menschen. Deshalb sollte jeder Mensch die eigene Persönlichkeit hegen und pflegen.

Persönlichkeitscoaching ist in diesem Kontext also die professionelle Unterstützung bei tiefgehenden oder weitreichenden Fragen der eigenen Persönlichkeitsentwicklung und Life-Balance.

Daher nun zu dem nächsten Punkt:

5.1.2 Was ist die Persönlichkeit?

Unsere Persönlichkeit definiert wer wir sind und trägt unseren Charakter. Sie wird statistisch gesehen am stärksten in unserer Kindheit, Jugend und im jungen Erwachsenenalter geprägt, sie entwickelt sich allerdings das gesamte Leben lang weiter. Ein statistischer Mittelwert bedeutet jedoch nicht, dass es eine allgemeingültige Regel gibt, die besagt die Entwicklung des Menschen sei mit knapp 30 Jahren weitgehend abgeschlossen. Die Tatsache, dass aus einem Kind ein Jugendlicher und aus einem Jugendlichen ein Erwachsener wird, ist natürlich ein intensiver Entwicklungsprozess. Doch auch alle darauffolgenden Lebensabschnitte jenseits der 30 haben ebenso das Potenzial für tiefgreifende Veränderungen, auch wenn sie statistisch gesehen nicht mehr so häufig sind.

Das macht die Persönlichkeitsentwicklung zu einer lebenslangen Aufgabe.

Verschiedene Faktoren haben Einfluss auf unsere Persönlichkeitsentwicklung: unsere soziale Umgebung, unsere Eltern, traumatische Erlebnisse, unsere Beziehungen, unsere Berufswelt und vieles mehr. Wichtig ist dabei der folgende Grundsatz: Die Persönlichkeit kann sich im Verhalten äußern, das Verhalten zeigt aber nicht zwingend die Persönlichkeit.

Es lohnt sich diesen Umstand näher zu betrachten.

5.2 Verhalten ungleich Persönlichkeit

In unserer Gesellschaft wird oft nur das Verhalten einer Person gewertet. Aus dem Verhalten werden manchmal unumkehrbare Rückschlüsse auf die Persönlichkeit des Individuums geschlossen.

„Die hat sich in der Schlange vorgedrängelt, die ist sicher eine Betrügerin oder hinterzieht Steuern."

Dabei wird meist vergessen, dass ein Verhalten nicht nur von der Persönlichkeit beeinflusst wird – es weicht manchmal sogar komplett von den eigenen Persönlichkeitsvorstellungen ab. Bestimmte Emotionen und Gefühle, subjektives Fehlverhalten, Verantwortungen anderer Personen oder Lebensinhalten gegenüber; all das kann unser Verhalten beeinflussen. Denn der Gedanke zu dem eben genannten Beispiel könnte ja auch lauten: „Das ist sicher eine Hebamme, die gerade zu einer Geburt gerufen wurde. Was für eine tolle Frau, dass die sich so beeilt!"

Sie sehen: Ein Verhalten kann mehr Ursachen, Einflussfaktoren und Umstände haben, als man auf den ersten Blick vermuten könnte.

Denn, um bei dem Beispiel zu bleiben, nicht jede Hebamme würde einen Stau umfahren oder sich „vordrängeln" um zu einer Geburt zu kommen. Doch vielleicht hatte diese Hebamme schon einmal schlechte Erfahrungen mit dem Zuspätkommen gemacht oder sie kommt aus einem Elternhaus, in dem Regelbruch ein gelebtes Prinzip war. Wenn dem so war, dann kämen neben einer Sachebene: „Da bekommt eine Frau gerade ihr Kind", einer klaren Intention: „Ich werde die Frau bei der Geburt unterstützen", auch noch eine Prägungsebene: „Das hat mein Vater früher auch immer so gemacht" und eine Grundeinstellungsebene hinzu: „Ich, als hilfsbereiter Mensch, bin eine verlässliche Hebamme."

Um Menschen in ihrer Tiefe und Ganzheit zu erfassen, braucht es mehr als ein reines „Ah, ich habe verstanden" auf der Sachebene – es braucht Tiefenverstehen, auf so vielen Ebenen wie möglich.

5.3 Tiefenverstehen

Um einen Menschen wirklich zu verstehen und diesen Menschen nachhaltig unterstützen zu können, sollte der Coach sich nicht von Verhaltensweisen blenden lassen. Es muss dem Coach gelingen, die gesamte Persönlichkeit des Klienten ins Bewusstsein zu rücken. Ein Teil unserer Persönlichkeit ist uns bewusst, wie zum Beispiel unsere Ziele. Andere Teile, wie unser Charakter, unsere Identität oder unsere Antriebe, verlaufen oft unbewusst.

Die bewussten Ebenen sind unsere Emotionen, unsere Intentionen, unsere ordnende Vernunft und unser reflektierender Geist.

> **Ein Beispiel:**
> Mick ist 24 Jahre alt und studiert Wirtschaftsingenieurwesen. Er geht gerne mit seinen Freunden feiern und ins Fitnessstudio. Sein Aussehen und sein Körper sind ihm sehr wichtig. Dazu guckt er auch noch gerne Sport im Fernsehen. Die meisten seiner Beziehungen halten nur wenige Monate, aber darüber macht er sich keine Gedanken. Er selber würde sich als ruhigen und aufgeschlossenen Menschen bezeichnen, dem seine sozialen Kontakte sehr wichtig sind.

Das ist der Kurzüberblick über den bewussten Teil seiner Persönlichkeit.

Dahinter stehen die unbewussten Teile. Warum studiert er gerade Wirtschaftsingenieurwesen? Warum halten seine Beziehungen immer nur wenige Monate? Warum legt er so großen Wert auf sein soziales Umfeld? Was genau macht seinen Charakter aus und wie und wodurch hat sich dieser entwickelt? Welchen Stellenwert hatten Beziehungen in dem Leben seiner Eltern oder Großeltern?

Das sind die unbewussten Prozesse der Biografie und der Persönlichkeit von Mick.

Die Persönlichkeit eines Menschen lässt sich nicht mit dem Charakter gleichsetzen. Sie umfasst zusätzlich unsere unbewussten und bewussten Prozesse und Gedanken, unsere Verhaltensmuster und Beziehungen sowie unsere Ängste, Träume und Wünsche. Auch die Familienbiografie kann Einfluss auf die Persönlichkeit nehmen.

Es gibt verschiedene Modelle, um die Persönlichkeit des Menschen zu definieren. Eines, welches mir besonders zugesagt hat, ist das Sieben-Ebenen-Modell der Persönlichkeit vom Herausgeber und Mitautor dieses Buches, Winfried Prost (Abb. 5.1).

Das dargestellte Modell liest sich von unten nach oben. Durch die verschiedenen Ebenen ist die Tiefe der Persönlichkeit beschrieben.

5 Empathie und Tiefenverstehen – Ein Raum für Entspannung und Geborgenheit

Abb. 5.1 Die sieben Persönlichkeitsebenen nach Dr. Winfried Prost

Geist	Selbstbewusstsein, Selbststeuerung, Selbstreflexion,
Rationalität	Sach-, Informations-, Fakten- und Wissensebene
Intentionalität	Interessen, Absichten, Ziele
Emotionalität	Beziehungen
Charakter	Grundeinstellungen, Verhaltensmuster, Strategien
Antriebe/ Bedürfnisse	Motive
Seele/Ur-Identität	Lebensenergie, Identifikation

Es beginnt mit der Seele, der Lebensenergie, welche auch als der Motor verstanden werden kann. Diese Ur-Identität oder Seele scheint von Anfang an gegeben zu sein und hat sich resistent gegenüber allen Versuchen der beschreibenden Wissenschaft diese seelische Ebene auf die Biologie zu reduzieren gezeigt. Alles was aus ihr entsteht entwickelt sich dynamisch und bildet die folgenden sechs Ebenen der Persönlichkeit.

Aus der (Lebens-)Energie entstehen die Motive, Triebe und Bedürfnisse eines Individuums.

Darüber liegt der Charakter des Menschen, welcher sich durch Erfahrungen und Erlebnisse gebildet hat und immer weiterbildet. Er umfasst die Einstellungen, Verhaltensmuster und Persönlichkeitsmerkmale. Dies ist der meist unbewusste Teil der Persönlichkeit. Der für einen selbst und für andere leichter erkennbare Teil der Persönlichkeit umfasst drei Ebenen, welche oberhalb des Charakters liegen.

Die erste dieser drei bewussteren Ebenen umfasst Stimmungen und Emotionen, welche somit auch die Beziehungsqualität zwischen Menschen beeinflusst. Man kann diese Ebene als Herzens-Ebene oder Ebene der Emotionalität beschreiben. Emotionen gehorchen, dies sei ausdrücklich erwähnt, keiner Sachlogik, sondern einer Psychologik, welcher sich die Emotionspsychologie verschrieben hat.

Auf die Emotionsebene folgt die Intentionsebene. Hier werden die unkonkreten Visionen und Wünsche der Antriebsebene in konkrete Ziele und Pläne verwandelt. Hier geht es um Fragen wie „Was möchte ich wann, auf welche Weise, erreicht haben und woran kann ich später erkennen, dass ich dort angekommen bin, wo ich hinwollte?".

Oberhalb der Intentionsebene folgt die Sachebene, kurz: unser Verstand. Dieser besteht aus dem Logischen sowie aus dem Kreativen, doch kann man allgemein sagen, dass der Verstand danach strebt Ordnung in die Erfahrung zu bringen und ein für sich hinreichendes Weltbild aufzubauen.

Am Kopf des Modells steht die siebte Ebene der Persönlichkeit, der reflektierende Geist: das ist die „kleine Stimme", die immer noch etwas verbessern könnte oder uns unser eigenes Verhalten, das von den eigenen Maßstäben abweicht, kritisch vor Augen hält. Im Modell heißt diese Ebene „Reflexionsebene", welcher man die Charakteristika von Disziplin und kontrollierender Reflexion zuordnen könnte.

Wenn es gelingt die Ur-Identität durch die Ebenen der Motive, Antriebe/Grundeinstellungen, Emotionalität, Intentionalität, Rationalität und Reflexion transparent und sichtbar zu machen, dann kann die Lebensenergie frei durch den Menschen hindurchströmen und so große Kraft entfalten.

Bestimmt kennen Sie einen Menschen in Ihrem Umfeld, der vor Energie quasi strahlt. Dieser Mensch hat dann eine sehr integre bzw. transparente Persönlichkeitsstruktur und strahlt daher vor Lebenskraft.

Übertragen auf das Persönlichkeitscoaching bedeutet dieses Modell, dass es darum gehen sollte die Persönlichkeit eines Menschen in Gänze zu erfassen, mit allen für das Coaching relevanten Bestandteilen, seien sie nun bewusst oder unbewusst. Gelingt es im Persönlichkeitscoaching einen schlüssigen Gesamtüberblick über die Persönlichkeit eines Klienten zu erarbeiten, dann hat man keineswegs ein fertiges Gesamtbild. Zum einen ist eine Persönlichkeit vermutlich so groß und komplex, dass man wohl niemals eine Persönlichkeitsbeschreibung haben kann, die dem Anspruch der Vollständigkeit genügen könnte. Zum anderen ist jeder Mensch in jedem Alter in einer Entwicklung. Daher möchte ich für diesen Umstand den Begriff des „psychologischen Schnappschusses" übernehmen, der eine Momentaufnahme der Persönlichkeit mit den wichtigsten Persönlichkeitsmerkmalen meint.

Wenn alle Ereignisse der unterschiedlichen Ebenen als Ausdruck von Persönlichkeit verstanden werden können, dann stellt sich die Frage, woran man besonders relevante Persönlichkeitsmerkmale erkennt.

Solche Merkmale können sich zum Beispiel in immer wiederkehrenden Verhaltensmustern, in Auffälligkeiten in der Sprache oder der Kleidung, in Aussagen, Erzählungen oder durch intensive Reflexion zeigen. Der Coach achtet im Gespräch auf solche Hinweise und erarbeitet mit dem Klienten ein Gesamtbild.

Durch die Erstellung dieses Gesamtbildes versteht nicht nur der Coach den Klienten deutlich besser, auch der Klient hat die Möglichkeit sich auf eine neue und vielleicht auch tiefere Weise kennenzulernen. Und genau durch diese Art von Verständnis ergeben sich wie von selbst neue Handlungsmöglichkeiten. Das Verständnis der eigenen, tieferliegenden Persönlichkeitsmuster ist die Grundlage nachhaltiger Persönlichkeitsentwicklung. Basierend auf diesem Wissen kann ein Mensch sein Verhalten erklären, sich selbst und anderen. Er kann auch anfangen, die Ursprünge zu verarbeiten, um sich mit diesen auszusöhnen. Sich selbst besser zu verstehen ist auch ein Grundbestandteil jeder tiefenpsychologischen Therapieform.

Durch die Annäherung an die eigene Persönlichkeit oder ihrer Weiterentwicklung im Rahmen eines Coachings kann das Selbstwertgefühl gefestigt und die Selbstsicherheit gestärkt werden.

Sollte die Persönlichkeit eines Menschen hierbei ausgeglichen und der Mensch mit seiner Persönlichkeit selber im Einklang sein, ist es möglich das Verhalten oder gefühltes Fehlverhalten sich selbst oder anderen gegenüber zu beeinflussen, zu verändern und/oder abzustellen.

Was genau macht denn eine gesunde Persönlichkeit aus? Eine gesunde Persönlichkeit erkennt man nicht an bestimmten Charaktereigenschaften oder Verhaltensweisen. Es gibt nicht die eine gesunde Persönlichkeit, die Persönlichkeit ist immer subjektiv und individuell. Der Mensch strebt in seinem Leben nach Selbstverwirklichung und Wachstum. Ob nun in der Familie oder im Beruf. Irgendwo wollen wir alle unseren Fußabdruck auf dieser Welt hinterlassen. Eine gesunde Persönlichkeit unterstützt uns dabei, sie fördert unser Selbst und unser Selbstbewusstsein, sie stützt unseren Lebensweg und fördert unseren Umgang mit Beziehungen und mit anderen Menschen in unserem Umfeld.

Zudem ist eine gesunde Persönlichkeit stabil, sie verkraftet Rückschläge und emotionale Belastungen, hilft diese zu verarbeiten und gibt das grundlegende Werkzeug für Selbstregulation und Selbstüberwindung. Gerade deshalb bedarf es der aufmerksamen Pflege der eigenen Persönlichkeit.

Für den Fall, dass die Persönlichkeit eines Menschen instabil, beschädigt oder schädlich ist, gibt uns die Erkenntnis über die Persönlichkeitsstruktur mehrere Möglichkeiten der positiven Beeinflussung. Dieser Prozess kann allerdings sehr komplex und zeitaufwendig sein.

Wie bereits erwähnt ist die Erkenntnis der eigenen Person, ein „psychologischer Schnappschuss", die Grundlage für eine positive Beeinflussung. Das Verhalten kann dann wieder mit der Persönlichkeit in Einklang gebracht werden.

Coaching ist dann besonders sinnvoll, wenn eine „intakte Persönlichkeitsstruktur" vorliegt, der Klient also grundlegende Werkzeuge der Selbstregulation besitzt, jedoch eine Persönlichkeitsentwicklung durchmacht, die teilweise oder gänzlich belastend oder schädlich ist. Dies klingt vielleicht wie eine kleine gesellschaftliche Gruppe, sie ist jedoch tatsächlich viel größer, als man annehmen möchte. Diese Gruppe, deren Probleme nicht so schwerwiegend sind, dass sie einer intensiven Therapie oder gar eines stationären Klinikaufenthalts bedarf, die aber trotzdem unter inneren Blockaden und Verwerfungen zu leiden hat, wächst stetig.

Ein Eingriff in die Persönlichkeitsentwicklung erfordert mehr als eine reine Verhaltensveränderung. Hierbei muss das „störende" Element der Persönlichkeit genau erkannt werden und davon ausgehend der Ursprung des Persönlichkeitsmerkmals, die Prima Causa, gefunden werden.

Um diese Ursachen zu finden erfolgt meist eine Analyse der Lebensbiografie und der Familienhistorie des Klienten. Aus dem Persönlichkeitsmerkmal und aus dem daran gekoppelten Verhalten können oft schon kleine Rückschlüsse gezogen werden, was die Lokalisation des Ursprungs oft erleichtert.

Verlustängste hängen zum Beispiel oft, wie zu erwarten ist, mit früheren Verlusten oder einem Verlassenwerden zusammen, meist in der Kindheit und Jugend. Bestehen die Verlustängste des Klienten jedoch schon seitdem er oder sie sich erinnern kann, kann man davon ausgehen, dass sie gelernt wurden und nicht im Leben des Klienten selbst verursacht wurden. In einem solchen Falle beginnt dann die familiensystemische Analyse. Bei dieser kann sich dann herausstellen, dass ein nie verarbeitetes Trauma, wie der Verlust eines Kindes, bis heute in den Familienmitgliedern weiterlebt. Der betroffene Klient hat dann vermutlich im eigenen Leben strukturähnliche Probleme erschaffen, um dem tiefen Gefühl von Verlustangst in sich eine Entsprechung und Logik zu geben (wie in einem Ehestreit über das Sorgerecht von gemeinsamen Kindern).

Wenn der Ursprung nun erkannt ist, also zum Beispiel das Verhalten eines Elternteils oder ein traumatisches Ereignis, versuchen der Klient und der Coach diesen Einfluss zu lösen und das Ereignis aufzuarbeiten. Dafür sollte immer eine subjektive Lösung gefunden werden, die der Persönlichkeit des Klienten entspricht und daher eine hohe Selbstwirksamkeitserfahrung begünstigt. Es gibt verschiedenste Möglichkeiten, wie z. B. das Schreiben eines Briefes an den Auslöser, auch wenn man diesen nicht abschicken muss, oder ein Ritual, wie das Durchtrennen der Eheringe nach einer Scheidung. Wie weiter oben in diesem Kapitel erwähnt, kann in manchen Fällen allein das Bewusstwerden, bzw. Verständnis des Ursprungs zur Lösung führen. Die Auswahl dieser Lösung erfolgt letztendlich durch den Klienten selbst.

Fest verankerte Persönlichkeitsmerkmale sind meist durch mehrere Ereignisse bedingt und daher schwerer zu lösen, da hier mehrere Ursprünge erkannt, separiert und gelöst werden müssen.

5.4 Die neun Lebensbereiche

Ein anderer Aspekt der Persönlichkeitsarbeit im ganzheitlichen Coaching ist das Modell der neun Lebensbereiche (Abb. 5.2). Im Zentrum der neun Lebensbereiche steht das „Ich". Drumherum stehen die Vergangenheit, die Gegenwart und die Zukunft, der Beruf und die Familie und der Körper, die Seele und der Geist.

Zwischen diesen neun Lebensbereichen sollte ein Gleichgewicht bestehen, die so genannte „Life-Balance". Um sich gesund entwickeln zu können und mit sich im Reinen zu sein, sollte der Klient alle relevanten Lebensbereiche in Balance halten können. Es kann durchaus in jedem Leben vorkommen, dass es Zeiten von Schwankung und Instabilität gibt, doch das sind eher Übergangsphasen und keine Grundstrukturen.

Sollten Übergangsmerkmale (gesteigerte Empfindlichkeit, ständige Schuldzuweisungen, langes Grübeln etc.) dauerhaft bestehen, kommt es sehr schnell zu Unzufriedenheit oder zur Depression.

Wenn sich der Klient im Persönlichkeitscoaching mit einer Unzufriedenheit oder in einer depressiven Phase an den Coach wendet, kann der Coach sich diese neun Bereiche bewusstmachen und durch Fragen dieses Ungleichgewicht lokalisieren. Wenn ein Mensch sich zum Beispiel mit den negativen Erfahrungen seiner Vergangenheit nicht auseinandergesetzt hat, positive Elemente der Vergangenheit nicht erkennt, im Beruf oder der Familie unzufrieden ist oder Krankheiten seelischer oder körperlicher Art in sich trägt, zeigt sich das meistens auch in einem entsprechenden Ungleichgewicht in der „Life-Balance".

Der Coach arbeitet mit dem Klienten die verschiedenen Lebensbereiche ab und auch hierbei werden mögliche Lösungen sichtbar. Das kann eine Auseinanderset-

Abb. 5.2 Die neun Lebensbereiche nach Dr. Winfried Prost

Vergangenheit	Gegenwart	Zukunft
Beruf	Ich	Familie
Körper	Geist	Seele

zung mit der Vergangenheit durch Rituale, die Planung der Zukunft durch konkrete Vorstellungen, eine berufliche Veränderung oder Weiterentwicklung oder auch die Lösung familiärer Probleme sein. Allerdings steht auch hier zuerst das Tiefenverstehen im Vordergrund.

Es ist möglich, dass der Auslöser für ein Problem, das in dem einen Lebensbereich auftritt, seine Ursache in einem ganz anderen Lebensbereich hat. Berufliche Probleme übertragen sich häufig in den familiären Bereich und Probleme aus Vergangenheit oder Zukunft beeinflussen unsere Verfassung in der Gegenwart. Je nach Dauer und wahrgenommener Intensität der Probleme ergeben sich seelische/psychische Probleme, die sich somatisch auf unseren Körper übertragen und häufig auch den Geist und damit die Selbstreflexion beeinflussen.

Um ein wirklich erfolgreiches Persönlichkeitscoaching zu gestalten, folgt der Coach nicht nur einem der beiden Modelle, sondern kombiniert sie mit geeigneten anderen. Vor allem ergänzt er sie um die Qualität, die das Coaching lebendig und authentisch macht: um die Empathie.

5.5 Vertrauen und Vertrauensaufbau

Empathie ist eine der zentralen Eigenschaften, die der Coach mit einbringen sollte. Doch was genau bedeutet Empathie?

In einem Coachinggespräch hängt das Gelingen, das ist durch zahlreiche Studien belegt, von dem Vertrauensverhältnis zwischen Coachee und Coach ab. Damit dieses entstehen kann, bedarf es einer empathischen Grundeinstellung des Coaches. Diese Grundeinstellung möchte ich im Folgenden von einer sympathischen Einstellung, wie sie bei einem Austausch mit Freunden üblich ist, differenzieren.

Betrachten wir dafür die Kommunikation des Menschen, eine Fähigkeit, die in ihrer Art den Menschen von allen anderen Lebewesen auf diesem Planeten unterscheidet. Diese Fähigkeit ist einer der entscheidenden Faktoren für alle unsere zwischenmenschlichen Beziehungen und damit unser geistiges Wohlergehen.

Dabei ist es sehr interessant, sich eine Form der sozialen Verhaltensmöglichkeiten unserer Kommunikation anzuschauen: die Sympathie, die Antipathie und die Empathie. Die menschliche Kommunikation lässt sich natürlich nicht mit diesen drei Elementen erklären, dafür ist sie zu komplex. Allerdings kann man anhand dieser ein Gefühl für die empathische Grundeinstellung des Coaches bekommen.

Alle drei Faktoren, Sympathie, Empathie und Antipathie sind essentiell für eine gesunde Kommunikation und einen vernünftigen, zwischenmenschlichen Umgang. Was genau macht diese Elemente aus?

Beleuchten wir das Ganze anhand eines Beispiels: Sie sind an Ihrem Arbeitsplatz und ein Arbeitskollege, mit dem Sie auch privat in gutem Kontakt stehen, kritisiert Sie aus Ihrer Sicht ungerechtfertigt für Ihr Arbeitsverhalten und Ihre Ergebnisse.

Sie haben nun nach dieser vereinfachenden Formel drei Möglichkeiten auf die Situation zu reagieren.

5.5.1 Sympathie

Eine andere Option: Sie werben um die Sympathie Ihres Kollegen. Die Sympathie lässt sich auch definieren als die Kraft andere anzuziehen. Da Sie mit dem Kollegen ja schon zuvor Kontakt hatten und Ihr Verhältnis zueinander normalerweise gut ist, erscheint dieser Weg nicht unbedingt erfolgversprechend. Allerdings könnten Sie trotzdem versuchen, Ihren Kollegen von Ihrer Arbeit und von Ihnen zu überzeugen oder sogar die Kritik anzunehmen und Ihre Arbeitsweise zu ändern. Um Sympathien zu werben, ist in dieser Situation sicherlich die unpassendste Möglichkeit.

Das Werben um Sympathien eignet sich besser in Situationen des Kennenlernens oder in Smalltalks und alltäglichem Austausch. Mit der Sympathie können wir unserem Gegenüber zudem unser Mitgefühl ausdrücken.

5.5.2 Antipathie

Die dritte Option: Da Ihr Kollege Sie ja aus Ihrer Sicht zu Unrecht angegriffen hat, könnten Sie auf Ihrem Recht bestehen und dieses ihm gegenüber durchsetzen. Damit würden Sie sich der Antipathie bedienen. Die Antipathie ist die Kraft, sich von anderen Menschen abzugrenzen, bzw. in bestimmten Situationen auch unser Desinteresse auszudrücken. Bei dieser Art der Reaktion könnten Sie auf die Qualität Ihrer Arbeit bestehen und sich so gegenüber Ihrem Arbeitskollegen durchsetzen. Zudem könnten Sie zum Beispiel Ihren Vorgesetzen einschalten. Diese Reaktion würde vermutlich zu einer erschwerten Beziehung zwischen Ihnen und dem Kollegen führen.

5.5.3 Empathie

Eine Option ist die Möglichkeit der Empathie, also die Verwendung Ihres Einfühlungsvermögens. Dabei gehen Sie davon aus, dass hinter der genannten Kritik Ihres

Kollegen ein privates Problem oder ein Problem in Ihrer Beziehung zueinander besteht. Sie könnten also versuchen mit dem Ihnen ja schon nahestehenden Kollegen ein Vieraugengespräch zu führen. So könnten Sie das zwischen Ihnen existierende Vertrauen nutzen und den Kollegen nach dem möglicherweise hinter der Kritik stehenden, größeren Problem fragen. Dabei sollten Sie behutsam vorgehen, um den Gesprächspartner nicht zu bedrängen.

Die Empathie gibt die Möglichkeit, ein akutes Problem tiefergehender zu verstehen und zu bearbeiten. Mit Sympathie ziehen wir andere Menschen an, schaffen Verbindungen. Durch die Antipathie haben wir die Möglichkeit, uns von anderen Menschen abzugrenzen und uns zu behaupten.

Die entscheidende Möglichkeit, die uns die Empathie gibt, ist die, unsere Beziehungen zu vertiefen. Durch empathisches Verhalten kann unser Gegenüber erkennen, dass wir uns für die dahinterstehende Person wirklich interessieren und dass wir versuchen, dieser Person beizustehen. Über diesen Weg versetzen wir uns in unser Gegenüber hinein und können es tiefer verstehen. Die Empathie ist damit enorm wichtig zum Vertiefen zwischenmenschlicher Beziehungen und auch Gesprächen. Wir schaffen so eine Gesprächsbasis, die es dem Gesprächspartner ermöglicht sich zu öffnen und mehr von sich preiszugeben. Empathie schafft ein wohliges, ein vertrautes Gefühl: Geborgenheit.

5.6 Raum für Freiheit

Empathie und Vertrauensaufbau sind wichtige Bestandteile des Coachings. Ein weiterer wichtiger Bestandteil ist ein Freiraum für den Klienten in dem er sich öffnen und wohlfühlen kann.

Im Laufe des Coachings durchlebt der Klient zumeist ein Wechselbad der Gefühle. Er arbeitet Erfahrungen auf, er versteht sich und in sich ablaufende Prozesse und er erkennt möglicherweise Fehler und Ängste in seinem Leben. Er erkennt Verhaltensweisen, Beziehungen, Gewohnheiten und Einstellungen, die er verändern oder beenden sollte. Um diese unterschiedlichen Gefühle auffangen zu können, benötigt der Klient eine entspannte Atmosphäre, in der er sich frei fühlen darf. Ein Freiheitsgefühl zu haben, ist natürlich auf der einen Seite Sache des Klienten, andererseits kann der Coach auch darauf einwirken. In Momenten, in denen der Klient von Gefühlen übermannt wird, in denen es zum Beispiel auch zu Tränen kommt, kümmert sich der Coach um den Klienten, möglicherweise umarmt er ihn: Doch er weist ihn nicht ab, er verurteilt keine vermeintliche Schwäche, sondern lässt zu und nimmt an. Tränen sind also explizit im Persönlichkeitscoaching erlaubt, wenn nicht sogar erwünscht. Tränen zeigen dem Coach, dass er die „richtige

Stelle" getroffen hat und dass er nun rücksichtsvoll herausfinden sollte, was die Tränen ausgelöst hat.

Dem Klienten zeigen seine Tränen, dass hier eine ungelöste Problematik, bzw. eine nicht verarbeitete Emotion vorliegt. Deshalb können Tränen im Persönlichkeitscoaching sehr förderlich sein.

Aber nicht nur im Falle von Tränen benötigt der Klient ein entspanntes Umfeld. Alle Emotionen können in einem freien Umfeld besser zur Geltung kommen: Wut, Angst, Scham oder Erregung jeglicher Art lassen sich besser bei jemandem wahrnehmen, erfahren und verdauen, der urteilsfrei die Ruhe behält und sowohl Verständnis zeigt, als auch menschliche Orientierung gibt.

Aber nicht nur aufgrund der Emotionen des Klienten oder auch des Coaches ist ein entspanntes Umfeld von zentraler Bedeutung.

Wie auch in verschiedenen psychotherapeutischen Ansätzen trägt der Freiraum zur Öffnung des Klienten bei. Wenn der Klient Raum für seine Motive, Werte, Gefühle, Gedanken und auch Seele findet, hat er auch einen störungsfreieren Zugang zu ihnen und das bedeutet einen besseren Zugang zu den unbewussten Prozessen, Erinnerungen und Erlebnissen.

Doch wie kann der Coach zu diesem Rahmen beitragen?

Ich hatte schon erwähnt, dass das Umfeld, in dem ein Coaching stattfindet, natürlich sehr dazu beiträgt, ebenso wie die Ausstrahlung des Coaches.

Weitere nützliche Ergänzungen können Pausen im Coaching sein, die zur Erholung oder für andere Gesprächsthemen genutzt werden können. Eine weitere Möglichkeit sind Meditationsübungen, die zur Entspannung, tieferen Einsicht oder zur Verhaltensveränderung beitragen können.

Dazu gibt es noch die Möglichkeiten der Kommunikation und deren Strategien: Der Coach verhält sich defensiv, wertneutral und stellt offene Fragen. Letztere sind aus mehreren Gründen sehr wichtig. Offene Fragen, also Fragen, die nicht zu einem „Ja" oder „Nein" führen, vertiefen das Gespräch, anstatt es zu beenden. Sie öffnen den Raum für freies Erzählen und man erhält häufig nützliche Details. Wenn man ein Städtelexikon aufschlägt, könnte man mit 10.000 geschlossenen Fragen nach der Herkunft einer fremden Person immer noch keinen „Treffer" haben und die Information, wo diese Person geboren ist, bleibt unbekannt. Durch eine offen gestellte Frage: „Woher kommen Sie denn?", erhält man dann meistens nicht nur die Information „Ich wurde damals 19... in Oberdollendorf geboren.", sondern bekommt auch Dinge zu hören, wie „Ich habe das Dorfleben damals sehr genossen. Diese kleine, überschaubare Welt; und jeder kannte sich. Das mochte ich." In diesem Falle hat man nicht nur den Geburtsort erfahren, sondern direkt auch eine Grundeinstellung des Klienten: Er mag die Dinge überschauen können, mit denen er Kontakt hat. Er würde sofort ein höheres Engagement zeigen, wenn man ihm eine Arbeit zuweisen würde, in der er alles überblicken kann und eine gewisse Sicherheit, dass das auch so bleibt.

Ein Raum für Freiheit aus Annahme, Wertfreiheit und offener Kommunikation ist also ein zentraler Bestandteil des Persönlichkeitscoachings.

5.7 Der Weg zur Lösung

Durch Set und Setting des Coachings wird ein Freiraum für den Klienten erschaffen. Hier soll er zur Ruhe kommen, frei sein und sich wohlfühlen. In diesem Raum kann er sich dann öffnen und mit Hilfe des Coaches kann ein „psychologischer Schnappschuss" klar und schlüssig erstellt werden. Um auch heikle oder tiefliegende Themen zu besprechen, bedarf die Persönlichkeitsarbeit einer großen Menge Vertrauen, welches zu Beginn des Coachings geschaffen werden muss und über die gesamte Dauer des Coachings weiterwachsen sollte.

Wenn dieser Freiraum geschaffen ist, kann alles besprochen werden, was im Bewusstsein des Klienten ist. Familienhistorische oder tiefgreifende Themen haben jedoch fast immer auch große unbewusste Anteile, die ins Bewusstsein gerückt werden sollten, um gänzlich gelöst werden zu können. Die Lösung von Problemen liegt also meistens dort, wo das Problem beginnt – und das ist im Unbewussten. Bevor also die konkrete Lösung beschrieben wird – denn die ist für sich genommen häufig simpel oder banal – sollte vorher das Unbewusste für das bessere Verständnis näher beschrieben werden.

Grundsätzlich folgt das Persönlichkeitscoaching dem Prinzip des freien Assoziierens und der symbolischen Einsicht, beides bekannt auch aus der Tiefenpsychologie.

Davon ausgehend, dass die Lösung beim Problem liegt, ist das Ziel also die Lokalisation des Problems. Und dieses liegt meist im Unbewussten. Was ist also das Unbewusste?

Dafür sollten wir zunächst das Unbewusste an sich und unseren Zugang dazu betrachten. Das Unbewusste macht den größten Teil unserer Psyche und unserer Erinnerungen aus. Es ist wie bei einem Eisberg, sichtbar ist nur ein kleiner Teil über der Wasseroberfläche, das Bewusstsein. Unter der Wasseroberfläche liegt, weitestgehend unsichtbar, der größere Teil des Eisberges, welches das Unbewusste genannt wird.

Im Unbewussten liegen, wie schon erwähnt, die Seele oder Ur-Identität, die Werte oder Motive und der Charakter oder die Grundeinstellungen. Auch unsere verdrängten Erinnerungen und Konflikte, unsere Triebe und unsere Ängste wabern meistens in den Gefilden des Unbewussten. Wären uns diese Erlebnisse und Ängste durchgehend alle bewusst, wäre unser Leben in der Form kaum möglich. Wir sind in dem Sinne auf unser Unbewusstes angewiesen, dass ganz viele Prozesse automatisiert werden können und unser „Klarbewusstsein" sich hauptsächlich mit den Dingen beschäftigen kann, denen man aktuell Wichtigkeit und Dringlichkeit zumisst.

Nur wie kann man an die Teile der Psyche herankommen, von denen innere Schutzmechanismen und Vermeidungsstrategien gerade nicht wollen, dass sie sichtbar werden?

Alles was innerlich existiert, ist auch auf irgendeine äußere Weise erkennbar. Das gilt natürlich auch für das Unbewusste. Es zeigt sich immer wieder durch Symbole in unserem Alltagsleben, in unseren Handlungen und Emotionen, wie zum Beispiel in unseren Träumen. Durch die Analyse von Träumen mit einem Coach kann der Klient erkennen, welche Prozesse und welche Erinnerungen seine Persönlichkeit und sein Verhalten beeinflussen.

Es ist quasi wie eine Schwingtür in einem Saloon im Wilden Westen. Es können immer wieder Dinge durch diese kleine Tür ein- und austreten. Dieser Zugang kann im Coaching auch durch das oben genannte „freie Assoziieren" genutzt werden. Wenn der Coach dem Klienten einen Raum gibt, in dem er sich frei, wohl und geborgen fühlt, dann kann der Klient sich öffnen. Dadurch kann dieser „Schwingtüren-Effekt" genutzt werden.

Der Klient beginnt mit dem Erzählen eines Erlebnisses aus seiner bewussten Erinnerung oder einer aktuellen Situation, die ihn verängstigt hat oder vor Probleme gestellt hat und assoziiert dann einfach immer weiter. Alles was ihm in den Sinn kommt und was er mit der Situation verbindet, erzählt er dem Coach. Der Coach lässt dem Klienten dabei immer den Freiraum für seine Gedanken und Erzählungen. In diesen Erzählungen des Klienten versucht der Coach dann die prägenden Geschichten und Ereignisse zu erkennen und zu betonen.

5.7.1 Der Weg ist das Ziel

Es gibt einen berühmten Ausspruch von Gandhi: „Es gibt keinen Weg zum Frieden: Der Frieden ist der Weg.".

Genauso verhält es eigentlich auch mit der „Lösung" von Traumata. Wenn von einer ersten Problemstellung, wegen derer das Coaching zustande gekommen ist, die tieferliegende Dynamik erkannt werden konnte und es dann noch gelingt deren Ursache in der persönlichen Geschichte oder der Familiengeschichte des Klienten ausfindig zu machen, dann ist der Großteil der Lösung schon gefunden. Die vorher erwähnte „Life-Balance" war aus dem Gleichgewicht, weil ein Trauma für

Ungleichgewicht im System des Klienten oder im Familiensystem gesorgt hat. Die Lösung kann folglich nur sein eine adäquate und ebenso subjektive wie symbolische „Gegenhandlung" zu vollziehen, die die Qualität der Dynamik dreht. So kann ein Trauma in eine Tugend transformiert werden. Zum Abschluss des Traumas sollte die Lösung noch vollzogen werden. Dies liegt allerdings außerhalb des Einflussbereiches des Coaches.

5.8 Fazit

Ein Coaching sollte einen Raum für Freiheit, Ruhe und Geborgenheit geben. Einen Raum, in dem sich der Klient wohlfühlt, sich fallen lassen und öffnen kann. Er kann sich hier von seinem Alltag lösen und diesen, sein Selbst und seine Persönlichkeit mit dem Coach gemeinsam betrachten. Dabei soll nicht nur eine situative Lösung gefunden werden oder eine reine Symptombehandlung stattfinden, sondern es soll eine ganzheitliche Lösung gefunden werden. Das Ziel ist es, dem Klienten langfristig zu helfen, die Probleme vollständig von der Wurzel an zu lösen und damit die Lebensqualität nachhaltig zu verbessern. Also eine Lösung für eine gesunde „Life-Balance" zu finden, welche der Inbegriff für Gesundheit und Wohlergehen in unserer heutigen Gesellschaft bedeutet.

Wenn die Probleme der eigenen Vergangenheit tatsächlich gelöst werden können, spiegelt sich das auch im Umgang mit anderen Menschen wider. Nach einem gelungenen Coaching sollte der Klient sich selbst und sein Verhalten besser nachvollziehen und nach bewusster Wahl beeinflussen können. So führt ein gelungenes Persönlichkeitscoaching bei Führungskräften meist auch zu einem authentischeren, verständnisvolleren und im Endeffekt auch erfolgreicheren Führungsstil.

Doch für diese Persönlichkeitsarbeit braucht es Tiefenverstehen und die Empathie auf Seiten des Coaches.

Ein Coaching ist auch ein Raum für Freiheit: Sowohl für den Klienten, der sein darf, wie er ist, als auch für den Coach selbst.

Freiheit in dem Sinne, dass der Coach trotz der genannten Methoden letztendlich immer ein subjektives Coaching für den Klienten anpasst. Der Klient darf nicht das Gefühl haben, dass der Coach ein Konzept auf ihn anwendet. Und deswegen schafft der Coach für jeden Klienten quasi eine neue Coachingmethode. Er schafft für jeden Klienten aufs Neue einen Raum für Subjektivität, Freiheit, Annahme und Geborgenheit – einen Raum, in dem sich der Klient in seiner gesamten Tiefe verstanden fühlen kann und in Empathie aufgehoben ist.

Weiterführende Literatur

Prost, W. (2011). *Ganzheitliches Coaching als Mitarbeit an der Evolution*. Akademiereihe.
Prost, W. (2015). *Coaching – ein gepflasterter Weg*. Akademiereihe.
Zimbardo, P. G. (2016). *Psychologie* (20. Aufl.). Pearson.

Ron Oosterhagen studiert nach einer Coaching-Ausbildung in der Akademie für Ganzheitliche Führung und Coaching in Groningen in den Niederlanden Psychologie und wird ab 2018 seine Studien mit einem Medizinstudium ergänzen. Als Coach für junge Leute unterstützt er im Studium junge Menschen, die auf der Suche nach sich selber und ihrer Berufung sind. In seinen Coachings hilft er ihnen mehr Klarheit über sich selbst und die Richtung ihrer eigenen Entwicklung zu erlangen und gibt ihnen Werkzeuge für eine gelingende Selbstführung an die Hand.

Ernährungs- und Gesundheitscoaching

Wie sich Lebenshaltungen durch Ernährung ausdrücken – mehr als ein Gespräch über Nährstoffe

Astrid Gerstemeier

> Es gibt so viele Empfehlungen wie es Menschen gibt –
> allgemeingültig ist lediglich die Einzigartigkeit.
> (Astrid Gerstemeier)

Zusammenfassung

Ganzheitliches Coaching in der ernährungstherapeutischen Beratungspraxis unterstützt Menschen dabei, ihre eigenen Ziele zu klären und sie auf dem Weg zur Erreichung dieser Ziele zu begleiten.

Hierbei fließen immer sowohl körperliche als auch mentale Aspekte in die grundlegende Anamnese, als auch in das individuelle Coaching eines Klienten ein. Ernährung ist dabei ein wunderbares Beispiel für den Facettenreichtum unterschiedlichen Verhaltens und der jeweiligen Beweggründe.

Bestimmte Geisteshaltungen sowie Emotionen drücken sich in der Sanftheit oder Stärke der individuellen Stoffwechselaktivität aus.

Der Klient wird dabei stets als Teil seines Gesamtsystems betrachtet, in dem dieser die Ressource und die Handlungsfähigkeit zur Lösung seines Themas in sich trägt. Empfehlungen sind somit nie pauschal, sondern immer individuell für jeden Einzelnen.

In der ernährungstherapeutischen Beratungspraxis hilft Coaching dabei, sich selbst wieder als Kompass für seine eigenen Bedürfnisse wahrzunehmen und das Selbstvertrauen zurückzugewinnen und zu stärken.

A. Gerstemeier (✉)
Wiesbaden, Deutschland
E-Mail: info@bewegte-ernaehrung.de

6.1 Einleitung

Grundlage und Motivation meiner Arbeit ist das seit meiner Kindheit bestehende Interesse an psychologischen und psychoemotionalen Zusammenhängen – warum Menschen genau so und nicht anders handeln, und mit welchem Beitrag die Ernährung dabei helfend und heilend unterstützen kann. Mein Bestreben ist es, Menschen mit ihren Beweggründen und Motiven kennenzulernen, ihnen zu helfen, ihre eigenen Ziele zu klären, und sie auf dem Weg zur Erreichung dieser Ziele zu begleiten.

Das Studium der Oecotrophologie legte für mich die schulmedizinischen, ernährungswissenschaftlichen und naturwissenschaftlichen Grundlagen der menschlichen Ernährungsweise. Die Ausbildung zur Ayurveda Gesundheits- und Ernährungsberaterin eröffnete mir bereits vor mehr als 20 Jahren den Blick für die Ganzheitlichkeit eines jeden Menschen und für die konstitutionsbedingte Unterschiedlichkeit, die sich sowohl im Körperbau, der Mentalität als auch über die Sanftheit oder Stärke der individuellen Stoffwechseltätigkeit ausdrücken kann. Ebenso findet die Geisteshaltung, ob jemand eher geduldig oder aufbrausend, voranschreitend oder zurückhaltend, ängstlich oder mutig ist, in der Gesamtbetrachtungsweise des Menschen aus ayurvedischer Sicht Berücksichtigung. Dies bestätigte mich in meiner Einsicht, jeden Menschen hinsichtlich seiner Ernährungs-, Lebens- und Denkweise als einzigartig zu betrachten und zu erkennen. Seither konnte ich meinem Impuls folgen und in der Beratung statt pauschaler Empfehlungen, individuelle und für jeden Einzelnen angepasste Vorschläge geben. Zeitgleich hatte ich bereits damals begonnen mich intensiv und autodidaktisch mit den psychosomatischen Zusammenhängen von Krankheit und Gesundheit, der Kraft der Gedanken auf körperliches und seelisches Wohlbefinden zu befassen. Aufgrund verschiedener, für mich persönlich schwieriger Lebensumstände, habe ich durch Studium, Erprobung und Selbsterfahrung diverser mentaler und spiritueller Methoden meine Kompetenzen stetig erweitert und praktikable Hilfen im Alltag kennen und schätzen gelernt. Mit großer Empathie und eigenem Erfahrungsschatz sowie einem starken intuitiven Gespür für meine Klienten betrachte ich jeden Klienten im Coaching nicht nur als Person ganzheitlich, sondern immer auch als Teil eines Gesamtsystems, in dem er die Ressourcen und die Handlungsfähigkeit zur Lösung seines Themas in sich trägt.

6.2 Coaching in der Ernährungsberatung

6.2.1 Persönliche Motivation

Ich durfte in den vergangenen 18 Jahren in ca. 15.000 Einzelgesprächen mit mehr als 5000 Klienten und einer großen Zahl Teilnehmern in Schulungs- und/oder Therapiegruppen über kürzere oder auch längere Zeiträume (1–2 Jahre) mit jeweils ähnlichen Themen und Symptomen beraten und begleiten und deren Entwicklung beobachten. Mein so aus Erfahrung geprägtes und vielleicht sogar vorrangig intuitives Gespür für Zusammenhänge ist in jeder Coachingsituation eine Herausforderung. Das, was für mich klar erkennbar zu sein scheint oder zum Teil auch klar erkennbar ist, ist für den anderen im Zweifel noch lange nicht erkannt. Der Klient kennt mit seiner Befindlichkeitsgeschichte in erster Linie sich, bezieht jedoch Zusammenhänge seines Umfelds und seiner aktuellen Lebenssituation bzw. die seiner Herkunftsfamilie kaum in seine Betrachtung mit ein. Hier kann Coaching eine gute Hilfestellung zur Selbsterkenntnis sein.

Die zentrale Frage, die mich allem voran bewogen hat, mich professionell als Coach ausbilden zu lassen und selbst weiterzubilden, ist folgende: Wie kann Coaching helfen, einen für den Klienten sichtbaren und nachvollziehbaren ursächlichen Zusammenhang zwischen seinem Wohlbefinden oder Nichtwohlbefinden und vermuteten Ursachen erkennbar zu machen?

Wie kann es mir gelingen, das, was ich sehr schnell bei meinem Gegenüber, bei meinen Klienten wahrnehme, so zu vermitteln, dass sie es selbst erkennen können – ohne dass es von mir vorgegeben ist?

Abb. 6.1 Konsultationsgrund. (Eigene Darstellung)

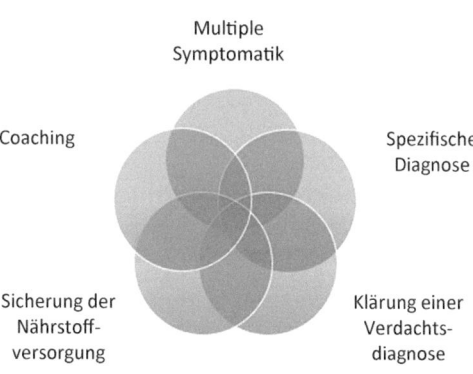

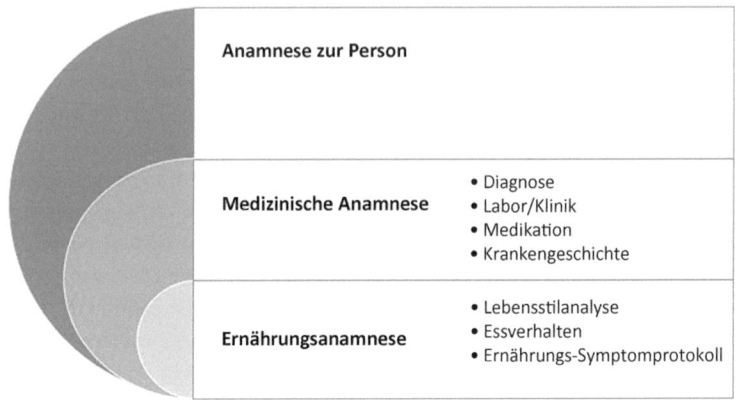

Abb. 6.2 Anamnese zur Person und zum Essverhalten. (Eigene Darstellung in Anlehnung an B. Becke und M. Benecke, 1999, Quetheb-Handbuch „Prozessqualität in der Ernährungstherapie und Ernährungsberatung", Band 1 Organisations- und Formularhandbuch)

6.2.2 Motivation der Klienten

Klienten kommen mit verschiedenen Hintergründen und unterschiedlich motiviert in die Praxis (Abb. 6.1). Je nach Motivation, Hintergrund und Zielformulierung ist die Herangehensweise, eher ein Informations-, Beratungs- oder Coachingprozess.

Nach der Anamnese (Abb. 6.2 und 6.3) und der Erkenntnisse zur Befindlichkeit des Klienten ist der weitere Weg für jeden Klienten individuell, weil jede Geschichte und jeder Stoffwechsel unterschiedlich ist. Außerdem muss die von mir für gut erachtete Herangehensweise an eine Problematik noch lange nicht diejenige sein, mit der der Klient glücklich ist, oder die er realisieren kann oder möchte. Es bleibt also die Thematik: Wie kann ich dabei helfen, dass der Klient seine eigene Lösung findet?

6.2.3 Aspekte des Coachings

Folgende Aspekte gewährleisten die Qualität des Coachingprozesses für den Klienten:

- gesicherte fachliche Qualität der Beratung,
- mehr als „Essenspläne",
- Fragen/Hinterfragen über ernährungsbezogene Themen hinaus,
- den Menschen in seiner ganzen Individualität wahrnehmen,

- bei der Erarbeitung maßgeschneiderter Lösungen wird stets die individuelle Lebenssituation berücksichtigt,
- andere Sichtweisen vermitteln/anbieten,
- weil ein „Ich vertrage nicht…" häufig mehr bedeuten kann als eine Nahrungsmittelunverträglichkeit,
- Hilfestellung zur Lebensstiländerung.

Als Beratende bin ich immer diejenige, die Rat gibt und Ratschläge erteilt, die nach praktischen Tipps und Ideen gefragt wird – das ist auch zum großen Teil der an mich herangetragene Auftrag. „Sagen Sie mir, was ich essen soll, damit…

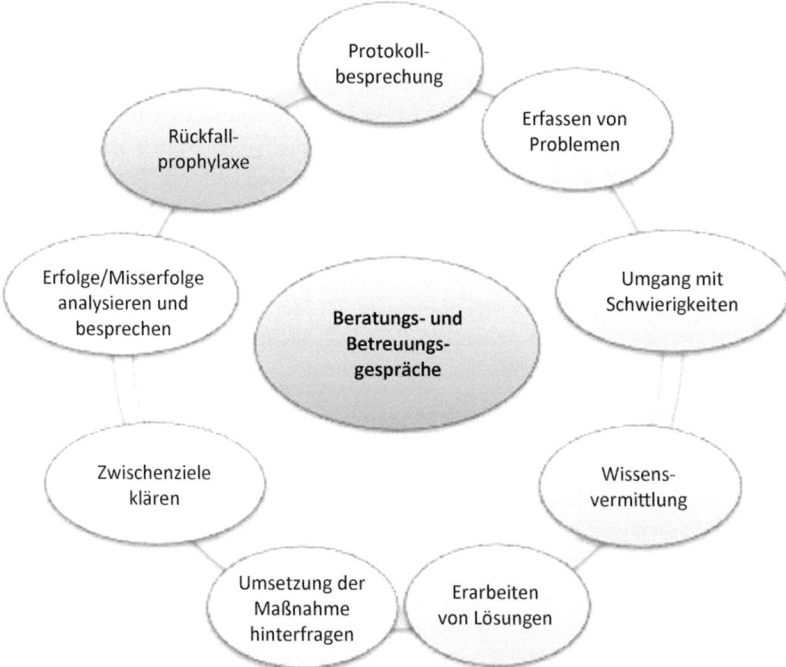

Abb. 6.3 Beratungs- und Betreuungsgespräche. (Quelle: Eigene Darstellung in Anlehnung an B. Becke und M. Benecke, 1999, Quetheb-Handbuch „Prozessqualität in der Ernährungstherapie und Ernährungsberatung", Band 1 Organisations- und Formularhandbuch)

XYZ… besser wird/weg ist", „Sagen Sie mir, was ich weglassen muss, damit es mir wieder gut geht", „Machen Sie mir einen Plan, an den ich mich halten kann" oder „Sagen Sie mir, was ich machen kann" oder „Sagen Sie mir, was ich verändern kann." Mit der letzten Frage kommen wir der Sache dann schon näher.

6.2.4 Essen als Ausdruck der Persönlichkeit

Essen ist ein sehr persönliches, individuelles, oftmals fast intimes Thema, bei dem die „Sicherung des Nährstoffbedarfs" nicht immer die vorrangige Rolle spielt. Essen muss schnell gehen, praktikabel sein, am besten nebenbei, es sollte einfach verfügbar sein, bloß keine Gedanken dazu machen. Jede Maschine wird häufig besser gewartet, jeder Hund besser versorgt, als das, was so mancher Mensch sich selbst gönnt.

Andere Menschen zelebrieren das Essen nach allen Regeln der Kunst, gehen gerne außer Haus essen, verwöhnen sich und andere damit. Essen hat in diesem Fall eine ganz besondere gemeinschaftliche, möglicherweise auch entspannende Komponente. Oder jemand macht sich permanent Gedanken zu jeder einzelnen Regung des eigenen Körpers, und darüber ob das, was man zu sich nimmt, auch wirklich in jeder Hinsicht und hundertprozentig das Richtige ist. Die Art und Weise wie ein Mensch mit dem Thema Essen umgeht, ist auch immer ein Spiegel dessen, in welcher Art er mit sich selbst und mit anderen Menschen in Beziehung steht.

Wenn der Körper dann „scheinbar plötzlich" nicht mehr so funktioniert, wie man es von ihm erwartet, soll alles wieder schnell so sein wie vorher, am besten ohne Wesentliches zu verändern.

Das geht nicht, wenn wir davon ausgehen, dass Körper, Seele und Geist eine Einheit sind und auf Dauer ein ausgewogenes Zusammenwirken erforderlich ist.

Wenn sich jemand lange gegen eine Krankheit/Beeinträchtigung sträubt, sie ablehnt oder wütend wird, wird sie einen lange begleiten. Der Körper wird Mittel und Wege finden uns zum Hinschauen zu veranlassen. Je eher wir hinschauen und akzeptieren, dass jetzt eine andere Lebensweise erforderlich ist, umso eher ist uns die Krankheit für die langfristige Genesung und seelische Entwicklung von Nutzen.

Jemand, der das dritte Mal scheinbar ungewollt den Job wechseln muss, den x-ten Versuch zur Gewichtsreduktion unternimmt oder immer wieder Enttäuschungen oder Ablehnung erfährt, immer weniger Lebensmittel zu vertragen scheint, kann die Chance nutzen und fragen, was ist sein Anteil daran, wo ist sein Beitrag oder sogar sein positiver Nutzen aus dieser Situation und was kann er tun, um künftig ein anderes Ergebnis zu erreichen, oder überhaupt sein Ziel zur Gewichtsreduktion oder Gewichtssteigerung oder zu mehr Toleranz gegenüber Nahrungsmitteln zu erreichen. Jede Reise beginnt dabei mit dem ersten Schritt.

6.3 Selbst – Bewusstsein

6.3.1 Sich seiner selbst bewusst sein und zu seinen eigenen Bedürfnissen stehen

Über genaues Fragen und Hinterfragen helfe ich meinen Klienten, ihre Wünsche und Ziele klar und immer in positiver Weise zu formulieren. In den Gesprächen werden z. B. Glaubenssätze aufgedeckt und versucht, diese für die Zukunft positiv umzuformulieren. Das bedeutet einen Wunsch/ein Ziel konkret zu denken und zu formulieren. Auch genau auszudrücken, woran genau der Klient die Erreichung eines Teilziels oder eines Gesamtziels wahrnimmt. In den vielen Jahren als Beraterin und Coach habe ich gelernt, genau auf die gewählten Worte meines Gegenübers zu hören. Die Worte sind meist wie ein Schlüssel zu den eigentlichen Themen, die für die Einübung eines neuen Verhaltens förderlich oder hinderlich sein können. Die Klärung der eigenen Gedanken hilft dabei, das gewünschte Ziel zu erreichen, oder sogar bewusst die bislang hinderlichen Gedanken „umzuprogrammieren".

Zum Beispiel ist Gesundheit mehr als die Abwesenheit von Krankheit, sie drückt für jeden Menschen in unterschiedlicher Weise ein bestimmtes Gefühl oder eine Lebenshaltung aus. Die eigene Haltung zu Gesundheit kann durch die Wahl der Worte, die Gesundheit zu beschreiben, beeinflusst werden.

> **Beispiel**
>
> Ein Klient (58), seit Monaten krankgeschrieben, der scheinbar gegen alles „allergisch" zu sein schien und auf jede Art von Lebensmittelauswahl mit Unwohlsein reagierte, wurde zunächst fachlich beraten; vorliegende Befunde wurden mit den eigenen Beobachtungen abgeglichen. Durch das genaue Führen eines Tagebuches konnten einige wenige Lebensmittel analysiert werden, die offensichtlich Probleme bereiteten, jedoch konnte auch ein großer emotionaler Einfluss klar herausgearbeitet werden. In einer Phase, umgeben von vertrauten Menschen, wurde nahezu alles vertragen. Daraufhin konnte ein Großteil der lebensnotwendigen Lebensmittelgruppen wieder angstfrei in den Speiseplan aufgenommen und dieser schrittweise ausgeweitet werden. Was weiterhin blieb, war immer wieder die Unsicherheit darüber, wie der weitere Lebensweg aussehen sollte. Der Klient lebte seit vielen Jahren allein und jegliche berufliche Herausforderung führte in kürzester Zeit immer wieder zu einer Überforderung aus scheinbar unklarem Hintergrund. Ein echter Weg zurück in den Beruf schien keine Alternative zu sein. **Der Klient erwähnte auch immer wieder, dass er sich so gerne für die Gemeinschaft einbringen wolle, wusste aber nicht wie, und schon gar nicht warum, da er ebenfalls ein großes Bedürfnis hatte, allein zu sein – welches damit inkompatibel zu sein schien.**

Bei der genauen Analyse seines Tagesablaufs erwähnte er, regelmäßig gegen 5.00 Uhr glockenhell zu erwachen, dann noch einmal zu schlafen bis 10.00 Uhr und dann zeitweilig recht träge zu sein. Bemerkenswert war, dass er immer wieder von der Wortwahl her sich frühmorgendlich als glockenwach bezeichnete. Auf meine Frage, ob es in seinem Leben einen besonderen Bezug zu einer kirchlichen Institution gäbe, und was es damit möglicherweise auf sich habe, berichtete er folgendes: Er sei im Kloster mit strengen Regeln aufgewachsen. Um 5 Uhr wurde er mit Glocken geweckt und der Tag mit Gebeten, arbeiten, schweigen beim Essen begann. Seine Eltern sah er nur einmal im Jahr für 3–4 Tage, die er sehnlichst erwartete, danach musste er wieder zurück ins Kloster und wartete auf den nächsten Besuch.

In der Familienphase gaben ihm ebenfalls klare Strukturen und Regeln Halt. Seit er allein lebt und seine Tochter, die inzwischen ebenfalls Familie hat, in einer anderen Stadt, wurde sein Alltag zunehmend schwierig.

In Gemeinschaft mit seiner Tochter und deren Familie fühlt er sich wohl und spürt auch die Energie, die ihm sonst so fehlt. Über die Betrachtung seines Lebens in der Kindheit und die Suche nach Nähe einer Gemeinschaft und doch individuellen Wirkens mit dem, was er einbringen konnte, kam für ihn ein Stein ins Rollen bzw. das fehlende Puzzleteilchen war gefunden.

Vor dem nächsten Gespräch rief er mich bereits an, um mir von seiner Vision zu berichten. Mit plötzlicher Begeisterung war eine Idee geboren, die er bereits in die Wege geleitet hatte. Er fand in der Nähe seiner Familie eine gemeinschaftliche Einrichtung, in der er leben und sich dafür in die Gemeinschaft einbringen konnte (im Grunde so, wie er es als Kind erlebt hatte – jetzt nur freiwillig und gerne) und konnte seine berufstätige Tochter, seinen Schwiegersohn und Enkel regelmäßig besuchen und sich einbringen in Haus und Garten, was von der Familie ebenfalls als große Bereicherung empfunden wurde. Probleme beim oder mit dem Essen bestimmten nicht mehr seinen Alltag.

6.3.2 Gerade bei der Veränderung von Ess- und Lebensgewohnheiten verhelfen individuelle/eigene Lösungen zu mehr Wohlbefinden

Ernährung ist ein hochsensibler empathischer Bereich, von Kindesbeinen an geprägt, täglich erforderlich und täglich eine Möglichkeit für einen Neuanfang oder eine Weiterführung des Bewährten oder Gewohnten.

Wer um Rat zu seiner Ernährung fragt, hat selten im Blick, dass mit Änderungen in diesem Bereich häufig Änderungen im gesamten Lebensalltag erforderlich sind. Dass es um Wertschätzung sich selbst gegenüber geht, gut für sich zu sorgen, sich den nötigen Raum zu geben bzw. zu nehmen oder einzufordern, um in guter Balance bzw. im Einklang mit sich selbst zu leben und zu wirken.

Häufig reichen scheinbar marginale Veränderungen im Lebensalltag, um bereits ein spürbar besseres Lebensgefühl zu erleben. Manchmal jedoch werden selbst diese kleinsten Schritte als unüberwindbare Hürde empfunden. Der eine schafft es mit Leichtigkeit, sein bisheriges Kantinenessen durch eine frisch zubereitete Mahlzeit zu ersetzen, einem anderen Menschen gelingt es wohlmöglich noch nicht mal die siebte Tasse Kaffee dankend abzulehnen, obwohl er weiß und fühlt, dass ihm die erste schon nicht bekommen ist. Ein Abendspaziergang oder eine Meditation am Morgen oder das Lesen eines aufbauenden Textes können schon einen Ausgleich zu einem stressigen Alltag bringen. Viele Menschen empfinden dann ein größeres Wohlbefinden.

Coaching kann helfen, diesen Veränderungsprozess individuell zu erleichtern und zu realisieren (Abb. 6.4).

6.3.3 Die Kunst der kleinen Schritte

Die Ernährung, das Essen und Trinken eines jeden Menschen hat viele Facetten und ist ein komplexes Gesamtkonstrukt, das am besten funktioniert, wenn alle Facetten und Bereiche adäquat berücksichtigt werden – genau wie im Leben insgesamt. Dabei gibt es keine für jeden Menschen allgemein gültige Regel, da jeder Mensch einzigartig is(s)t.

Viele Einflüsse entscheiden über das Gelingen. Genauso wie es unterschiedliche Charaktere und Lebenswege eines Menschen gibt, bei denen zum Teil eine massive, zum Teil jedoch auch nur die Veränderung feiner Nuancen dazu beitragen, ob Ziele oder Wünsche im Leben nur unter Schwierigkeiten oder mit Leichtigkeit oder überhaupt erreicht werden können, kommt es auch bei der Auswahl, der Zubereitung und dem Genuss einer Mahlzeit oder eines Snacks häufig auf gewisse Nuancen an, ob eine bestimmte Kombination von Lebensmitteln gut bekömmlich ist oder nicht. Ähnlich wie bei einem Musikstück, bei dem möglicherweise nur das Hinzufügen eines weiteren Tons die Komposition zur Vollendung bringt, so braucht es das „Salz" oder „Kraut" oder einen Teelöffel Öl in der Suppe. Häufig genügt das Hinzufügen oder Auswechseln einer Zutat, um das Wohlgefühl nach einer Speise zu optimieren, die Verdauung zu harmonisieren, den Schlaf zu beruhigen, den Körper besser zu entspannen – dem inneren Frieden ein Stück näher zu kommen.

Genau wie im privaten und beruflichen Leben entscheidet häufig das „Wie" wir etwas sagen oder tun oder nicht tun darüber, wie etwas gelingt oder sogar häufig darüber, ob etwas gelingt. Dabei macht quasi der Ton die Musik.

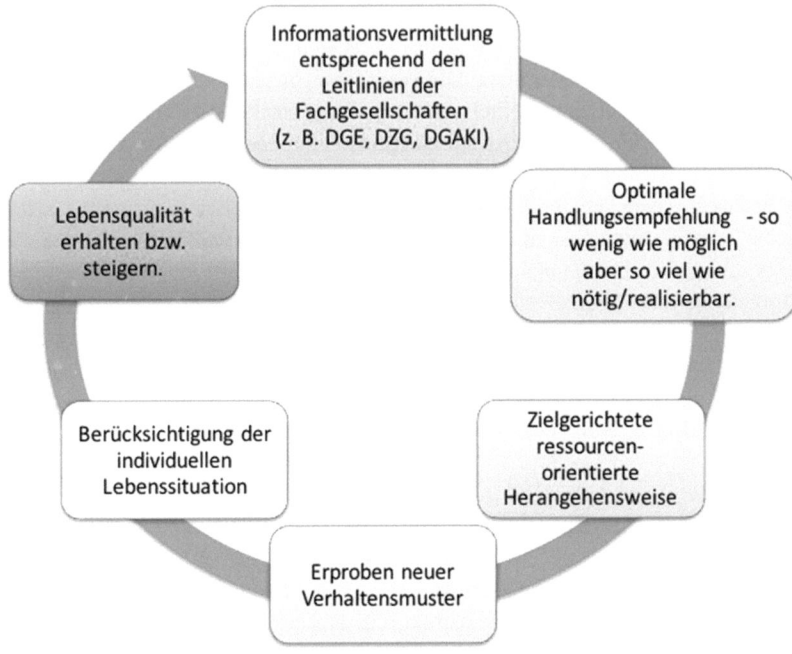

Abb. 6.4 Klientenorientierte Herangehensweise. (Eigene Darstellung im Rahmen des Qualitätszirkels für Ernährungstherapie & Coaching in der Allergologie (Queca) auf dem 9. Deutschen Allergiekongress 2014 in Wiesbaden)

Auch beim Essen ist ein entscheidender Aspekt das „Wie" gegessen/getrunken wird, der mindestens genauso wichtig ist, wie das „Was" gegessen/getrunken wird.

Ernährungscoaching betrifft nicht nur einen Teilbereich des Lebens – Ernährungscoaching betrifft das ganze Leben – das Leben im GANZEN.

Es betrifft das:

- Wann?
- Wo?
- Wie?
- Was?

- Mit wem?
- Welche Zubereitung?
- Welche Kombination?

6.3.4 Flexibilität und Entscheidungsfreiheit

So wie wir grundsätzlich die Möglichkeit haben, einen jeden unserer Gedanken bewusst zu denken und damit unser Leben noch bewusster zu gestalten, betrifft das genauso unser Denken und Handeln hinsichtlich unserer Ernährung. Wir haben täglich die Möglichkeit und somit auch immer wieder aufs Neue die Chance zu entscheiden, ob und was wir einkaufen oder außer Haus auswählen, was auf unseren Teller kommt, was wir schließlich zu uns nehmen und mit welchem Gefühl wir das tun. Wir entscheiden, wie viel Zeit wir uns jeweils nehmen, ob wir schlingen oder genießen und ob wir gründlich kauen und damit gut verdauen. All das sind Entscheidungen, die grundsätzlich jeder für sich freiwillig und immer wieder neu treffen kann und darf. Genau genommen gibt es in dieser Hinsicht sehr viel Freiheit – manchmal hilft etwas Flexibilität oder Kreativität, um diese Freiheit zu erkennen und zu nutzen – dennoch gibt es grundsätzlich diese Option. Es gibt somit viel Freiheit und Handlungsspielraum im Tagesablauf und bei der Auswahl. Für manchen Menschen kann das genau richtig sein, für andere auch zu viel. Diese Menschen brauchen klare Grenzen bzw. Regeln, in diesen Fällen ist „weniger mehr".

Ernährungscoaching betrifft den gesamten Alltag! Essen und Trinken sind lebensnotwendig und müssen zwingend ihren Platz im Tagesablauf bekommen. Essen ist Emotion. Im besten Fall weiß der Mensch intuitiv, was er braucht. Er hört auf seinen Körper und nimmt Signale, wie Hunger, Durst, Sättigung, Pause wahr. Er spürt auch, ob er eher etwas Leichtes oder Schweres braucht.

Als Nahrung noch durch Knappheit begrenzt war, waren quasi Regeln durch Reglementierung von außen (Jahreszeiten/Ernte/Missernte/gefüllte oder bereits geleerte Vorratskammern) gegeben und man brauchte darauf keinen solchen Schwerpunkt zu legen. Es ging eher darum, genug zu bekommen. Ich führe den Aspekt deshalb an, weil dieser für das Verständnis des Verhältnisses des modernen Menschen und seinen Essgewohnheiten eine wesentliche Erkenntnis ist. Sie führt außerdem zu der Schlussfolgerung, dass die Menschen sich heute viel mehr Gedanken über das „Was esse ich" als über das „Woher" bzw. „Wie bekomme ich etwas" machen müssen. Ein wesentlicher Unterschied, der evolutionsbiologisch begründen könnte, warum Menschen zunehmend nicht „automatisch" das für sie Richtige essen. In unserer zunehmend schnelllebigen Zeit ist eine aktive Entscheidung für die Auswahl erforderlich, weil eben nicht mehr alles, was uns quasi „begegnet" wirklich auf Dauer für die Gesunderhaltung unseres Körpers geeignet ist.

Heute gibt es zumindest hierzulande keine Reglementierung in diesem Sinne mehr. Daher ist die Herausforderung umso größer und noch vergleichsweise wenig eingeübt. Was aus der Fülle und Vielfalt wähle ich aus, um mich gesund und glücklich zu fühlen? – Eine der immer wieder gestellten Fragen in meiner Praxis. Viele Menschen erlegen sich bewusst oder unbewusst selber Regeln auf, das gibt diesen Menschen in gewisser Weise emotionale Sicherheit – die große Fülle, die Unüberschaubarkeit des Lebensmittelangebotes ist für diese Menschen eine Überforderung. Regeln können dabei helfen den Alltag zu strukturieren und somit zufriedener, entspannter und leistungsfähiger beziehungsweise energiegeladener zu sein.

6.4 Es gibt so viele Empfehlungen wie es Menschen gibt – allgemeingültig ist lediglich die Einzigartigkeit

Ernährungscoaching hilft neben individuellen, praktischen und fachlichen Empfehlungen dabei, die Individualität präzise mit einzubeziehen. Typische Fragestellungen und Themen sind:

- Wie ist die Arbeits- und Lebenssituation?
- Welche Vorlieben und Abneigungen bestehen?
- Wie ist die aktuelle Familiensituation?
- Wie wurde in der Kernfamilie gegessen?
- Welchen Wert hatte die eigene Zubereitung von Nahrung?
- Welchen Stellenwert hat Essen für das eigene Leben?
- Welche Motive, Emotionen, Gedanken führen zum Snack, Kuchen, Alkohol etc. oder nicht essen?
- Wie signalisiert der eigene Körper Hunger, Durst, Sättigung, Völle, Müdigkeit, Erschöpfung?

Viele Menschen in meiner Beratungspraxis bringen große Ängste, Sorgen und Vorbehalte gegenüber einzelnen oder sogar einer Vielzahl von Lebensmitteln mit.

„Ich weiß gar nicht mehr, was ich noch essen soll", ist eine der häufigsten Aussagen mit der Klienten Rat suchen. Die Unsicherheit im „Schlaraffenland" unserer modernen Gesellschaft ist groß, die Fülle der Aussagen im Internet auf pseudomedizinischen Webseiten mit nicht validierten Inhalten ebenfalls. Auf jede Frage wird jemand im Zweifel genau die Antwort finden, die er gerade lesen möchte – dennoch ist diese Antwort vielleicht gerade nicht individuell passend für den Ratsuchenden.

Dabei hilft das professionelle, klärende Gespräch die individuellen Aspekte des Klienten an die Oberfläche zu bringen und verhilft gemeinsam mit dem Klienten, seine eigenen individuellen Lösungen zu finden. Darüber hinaus unterstützt Coaching dabei den erarbeiteten/erkannten/entdeckten Weg zu begleiten und diesen alltagstauglich zu realisieren. Ziel ist es dabei, den Klienten zu befähigen, künftig optimal für sich und seine Bedürfnisse zu sorgen, und wieder zu mehr Genuss und Lebensfreude zu finden.

6.4.1 Verschiedene Ansätze/Herangehensweisen bewegen das Ganze

Einem Menschen, der zu Sprunghaftigkeit und Unruhe neigt, kann die aktive Veränderung seines Tagesrhythmus oder das Einüben überhaupt eines Rhythmus, zu deutlich mehr Stabilität und innerer Ruhe und Ausgeglichenheit verhelfen. Jemand, der sich permanent erschöpft fühlt und zu Übergewicht neigt oder bereits übergewichtig ist, bringt bereits einen großen Anteil Stabilität und Beständigkeit mit. Wenn dieser Mensch mit kleinen Schritten beginnt Lebensmittel auszutauschen, seine Mahlzeiten mit mehr frischem Gemüse zu bereichern oder frische Kräuter und stoffwechselaktivierende Gewürze zu nutzen, kommt bereits eine andere Energie und Bewegung in seinen Körper und er aktiviert sich bereits von innen. Meist folgt die Bewegung auf dem Fuße. Auch körperliche Bewegung kann wieder leichter in den Alltag integriert werden. Letztlich kommt er damit auch auf andere Gedanken und kann möglicherweise Themen von einer anderen als der bislang gewohnten Seite betrachten. Die Reihenfolge ist grundsätzlich austauschbar. Ein Mensch, der seine Gedanken und sein Verhalten ändert, wird unweigerlich auch auf das Thema Ernährung stoßen und auch beginnen, die Auswahl seiner Lebensmittel zu überdenken und zu verändern.

Über einen längeren Zeitraum meiner Berufstätigkeit war ich im regelmäßigen Austausch mit einer älteren Dame, die, offen gestanden, bei der Lebensmittelauswahl keinerlei Wert auf die Frische der Produkte legte, weder bei Obst noch Gemüse. Als Nachkriegsgeborene nutzte sie hauptsächlich abgepacktes Brot, gute Butter, Kartoffeln, Zwiebeln und jegliches Gemüse und Obst aus der Konserve. Sie begann nach und nach ihr Leben und ihre Beziehungen zu betrachten, setzte sich mit der Kraft und dem Einfluss ihrer Gedanken auseinander, traf Entscheidungen für sich, die sie in jüngeren Jahren nie getroffen hätte und klärte damit einiges in ihrem Leben. Wir arbeiteten mit Affirmationen und sie begann ihre Worte bewusster zu wählen und sich mehr und mehr auf die positiven Dinge im Leben zu fokussieren. Sie zog positive, für sie erfreuliche Begegnungen und Ereignisse Stück für Stück mehr in ihr Leben. Sie wurde offener bei Essenseinladungen auch Frisches oder ihr Unbekanntes zu probieren. Eines Tages kam sie zu mir und zeigte mir, offensichtlich selbst von sich überrascht, was sich in ihrem Einkaufskorb befand: eine frische Gurke, frische Möhren und Salat. Von nun an nutze sie mit Freude frische Lebensmittel regelmäßig und begann eine Trinkkur mit heißem Wasser, welche sie als sehr wohltuend empfand.

Meine Beobachtungen aus 20 Jahren Beratungserfahrung haben immer wieder bestätigt, dass folgende Bereiche direkt miteinander verbunden sind und sich gegenseitig beeinflussen (vgl. Abb. 6.5).

a) Gedanken: fokussiert, kontrolliert, ängstlich, aufgeschlossen, mutig, vertrauensvoll.
b) Lebensmittel: Auswahl, Zubereitung, Qualität und Quantität, Kombination, Zeitpunkt.
c) Bewegung: Motivation, Art, Rhythmus, Dauer, Intensität, Häufigkeit.

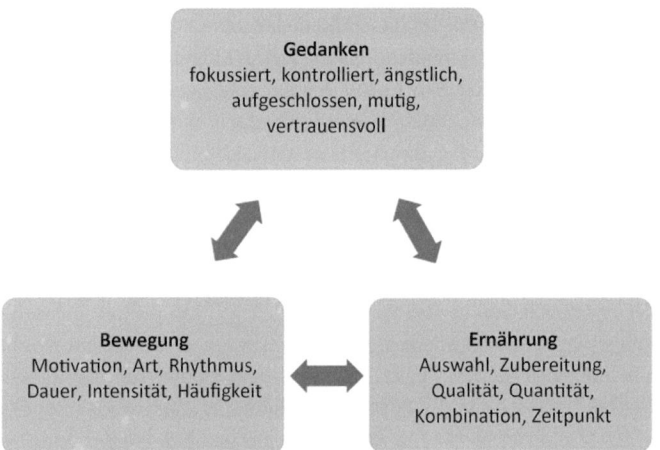

Abb. 6.5 Regulationsdreieck. (Eigene Darstellung)

Das obige Beispiel der älteren Dame verdeutlicht, dass in diesem Fall zunächst die vertrauten Gewohnheiten hinsichtlich der Ernährung fast vollständig unbewusst beibehalten wurden, wobei gleichzeitig das Interesse an der Beobachtung, Wirkungsweise und Steuerung der eigenen Gedanken sehr groß war, sodass sie sich ihren Bereich von Essgewohnheiten und deren Hintergründe mehr und mehr erschloss. Diesen Bereich, der bis dahin nahezu unumstößlich war, konnte sie, nach einer gewissen Zeit, wie von selbst in ihr Leben integrieren. Bezogen auf das Regulationsdreieck ist somit ein neues Gleichgewicht entstanden.

Sobald man in ein (Informations-)Feld einen Impuls gibt, wird der Energiefluss verändert und der Anstoß für die nächste Veränderung wird gelegt. Dabei kann sich zunächst der gesamte Schwerpunkt innerhalb des Dreiecks verschieben, wodurch ein Spannungsfeld entsteht, sodass die anderen beiden Bereiche nachziehen müssen, bis sich ein neues Gleichgewicht gebildet hat.

In meine Beratungspraxis kommen die Menschen beim ersten Mal vornehmlich mit Anliegen die Ernährung betreffend, daher beginnt unser gemeinsamer Weg zunächst dort. Andere Menschen berichten zuallererst über das, was sie gerade emotional bewegt, welche Beziehungsthemen ihnen gerade Probleme bereiten und in welche Richtung sie diese verändern möchten. Oftmals konnten sie den direkten Zusammenhang auf ihr körperliches Befinden bereits beobachten. Dann stehen zunächst die Verhaltensthemen im Vordergrund, die gedankliche Haltung zu anderen, aber vor allem die Haltung zu sich selbst. Damit beginnt der Einstieg in den Kreislauf bzw. das Regulationsdreieck (Abb. 6.5) häufig mit folgenden oder ähnlichen Fragen: Wie gehe ich mit mir im Alltag um? Welche Bedürfnisse nehme ich an mir persönlich wahr? Wie ernst und wichtig nehme ich meine eigenen Bedürfnisse? Wie kann ich mir Gutes tun, bevor ich erwarte, dass andere das für mich tun?

Sich selbst etwas Gutes zu tun, kann beispielsweise schon darin bestehen, sich genügend Pausen zu gönnen, seine Energie einzuteilen, sich mit guter Nahrung und Getränken zu versorgen. Auch an einem bevorstehenden langen Tag entsprechend vorzusorgen, statt zu Fastfood oder Süßem zu greifen, weil man nicht in Betracht gezogen hatte, dass man im Verlauf eines 12-Stunden-Arbeitstages etwas zu Essen benötigt.

6.4.2 Als Pfadfinder durch die Sprache – Symbolik der Wortwahl

Im Ernährungscoaching nehme ich die Impulse des Klienten auf: Im Gespräch die Worte, Themen, Redewendungen, die wiederholt benutzt werden oder die im Gesamtgefüge einen Zusammenhang ergeben bzw. hinweisgebend sein könnten, um dahinterliegenden, zunächst noch nicht so offensichtlichen Thematiken näher zu kommen, die sich dem Klienten aus dieser Blickrichtung bislang noch nicht eröffnet hatten. Dabei ist die bewusste Wortwahl gleichbedeutend mit der unbewussten Wortwahl. Auch vermeintliche Versprecher geben, manchmal auf humorvolle Weise, Hinweise über die Persönlichkeitsstruktur des Klienten. Dem Zurückspiegeln dieser Beobachtung bzw. des Wahrgenommenen folgt häufig ein Bericht über eine Erfahrung oder ein Erlebnis, durch das quasi wieder ein Schlüssel für die weitere Arbeit aufgedeckt wurde.

Meist erschließt sich mir der Bedarf des Klienten aus den Details, die der Klient berichtet. Aufgrund der langjährigen Erfahrung und Intuition kann ich diese direkt in einen möglichen Lösungsweg übersetzen. Als Coach besteht meine Aufgabe jedoch primär darin, dem Menschen zu dieser Erkenntnis zu verhelfen, da das für ihn nicht immer so klar erkennbar ist wie für mich als Außenstehende. Ein Angestellter mittleren Alters kam mit starken Magenschmerzen, saurem Aufstoßen und Übelkeit zur Beratung. Er brachte bereits eine exorbitant dicke, umfassende Mappe mit Untersuchungsergebnissen mit (die mir bereits den ersten Hinweis auf das möglicherweise bestehende Themenfeld „Maß und Menge" gaben). Doch alle Befunde waren unauffällig! Sein Fokus lag darauf, was noch untersucht werden könnte, um seine Beschwerden zu diagnostizieren. Wir betrachteten stattdessen das Gesamtgefüge: Er arbeitete für seine Verhältnisse übermäßig viel, nahm entweder deutlich zu viel Nahrung oder Getränke zu sich, oder deutlich zu lange nichts. Er gönnte sich viel zu wenig Pausen, war familiär sehr eingebunden und durch den Tod eines engen Familienangehörigen noch in der Trauerphase. Durch zusätzliche Arzttermine zu Untersuchungen war seine freie Zeit viel zu knapp. Die Ausführungen ließen sich fortsetzen.

Das Kernthema dieses Klienten war in jeder Hinsicht, das für ihn richtige Maß zu leben und vor allem wahrzunehmen, und nicht über das Ziel hinaus zu schießen. Die Zusammenhänge zwischen seinen Konsum-, Lebens- und Arbeitsgewohnheiten waren ihm bis dahin in keiner Weise bewusst gewesen.

Im Coaching erarbeiten wir gemeinsam, welche Möglichkeiten es gibt und der Klient entscheidet, womit er sich am wohlsten fühlt. Das sind für mich immer wieder die spannendsten Fragen. Es sind auch die wichtigsten, da das zeitnahe Umsetzen dieser vereinbarten Ziele dem Klienten einen starken Impuls gibt und für das dauerhafte Gelingen häufig entscheidend ist. Denn nur das, was der Klient direkt in sein eigenes Leben integrieren kann, wird er dauerhaft umsetzen und beibehalten können. Gerade in diesem Teil des Coachings ist es für mich immer wieder spannend zur erfahren, welche Prioritäten Klienten für sich setzen, was Ihnen leichtoder eher schwerfällt. Dabei kann es besonders spannend sein, herauszufinden, wie individuell jemand mit seinen Widerständen bzw. Wünschen umgeht, die diametral zur Empfehlungsrichtung stehen.

6.4.3 Gemütsmenschen/Genussmenschen

Ein Mensch, der sehr viel Energie hat, muss das im Außen gut kanalisieren. Viel Energie kann einen Menschen zu Aktivität anspornen, ungenutzt oder ausgebremst kann es aber auch dazu führen, dass dieser Mensch latent Aggression oder Wut verspürt, die sich auch durch eine sehr aktive Magentätigkeit äußern kann (brennen oder schmerzen). Die starke Energie kann einerseits durch vermehrte körperliche Aktivität ausgeglichen bzw. abgebaut werden, oder für ein Projekt – für das dieser Mensch „brennt" – positiv und nutzbringend kanalisiert werden. Kühlende Lebensmittel und ausreichende Mengen helfen die kräftige Verdauungsenergie zu nutzen. Einige Menschen können gegenüber ihrem Umfeld recht ungehalten werden, wenn eine Mahlzeit zu spät erfolgt oder gar ausfällt.

Menschen hingegen, die auch sehr viel Energie haben, diese aber körperlich nicht so schnell umsetzen, sondern eher sitzende Tätigkeiten oder sehr fürsorgliche ruhige Tätigkeitsfelder bevorzugen, in denen sie im wahrsten Sinne des Wortes „aufgehen", neigen häufig auch zu dem ein oder anderen Fettpölsterchen. Sie können jedoch auch problemlos eine Mahlzeit überspringen oder auch mal über Tag gar nichts essen, ohne dass es Ihnen in diesem Moment bewusst ist oder ihrem Umfeld unangenehm auffallen würde. Unter dem Strich sorgen sie immer gut für sich und andere, auch wenn es für sich mal des Guten zu viel ist – sie genießen gern.

An dieser Stelle ließe sich die Reihe verschiedener Esstypen und deren Facetten im Lebensalltag noch sehr weit fortführen. Die in der ayurvedischen Ernährungs- und Lebensweise erfassten Ausprägungen werden diesen Facetten meines Erachtens nach am besten gerecht. Der Hinweis auf dieses mehr als fünftausend Jahre alte und bewährte ganzheitliche Ernährungssystem soll jedoch an dieser Stelle genügen.

6.5 Coaching im ernährungstherapeutischen Kontext

6.5.1 Nahrungsmittelunverträglichkeit und Hochsensitivität

Eine Hypothese meiner langjährigen Erfahrung mit Menschen, die unter Allergien und/oder Nahrungsmittelunverträglichkeiten leiden, ist, dass ein Teil dieser

Menschen sehr sensitiv oder sogar insgesamt hypersensitiv veranlagt ist. Sie sind häufig sehr sensibel und empfindsam gegenüber Stimmungen und Bedürfnissen der Personen in ihrem Umfeld. Das System dieser Menschen ist hypersensitiv. Das Immunsystem ist hyperreagibel. Es reagiert stärker auf Einflüsse von außen, wie beispielsweise auf Pollen oder einzelne Nahrungsbestandteile. Diese Personen sind häufig empfindsamer gegenüber einer Vielzahl von Nahrungsmitteln und haben eine ausgeprägte Wahrnehmung ihrer Verdauungstätigkeit und vielfach ein erhöhtes Schmerzempfinden.

Menschen mit Hypersensitivität neigen dazu, sich sozial zurückzuziehen, Menschen mit echten oder vermeintlichen Nahrungsmittelunverträglichkeiten schränken sich ebenfalls immer weiter ein. Nur das sich das bei Menschen mit Hypersensitivität darauf bezieht, sich immer weiter zurückzuziehen, große Menschenmengen zu meiden, um nicht plötzlich völlig erschöpft zu sein. Sie müssen sich darin üben und lernen mit der Vielzahl der Wahrnehmungen umzugehen, diese zu filtern bzw. auszublenden. Dies lernen sie, indem sie Schritt für Schritt den Umkreis und die Menge an Menschen, mit denen sie sich umgeben, erweitern. Im Falle der Lebensmitteleinschränkung ist eine ähnliche Herangehensweise erforderlich, nämlich ebenfalls die schrittweise Ausweitung des stark eingeschränkten Lebensmittelprogramms. Selbstverständlich ist nicht jeder Mensch, der die Gabe der Hypersensitivität hat, intolerant gegenüber einzelnen Nahrungsmitteln.

Bei meinen Klienten bezieht sich diese Hypersensitivität häufig jedoch nicht allein auf das Thema Essen, sondern auf die gesamten Lebensbereiche. Das ist eine Beobachtung, die ich quasi durchgängig gemacht habe. Ich habe schon mit vielen Menschen gearbeitet, die sich real nur noch zwei bis fünf Lebensmittel zur Verfügung gelassen haben. Und je mehr sie sich eingeschränkt hatten, umso stärker mussten sie sich nach und nach einschränken. Sie schlossen sich damit auch mehr und mehr aus dem Sozialgefüge aus, sei es aus der familiären oder der gemeinschaftlichen Situation. Am aktuellen Thema der Ernährung ansetzend unterstützt die ernährungstherapeutische Beratung auf sachlicher Ebene dabei, Klarheit in die Auswahl der Lebensmittel zu bringen. Ziel ist es, nur noch das zu meiden, was wirklich nicht geht, und alles andere wieder einzuführen, um die Nährstoffversorgung zu sichern (Abb. 6.6). Ernährungscoaching unterstützt in diesem Fall den Klienten dabei, Lebensmittel für sich wieder mehr und mehr zuzulassen und damit seine Grenzen auszuweiten. Über die qualifizierte ernährungstherapeutische Beratung hinaus, gemäß der jeweiligen Leitlinien, wird dazu genau hinterfragt, was hinter dem „nicht vertragen", „nicht mögen", „allergisch sein auf", „den Atem verschlagen", „aus der Haut fahren", „aufkratzen" noch stehen könnte. Gezielte Fragen schärfen den Blick auf das individuelle Anliegen und tragen zur Klärung bzw. zur Erprobung neuer Sichtweisen bei. Dabei betrachte

Ernährungstherapie
Ausgewogene Ernährung passend zur Lebenssituation

Coaching
Andere Sichtweisen vermitteln
Hilfestellung zur Lebensstiländerung

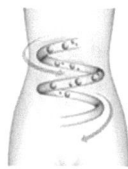
Allergologie/Gastroenterologie
Sicherheit im Umgang mit kritischen Situationen
Psychoemotionaler Aspekt – Zusammenhang Bauch- und Kopfhirn

Abb. 6.6 Qualitätssicherung im ernährungstherapeutischen Coaching. (Eigene Darstellung im Rahmen des Qualitätszirkels für Ernährungstherapie & Coaching in der Allergologie (Queca) auf dem 9. Deutschen Allergiekongress 2014 in Wiesbaden)

ich den Menschen als Teil eines Systems im sozialen sowie im beruflichen Kontext.

Parallel dazu arbeiten wir im Rahmen des Coachings daran, die Abgrenzung in den Bereichen ihres Lebensalltages zu realisieren, in denen Grenzen setzen erforderlich ist. Das können die verschiedensten Bereiche sein: Grenzen gegenüber den Kindern, den Eltern, dem Partner, dem Arbeitgeber. Gleichzeitig sich bewusst darin zu üben, toleranter gegenüber Einflüssen von außen zu werden beziehungsweise sich davor besser zu schützen, ohne sich auszuschließen und im Zweifel zu vereinsamen.

Menschen mit Hochsensitivität spüren subtil, was um sie herum geschieht und reagieren darauf. Sie reagieren leicht auf die Bedürfnisse anderer und bemerken die eigenen Bedürfnisse – wenn überhaupt – zuletzt. Beispielsweise verteilen sie den gesamten Kuchen fürsorglich an alle anderen und bemerken erst am Ende, dass für sie kein Stück mehr da ist. Das hat häufig zur Folge, dass sie sich zu kurz gekommen fühlen und sich darüber ärgern, dass keiner an sie gedacht hat. Das wiederum fällt im Zweifel auch tatsächlich keinem anderen auf, sie wurden quasi übersehen, weil sie sich nicht bemerkbar gemacht haben. Darüber kann ein so veranlagter Mensch schon mal sehr unsensibel und unhöflich reagieren, sehr viel unhöflicher als ein nicht hochsensitiver Mensch bei Ärger reagieren würde. Eine Aufgabe besteht darin, auch sich selbst und seine eigenen Bedürfnisse im Blick zu behalten, um nicht am Ende leer auszugehen. Sie tolerieren auch das Verhalten anderer unermüdlich, geduldig und scheinbar unberührt, bis sie plötzlich schimpfen und ärgerlich sind und offenbar alles zu viel war. Für den Außenstehenden gibt es da keine klar erkennbaren Anzeichen. Kinder hochsensitiver Eltern können dann schon mal sehr irritiert sein über den plötzlichen Stimmungswandel. Für Menschen mit hochsensitiver Veranlagung ist das eine echte Herausforderung, die eigenen Empfindungen wahrzunehmen, weil sie so konzentriert bzw. abgelenkt sind durch die Wahrnehmungen aus dem Umfeld. Sie würden von früh bis spät für den Chef arbeiten, sich für jede Aufgabe anbieten oder noch weitere annehmen, obwohl der Schreibtisch schon überquillt – und sich aber keine Pause zum Essen zugestehen oder diese einfordern.

6.5.2 Bis hier hin und nicht weiter…!

Eine junge Klientin suchte mich wegen Verstopfung und einer vermeintlichen Nahrungsmittelunverträglichkeit in der Praxis auf. Sie hatte bereits eine Odyssee an Untersuchungen zum Ausschluss der verschiedensten medizinischen Ursachen hinter sich gebracht. Über Anamnese und das Führen eines Ernährungssymptomtagebuchs stellte sich heraus, dass sie nur am Wochenende zur Toilette ging. Dies wäre schulmedizinisch auch definitiv als Verstopfung zu bezeichnen. Von Samstag bis Montag war sie relativ beschwerdefrei und hatte auch eine abwechslungsreiche und umfangreiche Zusammenstellung ihrer Mahlzeiten. Im Selbstversuch hatte sie über die vergangenen Monate immer wieder ganze Lebensmittelgruppen gemieden und verschiedene Ernährungsstile erprobt. Jeweils ohne dauerhaften Erfolg hinsichtlich ihrer Symptomatik. Im Laufe der Woche steigerten sich die Beschwerden zunehmend. Im Protokoll ebenfalls ersichtlich war zwar eine ausreichende Flüssigkeitszufuhr, aber sie nahm immer nur sehr kleine Mahlzeiten zu sich mit extrem großen Mahlzeitenabständen. Auf die Frage, warum sie nur am Wochenende die Toilette aufsuche, berichtete sie folgendes: Unter der Woche sei das nicht möglich, da der Chef garantiert in dem Moment, in dem sie den Raum verlasse, ein ganz dringendes Anliegen habe. Er sei schon Kolleginnen hinterhergelaufen, und sie habe das ebenfalls mehrfach erfolglos versucht, sodass sie sich das abgewöhnt hatte. Morgens war sie so in Eile, dass es da auch keine Möglichkeit gäbe. Das ist grenzüberschreitend auf beiden Seiten! Verständlicherweise wurde im Verlauf der Woche dann auch immer weniger gegessen, was dann auch tatsächlich schlecht vertragen wurde. Im näheren Gespräch stellte sich heraus, dass es bei dieser Arbeitssituation keine Chance für sie gab, ihren Toilettengang am Arbeitsplatz zu verrichten. Wir planten eine andere Tagesstruktur, sodass sie aktiv und bewusst früher aufstand, um morgens noch genügend Zeit zu Hause zu haben. Nachdem sie das eine Weile eingeübt hatte, klappte das auch gut. Im nächsten Schritt ging es darum, sich am Arbeitsplatz auch Zeit für Pausen und Essen zu gönnen bzw. einzufordern, da nun nicht mehr die Hauptenergiemenge am Wochenende aufgenommen wurde, sondern verteilt auf jeden Tag. Eigentlich eine Selbstverständlichkeit, aber in dieser Konstellation eben nicht.

Zunehmend wurde der Klientin klar, dass es hier nicht vorrangig ums Essen ging, sondern dass dies nur ein Symptom für ein aktuelles Verhaltensmuster war, das es zu ändern galt.

Es ging darum, ihre eigene Wichtigkeit, ihre Bedürfnisse für wahr zu nehmen und diesen gerecht zu werden. Zum Wohle aller, aber in erster Linie für sich selbst. Die junge Frau hatte sich komplett den Forderungen ihres Chefs untergeordnet. Letztlich war es nicht möglich, die für sie nötigen und einfach nur menschlichen Freiräume in dieser beruflichen Konstellation durchzusetzen – alle Mitarbeiter hatten ein vergleichbares Thema – sodass sie sich entschied, den Arbeitsplatz zu wechseln und fand auch eine für sie passende Stelle, in der sie mit gutem Gefühl ihre Arbeit tun konnte.

Sich abzugrenzen und Grenzen zu setzen, ist für jeden hochsensitiven Menschen eine Lern- und eventuell sogar eine Lebensaufgabe. So wie ein, die Empfindungen betreffend, hochsensitiver Mensch lernen muss, seine Grenzen zu setzen, aber auch langsam auszuweiten, um im normalen Lebensalltag gut zurechtzukommen und seine Gabe dabei zu schulen und nicht zu unterdrücken, muss ein Mensch, der sich mehr und mehr über das Thema Essen aus der gesellschaftlichen Kompatibilität zurückgezogen hat, schrittweise wieder das Vertrauen finden, Lebensmittel und Aufgaben dazu zu nehmen, seine Toleranz zu erhöhen.

6.5.3 Essen ist Emotion

Da Essen zwangsläufig ein psychosoziales und psychoemotionales Phänomen ist, ist damit zu rechnen, dass sich nicht hinter jeder vermeintlichen Nahrungsmittelallergie oder Unverträglichkeit, hinter jedem unspezifischen Symptom, hinter jedem „Ich vertrage nicht" ein rein medizinisches Problem verbirgt. Für jeden Menschen in seiner Einzigartigkeit bedarf es einer individuellen, quasi maßgeschneiderten

Herangehensweise. Ein ganzheitlicher, individueller Ansatz hat meines Erachtens dabei die beste Aussicht, das Wohlbefinden zu verbessern und die Lebensqualität zu steigern. Folgende methodische Herangehensweise hat sich in der Praxis bewährt:

- Lebensstilanalyse,
- Offene, motivierende Fragestellungen,
- Sammlung und Betrachtung aller Begleitaspekte auf der somatischen Ebene,
- Sammlung und Betrachtung von Begleitaspekten auf der psychoemotionalen Ebene,
- Lebensstilberatung zur Verhaltensmodifikation,
- Herausarbeiten/Hinterfragen aller Zusammenhänge,
- Modifikation der aktuellen Ernährungsweise,
- Ggf. individuelle Anpassung an allergologische Erfordernisse,
- Bei Bedarf Diagnostische-/Therapeutische Diät,
- Erlernen neuer und Stärkung bewährter Handlungskompetenzen.

Mögliche Fragestellungen, die dem Klienten helfen, sein Thema klarer zu beleuchten:

- *Was reizt mich?*
- *Was vertrage ich nicht?*
- *In welchem Kontext drücken sich die Symptome aus?*
- *Welchen Nutzen habe ich davon, dass alles so bleibt wie es ist?*
- *Bin ich bereit etwas zu verändern?*
- *Welchen Nutzen habe ich davon, wenn meine Symptome verschwinden?*
- *Woran genau bemerke ich, dass sich etwas verändert hat und wie fühlt sich das für mich an?*
- *Was bin ich bereit zur Verbesserung meines Wohlbefindens zu tun?*
- *Mit welchem ersten Schritt kann ich mir vorstellen zu beginnen?*
- *Wann, bzw. bis wann, setze ich den ersten Schritt um?*

Der Schwerpunkt des Fragens ist immer auf den Klienten gerichtet. Fragen statt Sagen. Allein das Fragen gibt die Möglichkeit zur Selbsthilfe, da der Klient die Chance bekommt, sich seine Gedanken zu machen und diese zu formulieren, sich selbst zu reflektieren. Genau zu fragen: Wann, was, wie viel, wozu?, statt Vorgaben zu machen. Unterstützend dabei sind das Führen eines Ernährungsprotokolls oder eines speziellen Ernährungssymptomtagebuches, eines Trinkprotokolls, oder eine genaue Tagesablaufanalyse hilfreich, um Potentiale oder Ressourcen besser erkennen zu können oder transparent zu machen. Selbsthilfe durch Selbstbeobachtung: Wozu essen wir?, Emotionen wie Lust, Frust, Langeweile, gesellschaftliche Verpflichtung. Selbsthilfe durch Körperwahrnehmung, die sich im Vorfeld bereits auf die Planung der Einkäufe, das Einkaufsverhalten, die Lagerung, Zubereitung sowie letztlich auf Menge und Essgeschwindigkeit erstrecken.

6.5.4 Ganzheitliche Lebensstilberatung bei „Vertrage-ich-nicht"-Patienten

6.5.4.1 Frau C.

Frau C. suchte mich vor vielen Jahren auf, weil sie unter anhaltenden Gelenkschmerzen und Hautekzemen litt. Die Haut bekam sie nur übergangsweise mit Kortisonsalbe in den Griff, Untersuchungsergebnisse auf eine Rheumatische Erkrankung waren negativ, andere medizinische Hintergründe konnten ausgeschlossen werden.

Frau C. hat auch über die Ernährung schon viel versucht, aber bislang ohne anhaltenden Erfolg. Auf meine Fragen berichtete sie im Gespräch darüber, dass sie sehr unter der Trennung eines langjährigen Partners leide, sich allein fühle. Gleichzeitig berichtete sie von einer beruflichen Überforderung. Als studierte Künstlerin war ihr Engagement ausgelaufen und sie hatte extrem viele Einzelschüler zu begleiten und zu unterrichten, was einen hohen organisatorischen Aufwand und persönlichen Einsatz erforderte. Eigentlich wolle sie eine Auszeit zur Orientierung, stattdessen sei sie nun schmerzgeplagt und energielos.

Die Ernährungsanamnese ergab sehr unregelmäßige Essgewohnheiten in denen sie hastig, unausgewogen, häufig mit Heißhunger, als Belohnung oder aus Frust aß.

Vorlieben für bestimmte Lebensmittel „versagte" sie sich, weil sie zu den verschiedensten Lebensmitteln, die sie von ihrem Gefühl her gerne ausgewählt hätte, gelesen hatte, dass diese jeweils aus den unterschiedlichsten Gründen „ungesund" seien.

Ich entschied mich aus dem heraus, was ich nun erfahren hatte, ihr anzubieten Ernährungs- und Lebensempfehlungen unter ayurvedischen Gesichtspunkten mit ihr zu besprechen. Wie so häufig waren das genau die Lebensmittel oder Lebensmittelgruppen, die sie sich immer wieder versagt hatte, die sie eigentlich sehr gerne mochte. Gerade durch das Vermeiden hatte sie, ohne es zu wissen, das Aufkommen ihres Heißhungers begünstigt und sich mit einigen Nährstoffen nicht ausreichend versorgt.

Wir erarbeiteten gemeinsam, wie sie vorrangig warme Mahlzeiten mit viel frischem Gemüse, höchstens einer Brotmahlzeit, weniger Vollkornprodukten, einer geringeren Menge Kuhmilchprodukten, stattdessen Schafs-/bzw. Ziegenmilchprodukten und anderen hochwertigen Eiweißquellen sowie die ausreichende Nutzung von qualitativ hochwertigen Ölen realisieren konnte. Außerdem empfahl ich ihr eine Heißwassertrinkkur und wir nahmen uns genügend Zeit darüber zu sprechen, wie sie im Einzelnen ihren Tagesablauf und Tagesrhythmus verändern konnte, damit dieser ihren persönlichen Bedürfnissen nach Engagement und Entspannung entsprach. Außerdem sprachen wir an den darauffolgenden Terminen darüber, unter welchem Blickwinkel und mit welcher Betrachtungsweise sie ihre aktuelle Situation auch betrachten könne und gelangten damit Schritt für Schritt zu neuen motivierenden Perspektiven.

Wir besprachen, mit welchen Veränderungen sie direkt beginnen wollte und welche Schritt für Schritt folgen sollten.

Am leichtesten fielen ihr die Veränderungen im Ernährungsbereich, damit hatte sie zunächst ein „konkretes" Handlungsfeld. Durch das sich damit recht schnell einstellende Gefühl von Wohlbefinden, hatte sie neue Energie, um auch die anderen Handlungsfelder leichter anzugehen.

Bereits nach sechs Wochen waren die Fußekzeme abgeheilt. Frau C. hatte deutlich mehr Energie. Durch ein besonderes Talent ihrer künstlerischen Fähigkeiten erhielt sie einen Ruf an eine Hochschule in einer anderen Stadt. Nach weiteren fünf Monaten waren die Gelenkschmerzen deutlich gemindert, sie konnte wieder einer sportlichen Betätigung im Freien nachgehen und sie berichtete über eine deutliche Steigerung Ihrer Lebensfreude.

Darüber hinaus hatte sie sich für eine neue erfüllende Partnerschaft öffnen können.

6.5.4.2 Frau Zh.

Frau Zh. kam mit Verdacht auf Nahrungsmittelunverträglichkeiten bei unklarer Ursache, mit starken Magenschmerzen – auch nachts – und Verstopfungsneigung in meine Praxis. Schulmedizinisch und naturheilkundlich lagen umfassende Untersuchungsergebnisse vor – alle ohne hinweisgebenden Befund. Frau Zh. war glücklich verheiratet und glückliche Mutter eines kleinen Sohnes, für den sie alles tat. Nach eigenen Aussagen habe sie gar keinen Grund unglücklich zu sein.

Seitens der Ernährungs- und Tagesablaufanalyse kam ein sehr unregelmäßiger Essensrhythmus zu Tage. An einigen Tagen gab es drei ausgewogene Mahlzeiten, nach denen sie auch nachts keinerlei Beschwerden hatte. An anderen Tagen gab es neben einem trockenen Brötchen noch ein bis zwei Schokoriegel oder ähnliches und sonst extrem lange nichts. Einsetzende Magenschmerzen im Verlauf des späteren Nachmittags wurden mit Nichtessen bedient und nachts wurden die Schmerzen dann umso schlimmer. Das wurde vor der Protokollführung verständlicherweise nicht so wahrgenommen bzw. in den Zusammenhang gebracht.

Die Ansatzpunkte aus ernährungstherapeutischer Sicht lagen klar auf der Hand. Dennoch waren sie für die Dame gar nicht so leicht umsetzbar. Sie hatte permanent das Gefühl „passen" zu müssen.

Die langen Essenspausen hatten ihren Hintergrund in der beruflichen und letztlich auch in der familiären Vergangenheit.

Frau Zh. hatte jahrelang auf der ganzen Welt für einen renommierten Modekonzern als Model gearbeitet, weshalb sie (lebenserhaltend – existenzerhaltend) Kleidergröße 32 beibehalten musste und dafür auch einiges an Schmerzen in Kauf genommen hatte. Die Schwangerschaft, über die sie sehr glücklich war, machte dem Ganzen natürlich einen Strich durch die Rechnung. Unter Einsatz allen Engagements, begann sie bereits vier Wochen nach der Geburt wieder zu arbeiten, was aber so nicht erwünscht und in der Firma auch noch nie dagewesen war. Zu guter Letzt führte das nach vielem Mobbing zum Ende der beruflichen Beziehung. Geblieben war u. a. der Glaubenssatz, „Wenn ich abends esse, nehme ich zu".

Sie hatte sich über Gebühr aufgeopfert und sich dabei beinahe selbst verloren (Burnout). Grundsätzlich war das gut überwunden, lediglich über die Ernährung kam das in Form dieser Beschwerden immer wieder zu Tage. Auf die Frage, woher ihr diese Art zu handeln (Geringschätzung, Verausgabung) vertraut sei, berichtete sie über die Beziehung zu ihrem Vater, dessen echte Aufmerksamkeit sie nur zu erhalten glaubte, wenn sie stetig und ständig, unermüdlich Leistung brachte. Sie lebte permanent mit dem Gefühl, sich beweisen zu müssen. Je mehr sie begann auf ihre eigenen Bedürfnisse zu hören und zunächst nach Plan, „nach Vorschrift", und später auch liebevoll für sich zu sorgen, besserten sich die Beschwerden deutlich. Sie konnte auch für ihren Sohn eine nicht mehr überfürsorgliche, sondern ruhige, familiäre und geregelte Esssituation umsetzen. Die gemeinsamen Abendessen wurden zu einem schönen Abendritual. Parallel veränderte diese neue Essgewohnheit mit Selbstfürsorge auch die Beziehung zu ihrem Vater und Frau Zh. konnte langsam ihre Kindsrolle ihm gegenüber verlassen.

6.5.4.3 Frau T.

Frau T. kam mit dem Wunsch abzunehmen in meine Praxis. Sie hatte schon einige Gewichtsreduktionsversuche hinter sich – jedoch ohne den gewünschten Erfolg. Meist waren es eher einseitige Diäten, die, wenn überhaupt, kurzfristig halfen Gewicht zu reduzieren, aber auf Dauer nicht beibehalten werden konnten. Nach wenigen Kilos der Gewichtsreduktion stagnierte das Gewicht verlässlich. Ziel war es, eine Ernährungsweise zu finden, die für die ganze Familie (Ehemann und zwei

Kinder) praktikabel und dauerhaft umsetzbar war. Frau T. ist nicht berufstätig, leidenschaftliche Köchin, kümmert sich um die Kinder und um viele anderen Dinge innerhalb der Familie.

Frau T. geht regelmäßig morgens spazieren, und besucht, wenn es passt, einmal pro Woche eine Gymnastikgruppe.

Bevor die ganze Familie involviert werden sollte, haben wir ausschließlich mit Themen begonnen, die nur sie persönlich betrafen, auch um eventuellen Widerständen, wie: „*Da macht meine Familie nicht mit*", vorzubeugen. Wir haben zunächst damit begonnen, die Trinkgewohnheiten zu ändern. Aufgrund dem offenbar für ihre Bewegungsintensität zu hohen Verzehr an Kohlehydraten in Form von Brot und Nudeln haben wir diesen in ein gutes Verhältnis zu ihrer Bewegungsintensität gebracht, sodass sie entsprechend flexibel reagieren konnte. Mit drei ausgewogenen Mahlzeiten, davon mindestens eine warm, – auch gerne zwei – kam sie sehr gut zurecht. Sie entwickelte Spaß an neuen Rezepturen und Lebensmittelkombinationen, nutzte verstärkt frische Gewürze und Kräuter und passte das Ganze im Verlaufe der Zeit so an, dass es auch für die Familie interessant wurde. Sie konnte damit ihrer kreativen und fürsorglichen Seite Ausdruck verleihen. So weit, so gut. Als wir unterstützend zum Thema Bewegung kamen, stellten sich sukzessive Widerstände/Vorwände ein wie z. B. „*Geht nicht, weil meine Tochter…*", „*Wollte ich, aber…*", „*Hätte ich, aber mein Mann…*" usw. Wir überlegten, was dieser „Vorwand" – die „Wand vor der Wand" – vor dem eigentlichen Hindernis verbergen wollte. Hintergrund waren in vielerlei Hinsicht sehr fixe, festgelegte, vielleicht sogar festgefahrene Vorstellungen zu Tagesablauf, Familienregeln und verantwortungsvoller Ausübung der Mutterrolle. Wir überlegten an welchen Stellen sie mit gutem Gefühl ihren Kindern und ihrem Ehemann etwas „Verantwortung" übertragen könnte, um so mehr Zeit für Bewegung oder ausgleichende Aktivitäten mit Freundinnen u. ä. zu haben. Hierbei ging es auch um die Beweglichkeit im Geiste, Abläufe anders zu denken, sich vorzustellen und dann auch anders zu realisieren.

Zunächst noch mit komischem Gefühl, aber nach und nach mit immer mehr Leichtigkeit, lernte sie abzugeben und loszulassen. Ein Teil ihres familiären Verantwortungsbereiches lag noch in der Betreuung der zunehmend hilfebedürftigeren Eltern, welchen sie Schritt für Schritt klarer und ausgewogener mit den Geschwistern teilte. Es gelang ihr auch ohne schlechtes Gewissen ein Wochenende ohne ihre Familie zu verreisen und das dann auch zu genießen. Es war eine Bereicherung für alle Seiten, da nun auch Vater und Kinder die Möglichkeit hatten, sich selbst mehr einzubringen.

Die Art, mit der sie anfangs ihre „Wünsche" ausdrückte, klang immer wie eine Verteidigung – und wurde zunächst von ihrem Umfeld auch entsprechend so erwidert, als sei ein „Angriff" erfolgt, sodass diese Situationen zunächst häufig angespannt waren. Je besser sie lernte, ihre Bedürfnisse freundlich aber bestimmt auszudrücken und Kritik nicht als Angriff, sondern in Form einer Ich-Botschaft auszusprechen, desto widerstandsloser wurde diese akzeptiert. Je mehr Flexibilität Frau T. entwickelte und je besser sie Ihre eigenen Bedürfnisse vertrat, umso „*leichter wurde es ihr*", was sich auch deutlich an ihrem Körpergewicht, ihrer Beweglichkeit und ihrem Wohlbefinden widerspiegelte.

6.6 Abschließende Betrachtung

Coaching ist für mich immer eine Wegbegleitung, eine Navigationshilfe zu sich selbst. Sich selbst wieder als Kompass für seine eigenen Bedürfnisse für wahr zu nehmen und zu helfen, das Vertrauen in seine eigene Wahrnehmung zurückzugewinnen oder zu stärken. Der Blick eines Coachs, der von außen unvoreingenommen auf eine Situation blickt, ist für den Klienten dabei Gold wert, da man bekanntermaßen, wenn man Teil eines Dilemmas ist, häufig den Wald vor lauter Bäumen nicht sehen kann.

Essen ist dabei ein wunderbares Beispiel für den Facettenreichtum unterschiedlichsten Verhaltens und der jeweiligen Beweggründe. Dabei spiegelt bereits die Auswahl der Lebensmittel und Getränke jeweils einen Aspekt der Haltung zu sich selbst und zum Leben insgesamt wider. Der Griff zu bestimmten Lebensmitteln (Fastfood, frisch gekocht oder ausschließlich biologisch angebaut) ist häufig nicht nur passend für die jeweilige Situation, sondern lässt eine Lebenshaltung erkennen. Ob jemand – sicherheitshalber – mal etwas isst, mitnimmt oder vorbereitet oder ob jemand mal abwartet, ob und wann sich eine Möglichkeit für die nächste Mahlzeit ergibt. Letzteres kann je nach Zusammenhang, vollkommene Entspanntheit, Vertrauen oder Flexibilität zum Hintergrund haben, oder auch vollkommene Planlosigkeit, Angst oder unbewusstes Ignorieren der eigenen Bedürfnisse. Auch ob jemand beim Essen übervorsichtig ist oder Speisen in vollen Zügen genießt, ist häufig Spiegel der eigenen Lebenshaltung, die genauso auch andere Bereiche betrifft.

Sein Essverhalten zu ändern und dauerhaft zu integrieren, bedeutet somit immer auch sein bisheriges oder aktuelles Verhalten zu beobachten, für wahr zu nehmen, die wünschenswerte Richtung für sich zu klären und von da aus den neuen, gewünschten Weg zu beschreiten.

Dr. Astrid Gerstemeier ist promovierte Oecotrophologin und Coachin für ganzheitliches Persönlichkeitscoaching. Seit 20 Jahren ist sie selbstständig in eigener Praxis für Ernährungsberatung und Coaching, und Mitbegründerin des Gesundheitszentrums Sonnenberg in Wiesbaden. Als erfahrene Dozentin und Fachreferentin sowie als Ausbilderin und Prüferin für die IHK schult sie Multiplikatoren und Verbraucher und ist in verschiedenen Qualitätszirkeln aktiv u.a. Gründungsmitglied des Qualitätszirkels für Ernährungstherapie und Coaching in der Allergologie (Queca). In professionellen Coachings begleitet sie Klienten und Familien bei der Erarbeitung neuer Verhaltensweisen durch zielgerichtete und ressourcenorientierte Herangehensweisen. Eines ihrer besonderen Themenfelder ist die Begleitung von hochsensitiven Erwachsenen und Jugendlichen. Um ihre Professionalität und Ganzheitlichkeit für ihre Klienten garantieren zu können, hat sie nach dem Studium berufsbegleitend ihre Kompetenzen stetig erweitert. Unter anderem ist sie ausgebildet als ayurvedische Gesundheitsberaterin (European Academy of Ayurveda), zertifizierte Ernährungsberaterin (VDOE), Ernährungsfachkraft für Allergologie (DAAB) und für Ganzheitliches Coaching (Akademie für Ganzheitliche Führung).

Meine Philosophie: „Es kommt darauf an, dass uns die Schwierigkeiten nicht entmutigen und zum Stolpern bringen, sondern dass sie zu Stufen werden, die uns auf die Höhe führen." (Dr. John Mott)

Homepage: www.bewegte-ernaehrung.de

Weitere Infos: www.sonnenberg-gesundheitszentrum.de,
www.queca.de,
www.ernaehrung-rlp.de,
www.akademiecoaching.de

Wege zum Selbst

Ein perspektivischer Überblick der Persönlichkeitsentwicklung

7

Gereon Ingendaay

Menschen aufrichten, statt unterrichten.

> **Zusammenfassung**
>
> Viele Entwicklungsmodelle, wie die bekannten von Freud, Piaget, Maslow, Washburn oder Havinghurst sind häufig zu theoretisch, zu groß oder geben wenig konkrete Handlungsvorschläge, als dass sie für die Praxis tauglich wären.
>
> Um Entwicklungsprozesse einordnen, und die damit verbundenen Herausforderungen fassen zu können, zeigt dieses Kapitel ein leicht verständliches und doch ganzheitliches Modell auf.
>
> Praktischer Hintergrund ist meine Arbeit mit Jugendlichen.
>
> Eingebettet ist das Modell in eine ganzheitliche Betrachtung von Bildung allgemein und den Herausforderungen, denen junge Menschen heute gegenüberstehen. Gleichermaßen ist dieser Text auch eine Selbsterfahrung für Sie, liebe Leser.

7.1 Der Lebensweg

7.1.1 Ohne Grund

Warum malt ein Maler? Warum singt ein Sänger und warum entwickelt ein Architekt visionäre Entwürfe? Warum machen sie das?

Zugegeben, diese Fragen scheinen absurd zu sein.

G. Ingendaay (✉)
Köln, Deutschland
E-Mail: gereon@ingendaay.de

© Springer Fachmedien Wiesbaden GmbH 2018
W. Prost (Hrsg.), *Das Leistungsspektrum von Coaching*,
https://doi.org/10.1007/978-3-658-18935-8_7

Was soll man auch darauf antworten? Ein Sänger singt eben, weil er es gerne tut. Doch sicher könnte er auch etwas anderes machen.
Doch er tut es nicht.
Warum?
Gibt es nicht auch in Ihrem Leben etwas, das Sie auf jeden Fall tun müssen? Etwas, das besonders schmerzt, wenn es nicht da ist? Ganz gewiss fällt Ihnen etwas dazu ein. Das ist bei den meisten Menschen so. Es ist eine „conditio humana", ein Wesenszug des Menschseins, dass wir nach irgendeiner Form der Selbsterfahrung und Selbstverwirklichung streben und das scheinbar völlig ohne Grund.

Diese Fragen stellt der Verstand. Nur für ihn ist ein „Warum" wichtig. Für unser Selbst, unsere Seele, oder wie wir es auch immer nennen möchten, zählt kein „Warum" oder „Wohin". Für unser Selbst zählt nur die Erfahrung. Ein Sänger möchte singen, ganz egal, ob ihm jemand zuhört oder nicht. Die Freude am Singen ist von keinerlei äußeren Umständen abhängig. So sind im Grunde genommen alle Lebensziele und Formen der Selbstverwirklichung grund- und ziellos. Der römische Philosoph Seneca der Jüngere formulierte:

> Der Lohn der rechten Tat besteht darin, es getan zu haben (Seneca der Jüngere 2001).

„Und was soll das jetzt? Wohin führt dieser Gedanke?", könnten Sie vielleicht fragen. Dann würde ich Ihnen antworten, dass er folgenden entscheidenden Wert hat:

Dadurch, dass man akzeptiert, dass unsere Leidenschaften und Träume im Leben quasi „grundlos" sind, entziehen sie sich der Vernunft und somit auch den Fragen nach ihrer Legitimation. Eine Quelle braucht keine Rechtfertigung zum Strömen, sie ist einfach, was sie ist, und quillt. Diese Erkenntnis, die vermutlich jeder aus eigener Erfahrung bestätigen kann, kann für jeden in irgendeiner Phase seines Lebens von besonderer Bedeutung sein.

Nach einer psychologischen Schätzung hat ein 18-jähriger Mensch in Deutschland im Laufe seines Lebens im Durchschnitt 180.000 negative Selbstverbalisierungen getroffen. Das bedeutet, er hat sich beispielsweise bereits 180.000 Mal gesagt: „Das kann ich nicht" oder: „Das schaffe ich nicht" oder: „Ich traue mir das nicht zu, sollen das doch andere machen, die es eh besser können" oder: „Ich kriege dann immer so eine Angst", und so weiter. Eine realistische Einschätzung der eigenen Fähigkeiten ist durchaus sinnvoll, doch viele, wenn nicht gar die meisten Menschen, stehen sich häufig selbst im Weg. Dahinter steht oft die tiefliegende Frage: „Warum soll gerade ich das machen?"

Diese Frage kann sich auf fast alles beziehen: „Warum soll ich eine Spitzenleistung bringen?" oder: „Warum soll ich derjenige sein, der immer gut drauf ist?" oder: „Warum soll ich die ganze Arbeit machen?".

Worauf auch immer sich das „Warum ich?" bezieht, ist eigentlich sekundär. Denn im Grunde ist es die Frage nach der eigenen Verpflichtung, Erlaubnis oder Legitimation.

Dieses Dilemma lässt sich in der Tiefe nur lösen, wenn man akzeptieren kann, dass wir grund- und ziellos das Recht haben, genau das zu sein, was auch immer wir sein wollen.

7.1.2 Ohne Wissen

Wenn wir heute eine Reise machen, dann lassen wir entweder das GPS-System die optimale Route berechnen, oder man kauft sich, etwas altmodisch, eine Landkarte. Doch früher, als die Menschen diese Hilfsmittel noch nicht hatten, kamen Reisende auch an ihr Ziel. Damals wurde der Weg beim Gehen kennengelernt. Genauso ist es eigentlich immer noch hinsichtlich der eigenen Biografie:

Ein Mensch, der sich sein Leben lang nur fragt, was sein Lebenssinn ist, hat ihn schließlich nie gelebt. Über Amazon kann man über 100.000 Bücher über die Entdeckung des eigenen Lebenssinns kaufen – dennoch ist es möglich, dass man seinen eigenen Weg nicht gegangen ist, obwohl man vorher alle Bücher zum Thema gelesen hatte.

Am Anfang des Lebens stehen einem noch alle Wege offen und man kann den Eindruck gewinnen, dass man 10.000 verschiedene Leben leben könnte. Theoretisch ist das auch so. Eine Ente kann nur eine Ente sein und eine Katze nur eine Katze. Doch ein Mensch kann sein Leben auf vielerlei Weise selbst gestalten. Und doch hat er am Ende nur ein Leben gelebt und nicht 10.000.

Für diesen einen Weg ist es wichtig, zu verstehen, dass man vorher nicht viel wissen muss! Der eigene Lebenssinn, der eigene Lebensweg, entfaltet sich, während man ihn geht. Daher dürfte das Wort „Lebensweg" eigentlich kein Substantiv sein, da es impliziert, man müsse nur dieses Ding „Lebensweg" finden und Schwupps – man wäre glücklich. Das Wort „Lebensweg" sollte vielmehr ein Verb und Adjektiv zugleich sein, da sich dann die darin andauernde *Bewegung* und *Beschreibung* in einem Wort ausdrücken könnte.

Da nun irrtümlicherweise viele Menschen nach einem „Ding" suchen, forschen viele von ihnen vergeblich nach „dem einen Weg", der zu ihnen passt. Sie haben nicht verstanden, dass Tausende und Abertausende Lebenswege zu ihnen und ihrem Leben passen könnten. Die Frage ist einzig: Für welchen entscheiden sie sich?

Da man für diese Wahl nichts vorher wissen muss und kann, braucht es auch nicht Inhalt von Coachings zu sein, „neues Wissen" zu vermitteln. Es geht vielmehr darum, vorhandene, bekannte Informationen zu einer neuen Perspektive zu formen.

7.1.3 Ohne Ziel

Weil Sie, wie oben beschrieben, nichts wissen müssen, brauchen Sie sich die Modelle auch nicht zu merken. Selbstentwicklung und Selbstverwirklichung sowie das Gefühl und die Gewissheit, genau „richtig" auf seinem Weg zu sein, sind nicht abhängig von Wissen oder Herkunft. Es ist auch kein besonderes Ziel dafür notwendig. Leben ist mit sich selbst zufrieden und daher gibt es auch einen Teil im Menschen, der mit dem Istzustand durchaus zufrieden ist.[1]

Doch in einer Welt mit Nord- und Südpol gibt es eben beides: Den Persönlichkeitsanteil, der weiß, dass alles gut ist, wie es ist; und den Teil, der das auch weiß – und dennoch mehr möchte.

Daher ist das folgende Modell nicht dafür da, alle menschliche Erfahrung darin einzusortieren oder von jedem Menschen zu verlangen, genau diese oder jene Entwicklung zu machen. Es ist für Ihre Inspiration. Es möchte Sie einladen, spielerisch eine kleine „Inventur" Ihres Lebens zu machen und Ihre Gegenwart und Ziele aus einer neuen Perspektive zu betrachten. Es kann aber auch als Hilfsmittel der Vereinfachung gesehen werden, die eigenen oder andere Entwicklungsprozesse zu verstehen.

Viele Personen, die erfolgreich ein Unternehmen gegründet haben, waren wahrscheinlich nicht auf Seminaren zu dem Thema: „Wie Sie erfolgreich ein Unternehmen gründen". Sie machten es einfach und intuitiv gelang vieles „wie von selbst". So kann es auch bei Ihnen sein, wenn Sie sich selbst und Ihrer Intuition vertrauen! Dann werden Sie schon das Wesentliche in die richtigen Bahnen bewegen.

Und falls doch Fragen bei Ihnen aufkommen, oder Sie meinen, Ihr Kind plagt sich zu sehr mit manchen Fragen des Lebens, können Sie sich schließlich einen Gesprächspartner suchen, mit dem Sie diese Fragen besprechen und Antworten darauf suchen. Genau für solche Gespräche sind Coaches da!

7.1.4 Fazit

Der Lebensweg und die Lebensaufgabe sind ein Paradoxon in sich: Die Lebensaufgabe besteht in Selbstverwirklichung und der eigene Lebensweg ist die andauernde Entfaltung der eigenen Möglichkeiten. Sowohl Lebenssinn, als auch der Lebensweg sind, sachlogisch betrachtet, grund- und ziellos und kommen ohne Wissen über sich selbst aus. Fassbar wird es nur durch Metaphern und in Anerkennung, dass das Leben an sich ein Paradoxon bleibt.

---

[1] Dennis Genpo Merzel Roshi (2008).

Wenn ich mit Jugendlichen in Seminaren oder Einzelcoachings herausarbeite, was sie wirklich bewegt, und wir uns dem für sie Wesentlichen nähern, dann kommt meisten ein Spruch von „Eigentlich würde ich gerne, aber...".

Meine Entgegnung dazu ist dann meistens: „Stelle Dir eine Quelle in den Bergen vor. Stelle Dir vor, wie das Wasser aus dem Gestein kommt. Und jetzt frage ich Dich, ob in Deine Vorstellung ein Schild hineinpasst, auf dem steht ‚Ich, Quelle, würde gern quillen, aber...?' Das passt nicht – Eine Quelle quillt, weil sie eine Quelle ist. Sie hat keinen Grund und kein Ziel, sie fließt einfach nur im Einklang mit ihrer Natur vor sich hin. Und so bist Du auch. Wenn Du etwas in die Welt bringen möchtest: Tue es einfach! Und tue es sofort!"

7.2 Der Hintergrund

Mein Name ist Gereon Ingendaay und ich arbeite seit vielen Jahren „undercover" als Coach. Seit zwei Jahren ist es nun auch offiziell und ich habe mein Coaching hauptsächlich auf die Arbeit mit Jugendlichen und Berufseinsteigern konzentriert. Anfang 2016 ist dann eine größere deutsche Firma an mich herangetreten mit der Bitte, ihre Jugendhilfe mit neuem Leben zu füllen und in deren Rahmen Seminare zum Schwerpunktthema „Finde deinen Weg!" durchzuführen.

In meiner Coachingausbildung in der Akademie für Ganzheitliches Coaching von Dr. Prost habe ich, neben vielen anderen wertvollen Einsichten, auch das Modell der „Sieben Persönlichkeitsebenen" kennengelernt, die eine generelle Basis für das Verständnis der menschlichen Erfahrung bietet.

In diesem Beitrag möchte ich Ihnen nun die drei großen Schritte auf dem Weg zu sich selbst darlegen. Sie finden dieses Modell nicht im Internet und Sie können es nicht in einem anderen Buch nachlesen. Es ist aus praktischer Erfahrung in Kombination mit einem Studium (ich habe in Wien Psychologie studiert), Intuition und Klarheit im Denken entstanden.

7.2.1 Die Entwicklung eines Modells

Ein neues Modell zu entwickeln ist wie die größere Version von einer neuen Erkenntnis. Wenn es Klarheit und Orientierung gibt, besteht genau darin seine Legitimation.

Wenn man in die heutige Gesellschaft schaut, dann kann man beobachten, dass viele Jugendliche angesichts der vielen Möglichkeiten und ihrer mangelhaften Vorbereitung darauf, fast hilflos reagieren und die allgemeine Orientierungslosigkeit steigt. Hier sei nur kurz das Buch von Peter Maier „Initiation Erwachsenwerden in einer unreifen Gesellschaft"[2] erwähnt, indem er deutlich auf dieses Problem aufmerksam macht. Andere Autoren, wie Gerald Hüther oder Vera Birkenbihl haben vernichtende Analysen zu Schule und Ausbildung angestellt, und zusammengenommen mit den fast vollständig fehlenden Orientierungshilfen wie Jugendliche zu verantwortungsvollen Erwachsenen werden können (Maier 2011), gibt es ganz besonders großen Bedarf an einfachen Modellen, die Klarheit und Orientierung geben können.

Erwachsene sind meistens viel mehr in der Lage, sich selbst zu helfen, als Kinder und Jugendliche es könnten. Jugendliche sind viel mehr davon abhängig, was Erwachsene, Eltern und die Gesellschaft ihnen anbieten, während für Erwachsene die entscheidendere Frage ist, wofür sie sich entscheiden.

Wie kam ich dazu, nach einem neuen Modell Ausschau zu halten, wozu brauchte ich es? Als ich auf das Gymnasium kam, war ich eine Zeit lang ein „Problemschüler" mit schlechten Noten. Das ging fast drei Jahre so, bis ich zu einem Psychiater ging. Er verschrieb mir ein Medikament, ähnlich dem Ritalin. Zwei Jahre später waren meine Noten ausgezeichnet, mein Verhalten „normalisiert" und ich auf einem katholischen Internat am Niederrhein. Dort endete auch die Ritalinzeit, doch die schulischen und sportlichen Leistungen blieben hoch.

Seit dieser Zeit, in der ich Methyphenedat (den Wirkstoff von Ritalin) bekommen habe, ist es mir ein großes Anliegen, die Entwicklung von Kindern und Jugendlichen immer besser zu verstehen und der Frage nachzugehen, wie man sie optimal unterstützen kann. Ich habe selbst erlebt wie es ist, durch dieses Medikament ruhig gestellt zu werden und welchen Leidensdruck das für Betroffene bedeutet. Ich bin heute sicher, dass es viele Methoden gibt, die deutlich besser und nachhaltiger funktionieren als Medikation. Heute bin ich frei von jeglicher Art der Medikation und möchte mit meiner Arbeit so vielen Kindern und Jugendlichen wie möglich Alternativen anbieten, die sie mit ihrer natürlichen Kraft und Intelligenz verbinden.

Ich erlebe, dass viele Mensch etwas in der Welt bewegen oder verändern möchte. Dadurch wird deutlich, dass unser Leben auch mit einem Schöpfungsdrang verbunden, unsere Träume in die Realität zu bringen. Daher kann das Ziel meiner Coaching- und Seminartätigkeit für mich nur darin bestehen, Menschen dahin zu begleiten, dass sie das tun, was wirklich zu ihnen passt. Sie also zu unterstützen, ihre Berufung zu entdecken und erfolgreich zum Beruf zu machen.

---

[2] Maier (2011).

7.2.2 Jugendliche im Dilemma

Erinnern Sie sich noch, wie es war, ein Kind zu sein? Oder an die Zeit, als Sie zur Schule gingen? Als Sie für Ihre Prüfungen gelernt haben, auf den Abschluss hin gebangt haben und danach einen Ausbildungs- oder Studienplatz gesucht haben? Wenn Sie sich heute fragen, ob Sie mit Ihrer Wahl von damals glücklich sind, stellen sich als weitere Fragen: „Wie haben Sie das damals gemacht? Ging der Entscheidung ein bewusster Prozess voraus, den Sie aktiv gesteuert haben oder ist es ‚einfach irgendwie geschehen'"?

Zwiespälte, Hürden und Herausforderungen gab es schon immer. Doch heute klafft eine besonders große Lücke: Nämlich die, zwischen dem Entwicklungsstand unserer Gesellschaft, und dem unserer Schulen. Heute leben wir in einer modernen Informationsgesellschaft und schicken unsere Kinder noch immer in ein veraltetes Schulsystem, dessen Wurzeln bis ins alte Preußen zurückreichen. Wir beschulen sie während ihrer gesamten Schulzeit mit durchschnittlich 15 Fächern und fordern sie danach auf, sich für einen der 280.000 Ausbildungsstellen zu entscheiden, oder vielleicht auch „nur" für einen der knapp 15.000 Studiengänge in Deutschland.

Es gibt etliche Sachbücher, die ausführliche und gründliche Kritik am Schulsystem üben. Doch dieser Essay ist keine Anklageschrift. Man kann die moderne Schulkritik vielleicht mit den Worten des Hirnforschers Prof. Dr. Hüther wie folgt zusammenfassen:

> Fachidioten und Leistungssportler kann man durch Wettbewerb erzeugen, aber nicht umfassend gebildete, vielseitig kompetente und umsichtige, vorausschauend denkende und verantwortlich handelnde, in sich ruhende und starke, beziehungsfähige Persönlichkeiten.

Wie man sieht: Die Kluft zwischen dem modernen Verständnis von „Erziehung zur Mündigkeit" und unserem Schulsystem wird jeden Tag größer – und das spüren Jugendliche deutlich, auch wenn sie das vielleicht nicht so klar artikulieren können. Doch wie kam es dazu?

7.2.3 Der historische Kontext

Wer die Vergangenheit nicht kennt, kann die Gegenwart nicht verstehen und die Zukunft nicht gestalten. Entsprechend gilt auch beim Coaching, dass nicht nur die aktuelle Situation betrachtet wird, sondern man sich auch die Frage stellen sollte:
Wie ist das Erziehungsdrama, das wir heute erleben, entstanden?

Das bedeutet beim Coaching mit jungen Menschen, dass man Erziehung und Schule in einem größeren historischen Rahmen betrachten muss, um Phänomene wie „ADHS" oder „Lese- und Rechtschreibschwäche" verstehen zu lernen. Die Basis ist also eine aktive Zusammenführung von Erziehungsgeschichte und psychologischen Erkenntnissen.

Als die allgemeine Schulpflicht 1817 in Preußen eingeführt wurde, ging es vor allem darum, dass Soldaten lesen und schreiben können sollten. Sie sollten eine gewisse Grundausbildung besitzen, um strategisch-taktische Manöver und auch niedergeschriebene Anweisungen verstehen zu können. Dafür war es nicht wichtig, was Soldaten oder Kinder dabei dachten. Auch der Sportunterricht, etabliert vom berühmten „Turnvater Jahn" mit Bockspringen und Schwebebalken, war für Soldaten, die Befestigungswälle stürmen sollten, konzipiert.

Das hielt sich bis in die deutsche Gründerzeit. Erst dann begannen einige Reformen an den Universitäten, als sich andere Wissenschaften gegenüber der „allmächtigen Philosophie" emanzipieren konnten. In dieser Zeit sind die wissenschaftlichen Pioniere wie Helmholz, Wundt oder Fechner beheimatet. Diese Bildungsblüte dauerte bis ins beginnende 20. Jahrhundert und erhielt dann zwei mächtige Dämpfer durch die beiden Weltkriege. Manche hochspektakulären und bahnbrechenden Erkenntnisse gingen in den Wirren des Krieges schlicht unter.

Die 1968er-Revolte wandte sich dann erst wieder gegen die reaktionären Köpfe und Strukturen in Wissenschaft und Politik und auch die 80er- und 90er-Jahre waren geprägt von Aufschwung und dem Gefühl, nach dem Fall des Europa teilenden Eisernen Vorhangs würde bald globaler Frieden und Wohlstand ausbrechen. Zum ersten Mal in der Geschichte war der objektive Mangel an Gütern besiegt – entgegen aller Prognosen von Marx und anderen Sozialtheoretikern.

Doch neben allen Errungenschaften in Wissenschaft, Technik und Politik verharrte das Schulsystem beharrlich in den alten Strukturen. Erst in den letzten 10 Jahren, als selbst die Wirtschaft mit den Zertifikaten „Abitur" oder „Hauptschulabschluss" nichts mehr anfangen konnte, seit die Deutsche Bahn Zeugnisse bei Bewerbungen wegen mangelnder Aussagekraft nicht mehr beachtete, die Zeppelin-Universität Stipendien an Schulabbrecher verteilte (weil das häufig die Intelligentesten waren), und auch Eltern und Kinder die Absurdität von Numerus Clausus und Notengebung heftig kritisierten, hat sich in der Schule und im Bildungssystem etwas bewegt. Doch selbst das geschieht nur sehr, sehr langsam.

Zusammengefasst: Bis in die 1950er-Jahre bestand ein wesentlicher Sinn und Zweck von Schule darin „gute und gehorsame Bürger" zu erziehen. Menschen, die gerade klug genug waren, um Maschinen zu bedienen und unkritisch Anordnungen auszuführen und dennoch anpassungswillig genug, um Autorität nicht in Frage zu stellen und ihre vorgesetzten Umstände passiv zu akzeptieren.

7.2.4 Bedeutung für die Gegenwart

Nach dieser historischen Einbettung kommen wir jetzt zu einer weiteren Dimension von Schule, Bildung und ganz besonders von Coaching von jungen Menschen. Der Staatsphilosoph Oskar Negt formuliert sie so:

> Demokratie ist die einzige Staatsform, die gelernt werden muss.

Die bereits erwähnte 1968er-Revolte beinhaltete auch eine Verweigerung gegenüber dem alten Bildungssystem. Man wollte in einer Demokratie nicht mehr die alten Obrigkeitsstrukturen akzeptieren und lehnte sich dagegen auf. Doch scheute man im Schulsystem davor zurück, wirklich „radikal" zu sein, im ursprünglichsten Wortsinn. „Radix" kommt aus dem Lateinischen und bedeutet „Wurzel". So wurden meistens lediglich Symptome behandelt und nicht deren Ursache. Immerhin wurde nach und nach der Frontalunterricht abgeschafft und die Lehrpläne von Schulen und Universitäten wurden aktualisiert. Doch der Samen, aus dem unser „Bildungsbaum" gewachsen ist, blieb noch immer im Ursprung militärisch-autoritär. Das drücken etwa Sprüche aus, die wir fast alle im Laufe unserer Ausbildungszeit gehört haben: „Wir lernen nicht für die Schule, sondern fürs Leben", oder: „Schule ist nicht nach dem Lustprinzip organisiert!"

Solche Sätze bedeuten implizit, dass das Leben genauso wenig Spaß macht, wie die Schule und dass Lernen keinen Spaß zu machen hat. Gleichzeitig bemühen sich Politik und Bildungspsychologen, Menschen zu einem lebenslangen Lernen zu motivieren. Doch wer kann ernsthaft von jemandem erwarten, ein Leben lang lernen zu wollen, wenn doch gleichzeitig vermittelt wird, dass Lernen nicht nach dem Lustprinzip funktioniert? Diese klaffende Differenz bestand im Grunde schon immer, doch heute ist sie besonders schmerzhaft.

Und wir haben gesehen, dass die Grundprinzipien unseres Schulsystems nicht darauf ausgerichtet sind, Kinder aufzurichten, sie fürs Leben stark zu machen und sie für ihren Lebensweg zu ermutigen. Sonst würde es wohl auch nicht „Unterricht" heißen, sondern „Auf-Richtung".

7.2.5 Fazit

Der Sinn und die Bedeutung von Bildung hat sich über die Zeit massiv verändert. Sie entwickelte sich von der Idee, Untertanen zu erziehen, die klug genug sind, neue Maschinen zu bedienen, bis hin zu dem Bildungsanspruch, selbstdenkende, kritisch-reflektierende, in sich selbst ruhende, beziehungsfähige und mündige Bürgerinnen und Bürger eines demokratischen Staates zu fördern. Doch wenn man den Hintergrund und die Wurzeln des heutigen Bildungssystems versteht, kann man auch mögliche sinnvolle Alternativen dazu anbieten.

7.3 Das Modell

Wie könnte also ein anderes Schulsystem aussehen? Wie könnte Bildung aussehen, welches die Kinder in ihrer Einzigartigkeit fördert, sie ermutigt Mensch zu sein, Mann oder Frau zu werden und ihren Weg verantwortlich und selbstbestimmt zu gehen?

Wie meistens im Leben gibt es kein Allheilmittel und Standardrezept für Bildung. Daher ist es auch gut und sinnvoll, dass Eltern und Kinder zwischen verschiedenen Schulformen wählen können. Neben den staatlichen Schulen können das Schulen nach Montessori- oder Waldorfkonzepten sein und hoffentlich bald noch andere ganzheitliche Bildungskonzepte.

Doch unabhängig davon, wie das Bildungssystem nun konkret aussieht, möchte ich Ihnen nun das dreistufige Modell der Entwicklung zeigen, das wir alle mehr oder weniger durchlaufen.

Jedes Modell und jede daraus abgeleitete Handlungsempfehlung sollte einleuchtend und nachvollziehbar sein. Es braucht nicht viele neue Informationen zu vermitteln, sondern neue Perspektiven auf die Vorhandenen. Wenn Sie die einzelnen Schritte und Beschreibungen wie Angebote in einem „psychologischen Supermarkt" betrachten, können Sie daraus für sich mitnehmen, was Sie für sich brauchen und für gut befinden. Alles andere lassen Sie einfach liegen.

Das Modell besteht aus drei mal drei Stufen und ist ein holistisches Modell. Die kürzeste Definition von Holismus ist vielleicht der (etwas abgeänderte) Satz von Aristoteles: „*Das Ganze ist mehr als die Summe seiner Teile.*"

Jeder einzelne Aspekt ist wichtig und erst wenn alle Teile in ähnlichem Maße berücksichtigt, trainiert und ausbalanciert sind, stellt sich der Zustand von Gesundheit, Glück und Wohlbefinden ein. Bildung könnte nicht lebensdienlicher sein, wenn sie Gesundheit, Glück und Lebenserfolg vermitteln kann! Nichts weniger wünsche ich mir zumindest für mein Kind.

Hier nun das Dreistufenmodell im Überblick:

1. Menschsein
   Balance zwischen:
   1.1. Körper
   1.2. Geist
   1.3. Seele

2. Erwachsensein
   2.1. Findung der Geschlechtsidentität
   2.2. Akzeptanz von Selbstverantwortung
   2.3. Erfolgreiche Selbstführung
3. Individuumsein
   3.1. Private Verwirklichung
   3.2. Berufliche Verwirklichung
   3.3. Spirituelle Verwirklichung

Jeder ist seines Glückes Schmied und weder als Coach, Lehrer oder Elternteil kann man die menschliche Entwicklung für jemand anderen übernehmen. Das kann und muss jeder für sich selber tun. Doch dafür haben wir auch Talente und Stärken mit auf den Weg bekommen und es ist ein natürlich-menschliches Verhalten zu wachsen und seine Gaben zu entwickeln. Alles, was wir dafür brauchen, ist ein Umfeld, welches Wachstum positiv befördert und Freiraum lässt.

Im Coaching scane ich jedes Kind und jeden jungen Erwachsenen intuitiv nach diesem Modell. Wir sprechen es in den allerseltensten Fällen durch, weil es um das Leben und nicht um ein Modell geht. Doch das Modell hilft Klarheit zu gewinnen, auf welcher Ebene Baustellen, Hürden und Probleme liegen. Vielfach zeigen sich nach einer solchen Analyse schnell Lösungen.

Ein für mich sehr beruhigender Gedanke lautet: Wir leben in einer Welt der Dualität – alles was einen Anfang hat, hat auch ein Ende, und alles, was ein Unten hat, hat auch ein Oben. Somit wird es auch für jedes Problem eine Lösung geben.

Schon die Griechen wussten das, weswegen sie es auch „Pro-blem" nannten, was übersetzt so viel wie „Zur Lösung vorgelegt" bedeutet. Wäre es zum Scheitern vorgelegt, hieß es bis heute „Contra-blem".

7.3.1 Menschsein

Wenn ein Mensch geboren wird, braucht er Jahre, um sich in seinem Körper zurecht zu finden, sprechen, laufen und spielen zu lernen und es dauert knapp 18 bis 20 Jahre, bis sich alle Organe, Knochen, Muskeln und Gelenke in der „ausgereiften Form" entwickelt haben. Damit ist der biologische Aufbau geschehen – doch was ist mit dem psychologischen? Menschsein ist mehr, als nur die biologische Funktion eines Homo Sapiens.

Zum Menschsein gehört auch das Verständnis, das Know- und Do-how darüber, dass wir ein Dreigespann aus Körper, Geist und Seele sind und jeder Teil seine Bedürfnisse hat. Da jeder Mensch ein Individuum ist, muss auch jeder für sich, die für sein eigenes Leben „richtigen" Antworten finden. Dafür braucht man die richtigen Fragen. Sie lassen sich aus dem folgenden Modell herauslesen und bieten damit eine Anleitung zum Coaching für sich und andere.

7.3.1.1 Der Körper

Der Körper braucht einen angemessenen Wechsel zwischen Anspannung und Entspannung und eine geeignete gesunde Ernährung. Erst dann kann er sein volles Potential entfalten und Großartiges leisten.

Die für Sie „richtige Anspannung" kann alles Mögliche sein. Die einen spielen Fußball, gehen Tanzen oder ins Fitnessstudio. Manche gehen Laufen oder Schwimmen und wieder andere treiben Yoga, Pilates, Tai-Chi oder sonstige Kampfkünste. Es ist im Grunde genommen egal, was man für sich auswählt: Wichtig ist nur, dass man das tut.

Doch unser Körper muss sich auch regenerieren können und braucht Entspannung. Viele Menschen sind heute fast dauerhaft angespannt. Ihr Rücken oder Nacken ist dauernd verspannt und das Gefühl einmal so wirklich entspannt und locker zu sein, ist für sie ein seltenes Ereignis. Was nicht nötig wäre, wenn der Körper seine richtige Entspannung auch finden kann – was wieder bei jedem Menschen anders aussehen kann. Man kann meditieren, autogenes Training machen, oder sich einfach nur mit einem Glas Wasser auf den Balkon oder die Terrasse setzen und die Natur genießen. Des Weiteren kann man Dehn- und Atemübungen machen, um bewusst alle Muskeln zu lockern und mit Sauerstoff zu versorgen und vieles mehr.

Und zu guter Letzt braucht unser Körper auch die richtige Ernährung, die zum eigenen Lebensstil, der Körperbeschaffenheit und den eigenen ethischen Vorstellungen passt.

7.3.1.2 Der Geist

Mit dem Geist verhält es ähnlich wie mit dem Körper: Doch neben Konzentration und Offenheit lohnt es sich, die Beschaffenheit des Gehirns als Vorlage zu nehmen. Der Mensch hat eine rechte Gehirnhälfte, die vor allem für emotional-kreative Prozesse verantwortlich ist und eine linke Gehirnhälfte, die mehr für die logisch-rationalen Prozesse verantwortlich ist. Unser Geist braucht also beides: Die Logik und die Kreativität, die Ernsthaftigkeit und den Humor!

Wenn ich Jugendliche frage, was sie sich vorstellen könnten, um ihre Lernzeiten mit Spaß und Witz zu füllen, dann schauen mich die allermeisten seltsam an. Als ob ich einen Tabubruch vorschlagen würde: Spaß beim Lernen?

> **Beispiel**
>
> Ein Jugendlicher kam eine Zeit lang zweimal die Woche zu mir, damit ich ihn bei der Vorbereitung auf sein Abitur unterstützten konnte. Er war sehr sportlich und hatte einen enormen Bewegungsdrang. Lernen bedeutete jedoch für ihn, still auf seinem Stuhl zu sitzen, weswegen er große Schwierigkeiten hatte, länger an einem Stück zu lernen. Also machten wir ein paar kurze Übungen und verlegten dann seine „Lernorte" nach draußen. Wir fanden Metaphern für all seine Lerneinheiten auf Straßen, an Spielplätzen, in Parks, einfach überall. So konnte er die auf einfache Weise von mir komprimierten Lerninhalten zusammen mit Bewegungsabläufen lernen.
>
> Indem er beim Spazierengehen mit mir, witzige Metaphern für verschiedenste Texte, Modelle, Prozesse und andere Dinge selber finden konnte, lernte er mit dieser einfachen Technik, Zusammenhänge herzustellen, die er immer wieder abrufen konnte. Dadurch, dass er dabei Sinn und Spaß verbinden konnte, steigerte sich sein Lernerfolg erheblich.
>
> Nach über drei Jahren traf ich ihn wieder und fragte ihn, ob er sich noch an Inhalte unserer Lerntreffen erinnern könnte. Und prompt fielen ihm die Eselsbrücken wieder ein, die wir zusammen erstellt hatten.
>
> Stellen Sie sich den Bildungserfolg vor, wenn Schülerinnen und Schüler mit diesen Techniken selbstgewählte und sinnerfüllte Inhalte lernen würden!

Der Geist verfügt neben der Kompetenz zur Logik und Rationalität also auch über die Fähigkeiten der Kreativität und des nichtlinearen Denkens. Eine balancierte bzw. harmonische Geisteshaltung kann sich der Kompetenzen beider Gehirnhälften bedienen und je nach Bedarf neue, kreative Lösungen erschaffen.

Wie man auch scheinbare Gegensätze sinnvoll in einer Lösung integrieren kann, ist Gegenstand von einer der Sieben Freien Künste und wurde von Plato zur höchsten dieser Künste erhoben: Die Dialektik.

Das Wort bedeutet in seiner griechischen Herkunft: „Die Kunst zu durchschauen". Dialektik ist mehr, als einen Kompromiss zu finden. Sie versucht These und Antithese auf ihren inneren Sinn zu durchschauen und in einer Synthese zu verbinden.

- Ein Beispiel dazu: Ein Ehepaar möchte gerne in den Urlaub fahren. Die Frau möchte gerne 500 km nach Süden und der Mann lieber 500 km nach Norden fahren. Der fairste Kompromiss und zugleich die denkbar schlechteste Lösung wäre, dass sie dort blieben, wo sie sind.

An diesem Beispiel wird deutlich, wie wichtig es ist, Lösungen zu finden, die über einen Kompromiss hinausgehen und eine neue Perspektive eröffnen. Die Fähigkeit, dialektische Lösungen zu produzieren, könnte als eigenständiges holistisches Element der beiden Hirnhemisphären verstanden werden, das nicht auf die eine oder andere Hemisphäre reduzierbar ist. Das gibt einem Training in Dialektik nochmal mehr Gewicht!

- Wenn der Mann durchschaut, dass seine Frau gerne in die Berge fahren möchte und die Frau versteht, dass ihr Mann gerne ans Meer möchte, so ließe sich gewiss ein Ort am Meer finden, an dem auch Berge sind.[3]

7.3.1.3 Die Seele

Die Seele des Menschen kennt nur das Jetzt und braucht weder Geld noch sonst irgendwelche Reichtümer – sie interessiert nur die Erfahrung. Es sind die Erfahrungen, die die Seele wachsen und reifen lassen. Daher kann man Werte und Entwicklungen der Seele nicht zeigen oder erklären. Man kann sie nur benennen. Begreifen tut man es erst wirklich in der Erfahrung selbst.

Doch um seelisch mit sich im Einklang zu sein (ohne hier den Weg der „Erleuchtung" beschreiben zu wollen), bedarf es in diesem Modell wieder dreier Dinge:

Es bedarf praktische Weisheit, wie theoretisches Wissen in der Realität aussieht und funktioniert. Wissen ist ein Geistesinhalt, Weisheit ist eine Qualität der Seele und entsteht nur aus Erfahrung. „Gras wächst nicht schneller, auch wenn man dran zieht", kann man eigentlich nur dann wirklich verstehen, wenn man selbst einmal erfahren hat, wie es ist, ein Projekt so schnell wie möglich verwirklichen zu müssen und es dann in einer gehörigen Bruchlandung endete.

Zur Weisheit gehört auch die Intuition. Es wäre beispielsweise wünschenswert unterscheiden zu können, wann es besser ist zu schweigen, und wann es klüger ist zu reden oder wann eine Handlung zeitlich angebracht wäre.

Die Seele wiederum strebt nach Selbstausdruck und hat ihre eigene Logik – eine Psychologik. Diese zeigt sich häufig durch Impulse, die wir zunächst nicht verstehen oder nicht einzuordnen wissen. Sie beinhaltet allerdings oft die Weisheit, die uns durch unser Leben tragen kann und unsere Entwicklungsschritte initiiert und begleitet. Im Lauf der Zeit kann man lernen, diesen Impulsen zu vertrauen, sich auf sie einzulassen, ihnen zu folgen und auch den Mut, für sie einzustehen und sich mit ihnen zu behaupten.

---

[3] Prost (2008).

Darüber hinaus fühlt unsere Seele auch mit allen und allem anderen mit. Sie leidet, wenn sie Leid sieht und sie freut sich am Anblick von Glück oder Schönheit. Sie möchte teilen und nicht nehmen. Sie ist empathisch, lässt sich berühren und strahlt aus eigener Kraft und Schönheit. Wie Licht leuchtet und eine Quelle strömt, ist sie entsprechend gebend und nicht nehmend oder festhaltend geizig. Da sie nicht zwiespältig ist, kann sie in völliger Hingabe „vertrauensselig" sein, glaubt alles und ist unfähig zum Zwiespalt des Misstrauens. Sie hofft alles und da sie den Zweifel nicht kennt, gibt sie nie auf. Sie träumt von ewiger Liebe und Schönheit und strebt dadurch nach einer immer höheren Vision ihrer selbst. Entsprechend sucht die Seele im Leben eines jeden Menschen nach Ausdruck ihrer selbst. Das kann ehrenamtliches Engagement sein, Kindererziehung oder Familienpflege. Was es auch ist: Die Seele möchte teilhabende Liebe sein.

7.3.2 Erwachsensein

In unserer heutigen Gesellschaft wird Erwachsensein, häufig unbewusst, mit Volljährigkeit, Führerscheinerwerb, Hochschulreife oder anderen Äußerlichkeiten gleichgesetzt. Ein tatsächliches Bewusstsein darüber, was Erwachsensein bedeuten kann, gibt es in der westlichen Gesellschaft, in den „prometischen Kulturen", kaum noch. Dabei waren spektakuläre Großereignisse, wie die große Banken- und Wirtschaftskrise (später dann „Schuldenkrise") von 2008, Produkt unverantwortlichen Denkens und kurzfristiger Gewinnhascherei innerhalb der Bankenwelt. Doch anstatt gründlich und reflektiert aus den Fehlern zu lernen, ist seitdem keine wirksame Regulierung eingeführt worden. Die Banken sind heute noch größer und aus Respekt vor anderen Märkten (wie dem Immobilienmarkt in den USA), wird nun vermehrt auf Grundnahrungsmittel (Getreide, Reis und Mais) spekuliert.[4] Das führt zu ungeheurem Elend in vielen Bereichen der Welt. Heute verhungert alle 5 s ein Kind unter 10 Jahren. Über eine Milliarde Menschen auf diesem Planeten, der vor Gütern überquillt, haben nicht genug zu essen und sind permanent schwerstens unterernährt. Dass es so viele Hungernde gibt, liegt nicht an den objektiven Umständen dieser Welt (denn *es gibt genug* Nahrung). All das demonstriert, dass es kein ausreichendes Bewusstsein für Verantwortung, Selbstbewusstheit, Selbstvertrauen und Selbstüberwindung gibt. Also kurz gesagt: Es zeigt, dass wir in einer unreifen Gesellschaft leben und wie immens wichtig es ist, zu verstehen, dass solche Verwerfungen, in den Menschen und in uns selbst beginnen.

---

[4] Ziegler (2014).

Erwachsensein bedeutet also Verantwortung für sich und sein Handeln zu übernehmen und ausgeglichen und ausdauernd die Zukunft nach den eigenen Wünschen und Sehnsüchten mitzugestalten.[5] Dabei sind wieder drei Dinge wesentlich, die ich im Folgenden kurz darstellen werde:

7.3.2.1 Geschlechtsidentität

Jeder Mensch hat eine Geschlechtsidentität, welche für ihn wesentlich und bedeutungsvoll ist. Es ist dabei ein Prozess, diese Identität für sich zu finden und leben zu können.

Die feministischen Bewegungen in den 1960er- bis 1990er-Jahre haben sich hauptsächlich darauf fokussiert, das alte Frauenbild zu dekonstruieren und die Identität einer modernen, aufgeklärten und selbstbestimmten Frau zu erschaffen. Die heutige Front des Feminismus könnte man als die „Queerbewegung" bezeichnen. Queertheorien zeichnen sich besonders durch einen Dekonstruktivismus auf allen Ebenen aus: Sie behaupten, alle Geschlechterrollen wären historisch, sozial und kulturell konstruiert und nur durch die Dekonstruktion kann der Mensch wieder in der Lage sein zu werden, was auch immer er sein möchte. Besonders das Spektrum zwischen Mann und Frau wird abgelehnt, da alle Formen wie Homo-, Trans-, Inter- oder Asexualität in diesem Spektrum zu wenig berücksichtigt bleiben.

Nach meiner Beobachtung und Erfahrung ist es durchaus richtig, dass Geschlechterrollen auch sozial, historisch und kulturell mitbeeinflusst werden, wobei solche Kontexte auch immer einen gewissen Rahmen, und dadurch Sinn und Bedeutung verleihen. Wie ein Mensch auch Millionen verschiedene Lebenswege gehen könnte, so kann ein Mensch auch jede Form der Geschlechtsidentität leben. Doch im Endeffekt hat der Mensch ein Naturell, eine Seele oder Uridentität und die ist nicht dekonstruierbar. Vielleicht lassen sich Konflikte über Geschlechtsidentitäten leichter lösen, wenn man anerkennen kann, dass männlich und weiblich keine Gegensätze, sondern unterschiedliche Qualitäten sind. Diese beiden Qualitäten bilden jedoch keinen widerstreitenden Dualismus, sondern ein Spannungsfeld zwischen zwei Polen, die sich ergänzen. Die weibliche Qualität (Jin) hat etwas dynamisches, weiches, neugieriges wohingegen die männliche Qualität (Jang) etwas statisches und hartes hat. Die Psychologie nach C.G. Jung hat den verschiedenen Qualitäten noch Archetypen zugeordnet, die das Bild noch schärfer machen und die Tolteken (die „Weisen" aus Mexiko) haben den Archetypen weitere „Versprechen" (Agreements) zugeordnet.[6] Dabei ist jedoch nicht gesagt, dass ein biologi-

---

[5] Prost (2010).
[6] Ruiz (2015).

scher Mann nur die männliche Qualität verkörpern würde: Jeder Mensch hat beide Qualitäten in einem unterschiedlichen Verhältnis in sich und die Aufgabe ist es, für sich herauszufinden, wie das eigene dynamische Gleichgewicht dieser beiden Pole in sich konkret aussieht.

Ein unauthentisches Geschlechterverhalten, das aus Unbewusstheit gegenüber der eigenen Geschlechtsidentität entsteht, kann Ursache vieler Konflikte in der Partnerschaft sein. Jungs können zu Männern werden, wenn sie nach ihrer eigenen Wahrheit leben und nicht mehr aus der Suche nach Anerkennung, sich selbst unter Beweis stellen müssen. Sie können zu Männern werden, wenn sie aufhören danach zu streben Frauen „zu erobern" und anfangen sich zu öffnen, um sich mit einer anderen Qualität zu vereinen. Im gleichen Maße können Mädchen zu Frauen werden, indem sie lernen, sich selbst bedingungslos zu lieben und ihre Ausstrahlung und Kraft nicht mehr zu manipulativen Zwecken einsetzen, sondern zur Förderung und zum Wachstum ihres Selbst und ihrer Umgebung. Sie werden zu Frauen, wenn sie aufhören nach Sicherheit zu streben und voll auf ihre eigene Kraft vertrauen können. Das ist sicher eine lebenslange Aufgabe und gehört zu einer der intimsten Prozesse, an dem wir Menschen ganz besonders verletzlich sind. Das sollte ein Coach diesbezüglich immer im Hinterkopf behalten.

7.3.2.2 Selbstverantwortung

Der nächste Schritt zum Erwachsenwerden besteht in der Selbstverantwortung.

Ich selbst habe in meinen Jugendjahren viel Kampfsport getrieben und einer meiner Lehrer sagte immer wieder „Selbstverteidigung heißt Selbstverteidigung, weil ihr euer Selbst **selber** verteidigen müsst." Wie viel Wahrheit in diesem Satz steckt, habe ich erst Jahre später verstanden: Wenn man die eigenen Bedürfnisse und Gedanken nicht äußert, kann weder das Leben noch ein anderer Mensch sie erfüllen. Wenn Ihr Körper Proteine braucht, weil Sie beispielsweise Sport gemacht haben (Sie also ein natürliches Bedürfnis danach haben), ist es an Ihnen, die Entscheidung zu treffen, aus welcher Quelle sie diese beziehen wollen: Sie können zwischen tierischen und pflanzlichen Proteine wählen. Mit solchen Entscheidungen tun wir uns meistens leicht. Doch es zeigt zwei entscheidende Dinge:

1. *Nur Sie sind die Entscheidungsinstanz.* All die Gesundheitsratgeber, die Gewohnheiten von anderen oder einem selbst – all das ist Beiwerk. Im Endeffekt treffen immer nur Sie eine Entscheidung: Ob es darum geht, welche Proteinquelle Sie zu sich nehmen oder welchen Beruf Sie ergreifen oder welche/n Partner/In Sie heiraten; Sie treffen die Entscheidungen!
2. *Sie müssen mit den Konsequenzen dieser Entscheidung leben.* Wenn Sie die Massentierhaltung, so wie sie aktuell ist, moralisch nicht vertretbar finden, und

dennoch Fleisch essen oder tierische Produkte zu sich nehmen, dann erhalten und fördern Sie damit die Fleischindustrie. Das ist eine ganz schlichte Reaktion auf die eigene Entscheidung. Wenn durch den eigenen Konsum unmoralische Geschäfte wachsen, dann liegt das in erster Linie an der eigenen Nachfrage und den eigenen Entscheidungen und nur in der zweiten Linie daran, dass jemand ein Geschäftsmodell erkennt und die Nachfrage bedient.[7]

Wenn Sie das Bedürfnis nach Nähe und Geborgenheit haben, ist es ebenso an Ihnen, dieses Bedürfnis zu kommunizieren und eine Möglichkeit zu erschaffen, in der ein geliebter Mensch mit Ihnen diese Nähe und Geborgenheit leben kann. Das braucht oftmals viel Mut und viele trauen sich nicht, ihre wahren Bedürfnisse zu kommunizieren. Doch es führt kein anderer Weg daran vorbei: Nur Sie können das tun!

Gelebte Selbstverantwortung besteht darin, für die eigenen Gedanken, Ziele, Gefühle, Bedürfnisse und Grundeinstellungen einzustehen, sie zu vertreten und zur Not auch zu verteidigen. Das ist eine echte Herausforderung!

7.3.2.3 Selbstführung

Man könnte sagen, zur Selbstführung gehört die Weisheit, zu erkennen, wann welches Bedürfnis geäußert werden kann und wann es lieber noch „ausgehalten" werden sollte. Einerseits sind wir alle miteinander verbunden, andererseits sind wir zugleich alle voneinander getrennt. Wir haben einerseits das Bedürfnis nach Nähe und Geborgenheit, andererseits brauchen wir manchmal auch Alleinsein, Ruhe und „Zeit für sich". Weil das Leben sich oft zwischen solchen, manchmal als Zwiespälte erlebten, Polaritäten ereignet, gibt es keine allgemeingültigen Lösungen. Auch mit noch so viel Schulwissen kann man dieses Leben nicht zu leben lernen. Selbsterkenntnis ist eine eigene Erfahrungsdisziplin. Zu erproben und zu entdecken, was man unter welchen Umständen aushält und was man wirklich zum Leben braucht, macht einen Teil der eigenen Lebenserfahrung aus. Da dies alles, Impuls- und Emotionsregulation, Selbsterfahrung und Selbsterkenntnis, für ein glückliches Leben substanziell wichtig ist, kann man die Selbstführung als Königsdisziplin des Erwachsenwerdens und Erwachsenseins bezeichnen. Denn mit Selbstführung ist in diesem Kontext gemeint, das eigene Erleben und Verhalten gemäß der eigenen Werte und weitestgehend im Einklang mit den eigenen Maßstäben durch Impuls- und Emotionsregulation, so zu steuern, dass es die eigenen Träume und Visionen, nach besten Wissen, verwirklicht.

---

[7] Corssen (2004).

Wer sich als ganzheitliches, menschliches Wesen erkannt hat, seine eigene Geschlechtsidentität angenommen und für die eigenen Ziele, Bedürfnisse und Grundeinstellungen Verantwortung übernommen hat, erlernt durch Erfahrung die Regulative, um einen Etappensieg nach dem nächsten feiern zu können. Dabei ist jeder Sieg nur ein vorläufiger, denn man weiß: Die Reise ist nie zu Ende!

7.3.3 Individuumsein

Es gibt eine Geschichte aus dem hawaiianischen Schamanismus, die besagt, dass die Seele des Menschen sich vorher ein Lebensziel aussucht, bevor sie in einen Körper inkarniert. Die Hawaiianer verwenden dafür die Metapher einer Seeüberquerung. Man stelle sich vor, die Seele bestimmt ein Ziel auf der anderen Seite eines sehr großen Sees. Dann sucht sie Werkzeuge und ein Boot aus und begibt sich auf die Reise – das ist der Moment, in dem der Mensch dann geboren wird. Das ganze Leben lang hat der Mensch dann die freie Wahl, wie er seine Werkzeuge, also seine Talente und Gaben, benutzen und einsetzen möchte. Er hat die Wahl, wo er haltmachen oder wen er begleiten möchte. Im Allgemein steht es also dem Menschen in jeder Situation frei, wie er die Reise erfahren möchte. Doch in jedem Falle, ob der Mensch nun jammert und weint oder sich auf einem freudvollen Abenteuer befindet, er kommt in jedem Falle auf der anderen Seite an. Die Seele hat sich das vorgenommen, also wird sie es auch tun und Sie kennen das vielleicht: Dieses Gefühl, dass es bestimmte Dinge gibt, die Sie tun *müssen*![8] Wenn man ein grundlegendes Maß an Selbstbewusstheit und Selbstverantwortung erlangt hat, und sich in diesem Bewusstsein dem Strom des Lebens anvertraut, dann folgen in den allermeisten Fällen drei weitere Wesensmerkmale vom Weg zum Selbst:

7.3.3.1 Berufliche Erfüllung

In meinen Seminaren, Vorträgen oder Workshops erzähle ich häufig von einem Satz, der den Ort beschreibt, wo das zu finden ist, was häufig unter „Lebenssinn" verstanden wird. Er lautet:

> Dein Platz im Leben ist dort, wo sich die Bedürfnisse der Welt und deine Leidenschaften treffen.

„Seinen Platz" in der Welt zu finden bedeutet in unserer heutigen Gesellschaft einen Beruf auszuüben, der weitestgehend deckungsgleich mit der eigenen Berufung ist. Und das bedeutet, dass man etwas tut, in dem man nicht nur gut ist,

---

[8] Kahili King (2014).

sondern auch in der Arbeit aufgeht, damit reale Bedürfnisse bedienen kann und im Endeffekt auch dafür so bezahlt wird, dass man nicht nur „überleben", sondern tatsächlich auch *leben* kann.

So wie viele Wege nach Rom führen, so gibt es auch Wege „seinen Platz im Leben" zu finden. Letztlich gibt es für jeden von uns einen Lebenssinn. Wir alle haben Stärken und Talente, die wir entfalten möchten und als unseren Beitrag zur Welt leisten wollen. Dabei ist es irrelevant, ob man selber bescheiden oder in Fülle leben möchte.

Es gibt jedoch einige Erkennungsmerkmale von Menschen, die sich auf ihrem Lebensweg befinden:

Sie strahlen meist viel Energie aus, haben eine klare Vision vor Augen und wissen, wie sie ihre Ziele erreichen. Während ihrer Arbeit haben sie Freude und sind danach nicht erschöpft. Und die meisten Menschen, die wirklich konsequent ihre eigenen Ziele verfolgen, haben eine Motivation, die über ihr eigenes Selbst hinausgeht, was sich meist in einer Form von Religiosität oder Spiritualität zeigt.

Dazu haben die allermeisten Menschen mit einem klaren Lebenssinn Antworten für sich auf die folgenden vier Fragen gefunden. Die Fragen bauen aufeinander auf und können daher nur qualitativ und nacheinander beantwortet werden. Sie können diese Chance nutzen, um Ihren eigenen Lebenssinn klarer formulieren zu können. Die vier Fragen sind:

1. In welchem Bereich sind Sie, bis zu diesem Lebensmoment, am besten ausgebildet, was Sie anderen Menschen beibringen könnten?
2. Für wen oder was in Ihrem Leben würden Sie Ihre Arbeit tun?
3. Was brauchen oder wollen die Menschen, für die Sie arbeiten würden?
4. Wie würde sich das Leben der Menschen, für die Sie arbeiten würden, als Konsequenz Ihres Schaffens verändern?

Natürlich werden sich die Antworten darauf immer ein wenig verändern. Wenn ich die Fragen nach gründlicher Reflexion für mich beantworte und die Antworten zusammenbringe, dann würde das wohl so lauten:

„Mein Name ist Gereon Ingendaay und ich bin hier, weil ich Menschen begleiten und ermutigen möchte, zu sich zu stehen und sich aufzurichten. Ich glaube, dass wir alle ein enormes Potenzial in uns tragen, mit dem Auftrag, es zu entfalten. Ich tue das für meine Familie im engeren wie im weiteren Sinne und möchte durch meine Arbeit ihnen den Freiraum erschaffen, den sie brauchen, um wirklich sich ganz entfalten zu können."

Ein weiteres Merkmal vieler Menschen, die ihren eigenen Lebenssinn gefunden haben, ist, dass sie große Mengen an Geld bewegen. Das können sie auf ganz unterschiedliche Weise tun:

Mutter Theresa hat bescheiden gelebt und doch hat sie Millionen an Spendengeldern aus der ganzen Welt eingesammelt und damit Schulen und Krankenhäuser gebaut. Sie selbst hat für sich persönlich entschieden, bescheiden zu leben. Doch das ist kein Muss. Der Gründer der berühmten neuen Sannyasins-Bewegung, Osho, besaß zu mancher Zeit über 90 Royce-Rolls-Autos, während einer der höchstdekorierten Philosophen unserer Zeit, Daisaku Ikeda, der über 120 Ehrendoktorwürden verliehen bekam, sehr bescheiden lebt.

Es ist nicht wichtig, ob wir bescheiden oder in Fülle leben wollen. Es kommt darauf an, ein gesundes Verhältnis zu den eigenen Stärken und Schwächen, der eigenen Gesundheit, zu Geld, Wohlstand und Fülle aufzubauen und sich auf das zu konzentrieren, worin man gut ist und was einem Freude bereitet. Wenn das gelingt, ist man meistens schon auf einem sehr guten Weg.

7.3.3.2 Private Erfüllung

Wenn es ums Privatleben geht, hat jeder seine sehr persönlichen Vorstellungen, wie Glück für ihn aussieht. Für manche Menschen bedeutet das eine eigene Familie zu gründen und ein kleines Häuschen am Waldrand zu haben. Für andere ist eine große Villa wichtig und sie legen weniger Wert auf eine Familie. Wieder andere Menschen streben nach ethischer Reinheit und nachhaltiger Lebensweise.

Fast alle streben in ihrer privaten Zeit nach sozialen Kontakten, nach Liebe, Anerkennung, Autonomie, Freude und Wachstum, sei es nun auf einer sozialen, geistigen, künstlerischen oder seelischen Ebene.

Eine Familie oder eine Freundschaft kann man jedoch selten wie ein Unternehmen führen. Entsprechend muss es dort andere Regeln geben, die zu privater Erfüllung führen, und deren Anwendung in den Beziehungen kann man in Coachings ganzheitlich beleuchten und planen.

Generell für das Gelingen von persönlichen Beziehungen, sei es in der Familie oder in Freundschaften, werden hier drei Prinzipien vorgeschlagen:

Augenhöhe, Straffreiheit und freier Informationsfluss.

In Freundschaften und Beziehungen, die auf Liebe gründen, sollte es möglichst wenige bis keine Rangunterschiede oder Machthierarchien geben. Beides erstickt lebendige Beziehungen in konditionierte Mechanismen und schnell läuft eine Beziehung Gefahr auf „Autopilot" geführt zu werden.

Erst wenn eine Augenhöhe authentisch hergestellt wird und jeder auf die Illusion verzichtet, man wäre in der Position den anderen strafen zu können, kann echte Kommunikation und echter Austausch entstehen. Solche Kommunikation und solche echten Begegnungen können zur Ganzwerdung führen und zur Heilung der Folgen seelischen Mangels.

Ein auf diese Weise erfülltes Privatleben birgt also die Chance, nach und nach alle alten Wunden zu heilen. Ein auf diese Weise seelisch gesundes und glückliches Leben ist wohl einer der, wenn nicht die beste Art, sich vor Krankheiten, Depressionen, Ängsten oder Süchten zu schützen.

Um das zu verdeutlichen, möchte ich hier ein eher drastisches Beispiel bringen: Laut einer amerikanischen Studie waren über 70 % aller US-Soldaten während des Vietnamkrieges opiatabhängig (über 30 % der Soldaten nahmen Heroin). Gemeinhin nimmt man an, dass Heroin, Kokain und Opium zu den Substanzen mit der höchsten Suchtgefahr gehören und starke körperliche wie psychische Abhängigkeiten verursachen. Man war also in der Befürchtung ein ganzes Heer Opiatabhängiger zu haben, wenn diese Soldaten wieder in die USA zurückkehren würden. Doch weit gefehlt!

Fast alle Soldaten lebten, ab dem Moment, wo sie wieder in den USA und in ihren alten (privaten) Strukturen eingebettet waren, komplett ohne Drogen! Dieses Beispiel zeigt, wie stark und wichtig persönliche Beziehungen und private Erfüllung für den Menschen ist.[9]

Sobald man den Raum, der für die private Entwicklung förderlich ist, verlässt, wird man innerlich und/oder äußerlich krank. Sobald man dann aktiv wieder einen Lebensraum erschafft, in dem man wirklich blühen kann, stellt man fest, dass es nichts Schöneres gibt, als in diesem Raum zu wachsen. Ab diesem Moment verzichten Menschen dann ganz von allein auf alles, was sie nicht wirklich zum Leben brauchen und können so alte Gewohnheiten, Süchte oder andere uns selbst schädigende Praktiken aufgeben. Die Geschichte von Siddartha von Hermann Hesse zeigt diese Form der privaten Erfüllung in poetischer Genialität.

7.3.3.3 Spirituelle Erfüllung

Beispiel

Ein Novize, auf der Suche nach Erleuchtung, hörte eines Tages, dass ein alter Weiser in den Bergen des Himalayas leben solle. Dieser Weiser sei der weiseste aller Weisen und kenne die Antwort auf alle Fragen. Man sprach davon, dass

---

[9] Becker (2016, S. 26).

dieser Weise in die tiefsten Tiefen und höchsten Höhen schauen könne und sogar auf die letzte aller Fragen die Antwort kenne.

So beeindruckt von den Geschichten beschloss der Novize sich auf die Suche zu begeben, um dem Weisen die letzte aller Fragen zu stellen. Jahre vergingen, in denen der Novize alleine und voller Entbehrungen durch die Hochebenen des Himalayas wanderte, um nach diesem weisesten aller Weisen zu suchen.

Endlich, nach sieben langen Jahren, fand er ihn. Der Weise saß alleine auf einem Stein, mitten in einer tiefen Schlucht und meditierte. Von Ehrfurcht ergriffen näherte sich der Novize dem Meister, setzte sich vor ihn und wartete, bis dieser die Augen öffnen würde.

Schließlich öffneten sich die Augen des Weisen und sie schauten den Novizen freundlich lächelnd an. Und der Novize sprach: „Oh, großer Meister, weisester aller Weisen, ich habe sieben lange Jahre nach dir gesucht! Ich kam, weil ich hörte, dass Ihr auf alle Fragen eine Antwort kennet und ich, als Schüler des großen Weltenverehrers Shakyamuni Buddha, strebe nach der letztendlichen Erleuchtung und nach der Antwort auf die letzte Frage. Oh, großer Meister, bitte weihe mich in Euer Wissen ein!"

Der Weise hatte still zugehört und blickte ernst. „Du willst wirklich die letzte aller Antworten kennen?"

„Ja, so sicher ich mir meiner Existenz bin, möchte ich die Antwort kennen!"
Der Meister schloss die Augen und beide schwiegen lange. Als er sie wieder öffnete, sprach er:

„Am Ende von allem Sein, am tiefsten Grund, befindet sich: Ein Korb voller Himbeeren."

Der Novize war fassungslos: Hatte der Meister das gerade wirklich gesagt?
„Meister!", rief der Novize aus, „Ich bin sieben lange Jahre im Himalaya auf der Suche nach Euch gewesen und möchte wirklich die Antwort auf die letzte Frage erhalten!" Doch der Meister lächelt nur und sagt: „Die habe ich dir gerade gegeben."

Nun schwieg der Novize. Dann hob er die Stimme und sprach: „Am Ende allen Seins steht nie und nimmer ein Korb voller Himbeeren. Das ist ganz und gar unmöglich und, je mehr ich drüber nachdenke, völliger Unsinn. So kann es einfach nicht sein!"

Und lächelnd erwidert der Meister: „Was? So kann es nicht sein? Nun, dann ist eben nicht so."

Wie auch bei Maslow (Selbsttranszendenz), Kohlberg (post-post-konventionelle Moral), Gilligan (s. Kohlberg), Wilber (integriert-non-duales Selbst; *Satori*) und anderen Modellen der geistig-seelischen Entwicklung steht am Ende dieses Modells die spirituelle Erfüllung eines Menschen. Auch wenn das für den rational geprägten Menschen des 21. Jahrhunderts esoterisch klingen mag, handelt es sich dabei um einen wichtigen Aspekt der menschlichen Erfahrung, denn die große Suche nach „mehr", bewegt täglich Millionen von Menschen. Und dabei ist spirituelle Suche und Erkenntnis keineswegs unwissenschaftlich oder unempirisch. Doch statt einen äußeren Versuchsaufbau zu erschaffen, der eine Hypothese testet, um dann Forschungsergebnisse zu sammeln, auszuwerten und durch Reproduktion der Forschung die Ergebnisse zu falsifizieren, bedürfen spirituelle Erfahrung eines qualitativeren Ansatzes. Dabei geht es nicht um ein „besser" oder „schlechter", sondern um einen, tief in dem Menschen vorhandenen Impuls des Strebens und Sehnens. Der Mensch hat ein natürliches Interesse an den großen Fragen, wie sie auch Kant formuliert hat:

1. *Was kann ich wissen?*
2. *Was soll ich tun?*
3. *Was darf ich hoffen?*
4. *Was ist der Mensch?*

„Was darf ich hoffen" fragt auch nach den Räumen vor der Geburt oder nach dem Tod und geht weit über die eigene Existenz hinaus. Auf diese Frage könnte man auch empirische Antworten geben, wenn man akzeptieren kann, dass das „Versuchsobjekt" der Mensch selber ist und das konkrete „Experiment" eine anerkannte Meditationsmethode, wie die transzendentale Meditation. Und wie in der Wissenschaft sonst üblich, gelten nur die Ergebnisse, die durch ein korrekt durchgeführtes Experiment „erarbeitet" wurden. Wer die Injunktion, die korrekte Vorbereitung und Durchführung des Experiments, nicht tut, kann keine validen Ergebnisse produzieren. Doch jeder Mensch, der dieses „Experiment" durchführt, wer ein transzendentales Gewahrsein erfahren hat, wird für sich zu einem Ergebnis kommen. Und das ist in der Geschichte bis zum heutigen Tag millionenfach geschehen. Diese Ergebnisse kann man sammeln und hat man auch gesammelt und miteinander verglichen.[10] Zeugnisse dieser gewaltigen Forschungsarbeit hat der berühmte post-post-moderne Denker Ken Wilber in etlichen Büchern zusammengefasst. Und wenn man den „Forschungsergebnissen" der großen Weisheitstraditionen und den Erleuchteten der Geschichte und Gegenwart glauben möchte, dann könnte man getrost annehmen, dass diese Welt im Grunde aus einer Form der intelligenten Liebe besteht. Doch es ist ganz unerheblich, ob man daran glauben

---

[10] Wilber (2002).

möchte: Man kann es selber für sich herausfinden, ganz ohne Beeinflussung von außen.

Bei der spirituellen Erfüllung gibt es kein allgemeingültig kopierbares Konzept, wie man vorgehen sollte. Nur durch persönliche Erfahrung kann ein vorübergehender Zustand zu einer dauerhaften Gewissheit werden. Dieser Prozess ist so individuell wie die Augenfarbe. Für fast jeden Menschen beginnt diese Suche an irgendeinem Punkt seines Lebens und wird zu einem wichtigen Thema, mit dem er sich dann auseinandersetzt.

Aus der Sicht eines Coachs betrachtet, steht bei diesem Entwicklungsprozess nicht im Vordergrund, welche formale Sinnstruktur jemand seinem Leben gibt, also ob er christlich, jüdisch, muslimisch, buddhistisch oder atheistisch inspiriert ist. Es geht vielmehr darum, überhaupt eine Sinnstruktur, die mit den Werten der Erziehung und des sozialen Umfeldes kompatibel ist und gleichzeitig auch die eigene Erfahrungswelt von Leben und Tod erklärt.

So modern, fortschrittsgläubig und wachstumsorientiert unsere Zeit auch sein mag, jeder Mensch bleibt in seinem Schicksal immer jemand, der neben den Freuden und dem Genuss auch die Leiden von Leben und Tod erfahren wird. Das macht den Versuch der Sinnstiftung und des Trostes, den sich die meisten Religionen zur Aufgabe gemacht haben, zeitlos notwendig. Heute geschieht das immer weniger durch die institutionalisierten Religionen heraus, die sich durch Dogmatismus, Verurteilungen und Zwangsrituale selbst disqualifiziert haben, sondern ist dem einzelnen Menschen selbst überlassen und aufgetragen. Inspiration kann er dabei natürlich in den religiösen Traditionen finden, sowie in der Weltliteratur, in der Kunst und in den Menschen, die uns als Vorbilder vorausgegangen sind oder uns begleiten.

Für dieses Teilkapitel der spirituellen Erfüllung soll eine Metapher des Buddha Gautama Siddhartha, dem Shakyamuni, verdeutlichen, welches Ziel diese Entwicklung anstrebt.

Der Buddha lehrte, dass im Unterbewusstsein des Menschen (er hat knapp 2500 Jahre vor Freud vom menschlichen Unterbewusstsein gesprochen) ein Pfeil stecke, der den Menschen leiden lasse. Dieser Pfeil bestünde aus Angst und bezöge sich auf drei wesentliche Punkte: Der Mensch hat unbewusst Angst davor, älter zu werden, krank zu werden und Angst vor dem Sterben. All seine Lehren galten im Grunde nicht der Absicht eine Religion zu gründen, sondern um Methoden zu verbreiten, wie man diesen metaphorischen Pfeil aus seinem Geist ziehen kann und ihn mit den vier großen Qualitäten des Menschen zu ersetzen. Diese Qualitäten sind: Mut, Vertrauen, Mitgefühl und Weisheit.[11]

---

[11] Daisaku Ikeda (2012).

Mir gefällt diese Metapher besonders, weil ich sie so angenehm frei von Dogma und Kultur empfinde und sie sehr treffend den Kern von spiritueller Entwicklung beschreibt. Es geht darum, sich der eigenen Vermeidungsstrategien gegenüber den Themen Alter, Krankheit und Tod auseinanderzusetzen und kein passives Leben zu führen, sondern diese Herausforderungen anzunehmen und sie als Ansporn für die eigene Entwicklung zu nutzen. Diese existenziellen Fragen gehen tief in ihre Erfahrungswelt, was auch ein Immunologe, Tomio Tada, mit Gedanken aus Dantes „Göttlichen Komödie" ausdrückte, mit dem Satz: „Bin ich in höllischen Zuständen, dann schreibe ich eben über mein Inferno."

Viele Menschen, die eine Nahtoderfahrung hatten, starten danach ihr Leben ganz neu. Auch in dem modernen Film „Fight Club" werden Brad Pitt Worte in diesem Sinne in den Mund gelegt: „Zuerst musst du wissen, nicht fürchten, sondern wissen, dass du einmal sterben wirst. Erst nachdem wir alles verloren haben, haben wir die Freiheit, alles zu tun."

Natürlich geht es nicht darum, alles zu verlieren, eine Nahtoderfahrung zu machen, das persönlich Inferno oder die „dunkle Nacht der Seele" zu erleben. Es geht mehr darum die Verhaftung an Dinge zu lösen und zu der Weisheit des Satzes durchzudringen, dass „Frieden die Freiheit von Bedürfnissen ist." Wir können nutzen, was wir wollen – wie die Luft die wir atmen. Nur kämen wir nicht auf die Idee, die Luft einzuhalten, für den Fall, dass es danach keine neue Luft mehr geben könnte. Wir atmen aus, in dem Wissen, dass wir sterben würden, gäbe es keine neue, frische Luft. Dennoch atmen wir ohne Angst, in dem Vertrauen, dass schon für alles gesorgt ist. In diesem Sinne alle Abhängigkeit zu verlieren, ist die Befreiung von Angst und der Beginn eines spirituell erfüllten Lebens. Wie Sie dann für sich Ihr Selbst, Gott oder den Tod definieren, ist eher zweitrangig. Erstrangig ist das Gewahrsein für eine innere Wahrheit und Transzendenz, die keinem Konzept genügen muss und im Endeffekt gilt wohl der Zen-Koan: „Wenn du es benennen kannst, dann hast du es nicht begriffen."

Zum Schluss kann man sagen, das spirituelle Erfahrungen mit zu den stärksten Erfahrungen des menschlichen Lebens gehören und das ganze Wesen eines Menschen erfassen und erheben können.

7.3.4 Fazit

Man sagt, Epikur und Plato haben einmal über Erfüllung diskutiert und verglichen dabei den Menschen mit einem großen Palast, der ganz viele Zimmer besaß und in dessen Keller viele Kostbarkeiten in Fässern gelagert seien. Epikur vertrat die Ansicht, dass auch der Mensch diese Kostbarkeiten immer neu auffüllen müsse, genau wie auch ein Hausbesitzer seine Vorräte immer neu auffüllen müsse.

Plato war da anderer Ansicht. Er sagte, dass Erfüllung darin bestehe, sich diese Fässer für Kostbarkeiten genau anzuschauen und sie so gründlich zu flicken, dass keine Kostbarkeit ausläuft. So könne der Mensch genügsam werden, weil er bereits alles besitzt und somit wahren innerlichen Reichtum erlangt habe. Es bringe nichts, mehr in die Fässer zu gießen, als diese fassen können und es bringe auch nichts, ständig Neues einzuflößen, wenn die Fässer keinen Boden besäßen.

Erfüllung kann der Mensch nur erlangen, wenn er Frieden macht mit den inneren Reichtümern, sie schützen und pflegen kann, in dem Wissen, dass sie immer vorhanden sind.

7.4 Die Anwendung

7.4.1 Die Arbeit mit dem Modell

Leben bedeutet Wachstum und Veränderung. Das heißt, es ist nicht zu erwarten, dass man all die aufgeführten Aspekte vollständig meistern wird. Das ist wahrscheinlich auch nicht möglich. Das Ziel kann aber darin bestehen, sich aufzumachen und danach zu streben. Es kann ein Menschenherz vollständig erfüllen, auf dem Weg zu sich selbst zu sein, in dem Wissen, dass diese Entwicklung wohl immer weitergehen wird und nie an ein Ende kommt. In der Literatur wurde das von Albert Camus durch „Der Mythos des Sisyphos" beeindruckend dargelegt und gleichzeitig auch das tiefe Paradoxon, dass der Lebensweg grund- und ziellos ist, schimmert durch seine zeitlosen Sätze:

„Allen Prüfungen zum Trotz – mein vorgerücktes Alter und die Größe meiner Seele sagen mir, daß alles gut ist." So formuliert der Ödipus des Sophokles (wie Kirilow bei Dostojewskij) den Sieg des Absurden. Antike Weisheit verbindet sich mit modernem Heroismus. Man entdeckt das Absurde nicht, ohne in die Versuchung zu geraten, irgendein Handbuch des Glücks zu schreiben. „Was! Auf so schmalen Wegen…?" Es gibt aber nur eine Welt. Glück und Absurdität entstammen ein und derselben Erde."[12]

Es passieren in jedem Leben immer wieder Tragödien, die sich schwer verdauen lassen. Man könnte es vergleichen mit einem Unfall auf einer Autobahn. Ein Baum, der auf die Fahrbahn stürzt, kann zu einer unvorhersehbaren „Katastrophe" führen.

---

[12] Camus (2000).

Wenn ein Mitarbeiter von seinem Chef eine Standpauke bekommen hat, wenn ein Schüler von einem Lehrer zu hören bekommt, er sei zu dumm für das Fach oder wenn ein Geschäftsführer von seinem Vorstand ein rüdes „Stopp" erhält, können das vom Empfinden her ähnliche unvorhergesehene Einschnitte sein.

Menschen können dann durch einen solchen Vorfall, wie eine Autobahn durch einen Baum, für lange Zeit blockiert sein. Solch ein Autostau kann viele Kilometer lang werden und das Problem sieht dann riesig aus!

Doch im Grunde ist es nur ein einziger Baum, der auf der Fahrbahn liegt. Alles, was für Menschen im Stau zu tun wäre, wäre dem Stau bis zu seiner Ursache zu folgen und den Baumstamm von der Fahrbahn zu entfernen. Mit 20 oder 30 Personen dürfte das möglich sein. Danach wird sich auch alles andere nach und nach von allein auflösen.

Ähnlich sollte in einem Coaching zuerst geschaut werden, in welcher Entwicklung und auf welcher Ebene befindet sich gerade der Mensch. Dann wird die „Baustelle" anhand von Fragen vorsichtig lokalisiert und wenn sie gefunden ist, geht man, wieder mit Fragen, zurück zum „Unfallort" – zur vielgerühmten Prima Causa.

Wo gab es so ein Muster, eine solche Dynamik schon einmal? Wo hatte dieser Ausdruck, dieses Gefühl und diese Handlung einen Sinn?

7.4.2 Prima Causa

In den meisten Fällen, in denen Eltern ihre Kinder zu mir zum Coaching schicken, sind Probleme in der Schule der Auslöser dafür. Das Kind habe eine Lese- und Rechtschreibschwäche, es habe ADS/ADHS oder könne einfach keine „Transferaufgaben" lösen. Aus den Coachings lassen sich zwei Erkenntnisse gewinnen:

1. In den meisten „Problemfächern" von Jugendlichen stand am Anfang eine Lehrperson, vor der das Kind entweder große Angst hatte oder die ihre Aufgabe so lieblos gemacht hat, dass der Schüler keinen Sinn in diesem Fach finden konnte. Der Hirnforscher Dr. Hüther schreibt:
„Das Gehirn bildet sich so, wie wir es mit Begeisterung verwenden."
Also ohne Sinn oder Spaß sind die Voraussetzungen für schulisches Scheitern fast optimal.
2. Bei „schwerwiegenderen" Problemen wie einer Lese-Rechtschreib-Schwäche (LRS), einer Dyskalkulie oder ADS/ADHS ist oft noch eine weitere Ebene aus dem Familiensystem damit verbunden. In vielen Dyskalkuliefällen konnte ich feststellen, dass in der Familie falsch gezählt wurde, dass nämlich ein ver-

leugnetes Familienmitglied nicht mitgezählt wurde. Die Redewendung „damit haben wir aber nicht gerechnet" ist in diesem Zusammenhang augenöffnend und gar nicht so weit hergeholt. Die Folge von solchen Verdrängungen oder „die Rechnung nicht mit… gemacht zu haben" führt dann häufig zu einem Fall von Dyskalkulie in der nächsten Generation.[13]

Ähnlich verhält es sich bei einer LRS. Hier liegt zu Grunde, dass ein Kind keine Regeln akzeptieren kann, was häufig eine Folge von schwerwiegenden Regelverstößen in der Familie ist. Wenn zum Beispiel ein Großvater fundamentale Regeln der Pflicht oder Moral gegenüber seinen Mitmenschen, z. B. gegenüber einem außerehelichen Kind nicht respektiert hat und immer wieder Regeln gebrochen hat, leidet häufig ein Enkelkind auch unter einer LRS.

Insgesamt kann ich berichten, dass ich bei ca. 80 % der mir mitgeteilten Diagnosen, die Kindern aufgeladen wurden, die Einschätzung der Ärzte nicht teilen konnte.

Anmerkung: Zu diesem Thema finden Sie in dem psychosomatischen Lexikon von Dr. Prost ausführliche Erklärungen und Fallbeispiele.

7.4.3 Die Macht der selbsterfüllenden Prophezeiungen

Bevor ich nun abschließend zu meiner Grundeinstellung in Coachings komme, möchte ich Sie zu einem kleinen Experiment einladen. Sie können es sofort jetzt machen – oder wann immer Sie wollen:

> **Selbsterfahrung**
> Bitte schließen Sie für 30 bis 45 s Ihre Augen und denken Sie intensiv an die Farbe Rot. Ich meine das ernst: Probieren Sie das mal und erleben Sie, was geschieht, wenn Sie die Augen wieder öffnen. Also – Augen schließen, intensiv an die Farbe „Rot" denken und 45 s so bleiben. Danach die Augen wieder öffnen.

Und? Wie war das? Vermutlich wird Ihnen sofort jedes kleine bisschen Rot aufgefallen sein, dass Sie gerade umgibt. Es sticht einem förmlich ins Auge, was alles Rot ist!

Durch dieses kleine Beispiel kann man erahnen, wie sehr unsere Erwartungen unsere Wahrnehmung beeinflussen. Und das hat nichts mit Esoterik zu tun – es ist

---

[13] Prost (2014).

erwiesener Tatbestand, dass Mensch ihre Umwelt ihren Erwartungen gemäß filtern und hauptsächlich das wahrnehmen, was in ihr Welt- und Erwartungsbild passt.

Was meinen Sie: Wenn ein Kind, das eine andere Lerngeschwindigkeit oder einen anderen Lernzugang hat, als die Lehrperson es erwartet, immer wieder zu hören bekommt, es habe eine Lese- und Rechtschreibschwäche: Wonach wird das Kind Ausschau halten? Genau, es wird vermutlich jedes Anzeichen und jeden Hinweis dahingehend interpretieren, es habe tatsächlich eine solche „Krankheit".

Wenn ein Kind glaubt, es habe eine LRS und jeden kleinen Fehler als Bestätigung dieser These sieht, gibt es kaum einen effektiveren Weg, den Lernerfolg des Kindes zu blockieren und sein Selbstwertgefühl zu unterminieren. Es hat dann eine sich selbst erfüllende Diagnose und wird als krank abgestempelt.

Hier möchte ich betonen, dass die meisten Lehrpersonen natürlich nicht daran interessiert sind, den Lernerfolg von ihren Schülern zu blockieren. Sie haben es häufig selbst nicht anders erlebt und dann auch noch im Studium gelernt, dass müsse so sein. Dazu ist eine Diagnose häufig auch ein sehr einfacher Weg. Sobald man sie hat, ist der Lehrer von Schuld freigesprochen und weiß, wie er damit umzugehen hat: Mit Mitgefühl. Früher mussten sich Lehrer mit dem sogenannten „Zappel-Phillip-Syndrom" rumschlagen, heute hat man ganz schnell die Diagnose „ADHS" und dann ist der Griff zum Medikament nicht mehr weit, um das Kind ruhig zu stellen. Der Lehrer oder die Lehrerin kann wieder ihren Unterricht so fortführen wie zuvor, die Eltern habe eine Lösung in Tablettenform und das Kind… tja, das Kind wird sich vermutlich nicht wohl mit den Tabletten fühlen, doch die schulischen und geforderten Leistungen können erbracht und das Kind daher auch belohnt werden.

Doch dieses ganze Verfahren ist ein rein oberflächliches. „ADHS" ist, wie der Name schon sagt, ein „Syndrom" – ein Syndrom ist immer nur eine Zusammensetzung von Symptomen. Somit ist ADHS nichts weiter als eine symptomatische Beschreibung und Ritalin, beziehungsweise der Wirkstoff Methyphenedat, welcher auch in anderen ADS/ADHS-Medikamenten vorhanden ist, ist auch nichts weiter als eine Symptombehandlung.

Weder die Schulmedizin, noch unsere Schulstruktur, noch unser Bildungswesen, ist auf Ursachenlösungen eingerichtet, weil es historisch aus einem anderen Grund gewachsen ist, als wir heute Bildung und den Wert von Bildung verstehen möchten: Menschen zu einheitlich-homogenen Bürgern oder Untertanen zu machen, die sich leicht führen lassen. So kommt es, dass unser Bildungssystem bis heute Kinder (nicht überall und nicht immer gleich stark), ohne böse Absicht, systematisch „unter-richtet" (also erniedrigt) und von ihrem eigentlichen Wesen entfremdet.

Wenn man das versteht, wird klar, dass ein aufbauendes Jugendcoaching einem ganz anderen Ansatz folgen muss.

7.4.4 Fazit

Freud'sche Metapher:

Die psychische Entwicklung ist wie ein Heereszug, der fremde Länder erobert. In jedem Land bleibt ein ausreichend großer Teil des Heeres zurück, um das Land zu sichern. Der Heereszug ist jedoch groß genug, um alle Länder zu erobern, zu sichern und zu einer Einheit zu fügen. Doch wenn bei der Erfassung eines neuen Landes zu viele Kämpfe geschehen, dann muss ein zu großer Teil des Heeres in dem Land bleiben, um all die Kämpfe zu schlagen. Zu wenige Soldaten ziehen dann weiter und die neuen Länder können nicht richtig erfasst werden.[14]

Wir alle durchlaufen die Phasen von Menschwerdung, Erwachsenwerdung und Selbstwerdung individuell. Veranschaulicht mit der Heereszugmetapher ergibt sich für den aufmerksamen Beobachter eine klare Landkarte. Wenn dann die „Kämpfe" (im Text war es die „Unfallmetapher") lokalisiert und gelöst werden können, kehrt all die dort gebundene Energie zur freien Verfügung des betroffenen Menschen zurück.

7.5 Die Praxis

Wie begegnet man nun jemandem, der zum Coaching kommt? Was ist der Ansatz, die Grundeinstellung?

Hierfür möchte ich wieder drei Dinge besonders hervorheben:

7.5.1 Du kannst das!

Sie haben im obigen Kapitel die Macht der selbsterfüllenden Prophezeiungen erfahren. Diese Erfahrung kann man durch verschiedene Tricks noch deutlicher hervorheben und Jugendliche sind verblüfft, wenn sie erleben, wie mächtig ihre Gedanken sind. Diese Erfahrung ist wichtig. Denn häufig glauben sie nicht, dass es ihre eigenen, selbstgewählten Gedanken und Einstellungen sind, die sie von ihrem

---

[14] Heise (2001).

Lern- und Bildungserfolg abhalten! Erst wenn sie selbst erfahren, wie mächtig ihre Gedanken ihre persönliche Realität erschaffen, fühlen sie sich auch in der Lage, das zu ändern.

Daher gilt die grundlegende Prämisse, bei egal welcher Aufgabe und bei egal welchem Thema: „Du kannst das!" Ohne Diskussion und ohne Wenn und Aber soll der junge Mensch hören und sich selber bewusstmachen: „DU kannst das!"

Wer sich diese Grundeinstellung verinnerlicht, geht vollständig anders an eine Aufgabe heran!

7.5.2 Erkenne Deine Möglichkeiten

Der zweite Schritt ist dann immer: Schaue über deinen Tellerrand!

Die Aufgaben der Schule sind zwar teilweise sinnentleert, doch sie sind zu schaffen. Und wenn die Schule dir keine Sinnstruktur liefern kann, warum man dieses oder jenes lernen soll, dann ist es eben die eigene persönliche Aufgabe beziehungsweise die eines Coachings, das scheinbar Sinnlose mit Sinn zu füllen: Wofür könnte es gut sein? Wo gibt es solche Aufgabenstellungen tatsächlich? Welche Möglichkeiten eröffnen sich dir, wenn du diese Art von Aufgabenstellung meistern kannst? Wie haben andere das bisher geschafft?

All diese Fragen öffnen den Horizont für neue Betrachtungs- und Herangehensmöglichkeiten. Es scheint absurd zu klingen, doch ich habe es schon häufig erlebt: Sobald Jugendliche eine unliebsame Aufgabe, an der sie alleine schon mehrfach gescheitert sind, plötzlich mit neuen Augen sehen können, kommt ein erster frischer Wind rein. Wenn sie das dann noch verbinden, mit den Möglichkeiten in der Aufgabe, und sich klarmachen, dass andere diese Aufgaben einfach lösen können, findet der Jugendliche meistens ganz alleine einen Zugang zu der Aufgabe und somit auch zur Lösung.

Dieses Phänomen erinnert mich an die buddhistische Beschreibung von dem Lebenszustand „der Hölle", welche vor allem durch Begrenzung, Alternativlosigkeit und Fatalismus geprägt ist. Laut dem Buddhismus befindet man sich dann in einem „Höllenzustand", wenn man keine anderen Möglichkeiten mehr erkennen kann, als das Horrorszenario, das man sich selbst im Kopf ausmalt. Dann wird man, laut Buddhismus, auf jeden Fall scheitern, egal was man tut.

Und im Grunde ist das wieder das gleiche wie die selbsterfüllende Prophezeiung. Wenn ein Jugendlicher keine andere Möglichkeit sieht, außer dass er oder sie an der Aufgabe scheitern wird: Was wird geschehen?

Daher ist es wichtig, dass der zweite Schritt, nach „Du schaffst das!" lauten muss „Entdecke die Möglichkeiten!"

7.5.3 Vertraue Dir

Es gibt eine chinesische Weisheit, die mich seit vielen Jahren begleitet:

> Worin besteht der Unterschied zwischen einem Meister und einem Schüler?
> Der Meister ist häufiger gescheitert, als der Schüler es überhaupt probiert hat!

In diesem Satz kommt genau das zum Ausdruck, was Menschen schon immer nach vorne gebracht hat: Das freie Ausprobieren, ohne Angst Fehler zu machen. Ein Forscher ist unbedingt davon abhängig Fehler machen zu dürfen – denn ohne Fehler würde kein Forscher dieser Welt je etwas wirklich Neues oder Bahnbrechendes finden können.

Studien über die Entwicklung der Landwirtschaft in den verschiedenen Regionen der Welt haben ergeben, dass Menschen überall auf eine sehr ähnliche Weise die sie umgebenden Wildpflanzen über Jahrzehnte und Jahrhunderte systematisch zu Nutzpflanzen domestiziert haben. Dass sie dabei sehr ähnliche Methoden anwendeten, mag überraschen, aber es scheint nur eine effiziente Methode zu geben, Wildpflanzen zu domestizieren: Nach genügend Kreuzungsversuchen lassen sich nützlichere Pflanzen herausselektieren. Würde die Angst vor Fehlern und Misserfolgen flächendeckend in den Menschen verankert sein, dann lebten wir wohl heute immer noch in einer Kultur von Jägern und Sammlern. Unsere Entwicklung, sowohl im eigenen Leben, als auch gesellschaftlich und sogar global betrachtet, ist von dem Mut, Fehler zu machen, gekennzeichnet und dem Vertrauen der Menschen in sich selbst, dass diese Fehler irgendwann zu einer neuen Einsicht und Erkenntnis führen.[15]

Alle drei geschilderten Ansätze sollten in jedem Coaching mit jungen Menschen, die vor Problemen und Herausforderungen stehen, eingebracht werden. Sie erfahren erst einmal, dass sie das schaffen können, wenn sie nur selber daran glauben können. Dann werden sie ermutigt, sich ihrer Möglichkeiten bewusst zu werden, die „beste" zu wählen und dann frei auszuprobieren.

Dieser Ansatz hatte bisher immer Erfolg! Ich habe schon viele Hundert Stunden Nachhilfe gegeben (das war meine Zeit als „Undercover Coach") und natürlich konnte ich nicht immer alle Fragen der Schüler aus dem Stegreif beantworten. Vor allem aber die Fragen, die ich nicht beantworten konnte, waren für alle Beteiligten meistens die spannendsten: Da haben wir uns dann nämlich gemeinsam auf den Weg gemacht, miteinander eine Lösung zu erarbeiten und am Ende der Stunde hatten wir fast immer einen nachvollziehbaren Lösungsweg gefunden. Dadurch erfuhren Jugendliche live, wie sie mit „Fehlern" und Problemen umgehen können.

---

[15] Diamond (2009).

Und Nachhilfe wird dadurch zu dem, was sie sein soll: Eine zusätzliche Ermutigung, die die Schüler dazu befähigt, ihre Aufgaben selbstständig zu lösen!

Im Coaching geht man dann noch einen Schritt weiter und sucht die Ursachen von einer ADHS, einer LRS oder einer Dyskalkulie, bis in die Familiengeschichte hinein. Erinnern Sie sich an das Beispiel mit dem Stau durch einen heruntergefallenen Baum? Eben darum geht es! Was ist dieser „Baum", warum ist er gefallen und wie lässt er sich vollständig beseitigen? Durch das Verständnis der Wichtigkeit dieser Fragen wird dann Nachhilfe zu einem „ganzheitlichen Coaching".

7.5.4 Fazit

Die Bildungsentwicklung ist wesentlich mit der menschlichen Entwicklung verknüpft. Der Lern- und Bildungserfolg ist im hohen Maße mit der psychischen Entwicklung und der Familiengeschichte verbunden. Beide Einsichten sind „relativ jung" und haben sich noch nicht umfassend gesellschaftlich etabliert. Eine Folge davon sind zahlreiche Fehldiagnosen und daraus resultierende (und frustrierende) Fehltherapien. Durch die Ermittlung des eigenen Lerntyps, die Übung der dazugehörigen Techniken und das Auflösen hinderlicher Familiendynamiken, ist es möglich, den Lernerfolg erheblich zu steigern und zu einer ganzheitlichen Bildung beizutragen, die aus Problemen Lösungen macht.

7.6 Epilog

Natürlich ist es nicht möglich, in einem solchen Essay die Basis und Bandbreite meiner Arbeit vollständig darzulegen. Sie spüren vermutlich selbst, dass es noch viel mehr zu sagen gäbe. Doch was Sie hoffentlich aufgreifen und mitnehmen können, ist die Einsicht, wie wichtig solche Coachingarbeit ist und sein kann, und wie breit deren Anwendungsspektrum ist. Im Grunde genommen, bräuchte jedes Kind und jeder Jugendliche eine solche Begleitung, solange unsere Schulen und Universitäten sich weigern, diese wichtigen Erkenntnisse, die hier in Kürze dargelegt wurden, in ihr Bildungskonzept zu integrieren.

Wir können uns allerdings dafür einsetzen, dass diese Art des Umgangs und der Ermutigung für immer mehr Kinder zugänglich wird. Daher ist es wichtig, für Veränderungen in unserem Bildungswesen aktiv zu werden. Hoffentlich erfahren wir dann noch zu unseren Lebzeiten eine „radikale" SchulREform (und keine SchulDEform wie „G8"), in dem gehirngerechtes Lernen und ganzheitliches Aufrichten von Schülerinnen und Schülern auf dem Tagesprogramm steht.

Bis dahin nenne ich meine Arbeit auch manchmal gerne „School-Survival-Training" in einer Hoffnung, die Mark Twain einmal grandios auf den Punkt gebracht hat:

Ich habe nicht zugelassen, dass Schule meine Bildung beeinträchtigt!

Wenn Sie also Kinder haben, die mit der Schule zu kämpfen haben oder die unter den Diagnosen von LRS, ADS, ADHS oder anderen Syndromdiagnosen leiden, dann bitte suchen Sie nach Alternativen zu simpler Nachhilfe oder Medikation. Beides kann nur eine vorübergehende Symptombetäubung sein, wird aber kein Problem ursächlich lösen. Kinder, die jahrelang Tabletten bekommen, durch die ihr Gehirn reguliert wird, haben später kaum noch Chancen zu lernen, wie sie sich selbst ohne Tabletten regulieren können. Es gibt aber kaum eine wichtigere Erfahrung für Kinder als ihre eigene Selbstwirksamkeit zu erleben.

Wenn Sie sich bewusstmachen, was es Ihnen wert ist, dass Ihr Kind sich wirklich entfalten kann und sich selbst zu regulieren lernt, dann werden Sie entsprechend handeln und für Ihr Kind die Unterstützung sein, auf ihrem Weg zum Selbst. Wenn dieses Kapitel dazu wenigstens einen kleinen Beitrag leisten konnte, wäre Großes erreicht.

Herzliche Grüße,
Gereon Ingendaay

Literatur

Becker, J. (2016). *Nichtraucher in 120 Minuten* (S. 26). München: Piper.

Camus, A. (2000). *Der Mythos des Sisyphos*. Reinbek: Rowohlt.

Corssen, J. (2004). *Der Selbst-Entwickler*. Beust, Marix.

Diamond, J. (2009). *Arm und Reich – Die Schicksale menschlicher Gesellschaften*. Frankfurt a. M.: S. Fischer.

Heise, J. (2001). *Freud ABC*. Stuttgart: Reclam.

Ikeda, D. (2012). *Friedenvorschlag 2012 – Menschliche Sicherheit und Nachhaltigkeit, Gemeinsamer Respekt vor der Würde des Lebens*. SGI – Deutschland e. V.

Kahili King, S. (2014). *Der Stadt-Schamane – ein Handbuch zur Transformation durch Huna, das Urwissen der hawaiianischen Schamanen*. Lüchow Mediengruppe.

Maier, P. (2011). *Initiation – Erwachsenwerden in einer unreifen Gesellschaft*. Edition Octopus.

Merzel, D. G. (2008). *Big Mind – Großer Geist, großes Herz*. J. Kamphausen.

Prost, W. (2008). *Dialektik – die Psychologie des Überzeugens.* Wiesbaden: Gabler.

Prost, W. (2010). *Führe dich selbst – die eigenen Lebensenergien als Kraftquelle nutzen.* Gabler.

Prost, W. (2014). *Psychosomatische Deutung und Auflösung von Symptomen – ein Psychosomatisches Lexikon.* Gerhard Hess.

Ruiz, D. M. (2015). *Die Vier Versprechen – Ein Weg zur Freiheit und Würde.* Berlin: Ullstein.

Seneca (2001). *Epistulae morales ad Lucilium.* Stuttgart: Reclam.

Wilber, K. (2002). *Das Wahre, Schöne, Gute – Geist und Kultur im 3ten Jahrtausend.* Frankfurt a. M.: S. Fischer.

Ziegler, J. (2014). *Ändere die Welt – warum wir die kannibalische Weltordnung stürzen müssen.* Gütersloh: Bertelsmann.

Gereon Ingendaay, geb. 13.02.1992 in Köln, ist nach seinem Abitur der buddhistischen Friedensbewegung Soka Gakkai beigetreten und trägt seitdem die Friedensmission in all seine Aktivitäten, besonders auch in humanitären Einsätzen in Israel/Palästina, Tanzania und Nepal.

Von 2012 bis 2014 studierte er Psychologie an der Universität Wien, danach inspirierte ihn die Coaching-Ausbildung in der Akademie für Ganzheitliches Coaching in Köln so sehr, dass er sie zweimal besuchte und mit der Bewertung „sehr gut" abschloss. Seit 2016 ist er Trainer in der Akademie und bildet zusammen mit Winfried Prost neue Coaches aus.

2017 gründete er sein eigenes Unternehmen „EDEN." und führt mit seinem Team Seminare an Schulen und anderen Bildungseinrichtung für ein sinnerfülltes Berufsleben und zur Persönlichkeitsentwicklung durch.

Kontakt: http://edenleben.net/, http://www.winfried-prost.de/akademie/ganzheitliches-coaching/coaches/gereon-ingendaay/

Gesund und Glücklich = Erfolgreich

Wie Coaching im Gesundheitsmanagement die Life-Balance fördert

8

Christian Lutz

> **Zusammenfassung**
>
> Unternehmen wie auch deren Mitarbeiter stehen heutzutage unter einem immer stärker werdenden Erfolgsdruck. Sind es bei den Unternehmen ausschließlich externe Gesichtspunkte (wirtschaftliche Gründe, Konkurrenzdruck, Umweltauflagen u. v. m.), denen alles untergeordnet wird, lastet mehr und mehr Druck auf den Schultern der Mitarbeiter aufgrund äußerer Anforderungen sowie der eigenen Ansprüche.
>
> In beidseitigem Interesse liegt daher der Schlüssel zum Erfolg in einer menschorientierten Personalführung (im Unternehmen) bzw. Persönlichkeitsführung (im Menschen).
>
> Im Folgenden wird Ihnen ein praxisnahes, dreiphasiges Stufenmodell vorgestellt, mit dessen Hilfe Sie in psychisch belasteten Lebensphasen Ihre Resilienz stärken bzw. wiedererlangen können.

8.1 Einleitung

8.1.1 Vorwort

> Die Gesundheit ist zwar nicht alles, aber ohne Gesundheit ist alles nichts.
> (Arthur Schopenhauer)

Ich wurde mehr oder weniger ins kalte Wasser geworfen. Was anfänglich nach einer spannenden, klar strukturierten neuen beruflichen Herausforderung klang,

---

C. Lutz (✉)
Betzigau, Deutschland
E-Mail: CL-coaching@t-online.de

stellte sich auch ziemlich bald als eine spannende, große berufliche Herausforderung heraus, mit einer großen Unbekannten.

Was gibt es Schöneres, als Menschen auf ihrem gesundheitlichen Weg zu unterstützen und Rahmenbedingungen aufzubauen, die es diesen Menschen ermöglichen, gesund zu bleiben oder gesund zu werden?

Ich erhielt die Chance, in einem großen deutschen Unternehmen die betriebliche Gesundheitsförderung aufzubauen. Das besonders Spannende war, neben dem Aufbau klassischer Gesundheitsförderungsangebote, den Mitarbeitern als Ansprechpartner in gesundheitlichen Krisen- und Notsituationen zur Verfügung zu stehen. Aus der anfänglich angedachten Vermittlerrolle zu externen Spezialisten erwuchs relativ schnell die Rolle eines Seelsorgers, Beraters, guten Freundes, Vertrauten und Coaches. Statt mit klassischen, arbeitsspezifischen Problematiken (wie Überlastungssymptomen aufgrund einer Arbeitsüberlastung oder Rückenbeschwerden aufgrund fehlender oder falscher Arbeitsplatzergonomie) konfrontiert zu werden, hatte ich ziemlich schnell mit Fällen zu tun, die meine damalige Vorstellungskraft überstiegen:

- weinende Mitfünfziger, die unter der Job- und privaten Pflegebelastung zusammenbrachen,
- aufgelöste Mitarbeiter, die aufgrund der Drogenproblematik ihres Kindes keinen klaren Gedanken mehr fassen konnten,
- ein gestandener Mann, der Opfer häuslicher Gewalt wurde,
- Mitarbeiter, die aufgrund eines Konfliktes mit einem Kollegen psychosomatische Erkrankungen bekamen (Herzrhythmusstörungen, Morbus Crohn, Angststörungen),
- Mitarbeiter, die aufgrund schlechter Führung arbeitsunfähig wurden,
- Mitarbeiter, die aufgrund der Trennung von der Frau ihre Existenz verloren, bis hin zur Obdachlosigkeit,
- ein Mitarbeiter, dessen Kind entführt wurde,
- Mitarbeiter, die aufgrund einer schweren Erkrankung oder des Todes eines Kindes keinen klaren Gedanken mehr fassen konnten,
- Mitarbeiter, deren Leistungsfähigkeit aufgrund vergangener traumatischer Erlebnisse eingeschränkt war,
- Mitarbeiter, die offenkundig mit dem Gedanken spielten, sich das Leben zu nehmen.

Auf all diese Fälle war ich zunächst nicht vorbereitet. Daher galt es, ein Netzwerk aufzubauen, um diesen Mitarbeitern in ihren Krisen- und Notsituationen zur Seite stehen zu können und um die Leistungsfähigkeit der Mitarbeiter wieder zurückzugewinnen. Durch die enge Zusammenarbeit zwischen der Betriebsmedizin, des Betriebsrates, der Krankenkasse und der Personalabteilung entstand ein Netzwerk aus externen Kooperationspartnern, das den betroffenen Mitarbeitern schnelle und professionelle Hilfe zuteilwerden ließ und sie in nahezu allen Lebenslagen unterstützte.

8.1.2 Grundverständnis: Betriebliches Gesundheitsmanagement

Moderne Unternehmen haben erkannt, dass sich hinter dem Begriff „Human Resources", wie der Personalbereich neudeutsch genannt wird, eine tatsächliche Ressource verbirgt, die geschützt, gepflegt, betreut oder entwickelt werden muss, damit aus dieser Ressource der best- und größtmögliche Ertrag erzielt werden kann. In Unternehmen kümmern sich mittlerweile ein ganzer Stab an Personen um das Wohl der Mitarbeiter: Betriebsärzte, Arbeitssicherheitskräfte, Betriebsräte, Personalberater, Personalentwickler, Sozialarbeiter, Gesundheitsmanager, Psychologen und noch viele andere Personen, deren Anliegen es ist, die Leistungsfähigkeit der Mitarbeiter zu erhalten bzw. zu steigern.

Im Gesundheitsmanagement können wir einen entscheidenden Beitrag zum Wohle der Mitarbeiter leisten und somit auch zur Kapitalsteigerung eines Unternehmens. Die Faktoren, die das Gesundheitsmanagement auf den Menschen und auf die Organisation ausübt, sind dabei nicht zu unterschätzen. Geht man einmal weg von den reinen Yogakursen oder der Massage am Arbeitsplatz, die in manchen Unternehmen als Gesundheitsmanagement dargestellt werden, und kümmert sich um die tatsächlichen Belange der Menschen in einem Unternehmen, zeichnet sich möglicherweise ein anderes Bild ab.

8.1.3 Das Balancemodell

Das Balancemodell von Prof. Michael Treier bildet die sich beeinflussenden Wirkfaktoren des Themas Gesundheit in einem betrieblichen Zusammenhang sehr übersichtlich ab. Das Modell sieht vor, dass die Gesundheit eines Menschen in einer Organisation von unterschiedlichen Faktoren abhängig ist. Anforderungen aus der Arbeitstätigkeit, externe Ressourcen und persönliche Ressourcen haben Auswirkungen auf die Gesundheit des Mitarbeiters (Abb. 8.1).

Menschen mit gesundheitlichen Problemen sehen häufig keinen Ausweg aus ihrer belastenden Situation. Gerne wird die Schuld bei anderen gesucht und das

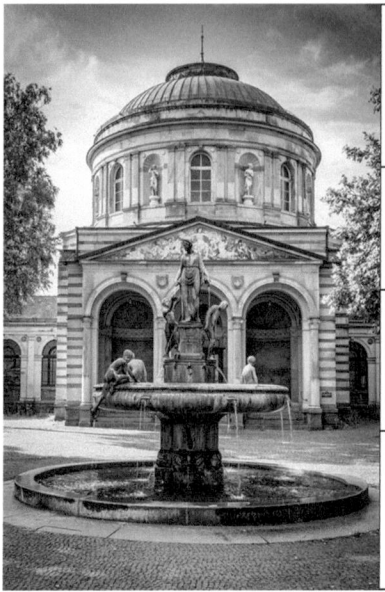

Der Mensch jongliert mit Bällen. Die Bälle sollen seine Gesundheit symbolisieren. Fällt ein Ball auf dem Boden, konnten die Anforderungen aus einer der drei Ebenen nicht im Gleichgewicht gehalten werden. Eine Gesundheitsstörung liegt vor.
Auf der Säule steht der Mensch mit seinen persönlichen Ressourcen:
Selbstwirksamkeit Gesundheitsverhalten
Die Säule des Modells stellt die externen Ressourcen dar.
Führungs- und Unternehmenskultur Umsetzung der Work-Life-Balance
Den Sockel des Modelles stellen die Anforderungen der Arbeitstätigkeit dar.
Arbeitsbelastung Arbeitsqualität Psychosoziale Belastungen

Abb. 8.1 Balance Modell

Heft des Handelns nicht in die eigene Hand genommen. Die Darstellung des Balancemodells zeigt wunderbar auf, welch unterschiedliche Faktoren auf den Mitarbeiter einwirken. Das Modell zeigt weiterhin, dass nicht nur eine Stellschraube die Gesundheit eines Mitarbeiters negativ beeinflusst, sondern dass der Mensch insbesondere mit seinen persönlichen sowie seinen externen Ressourcen einen großen Beitrag zur Verbesserung seiner gesundheitlichen Situation leisten kann.

8.1.4 Der Schein trügt

Auf den nächsten Seiten beschreibe ich drei verschiedene Fälle, mit denen ich in der Arbeit konfrontiert wurde. Die drei Fälle gleichen sich nahezu bis ins Detail. Als ich von diesen drei Mitarbeitern telefonisch kontaktiert wurde und sie mir ihr Anliegen schilderten, beschrieben mir alle drei nahezu dieselben Symptome:

- Ich fühle mich den ganzen Tag schlapp, wenn ich aber abends im Bett liege, kreisen meine Gedanken und ich kann nicht einschlafen.

8 Gesund und Glücklich = Erfolgreich

- Ich sitze vor meinem PC und versuche meine Arbeit zu erledigen, aber ich weiß gar nicht, wo ich anfangen soll.
- Ich könnte an die Decke gehen, wenn ein Kollege mich anspricht, während ich versuche konzentriert zu arbeiten. Ständig werde ich gestört und abgelenkt.
- Ich möchte einfach eine anspruchslose Arbeit durchführen, die mich nicht belastet, z. B. Dokumente einscannen.
- Wenn ich nach Hause komme, muss ich mich erst einmal auf die Couch legen. Meinen Partner im Haushalt zu unterstützen, das schaffe ich derzeit nicht. Verständnis bekomme ich hierfür aber auch nicht.
- Ich bin froh, wenn ich zu Hause meine Ruhe habe.
- Was soll mein Vorgesetzter denken, wenn ich bei den Projekten nicht vorwärtskomme? Der müsste doch eigentlich sehen, dass ich vollkommen überlastet bin. Der wird schon sehen, was er davon hat, wenn ich auf einmal nicht mehr auftauche.

Bei den Telefonaten wechselten sich Kraftlosigkeit, Ärger und Wut (über sich selbst aber auch ganz massiv gegenüber anderen), totale Erschöpfung, Resignation sowie die Hoffnung nach Unterstützung sehr stark ab. In allen drei Fällen war relativ schnell klar, diese Mitarbeiter stehen kurz vor oder bereits mitten in einer depressiven Phase (neudeutsch Burnout). Und eines war sofort klar: Unterstützung wird dringend benötigt.

In den Jahren meiner Beratung und Begleitung der Mitarbeiter hat sich folgendes business- und menschenfreundliche Coachingmodell bewährt und bewiesen:

- Stufe 1: Raum für Offenheit (= Reflexion)
- Stufe 2: Raum für Veränderung (= Verhaltens- und/oder Verhältnisänderung)
- Stufe 3: Raum für Auflösung (= Ganzheitliches Coaching)

Im nun Folgenden lade ich Sie ein, die oben geschilderten Burnoutfälle näher kennenzulernen und die Ursache der Erkrankungen in jedem einzelnen Fall zu hinterfragen.

8.2 Reflexion: Raum für Offenheit

Wenn Sie sich schon einmal gefragt haben, was dazu beiträgt, dass Sie sich wohlfühlen und gesund bleiben und was Sie für die Förderung Ihrer Gesundheit tun können, dann sind Sie bereits – mehr oder weniger bewusst – mit dem Prinzip der Salutogenese des amerikanisch-israelischen Medizinsoziologen und Stressforschers Aaron Antonovsky in Berührung gekommen. In der salutogenen Sichtweise richtet sich der Blick auf Ressourcen und Schutzfaktoren, die die Gesundheit erhalten und fördern. Laut Antonovsky spielt der sogenannte Kohärenzsinn dabei eine zentrale Rolle. Je stärker er ausgeprägt ist, desto eher bleiben wir gesund.

8.2.1 Salutogenese

Das Kohärenzgefühl setzt sich aus drei Komponenten zusammen:

- Verstehbarkeit
  Die Welt mit ihren Herausforderungen wird vom Verstand her als stimmig, geordnet und verständlich wahrgenommen und ein größerer Zusammenhang ist nachvollziehbar.
- Handhabbarkeit/Machbarkeit
  Die Anforderungen erscheinen mit den eigenen Fähigkeiten und Ressourcen lösbar, aber auch mithilfe von außen und ohne dabei das Gefühl zu haben, ihnen ausgeliefert zu sein.
- Sinnhaftigkeit/Bedeutsamkeit
  Das Leben an sich erscheint als sinnvoll und viele Herausforderungen sind es wert, dass man sich für sie engagiert und einsetzt.

In Krisen- oder Notsituationen ist unser Kohärenzsinn in der Regel nicht besonders ausgeprägt, eine selbstständige Lösung des Problems ist oftmals nicht möglich.

In meinen Gesprächen mit Mitarbeitern unterschiedlichster Fachrichtungen und Hierarchien erlebe ich immer wieder, dass viele Mitarbeiter in ihrem Job nicht authentisch sein dürfen oder können, da sie von sich selbst ein bestimmtes Rollenverhalten erwarten oder einem gesellschaftlichen Rollenbild entsprechen wollen. Ihnen wird durch die Firmenkultur, ihren Kollegenkreis, von ihrer Position im Unternehmen oder ihrer Fachrichtung ein bestimmtes Rollenbild übergestülpt, dem sie zu entsprechen haben. Ich erlebe immer wieder, dass die Mitarbeiter überfrachtet werden mit Aufgaben, denen sie aus persönlichen oder organisatorischen Gründen nicht gewachsen sind.

Nach wie vor ist es für mich überraschend, wie einfach und dennoch höchst wirksam die erste Stufe in einem Beratungsgespräch verlaufen kann, indem man

1. … den Mitarbeitern einen Raum zur Verfügung stellt, in dem sie einfach nur sie selbst sein dürfen, mit all ihren Gedanken, Ängsten, Zweifeln, Freuden, Leiden, Stärken und Schwächen, Charaktereigenschaften und Ansichten.

2. … die Mitarbeiter dazu einlädt, ihre Worte zu hinterfragen und aus einem anderen Blickwinkel zu betrachten.
3. … die Mitarbeiter in ihren Ansichten so bestärkt, dass sie ihren Weg selbstständig (weiter-)gehen können.

Ich erlebe es sehr häufig, dass mir Mitarbeiter mitteilen, dass

- sie sich in meinen Räumlichkeiten wie in einer Oase fühlen,
- sie ankommen, mehrmals tief durchatmen und hierbei bereits einen Teil ihrer Last ablegen,
- sie zu mir sagen, dass sie froh sind, da zu sein, da es einer der wenigen Orte im Unternehmen ist, an denen man frei und offen sprechen kann,
- mein Büro ein Ort ist, an dem man als Person verstanden, angenommen und wertgeschätzt wird,
- in meinem Büro eine familiäre Stimmung herrscht.

Dabei sollten Sie wissen, dass es sich bei meinem Büro um ein 08/15-Büro, mit klassischen, grauen Büromöbeln handelt, das auch sonst eher funktional eingerichtet ist. Es kann somit eher nicht an den Einrichtungsgegenständen liegen, die diese Gefühle bei den Coachees auslösen, sondern an der Einstellung, Wertschätzung und dem Interesse, das ihrer Person entgegengebracht wird. Das Geheimnis hinter dem Erfolg eines Reflexionsgespräches liegt in meinen Augen zum größten Teil darin, den Menschen Offenheit und Verständnis entgegen zu bringen. Wenn es dann auch noch gelingt, den Coachees bewusst zu machen, dass man eher die Teile im Leben stärken sollte, die dazu beitragen, gesund zu sein, zu bleiben oder gesund zu werden, ist oftmals bereits ein großer Schritt zu einem gesundheitsförderlichen Leben getan.

Die große Kunst in einem Gespräch mit einem anderen Menschen besteht darin, seinem Gegenüber aktiv, respektvoll und wertschätzend zuzuhören. Nehmen Sie Ihr Gegenüber ernst, seien Sie im Gespräch mit Ihrem Gegenüber präsent und lassen Sie sich nicht durch äußere Einflüsse oder eigene innere Themen ablenken. Ratschläge können helfen, oftmals trägt der Gegenüber die Lösung seines Problems jedoch bereits in sich. Helfen Sie ihm durch eine bewusste Gesprächsführung seine Lösung freizulegen.

8.2.2 Befreiendes Gespräch

Mit Frau S. saß mir eine wütende und verärgerte Mitarbeiterin gegenüber, die sich mit ihrer Kollegin vollkommen zerstritten hatte. Eine unterschiedliche Arbeitsauffassung, ein unterschiedliches Herangehen an das Erledigen von Aufgaben, eine unterschiedliche Art der Kommunikation mit dem Vorgesetzten und noch weitere unterschiedliche Sichtweisen führten bei der Mitarbeiterin zu enorm viel Ärger, Wut und Zorn. Zunächst äußerten sich diese Gefühle nur, wenn sie mit dieser Kollegin zusammenarbeiten musste. Später dann auch, wenn sie nur an sie dachte. Zahlreiche Gespräche zwischen den Kolleginnen untereinander, aber auch zwischen den Kolleginnen und dem Vorgesetzten, waren bislang erfolglos verlaufen. Deshalb wandte sich Frau S. in ihrer Verzweiflung an mich. Sie berichtete von verschiedenen Situationen, in denen sie mit ihrer Kollegin anderer Meinung war. Situationen, die von außen betrachtet ganz normale Alltagskonflikte darstellten, wie sie in der Zusammenarbeit in einem Unternehmen vorkommen. In der einen Situation setzte sich Frau S. durch, in einer anderen ihre Kollegin. Für den Außenstehenden nichts Ungewöhnliches und auch von keiner Seite ein als unfair oder bedenklich einzustufendes Verhalten. In den zuvor erfolgten Gesprächen zwischen den Kolleginnen bzw. zwischen den Kolleginnen und dem Vorgesetzten musste sich Frau S. ständig rechtfertigen oder ihre Position verteidigen. Die Kompromisse, die um des Friedens Willen vereinbart wurden, entsprachen nicht den Interessen und Werten von Frau S. und wurden innerlich von ihr bereits während der Absprache abgelehnt.

In unserem Gespräch fungierte ich zunächst nur als eine Art Abfalleimer, in den sie ihre gesamte Wut und ihren Ärger werfen konnte. Anders als in den Gesprächen zuvor, musste sie in unserem Gespräch ihre Position nicht verteidigen oder erklären, sondern ihre Ansicht wurde einfach wahrgenommen und akzeptiert. Nachdem ihre Schimpftirade abgeklungen war und ihr erster Frust verflogen, stellte sie mir die Frage, was sie denn nun an sich verändern müsse, um zukünftig nicht mehr unter diesem Konflikt leiden zu müssen. Ich stellte ihr eine Gegenfrage: Ist es denn tatsächlich notwendig, dass Sie etwas an Ihrem Verhalten ändern müssen oder ist es nicht auch einfach möglich, dass man mit manchen Menschen einfach nicht auf einer Wellenlänge liegt? Man konnte förmlich beobachten, welche Last von Frau S. nach diesen Worten abfiel. Ihr Äußeres veränderte sich innerhalb von Sekunden. Ihre gesamte Mimik wurde weicher und lockerer. Ihre Körperhaltung wurde aufrechter und selbstbewusster. Sie atmete ein paar Mal tief ein und wieder aus, so als wollte sie sich auch hier von ihrer Last befreien. Ihr gesamtes Äußeres lebte auf und wurde lebendiger.

Frau S. strahlte mich an und erwiderte nur: „Ja, da haben Sie recht! Bisher stellte ich mich immer in Frage und machte mich kleiner. In den bisherigen Gesprächen wurde nach meinem Gefühl meine Kollegin in ihrem Tun immer gestärkt. Gefühlt musste immer ich zurückstecken. Ja, Sie haben recht, ich muss nicht mit jedem Menschen gut auskommen. Ich werde einen Weg finden, wie ich mit ihr im Alltag umgehen kann, zum Kaffee zu mir nach Hause werde ich sie dennoch nicht einladen."

Es wäre schön, wenn alle Coachinggespräche so schnell, einfach, komplikationslos und nachhaltig verlaufen würden, wie das Gespräch mit Frau S. Im Coaching spricht man von Reframing, wenn vorhandene Situationen hinterfragt werden und eine andere Sichtweise darauf gerichtet wird. Bei Frau S. öffnete der eine Satz bzw. die eine Frage „Ist es denn tatsächlich notwendig, dass Sie etwas an Ihrem Verhalten ändern müssen oder ist es nicht auch einfach möglich, dass man mit manchen Menschen einfach nicht auskommt?", in Kombination mit der Erlaubnis so zu sein, wie sie war, eine verschlossene Türe, hinter der sich verborgene Kräfte und Stärken versteckten, die sie bisher nicht nutzen konnte. Ich laufe Frau S. immer wieder über den Weg. Die Zusammenarbeit mit ihrer Kollegin hat sich stark verbessert, auch wenn es nach wie vor immer wieder Konflikte zwischen den Kolleginnen gibt. Diese belasten Frau S. jedoch seelisch nicht mehr, da ihr nun bewusst ist, dass jeder Mensch Ecken und Kanten hat, die beim Gegenüber auch einmal anecken dürfen und ihre Kollegin nicht ihre neue beste Freundin werden muss. Und das gilt sowohl für sie selbst, als auch für ihre Kollegin.

In den meisten Coachinggesprächen ist Reframing eines der Standardtools, das in jedes Gespräch einfließt. Entscheidend ist in meinen Augen dabei, dass dem Gegenüber die neue Sichtweise nicht aufgezwungen, sondern als Angebot unterbreitet wird. Um der problematischen Situation einen neuen Rahmen zu verleihen, ist es jedoch unerlässlich, seinem Gesprächspartner zuzuhören.

8.2.3 Die Kunst des Zuhörens

Der antike griechische Philosoph Zenon von Kition (ca. 333 v. Chr.) soll einmal gesagt haben:

> Die Natur hat uns einen Mund, aber zwei Ohren gegeben, was darauf hindeutet, dass wir weniger sprechen und mehr zuhören sollten.

Ganz gleich, ob in Gesprächen mit dem Kollegen, dem Vorgesetzten, einem Kunden oder unserem Partner: Zuhören ist eine Kunst, der wir uns wohl viel zu selten aktiv bedienen. In meinen Gesprächen mit Mitarbeitern oder Vorgesetzten frage ich standardmäßig, ob die Betroffenen bereits miteinander gesprochen haben und ob sie sich gegenseitig zugehört haben. Wird der erste Teil der Frage meist noch mit einem stark zustimmenden „Ja" beantwortet, folgt auf den zweiten Teil meist nur noch ein zögerliches „Ja, aber…".

8.2.4 Erstes Praxisbeispiel: Teil 1

Aufgrund ihres enormen Arbeitsaufkommens war Frau G. bereits seit mehreren Monaten psychisch überlastet. Schlaflose Nächte, Gefühle der Ohnmacht, privater Rückzug, längere Krankheitsphasen u. v. m. kennzeichneten ihre vergangene Zeit. In unserem Gespräch schilderte mir Frau G., dass sie als Teilzeitkraft mit dem Umfang ihrer Arbeitsaufgaben vollkommen überfordert sei. Der Grund lag nicht in einer fachlichen Überforderung oder ihrer Arbeitsweise, sondern am Arbeitsumfang selbst. Bei ihrer Tätigkeit konnten ca. 95 % der Inhalte abgeschlossen werden, die restlichen 5 % mussten allerdings jährlich überprüft, korrigiert und bei Bedarf angepasst werden. Jeder neue Fall, den sie als Sachbearbeiterin bearbeiten musste, brachte somit eine neue Aufgabe mit sich.

Da dies bei ihrer Tätigkeitsbeschreibung allerdings nicht berücksichtigt wurde, sammelte sich bei Frau G. über die Jahre ein solches Arbeitsvolumen an, dass allein die Abarbeitung ihrer Altfälle ihre Arbeitszeit vollkommen ausfüllte. In der Vergangenheit fanden zwar bereits zahlreiche Gespräche mit dem Vorgesetzten statt, in denen die Mitarbeiterin versuchte, ihm verständlich zu machen, dass der Umfang der Aufgaben ihre Arbeitskraft überstiege und sie entweder weniger Fälle bearbeiten könne oder ihre Arbeitszeit erhöht werden müsste (wozu sie bereit war). Beim Vorgesetzten kam nur die Botschaft an: „Ich möchte mehr Geld verdienen, daher benötige ich mehr Arbeitszeit." Wie die Gespräche in der Tat abliefen, welche Botschaften gesendet bzw. verstanden wurden, kann ich nicht beurteilen. Die Fronten waren auf alle Fälle so verhärtet, dass von beiden Seiten wenig Bereitschaft bestand, nochmals auf den anderen zuzugehen.

8.2.5 Parallelkommunikation

Das eben geschilderte Beispiel stellt einen „Klassiker" der Parallelkommunikation dar. Man hört nur Bruchteile des Gesagten, schaltet geistig zurück und ergänzt „Lücken" mit eigenem bestehenden Wissen und eigenen Urteilen. Wichtige Informationen oder Inhalte werden so oftmals gänzlich herausgefiltert oder fehlinterpretiert. Abhilfe hierzu kann das „Vier-Ohren-Modell" des Kommunikationspsychologen Friedemann Schulz von Thun schaffen. Sein Modell liefert eine einfache Orientierungshilfe im Kommunikationsalltag und schafft ein neues Hör- und Gesprächsverständnis unter den Gesprächspartnern.

1. Ebene: Sachinhalt: Jede Aussage übermittelt zunächst eine Sachbotschaft (Fakten).

2. Ebene: Selbstoffenbarung: Mit jeder Aussage, die wir tätigen, geben wir auch etwas über uns preis.
3. Ebene: Beziehungsaspekt: Mit jeder Aussage, die wir tätigen, geben wir auch etwas über das Verhältnis zum Gesprächspartner preis.
4. Ebene: Appellaspekt. Mit jeder Aussage möchten wir bei unserem Gesprächspartner eine Reaktion auslösen.

In der Kommunikation bzw. im aktiven Zuhören mit anderen kann das Modell von Friedemann Schulz von Thun helfen, Konflikte zu reduzieren oder gänzlich zu vermeiden. Das geschieht, indem man nicht nur auf „einem" Ohr zuhört, sondern auch die anderen drei Aspekte mitberücksichtigt.

Kommen wir zurück auf den oben geschilderten Fall der überlasteten Mitarbeiterin:

Nachdem die Mitarbeiterin ihre Situation und ihr Problem sehr ausführlich geschildert und dargestellt hatte, nutzte ich das Modell von Friedmann Schulz von Thun, um ihr zu verdeutlichen, wie ihre Aussagen oder die Aussagen des Vorgesetzten noch gedeutet werden könnten.

Mitarbeiterin: „Als Teilzeitkraft kann ich dieses Arbeitsaufkommen nicht mehr bewältigen. Ich benötige entweder mehr Stunden, um den Arbeitsanforderungen entsprechen zu können, oder weniger Aufgaben."

Sichtweisen des Vorgesetzten

1. Der Vorgesetzte, der auf der Sachebene handelt, könnte die Situation folgendermaßen interpretieren: *Meine Mitarbeiterin schildert mir, dass der Arbeitsumfang zu hoch ist und teilt mir zwei Lösungsmöglichkeiten mit.*
2. Der Vorgesetzte, der auf der Selbstoffenbarungsebene handelt, könnte die Situation folgendermaßen interpretieren: *Meine Mitarbeiterin teilt mir mit, dass sie sich nicht mehr so belasten möchte und ihr der Job nicht mehr so viel bedeutet. Sie hat nun andere Prioritäten.*
3. Der Vorgesetzte, der auf der Beziehungsebene handelt, könnte die Situation folgendermaßen interpretieren: *Meine arme Mitarbeiterin, wie kann ich ihr nur helfen, dass sie nicht so unter Stress gerät?* Oder: *Warum stellt sie sich denn so an? Sie soll schneller arbeiten und weniger mit ihrer Kollegin ratschen, dann schafft sie die Arbeit schon. Ich muss ihr nur ordentlich Druck machen, dann spurt sie schon wieder.*
4. Der Vorgesetzte, der auf der Appellebene handelt, könnte die Situation folgendermaßen interpretieren: *Meine Mitarbeiterin möchte mehr Geld!*

> **Die Sichtweisen der Mitarbeiterin**
> 1. Die Mitarbeiterin, die auf der Sachebene handelt, könnte die Situation folgendermaßen meinen: *Der Arbeitsumfang ist zu hoch.*
> 2. Die Mitarbeiterin, die auf der Selbstoffenbarungsebene handelt, könnte die Situation folgendermaßen sehen:
>   - *Ich bin der Aufgabe einfach nicht mehr gewachsen.*
>   - *Früher war die Aufgabe noch überschaubarer.*
>   - *Früher war ich belastbarer, aber heute schaffe ich es einfach nicht mehr.*
>   - *Ich benötige Unterstützung.*
> 3. Die Mitarbeiterin, die auf der Beziehungseben handelt, könnte die Situation folgendermaßen meinen: *Rette mich, mein Vorgesetzter, und befreie mich von der vielen Arbeit! Siehst du denn nicht, wie überfordert ich bin?*
> 4. Die Mitarbeiterin, die auf der Appellebene handelt, könnte die Situation folgendermaßen meinen: *Siehst du denn nicht, dass ich zu viel Arbeit habe? Muss ich jetzt deinen Job machen und entscheiden, ob ich weniger Aufgaben übernehmen muss oder einen höheren Stundenvertrag bekomme? Es ist deine Aufgabe als Vorgesetzter, solche Probleme zu lösen, also werde endlich aktiv!*

Anhand dieses einfachen Beispiels können Sie bereits erkennen, welch unterschiedliche Interpretationen in einen Satz einfließen können und zu welchen Missverständen dieser führen kann. Verstärkt werden kann das Ganze dann auch noch durch falsche oder übertriebene Betonung, Gestik und Mimik oder einfach nur durch den falschen Zeitpunkt des Gespräches.

Die Theorie von Friedemann Schulz von Thun ist in meinen Augen sehr hilfreich und rückblickend oftmals auch sehr aufschlussreich. Für die Praxis möchte ich Ihnen aber eine weitere Übung vorstellen, die sich in wichtigen Gesprächen mit etwas Vorbereitung sehr einfach und sehr wirkungsvoll einsetzen lässt und zu einer ganz anderen Gesprächsatmosphäre und Gesprächstiefe beiträgt: Der Feedbackwalzer.

8.2.6 Der Feedbackwalzer

Gespräche mit Vorgesetzten oder Kollegen, in denen es nicht ausschließlich um fachliche Inhalte, sondern auch um persönliche Gefühle und Empfindungen geht, werden von vielen Personen häufig als sehr unangenehm empfunden. Dies liegt mitunter daran, dass die Gesprächspartner sich gegenseitig nicht ausreden lassen, eigene Interpretationen das Gesagte überlagern und so keine zielführende Kommunikation stattfinden kann. Der Feedbackwalzer bietet die Möglichkeit, ein Gespräch strukturiert aufzubauen, Gefühle zu zeigen, ohne dass diese unkontrolliert mit einem durchgehen und am Ende konstruktiv, unter Berücksichtigung beider Seiten, eine Lösung erarbeitet werden kann.

Der Feedbackwalzer gliedert sich in drei Schritte

1. Im ersten Schritt wird sehr nüchtern die Problematik der momentanen Situation, der Angelegenheit oder des Verhaltens beschrieben. Antworten auf die klassischen W-Fragen können hierbei Aufschluss geben: *Was, wer, wie (oft, viele, häufig, ...), wann, wo, weshalb, warum, welche, ...* Zur Untermauerung der Situation kann jegliche Art der visuellen Unterstützung (z. B. Aufschriebe, Dokumente, Grafiken) mit einbezogen werden.
2. In einem zweiten Schritt werden die Auswirkungen dieser Situation, dieser Sache, dieses Verhaltens auf sich selbst oder auf die Kollegen, das Unternehmen, den Kunden, etc. beschrieben.
Um einem Gesprächspartner die Auswirkungen einer Situation deutlich zu machen, ist es am einfachsten, sich mental in die Situation zu versetzen und einfach zu beschreiben, welche Gefühle, Stimmungen, Ängste, Gedanken oder sonstige Empfindungen in einem Aufsteigen. Je besser die belastende Situation vor das geistige Auge geführt werden kann, umso authentischer wird die Schilderung im Gespräch. Hilfreiche Fragen können hierfür lauten: „Wie empfinde ich, wenn ich an... denke?", „Wie beurteile ich...?", „Wie stehe ich zu...?"
Personen, die es gewohnt sind, ihre Gefühle zu unterdrücken, können mithilfe einfacher Trancetechniken, wie sie z. B. Milton Erickson nutzt, in diese Situationen geführt werden.
Die emotionale Beschreibung der Auswirkungen sollte noch verknüpft werden mit Beschreibungen der eigenen Werte und Normen. Dies kann ganz einfach geschehen, indem man seinem Gegenüber die eigenen Maßstäbe deutlich macht und erklärt, was genau einen stört, bewegt oder veranlasst so zu handeln, wie man handelt.

3. In einem dritten Schritt wird gegenüber dem Gesprächspartner formuliert, welche Erwartungen man an diesen stellt (Ich-Botschaften) und in einem gemeinsamen Gespräch erörtert, ob diese realistisch und umsetzbar sind. Zur Lösungsfindung können folgende Fragen weiterhelfen: *Worauf kommt es Ihnen an? Welches Interesse verfolgen Sie? Haben wir beide die gleiche Intention oder wie könnte ein gemeinsames Ziel lauten? Was ist zur Lösung des Problems erforderlich? Was fehlt noch? Was haben wir bereits?*

Im Alltag erlebe ich es sehr häufig, dass zerstrittene Parteien oftmals bereits mehrere Gespräche geführt haben, diese jedoch meist sehr sach- oder situationsbezogen geführt wurden. Jede Seite „munitioniert" sich mit Argumenten, die dann beizeiten in mehr oder weniger passenden Situationen abgefeuert werden. Anstelle eines lösenden, befreienden Gespräches wird die Kluft zwischen den Gesprächsparteien eher noch größer. Mit dem Feedbackwalzer laden Sie Ihren Gesprächspartner dazu ein, Ihre Perspektive einzunehmen. Diese neue Perspektive ermöglicht es Ihrem Gesprächspartner, die Situation neu zu bewerten und erleichtert den Weg für eine konstruktive Lösungsfindung. Entscheidend für den Erfolg des Gespräches ist Schritt zwei des Walzers. Indem Sie sich öffnen und Ihrem Gesprächspartner mitteilen, welche Auswirkungen das Problem, die Situation oder die Entscheidung auf Sie persönlich hat, kann umso einfacher, konstruktiver und verständnisvoller an einer Lösung gearbeitet werden. Insbesondere bei der Besprechung von gesundheitlichen Auswirkungen ist natürlich höchste Sensibilität und Sensitivität gefragt. Dazu gehört auch, dass Sie Ihrem Gesprächspartner Vertrauen entgegenbringen. Nur wenn Sie bereit sind, sich mehr zu öffnen, als dies bislang der Fall war, ist eine Problemlösung auch möglich. In meinen Gesprächen erlebe ich es immer wieder, dass viele Mitarbeiter gehemmt sind, sich ihrem Vorgesetzten anzuvertrauen. Dennoch kann ich nur an Sie appellieren, dies zu tun, da ohne Vertrauensbasis keine langfristige Lösung erreicht werden kann.

8.2.7 Erstes Praxisbeispiel: Teil 2

Nachdem die bisherigen Gespräche der Mitarbeiterin mit ihrem Vorgesetzten erfolglos im Sinne einer gesundheitlichen Stabilisierung oder Verbesserung verliefen, bereiteten wir gemeinsam das nächste Gespräch auf Vorlage des Feedbackwalzers vor.

Vorbereitung eines Gesprächs

- Es klingt eigentlich banal, wird aber dennoch in vielen Gesprächen nicht berücksichtigt: Informieren Sie Ihren Vorgesetzten über den Betreff des Gespräches und bitten Sie ihn, dass er sich dafür mindestens eine halbe Stunde, besser noch eine Stunde Zeit nimmt.
- Führen Sie das Gespräch an einem Ort durch, an dem Sie sich wohlfühlen. Aus meiner Erfahrung heraus kann ich Ihnen nur empfehlen das Gespräch nicht im Büro des Vorgesetzten durchzuführen, sondern an einem neutralen Ort (Besprechungszimmer, eigenes Büro, Betriebsratsbüro, Werksarzt…).
- Bereiten Sie sich mit schriftlichen Notizen auf das Gespräch vor. Es ist ungemein hilfreich, die Gedanken im Vorfeld auf einem Blatt zu formulieren und zu strukturieren, um im Gespräch die passenden Formulierungen zu finden. Darüber hinaus zeigt es Ihrem Gegenüber, dass das Gespräch für Sie eine große Bedeutung hat.
- Sollte eine dritte Person (Betriebsrat, Werksarzt, Sozialarbeiter, Personalbetreuer, Kollege…) beim Gespräch mit anwesend sein, teilen Sie dies im Vorfeld Ihrem Vorgesetzten mit. Teilen Sie ihm auch mit, was der Grund für deren Anwesenheit ist.

1. Die Situationsbeschreibung

Anhand einer extra für den Termin angefertigten, einfachen, handschriftlichen Grafik erklärte Frau G. ihrem Vorgesetzten kurz, klar, nüchtern und verständlich wie im Laufe der Jahre ihr Arbeitsvolumen angestiegen war. Um eine gemeinsame Sprache zu finden, hilft es ungemein, bildlich zu arbeiten. Hörte der Vorgesetzte bei Frau G. bisher nur heraus „Ich möchte/muss mehr arbeiten, um mehr Geld zu verdienen", war für ihn nun zum ersten Mal ersichtlich, dass das Arbeitsvolumen stetig gestiegen war.

Durch die bildliche Darstellung erreichte sie, was der mündlichen Erklärung bisher verwehrt geblieben war. Der Vorgesetzte konnte die Situation aus einer neuen Perspektive betrachten und bewerten.

Im laufenden Gespräch wurde immer wieder auf die handschriftlich erstellte Grafik eingegangen, die schlussendlich auch zur Problemlösung einbezogen wurde. Bei einer bildlichen Darstellung des Problems oder der Situation, ist darauf zu achten, dass es sich nicht um eine perfekt ausgearbeitete Präsentation handeln muss, die dem Vorstand dargestellt werden könnte, sondern es geht darum, dem Gesprächspartner einen Einblick in die Situation zu ermöglichen.

2. Die eigene Gefühlswelt

Im zweiten Schritt schilderte Frau G. ihre Gefühlswelt und die gesundheitlichen Auswirkungen, die die Problematik bei ihr auslöste. Unter ehrlich aufkommenden Tränen berichtete sie ihrem Vorgesetzten, dass sie mit ihren Kräften vollkommen am Ende sei. Ständig befinde sie sich in einer Achterbahn der Gefühle. Auf der einen Seite hätte sie ständig ein schlechtes Gewissen, einen Teil ihrer Arbeit wieder nicht geschafft zu haben, ihre Kollegen im Stich gelassen zu haben und ihren Ansprüchen nicht gerecht zu werden. Auf der anderen Seite sei sie wütend, traurig und enttäuscht über die Umstände, unter denen sie ihre Tätigkeit erledigen müsse, sowie über die Ignoranz und mangelnde Wertschätzung, die ihr und ihrem Thema entgegengebracht würde. Je mehr sie sich darüber innerlich aufrege, umso mehr merke sie, dass ihre Kräfte schwinden würden. Dies habe zur Folge, dass sie zu Hause nicht mehr so für ihre Familie sorgen könne, wie sie sich das wünschte und wie sie es von sich verlangte. Begleitung bei den Hausaufgaben der Kinder, Haushalt, Hobbys, Freunde treffen – nichts sei mehr so möglich, wie sie es kannte und wie sie es zur Regeneration auch benötige. Treffen mit Freunden wären auf ein Minimum reduziert, die Wochenenden benötige sie, um sich auszuruhen und ihrem erhöhten Schlafbedürfnis nachzugehen. Ihre sportliche Betätigung habe sie ebenfalls nahezu eingestellt. Dies führe mittlerweile auch zu deutlichen Spannungen in der Familie. Nach ihrem letzten dreiwöchigen Urlaub verspürte sie, dass die Kräfte langsam wieder zurückkehrten. Nach der ersten Woche bei der Arbeit sei der Akku jedoch schon wieder leer gewesen. Auch beim Arbeiten kämen ihr ab und an einfach Tränen, wenn sie vor lauter Arbeit kein Ende mehr sehe. Sollte einer der Kollegen mal etwas lauter werden oder sich selbst über etwas aufregen, gehe ihr das sehr schnell an die Substanz. Sie müsse dann den Raum verlassen und verbarrikadiere sich auf der Toilette, bis ihr Stresslevel wieder gesunken sei.

3. Lösungssuche – Blick in die Zukunft

Nachdem dem Vorgesetzten nun alle Facetten des Problems (unternehmerische und persönliche Sichtweise) geschildert wurden, konnte mit der Lösungsfindung begonnen werden. Bei der Lösungsfindung zeigt die Erfahrung, dass in der Regel an zwei Seiten Handlungsbedarf besteht. Zum einen müssen betriebliche Abläufe, Prozesse, der Umgang mit Kollegen oder Vorgesetzten o. Ä. verbessert oder verändert werden. Zum anderen ist auch der betroffene Mitarbeiter Teil des Problems und muss neue Wege erlernen, damit ihn sein Handeln, Denken und Fühlen nicht belastet.

Frau G. begann das Gespräch mit den persönlichen Veränderungen. Derzeit besuche sie einen Achtsamkeitskurs. Dieser helfe ihr dabei, den Berg an Arbeit, der noch auf sie wartet, auszublenden und sich mithilfe der Übungen stärker auf die vorliegenden Tagesaufgaben zu konzentrieren. Auch der Umgang mit den Kollegen habe sich dadurch wieder deutlich entspannt und verbessert.

Der Vorgesetzte versprach zunächst, sich der geschilderten Problematik anzunehmen und eine Lösung für Frau G. zu finden. Er könne jedoch noch nicht versprechen, ob eine Stundenerhöhung für Frau G. möglich sei oder ob eine Verlagerung von Aufgabengebieten zu favorisieren sei. Ca. drei Wochen nach dem Gespräch lud der Vorgesetzte Frau G. zu einem Gespräch ein, in dem er ihr eröffnete, dass er sich für eine Aufstockung ihres Stundenkontingentes stark gemacht habe und dies auch von der Firmenführung genehmigt wurde. Zugleich werde in einem gemeinsamen Workshop, an dem Frau G., deren Kollegen und er teilnehme, erarbeitet, welche Aufgabenprozesse verschlankt und verbessert werden können, sowie welche Arbeitsaufgaben umverteilt werden können und welche Arbeitspakete an Nachbarabteilungen abgegeben werden müssten.

Der geschilderte Fall ist kein Einzelfall. In den vergangenen Jahren habe ich zahlreiche Gespräche zwischen Vorgesetzten und Mitarbeitern erlebt, deren Ende mit dem oben beschriebenen zu vergleichen ist. Ist das Problem ohne Vorwürfe beschrieben und ist der Gesprächspartner mit den Auswirkungen des Problems auf sein Gegenüber vertraut gemacht worden, besteht in der Regel auf beiden Seiten der Wunsch und auch der Tatendrang, die Situation so schnell wie möglich zu verbessern. In diesen Fällen handelt es sich dann tatsächlich um Win-win-Situationen.

8.3 Verhaltens- und/oder Verhältnisänderung: Raum für Veränderung

In unserer Welt erfolgen Veränderungsprozesse (Markt und Strukturen) immer schneller. Dadurch werden zukünftige Herausforderungen immer schwerer einschätzbar und die Unsicherheit bei Unternehmen und bei den Menschen steigt. Mehr und mehr gehen gewohnte Konstanten verloren, Unternehmen und Arbeitnehmer müssen schneller auf unvorhergesehene Ereignisse reagieren und oftmals viele komplexe Entscheidungen auf einmal treffen.

In der Businesswelt setzt sich seit mehreren Jahren immer mehr ein Begriff aus dem amerikanischen Militärjargon durch, der kurz und prägnant beschreibt, welchen Herausforderungen sich heutige Unternehmen und deren Mitarbeiter stellen müssen: V.U.C.A.

> **V.U.C.A. steht für**
>
> - Volatility. Dies bezeichnet die Dynamik des Wandels. Waren frühere Marktsituationen noch eher stabil, sind Unternehmen in der heutigen Zeit oftmals plötzlichen Veränderungen auf dem Markt (Aktien, Rohstoffe, Kundenwünsche u. v. m.) ausgeliefert, ohne dass es dafür eine Vorwarnung gegeben hätte oder eine Chance des aktiven Einwirkens.
> - Uncertainty. Dies steht für die Macht des Unvorhersehbaren. Das Bewusstwerden, dass die Zukunft nicht mehr so einfach vorherzusehen ist und dadurch geschäftliche und gesellschaftliche Überraschungen eher zur Normalität werden.
> - Complexity. Dies steht für die Komplexität der Einflussfaktoren. Technische und soziale Komplexität führen zunehmend zur Überforderung. Alles scheint miteinander verbunden zu sein, der Überblick für den Einzelnen geht verloren.
> - Ambiguity. Dies steht für die Vielschichtigkeit der Bedeutungen. Einfache Ursachen-Wirkungszusammenhänge gehören der Vergangenheit an. Die Realität ist verwirrend, oftmals umständlich und in keiner Weise planbar.

Der Harvard Business Manager spricht in diesem Zusammenhang vom sogenannten Zeitalter der Jongleure. Erfolge von Gestern und Heute lassen sich nicht eins zu eins auf die Zukunft übertragen.

An dieser Situation an sich lässt sich nichts ändern. Sie können sich über diese Situation echauffieren oder aber Sie können sie annehmen, reflektieren und nach Lösungen suchen, um die Anforderungen, die aus dem Wandel resultieren, besser bewältigen zu können – auch durch die gezielte Förderung und Nutzung interner und externer Ressourcen. Aber das Leben stellt uns immer wieder vor Aufgaben, die wir einfach ertragen und erdulden müssen, ohne dass wir etwas anderes tun können, als diese zu durchleben. Dies kostet viel Kraft und Energie, gehört aber mitunter zum Leben dazu. Wenn wir aber versuchen, getreu dem alten Gebet – „Lieber Gott, gib mir die Kraft die Dinge zu verändern, die ich verändern kann, gib mir die Geduld, anzunehmen, wenn ich sie nicht ändern kann, und gib mir die Weisheit, das eine vom anderen zu trennen" – die Situation so anzunehmen wie sie ist, steht uns Kraft und Energie zur Verfügung, die wir zuvor nutzlos vergeudet haben. Mit der neugewonnenen Energie können wir Pfade und Wege betreten, die zuvor noch nicht bemerkt wurden oder aufgrund fehlender Kraft nicht gegangen werden konnten.

In diesem Sinne sollten wir Stress mit offenen Armen begegnen, denn er ist unser ständiger Begleiter:

> Stress ist unser ständiger Begleiter, so lange wir leben. Er sitzt mit uns am Tisch, er geht mit uns schlafen, er ist dabei, wenn leidenschaftliche Küsse getauscht werden. Manchmal geht uns seine Anhänglichkeit auf die Nerven; dennoch verdanken wir ihm jeden persönlichen Fortschritt und erreichen durch ihn immer höhere Stufen geistiger und körperlicher Weiterentwicklung. Er ist die Würze des Lebens (Selye 1974, S. 23).

8.3.1 Angstfreie Veränderung durch Introvision

Ängste begleiten uns unser gesamtes Leben, egal ob auf beruflicher oder privater Ebene. Wer kennt sie nicht: die klassische Prüfungs- oder Präsentationsangst, Ängste vor wichtigen Entscheidungen im Leben, Ängste vor kleinen krabbelnden Tieren oder den Aufzug zu benutzen. Ängste sind sehr vielfältig und treten in ganz unterschiedlichen Situationen auf. In unserer Wahrnehmung und in unserem Erleben sind Ängste darum meist negativ besetzt, obwohl es auch viele positive Aspekte von Angstsymptomen gibt, z. B. dass ein bestimmtes Angstniveau das Konzentrationsvermögen steigert. Ab einem bestimmten Spannungsgrad stehen uns Ängste jedoch eher im Weg und blockieren unsere Entscheidungen und Handlungen und verlangsamen oder unterdrücken unsere Veränderungsbereitschaft.

Spectrum, das Lexikon der Neurowissenschaften, definiert Angst folgendermaßen:

> Angst (E anxiety) und Furcht sind Emotionen, die bei einer Bedrohung (oder der bloßen Vorstellung davon) bei vielen Tieren einschließlich des Menschen auftreten. Als grundlegende stammesgeschichtlich herausgebildete Warn- und Schutzfunktion treiben Angst und Furcht zur Flucht und aktiver oder passiver Vermeidung von Situationen an, die Schmerz, Verletzung und Tod zur Folge haben können.

Im Businessalltag erleben wir in der Regel keine realen Gefahren. Niemand von uns muss in seinem Alltag Schmerzen, Verletzungen oder sogar den Tod befürchten. Und dennoch gaukelt uns unser Gehirn manchmal vor, dass dies der Fall ist. Oftmals ist die Realität gar nicht so schlimm wie das Angstszenario, das in unserem Kopf herrscht. Kopfkino und Realität zu unterscheiden, ist für den Betroffenen jedoch oftmals nicht zu trennen und selbst wenn dem Bewusstsein klar ist, dass die

Realität gar nicht so schlimm ist, wie sie scheint, spielen oftmals die Gefühle und die Gedanken verrückt.

Die Introvisionsmethode bietet Hilfe aus diesem Gedankenkarussell auszusteigen und den Blick auf die Realität zu lenken.

8.3.2 Zweites Praxisbeispiel: Teil 1

In Doppelfunktion als Sekretärin und Sachbearbeiterin war es Frau M. gewohnt, ihrem Chef und ihren sonstigen Kunden quasi jeden Wunsch von den Augen abzulesen und sofort in die Tat umzusetzen. Dabei durfte es keine Rolle spielen, wie kurzfristig die Änderungen oder Anforderungen an sie herangetragen wurden oder wie häufig diese auch wieder verworfen wurden. Frau M. hatte für alles und jeden Verständnis. Anfänglich war es nur eine zeitliche Belastung, mit der Zeit war es für sie aber immer mehr auch eine psychische bis psychosomatische Belastung. Schlafstörungen, Unwohlsein, Minderwertigkeitsgefühle und eine generelle körperliche Müdigkeit machten Frau M. immer stärker zu schaffen. Zudem leidet Frau M. unter einer Autoimmunkrankheit, die in Überlastungszeiten verstärkt ausbricht und sie zusätzlich belastet und schwächt.

Frau M. war aber nicht nur im Berufsleben, sondern auch im Privatleben eine gerne in Anspruch genommene Person. Bei ihren Freundinnen galt sie als Kummerkasten, der Allzeit zur Verfügung steht. In der Nachbarschaft und im Verein konnte man sich auf sie verlassen, wenn es irgendeine ungeliebte Aufgabe zu verteilen gab. Letztendlich konnte sie niemandem einen Wunsch abschlagen, ohne ein schlechtes Gewissen und Gewissensbisse zu bekommen.

Um sich und ihre Gesundheit zu schützen, besuchte Frau M. verschiedene Weiterbildungsseminare, in denen sie ein besseres Zeitmanagement lernte, Anfragen von außen abzulehnen oder zurück zu delegieren (Nein zu sagen) oder mithilfe von Entspannungsmethoden ihr Stresslevel und ihre Schlafstörungen in den Griff zu bekommen. Aus allen Seminaren nahm sie wichtige Erkenntnisse mit in den Alltag, nur der entscheidende Durchbruch war nicht dabei. Dies verstärkte ihre Minderwertigkeitsgefühle noch mehr, sodass sie fast schon hoffnungslos das Gespräch mit mir suchte.

Unser Gespräch verlief zunächst so, wie ein Gespräch mit Frau M. wohl immer stattfindet. Auf jede Frage meinerseits antwortete Frau M. stets freundlich, offen und gewissenhaft. Wurden die Fragen etwas persönlicher, wich sie den Fragen aus und beantwortete diese mit Verallgemeinerungen. In keinem Moment signalisierte sie mir allerdings, dass ihr eine Frage zu naheging oder ihre Grenze bereits überschritten hatte. Ihr innerer Antreiber „mach es allen recht" war aktiv.

Im Laufe des Gespräches entwickelte sich zwischen uns beiden eine sehr angenehme Coachingatmosphäre, sodass ich Frau M. gezielt auf ihren Antreiber ansprechen konnte. Ganz provokativ stellte ich ihr eine Frage, die eigentlich nicht mehr nett und freundlich beantwortet werden konnte oder durch eine Verallgemeinerung entkräftet werden konnte. Frau M. stutzte kurz, versuchte zu antworten, unterließ dies vorerst, um dann mit einem freundlichen Lächeln das Thema zu wechseln. Dies war der Zeitpunkt Frau M. direkt auf ihr Problem anzusprechen: Warum fällt es Ihnen so schwer, anderen Personen einen Wunsch abzuschlagen, ihnen mitzuteilen, wenn diese Ihre Grenze überschreiten oder Ihr Gegenüber in die Schranken zu weisen?

An diesem Punkt beginnt die Arbeit mit der sogenannten Introvisionsmethode.

8.3.3 Exkurs Introvisionsmethode

Mithilfe der Introvisionsmethode können innere Konflikte aufgelöst werden. Zunächst werden mithilfe der Introvisionsmethode lange verborgene und unterdrückte Ängste bewusstgemacht und an die Oberfläche geholt. Durch das Einnehmen einer sog. weiten Wahrnehmung wird dann die Gedankenspirale unterbrochen und die Dramaturgie der Gedanken wird entkräftet. Die inneren Konflikte lösen sich auf.

Jeder von uns kennt das Gefühl: Man gerät bewusst oder unbewusst in eine Situation, die man eigentlich vermeiden möchte. Dies kann z. B. die Angst vor Präsentationen sein, die Angst jemandem zu begegnen, der einen oder den man (seelisch) verletzt hat. Dies kann die Angst sein, wenn man einen neuen Job angenommen hat und am ersten Tag seinen neuen Kollegen gegenübersteht, die man noch nicht kennt u. v. m. In diesen Situationen, in denen die Hände feucht und der Mund trocken werden, in denen das Herz bis zum Halse schlägt und die Knie butterweich werden, entsteht ein sogenannter Imperativ.

Dieser lautet:

„XY darf auf keinen Fall passieren!" oder
„XY muss unbedingt passieren!"

Im Alltag geraten wir häufig in Situationen, in denen wir uns zwar auch diesem Absolutheitsanspruch aussetzen, z. B. „Ich darf auf keinen Fall bei Rot über die Ampel fahren." Wird dieser Absolutheitsanspruch nicht in Frage gestellt, gibt es auch keinen Gedankenkonflikt und die Situation wird nicht als belastend empfunden. Wird der Imperativ durch die innere Stimme „Es könnte aber schon sein, dass es passiert" beeinflusst, entwickelt sich in der Amygdala (einem Teil in unserem Gehirn) ein Alarm, der unser Gedankenkarussell füttert und in Angst und Panik versetzt.

> **Beispiel: Erster Tag bei einem neuen Job**
>
> - Absolutheitsanspruch: „Beim ersten Kennenlernen meiner neuen Kollegen darf ich mich auf keinen Fall blamieren!"
> - Innere Stimme: „Es kann aber sein, dass ich mich blamiere und in jedes Fettnäpfchen trete."

Das Besondere an unserem Alarmsystem ist, dass es nicht nur in der realen Situation greift, sondern bereits dann, wenn wir uns diese Situation nur vor unserem geistigen Auge vorstellen. Dies kann soweit führen, dass man in der Situation oder bereits im Vorfeld regelrecht gelähmt ist und sich komplett anders verhält als gewöhnlich.

> **Die Introvisionmethode unterscheidet vier Konfliktarten**
>
> 1. Realitätskonflikt: Der Realitätskonflikt ist dadurch gekennzeichnet, dass die Wirklichkeit sich nicht so darstellt, wie sie sein sollte. Bei einem Realitätskonflikt kreisen die Gedanken und man stellt sich ständig die Frage: „Was habe ich falsch gemacht?" Oder man resigniert innerlich mit dem Gedanken: „Es darf einfach nicht wahr sein, dass XY eingetreten ist." Zum Beispiel: „Meine Frau hat mich für meinen besten Freund verlassen."
> 2. Imperativkonflikt: Es handelt sich um einen Imperativkonflikt, wenn sich zwei entgegengesetzte Imperative (Befehle) gegenüberstehen, die sich widersprechen. Zum Beispiel:
>   - 1. Imperativ: „Ich muss meinem Vorgesetzten endlich sagen, dass man mich so nicht behandelt."
>   - 2. Imperativ: „Gegenüber Autoritätspersonen darf ich nicht aufbegehren."
> 3. Undurchführbarkeitskonflikt: Von einem Undurchführbarkeitskonflikt ist dann die Rede, wenn man eine Aufgabe auf eine ganz bestimmte Art erfüllen muss, man aber gar nicht weiß, wie dies geschehen soll/kann.

4. Konflikt-Konflikt: Personen mit einem Konflikt-Konflikt leiden an der Angst vor der Angst. Auch in diesen Fällen ist das Gedankenkarussell sehr stark aktiv und die Personen leiden unter der Angst vor der Angst: „Ich darf die Angst gar nicht haben, eigentlich darf ich das Problem gar nicht haben." Von dieser Angst sind häufig Personen betroffen, die entweder eine verantwortungsvolle Stelle im Unternehmen haben und von denen erwartet wird, dass sie jedes Problem lösen und auf alles eine Antwort haben oder von Personen, deren Selbstbewusstsein extrem von der Anerkennung anderer abhängig ist.

Um im Alltag dennoch überlebensfähig zu sein, und nicht wie die Maus vor der Schlange zu erstarren, eignet sich jeder Mensch seine eigenen Konfliktvermeidungsstrategien an. Ob Jammern, ein schneller innerer Themenwechsel, positives Denken, Ablenkung, Analysieren und Theoretisieren, sich eine andere Realität wünschen oder aktiv Handeln (z. B. Termin absagen, krankmelden, etc.). Jeder hat seine ganz eigene Strategie, um unangenehme Themen beiseite zu schieben, zu unterdrücken und so die Situation scheinbar zu lösen. Eine langfristige Veränderung gelingt damit in den allermeisten Fällen jedoch nicht.

Das Problem dabei ist, dass die oben genannten Konflikte in der Regel auf sehr tiefsitzenden Imperativen beruhen, den sogenannten Kernimperativen. Von oberflächlichen Problemchen verdeckt, sitzen die Kernimperative tief im eigenen Selbstwertgefühl und der eigenen Persönlichkeit. In der Regel ist kein Mensch bereit, sich an diese Kernimperative freiwillig heranzuwagen, da die Beschäftigung mit diesen, durchaus schmerzvoll und tränenreich verlaufen könnte. Hinter diesen Kernimperativen verbergen sich nämlich mitunter tiefe Verletzungen oder Enttäuschungen, die zumeist in der Kindheit entstanden sind. Ist unser Gedankenkarussell mal wieder aktiv, wird in den meisten Fällen ein Kernimperativ angekratzt. Die vier Kernimperative lauten:

- *Ich fühle mich hilflos.*
- *Ich fühle mich wertlos.*
- *Ich fühle mich nicht liebenswert.*
- *Ich möchte am liebsten sterben.*

In der Realität liegt zwar keine tatsächliche Lebensbedrohung vor und durch die Ablehnung einer Anfrage wird man auch nicht gleich die gesamte Menschheit gegen sich aufbringen. Für das Gehirn und die Gefühle fühlt es sich aber so an und sie agieren innerhalb dieser angenommenen Realität.

8.3.4 Zweites Praxisbeispiel: Teil 2

„Warum fällt es Ihnen so schwer, anderen Personen einen Wunsch abzuschlagen, ihnen mitzuteilen, wenn diese Ihre Grenze überschreiten oder Ihr Gegenüber in die Schranken zu weisen?"

Zunächst flüchtete sich Frau M. wieder in Verallgemeinerungen und beschönigte ihre Situation. Also musste ich anhand von Beispielen, von denen sie mir berichtete, konkreter werden.

- *Frau M., Sie schildern mir, dass die Aufgaben, die Ihnen Ihr Vorgesetzter übergibt, für Sie oftmals sehr kurzfristig auf den Tisch kommen und erledigt werden müssen. Problematisch für Sie ist dabei zum einen, dass Sie die Aufgaben sofort erledigen müssen, zum anderen, dass sich Ihre Arbeitszeit dadurch verlängert, was mitunter Auswirkungen auf Ihre Erholungszeit hat, die Sie aufgrund Ihrer Erkrankung benötigen. Haben Sie Ihren Vorgesetzten schon einmal darauf angesprochen, welche Aufgaben tatsächlich sofort erledigt werden müssen und welche Aufgaben vielleicht auch erst morgen oder zu einem späteren Zeitpunkt erledigt werden können? Ihr Vorgesetzter weiß um Ihre Erkrankung, evtl. ist ihm diese aber nicht jederzeit präsent. Warum können Sie ihm nicht erklären, dass Sie die Aufgaben, die kurz vor Feierabend an Sie gestellt werden, am gleichen Tag nicht mehr bearbeiten werden können? Warum sagen Sie ihm nicht, dass Sie die Zeit zur Erholung benötigen, um am nächsten Tag wieder voll einsatzfähig zu sein?*
- *Frau M., Sie schildern mir, dass Sie sich seit ca. einem Jahr um Ihre Freundin kümmern, deren Mann verstorben ist. Im letzten Jahr haben Sie viel Zeit mit dieser Freundin verbracht, haben ihr in diesen schweren Stunden mit Rat und Tat zur Seite gestanden, haben sie jederzeit gestützt und dabei selbst sehr viel Energie gelassen. In dieser Zeit schilderten Sie, dass Ihre Krankheit häufiger aufgetreten ist als in ruhigeren Zeiten. Nach all der Zeit, in der Sie Ihrer Freundin zur Seite gestanden haben, glauben Sie nicht, dass Ihre Freundin auch Verständnis für Sie und Ihre Situation gehabt hätte und sie auch Verständnis hat, wenn Sie eine Anfrage Ihrerseits einmal ablehnen? Wäre es nicht auch an der Zeit, mit Ihrer Freundin zu besprechen, wie sie die freundschaftliche Beziehung wieder in ein Geben und Nehmen verändern können und nicht nur in ein Geben oder Nehmen?*

In beiden Situationen ist auffällig, dass Frau M. ihre Grenzen, in denen es ihr gesundheitlich gut geht, auf Kosten anderer überschreitet. In dem Moment, in dem eine Anfrage an sie erfolgt, unterdrückt sie all ihre eigenen Bedürfnisse und erledigt fast schon sklavenartig die an sie gestellten Aufgaben.

In einem „normalen" Gespräch würde Frau M. die oben gestellten Fragen wieder rein sachlich, nüchtern, vernünftig beantworten. Ihre Gefühle und tieferliegenden Imperative würde sie wohl unterdrücken und eine Lösung des Problems wäre erneut in weiter Ferne.

8.4 Zirkuläre Fragen bei der Introvisionsmethode

Für die meisten Coachees sind die geschilderten Ereignisse das Problem:

- „Mein Vorgesetzter gibt mir immer so viele neue Aufgaben."
- „Die Hecke meines Nachbarn ist zu hoch."
- „Mein Mann räumt seine Wäsche nicht auf."

Das tatsächliche Problem ist aber nicht das Ereignis an sich, sondern das, was sich dahinter verbirgt. Anhand eines etwas makabren Beispiels möchte ich Ihnen dies gerne näher erläutern: Stellen Sie sich vor, Ihr bester Freund kommt zu Ihnen und erzählt, dass seine Frau verstorben ist. Völlig einfühlsam spenden Sie Ihrem Freund Trost und bieten ihm Beistand in den kommenden schweren Stunden und Tagen an. Ihr Freund sieht Sie nur ganz entgeistert an und erwidert: „Das ist doch halb so schlimm, aber wer wäscht mir jetzt meine Wäsche?"

Das Beispiel soll aufzeigen, dass ein Ereignis ganz unterschiedliche Probleme zur Folge haben kann. Daher ist es unumgänglich, den Coachee nach seinem tatsächlichen Problem zu fragen. Nicht nur bei der Introvisionsmethode nähert man sich daher durch zirkuläres Fragen mehr der Ursache des Problems.

Hier einige Beispiele, wie die Fragen formuliert werden können:

- Was genau ist für Sie das Problem?
- Was befürchten Sie daran?
- Wovor haben Sie Angst?
- Was bereitet Ihnen Sorge?
- Was genau hindert Sie daran, es nicht zu tun?
- Was wäre für Sie das Schlimmste, das passieren könnte?
- Was ist für Sie so unangenehm daran?
- Was daran ist für Sie problematisch?

Auch auf diese Fragen werden meist zunächst weitere Ereignisse geschildert. Haken Sie bei diesen Ereignissen erneut mit den oben genannten Fragen nach, bis die Antworten Ihnen nicht mehr ganz so schnell und abgedroschen von Ihrem Gegenüber entgegensprudeln, sondern der Coachee immer mehr bei sich nach neuen Antworten sucht. Sollte dies der Fall sein, können Sie sich ziemlich sicher sein, dass Sie einen entscheidenden Imperativ bei Ihrem Gegenüber getroffen haben.

8.4.1 Zweites Praxisbeispiel: Teil 3

In unserem Beispiel mit Frau M. könnten die Fragen somit lauten:

- „Was genau ist für Sie, Frau M., so schwer daran, Ihren Vorgesetzten zu fragen, bis wann die Aufgabe erledigt werden soll?"
- „Wovor genau haben Sie Angst, wenn Sie ein Treffen mit Ihrer Freundin ablehnen?"

Frau M. versteckte sich zunächst hinter ihren Grundwerten:

- „Ja, aber ich kann doch meinem Chef keine Aufgabe abschlagen, das tut man doch nicht."
- „Aber meine Freundin ist doch in einer Notsituation, da muss man doch helfen."

Nachhaken mit persönlicher Ansprache:

- „Warum tut man bzw. warum tun SIE das nicht Frau M.? Was ist für Sie so schlimm daran?"
- „Ja, aber mein Chef benötigt die Unterlagen doch. [...] Als Mitarbeiterin bin ich doch dazu verpflichtet, die Aufgaben meines Chefs zu erfüllen. Aufgrund meiner Krankheit falle ich sowieso schon häufiger aus (Anmerkung: und bin somit unzuverlässig), dann muss ich doch in der Zeit, in der ich anwesend bin, alles erledigen, was von mir verlangt wird. Ich würde befürchten, dass er die Aufgaben an meine Kolleginnen abgibt."
- „Ich kann meine Freundin doch nicht einfach im Stich lassen und egoistisch an mich denken. [...] Ich hätte ein schlechtes Gewissen, sie alleine zu lassen und würde befürchten, dass unsere Freundschaft darunter leidet."

In beiden Fällen scheint Frau M. stark von einem Lebensskript geprägt zu sein, in dem verankert ist, dass sie Anerkennung und Zuneigung nur dann bekommt, wenn sie den anderen immer alles recht macht.

8.4.2 Weite Wahrnehmung

Im weiteren Verlauf der Introvision geht es darum, die bisher unterdrückten Ängste und Gefühle zuzulassen und sich ihnen zu stellen.

Stellen Sie sich Ihre Ängste wie ein kleines Kind vor, das auf der Straße gestürzt ist und sich ein blutiges Knie zugezogen hat. Das Kind kommt weinend zu Ihnen und sucht Trost. Häufig ist man geneigt, das Kind zu beschwichtigen indem man sagt: „Das ist doch nicht so schlimm, das tut doch gar nicht so weh, das wird schon wieder, ein Indianer kennt keinen Schmerz usw." Ähnlich gehen viele Menschen mit ihren Gefühlen und Ängsten um, wenn diese aufkommen: Sie versuchen, sie im Keim zu ersticken, sich abzulenken oder zu beschwichtigen. Das kleine Kind, die Ängste und andere Gefühle lernen somit ganz schnell, dass sie, die Emotionen, eigentlich nicht erwünscht sind und der Schmerz unterdrückt werden sollte. Bei einem Kind könnte die Möglichkeit sein, es einfach auf den Schoß oder in den Arm zu nehmen, ihm zuzuhören. Man kann das Kind ernst nehmen, indem man bestätigt, dass ein offenes Knie nun mal schmerzhaft ist und raten, auf die Biologie zu vertrauen, weil Schmerz bei einem offenen Knie auch relativ schnell wieder nachlässt. Somit wird nichts beschönigt oder unterdrückt, genauso wenig wird aber etwas dramatisiert oder hochstilisiert. In der sogenannten weiten Wahrnehmung versuchen wir, unsere Gefühle „auf den Schoß" zu nehmen und einfach nur wahrzunehmen, welche Gefühle in uns aufkommen. Ohne zu werten, ohne zu dramatisieren, ohne zu beschwichtigen. Alle Gefühle, Stimmungen, Gedanken, die in uns aufkommen sind willkommen und werden wertfrei beobachtet, ohne den Versuch, diese zu ändern, genauer darüber nachzudenken oder diese zu analysieren.

Ein weiteres Bild, das Ihnen eine Vorstellung der weiten Wahrnehmung vermitteln kann, ist das Bild einer lebhaften Piazza. Stellen Sie sich vor, Sie sitzen in einem Café und beobachten das Treiben auf der Piazza. Sie schauen einfach nur auf das Treiben der Menschen, beobachten die Händler, nehmen die verschiedenen Gerüche und Farben auf, Sie vernehmen ein Wirrwarr an Stimmen und Geräuschen ohne diese zu bewerten oder sich in irgendeinem Detail zu verstricken.

Das Einnehmen der weiten Wahrnehmung ist im Fortgang des Prozesses für den Coachee wichtig, um sich nicht von den aufkommenden Gedanken, Gefühlen oder Stimmungen ablenken zu lassen, sondern alle aufkommenden Gedanken, Gefühle und Stimmungen sollen wie auf einer Piazza nur beobachtet und wahrgenommen werden.

8.4.3 Das Alarmsystem aktivieren

Um das bestehende Problem tatsächlich zu verändern und gegebenenfalls sogar aufzulösen, muss zunächst das negative Gefühl provoziert werden. Dies wird erreicht, indem man eine Formulierung findet, die all die unterdrückten Gefühle und Ängste der betroffenen Situation hervorruft. Die Antwort auf die Frage nach dem eigentlich Schwierigen, dem Problematischen für die Person, ist meist der Imperativ, den die Person zu vermeiden versucht.

In unseren Beispielen würde dies bedeuten:

- *Ich hätte Angst, dass unsere Freundschaft darunter leidet.*
  Imperativ: Es darf auf gar keinen Fall geschehen, dass unsere Freundschaft darunter leidet.
- *Ich würde befürchten, dass ich keine Aufgaben mehr bekomme.*
  Imperativ: Es darf auf gar keinen Fall geschehen, dass ich keine Aufgaben mehr von meinem Chef bekomme.

Nun muss der vorhandene Imperativ so in einen passenden Satz umformuliert werden, dass der Alarm provoziert wird. In unserem Beispiel könnte der Satz lauten:

- Es kann sein, dass ich von Freunden/von meinem Chef abgelehnt werde, wenn ich nicht tue, was von mir gefordert wird.

8.4.4 Zweites Praxisbeispiel: Teil 4

Nach der ersten Öffnung sollte erneut nachgehakt werden:

- „Was wäre denn für Sie so schlimm daran, wenn Ihr Chef die Aufgaben anders verteilt oder die Freundschaft mit Ihrer Freundin leidet?"
- Frau M.: Pause. Schweigen. Wässrige Augen. Brüchige Stimme. „Ich hätte Angst, dass ich ersetzt werden könnte!"

An diesem Punkt ist man nun bei einem Kernimperativ angekommen, sodass ab jetzt die tatsächliche Arbeit mit der Introvisionsmethode beginnen kann.

„Frau M., nachdem wir nun herausgefunden haben, was Ihr eigentliches Problem ist, möchte ich mit Ihnen gerne ein kurzes mentales Training durchführen (ca. 5–7 min). Hierfür sollten Sie zunächst den Zustand der weiten Wahrnehmung einnehmen, sodass die in Ihnen schlummernden Gefühle aktiviert werden können und von Ihnen zugelassen werden."

Nachdem Frau M. einwilligte das mentale Training durchzuführen, leitete ich sie zunächst an, die weite Wahrnehmung einzunehmen, um dann den Alarm auszulösen.

Ablauf Introvision:

- Am besten ist es, die Augen zu schließen und sich Zeit zu nehmen, zur Ruhe zu kommen.
- Achten Sie darauf, wo Sie in Ihrem Körper Ihre Atmung am besten wahrnehmen können. Vielleicht ist dies in der Brust oder in der Nase oder im Bauch. Wo auch immer Ihre Atmung am stärksten spürbar ist, verankern Sie sich dort mit Ihrer Aufmerksamkeit.
- Versuchen Sie dann, Ihre Aufmerksamkeit auf Ihren gesamten Körper auszuweiten. Der Hauptfokus liegt aber auf Ihrer Atmung.
- Erweitern Sie dann Ihre Aufmerksamkeit zusätzlich auf Ihre Gedanken. Der Hauptfokus liegt aber auf Ihrer Atmung.
- Erweitern Sie nun Ihre Aufmerksamkeit zusätzlich auf Ihre Gefühle. Der Hauptfokus liegt aber auf Ihrer Atmung.
- Lassen Sie Ihre Aufmerksamkeit weitgestellt und nehmen Sie alle Dinge untergeordnet wahr, die in Ihnen aufkommen. Warten Sie ab, welche Reaktion auf den Satz folgt:
Es kann sein, dass ich von Freunden/von meinem Chef abgelehnt werde, wenn ich nicht tue, was von mir gefordert wird.
- Nehmen Sie alle Reaktionen wahr, die der Satz „Es kann sein, dass ich von Freunden/von meinem Chef abgelehnt werde, wenn ich nicht tue, was von mir gefordert wird", in Ihnen auslöst: Körperliche Reaktionen, geistige Reaktionen, die Stimmungen und Gefühle, die in Ihnen hochkommen.
- Was immer auch in Ihnen hochkommt, was immer auch in Ihren Aufmerksamkeitsraum tritt, nehmen Sie einfach nur wahr, ohne es zu bewerten oder zu analysieren. Wenn ein Gedanke abschweift, kehren Sie einfach zu Ihrer Atmung zurück.

[Der Satz inkl. des weiteren Vorgehens wird noch 2–3 Mal wiederholt. Nach ca. 5–7 min sollten Sie das Training dann unterbrechen.]

- Kehren Sie langsam mit Ihrer Aufmerksamkeit zurück ins Hier und Jetzt. Wenn es für Sie an der Zeit ist, können Sie die Augen öffnen, sich räkeln und strecken und Ihre Gedanken und Gefühle sortieren.

Frau M. schilderte mir nach der ersten Introvisionssitzung, dass der Satz: „Es kann sein, dass ich von Freunden/von meinem Chef abgelehnt werde, wenn ich nicht tue, was von mir gefordert wird", bei ihr voll ins Schwarze getroffen hatte. In ihr breitete sich eine tiefe Trauer aus, bei der sie das Gefühl hatte, vor einem großen schwarzen „Nichts" zu stehen. Alles fühlte sich so schwer und bleiern an. Am stärksten machte sich ein dumpfer Druck im Brustbereich bei ihr bemerkbar, der jedes Mal, wenn der Satz formuliert wurde, sehr drückend und belastend war. Gegen Ende wurde der Druck dann etwas leichter.

8.4.5 Weiteres Vorgehen

Reaktionen dieser Art (innere Leere, Druckempfindungen, verstärkter Herzschlag oder rasender Puls, Traurigkeit, Tränen, Panikgefühle und noch vieles mehr) sind bei der Introvisionssitzung erwünscht. Diese Gefühle sollen hervorgerufen, beobachtet und erlebt werden. Ähnlich wie bei Frau M. sollten die unangenehmen Gedanken, Gefühle und Stimmungen im Laufe der Sitzung bereits etwas besser werden.

In einer solchen Coachingsitzung wird sofort an die erste Sitzung eine weitere Sitzung angeschlossen. So werden auf der einen Seite die Alarmreaktionen weiter gesenkt und die Auflösung der Problematik vorangetrieben, auf der anderen Seite lernt der Coachee das Vorgehen der Introvisionssitzung kennen und kann diese zu Hause fortführen. Idealerweise wird die Introvisionssequenz per Smartphone des Coachee aufgenommen, sodass sich der Coachee in den kommenden Tagen seinen persönlichen Satz solange anhören kann (täglich 1–2 Runden), bis keine Alarmreaktion bei ihm mehr auftritt. Sollte dies der Fall sein, ist die Ursache des Problems aufgelöst und eine Veränderung im Umgang mit den bisher belastenden Situationen eingetreten.

Sollte der Introvisionssatz beim ersten Mal noch nicht passend sein und der Alarm beim Coachee noch nicht ausgelöst oder noch nicht mit der Intensität ausgelöst worden sein, muss dieser einfach etwas angepasst und modifiziert werden. Oftmals liegt es nur an der Veränderung einzelner Wörter. Bei der passenden Wortfindung kann der Coachee in der Regel sehr gut helfen.

8.4.6 Zweites Praxisbeispiel: Teil 5

Einige Wochen nach der Introvisionssitzung bekam ich von Frau M. eine E-Mail, worin u. a. Folgendes stand:

„[Ich] möchte Ihnen aber kurz berichten, dass das Gespräch mit Ihnen bzw. die ‚angewandte Methode' bei mir wohl angeschlagen hat, ich das immer wieder praktiziere und ich schon einen großen Erfolg spüre. Ich kann nun bei der Arbeit viel entspannter damit umgehen. Was auch immer das in mir ausgelöst hat…
Vielen Dank für Ihre Unterstützung!"

8.4.7 Resümee

Ich erlebe sehr häufig, dass sich mithilfe der Introvisionsmethode zunächst aussichtslose Probleme innerhalb sehr kurzer Zeit in Luft auflösen. In einem weiteren Fall habe ich erlebt, wie mithilfe der Introvisionsmethode eine Beziehungsstörung zwischen zwei Kollegen aufgelöst werden konnte. Für den einen Mitarbeiter war die Beziehung mit dem Kollegen so belastet, dass er über die Jahre (mehr als 10 Jahre) allein beim Gedanken an den Kollegen Herzrhythmusstörungen und eine Magenreizung bekommen hat. Die psychosomatischen Erkrankungen waren Auswirkungen der seelischen Erkrankung, denn mehrfache Untersuchungen belegten, dass sein Herz physiologisch kerngesund war und die Magenreizung mit Konflikten aus der Vergangenheit, die der Mitarbeiter mit seinem Kollegen ausfechten musste, zusammenhingen. Nach der Introvisionssitzung war ein Umgang für den Mitarbeiter mit seinem Kollegen wieder möglich und die körperlichen Erscheinungen verbesserten sich deutlich. Die Methode ist sehr alltags- und businessnah und lässt sich problemlos in einer Coachingsitzung ohne große Vorbereitungen integrieren.

8.5 Raum für Auflösung: Ganzheitliches Coaching

> Krise ist ein produktiver Zustand. Man muss ihr nur den Beigeschmack der Katastrophe nehmen.
> (Max Frisch, schweizerischer Schriftsteller, 1911–1991)

Krisen, Probleme, Veränderungen und Niederlagen gehören zum Leben dazu. Wir sind ihnen jedoch nicht hilflos ausgeliefert, sondern können durchaus beeinflussen, inwieweit wir uns von ihnen unterkriegen lassen oder sie meistern und vielleicht sogar gestärkt daraus hervorgehen. Psychische Widerstandskraft ist trainierbar. Im psychischen Bereich spricht man von der sogenannten Resilienz.

8.5.1 Resilienz

Unter Resilienz versteht man die Fähigkeit, Krisen zu bewältigen und als Anlass für Entwicklungen zu nutzen – durch Rückgriff auf persönliche und soziale Ressourcen. Kurz gesagt ist Resilienz die psychische Widerstandsfähigkeit oder auch eine Art „Immunsystem der Seele". Der Begriff Resilienz kommt vom lateinischen Wort resiliere, das „zurückspringen" oder „abprallen" bedeutet.

Menschen mit einer hohen Resilienz vertrauen darauf, dass sie mit den Dingen, die auf sie zukommen, umgehen können und Lösungen finden werden; dass sie etwas tun können, um eine Krise, ein Problem, eine Niederlage oder einen Fehlschlag zu bewältigen und sich – wie ein Stehaufmännchen – immer wieder aufrichten werden.

Zu den Merkmalen resilienter Menschen gehören u. a.

- Anpassungsfähigkeit
- Belastbarkeit
- Aufmerksamkeit
- Tüchtigkeit
- Intelligenz
- Neugier
- Selbstvertrauen

8.5.2 Drittes Praxisbeispiel: Teil 1

„Hallo Herr Lutz, ich weiß nicht, an wen ich mich sonst wenden kann. Ich kann nicht mehr, ich bin am Ende. Ich weiß gar nicht, ob ich bei Ihnen an der richtigen Stelle bin, aber Ihr Name stand als Ansprechpartner unter dem Burnouttest im Infonet."

An einem strahlend schönen Maitag, kurz vor Feierabend, klingelte das Telefon und eine völlig aufgelöste und verzweifelte Stimme meldete sich bei mir. Die Stimme war leise und brüchig und klang völlig kraftlos.

„*Ich habe Ihren Burnouttest ausgefüllt und das Ergebnis ist unterirdisch. Nicht, dass mich das überrascht, aber dass es schon so schlimm ist, hätte ich dann doch nicht erwartet.*"

Im Laufe der Jahre bekommt man ein Gefühl dafür, wann etwas dringend ist und wann etwas *ganz* dringend ist. In diesem Fall war es eindeutig. Der Mensch am anderen Ende der Leitung benötigte ganz dringend Unterstützung. An ein Vertagen war nicht zu denken.

Nach einer ersten kurzen Schilderung der Situation bat ich Herrn H. zu mir ins Büro, um ihn kennenzulernen und seine Situation zu verstehen. Als Herr H. bei mir eintraf, betrat nur noch die Hülle eines Menschen mein Büro. Herr H.s Augen waren leer, seine Gesichtsfarbe aschfahl, eine Körperspannung war eigentlich nicht mehr vorhanden. Kraftlos schlürfend betrat Herr H. mein Büro.

„Ich weiß einfach nicht mehr weiter. Am liebsten würde ich alles nur noch hinschmeißen. Aber selbst dazu fehlt mir die Kraft. Mit meiner Frau kann ich darüber nicht sprechen, meine Freunde möchte ich damit auch nicht belästigen und irgendwie werde ich schon damit klarkommen. Aber es geht einfach nicht mehr anders, deshalb habe ich mich an Sie gewandt."

Nachdem das erste Eis gebrochen war, begann mir Herr H. seine derzeitige Situation zu beschreiben.

- „Im Job bekomme ich eigentlich gar nichts mehr auf die Reihe. Ich sitze vor meinem PC und versuche meine E-Mails zu beantworten oder meine Arbeit zu erledigen. Ich lese die Inhalte einmal, zweimal, dreimal und weiß immer noch nicht, was darinsteht. Ich kann nichts mehr aufnehmen, ich kann nur noch die einfachsten Dinge abarbeiten. Ständig kommen neue Aufgaben hinzu und ich werde zu mehreren Besprechungen gleichzeitig eingeladen, in denen die Teilprojekte besprochen werden sollen. Keiner nimmt auf mich Rücksicht, jeder hat nur sein Ding im Kopf. Mich kotzt das an, ich halte das nicht mehr aus. Und wenn die Aufgaben dann erledigt sind, dann erhält man nicht einmal ein lobendes Wort oder ein bisschen Anerkennung, getreu dem Motto: ‚It gschimpft isch globat gnua' (Nicht geschimpft worden zu sein, ist Lob genug)."
- „Von meiner Frau werde ich mich wohl trennen. Wir streiten uns nur noch. Sie versteht meine Situation überhaupt nicht. Am Wochenende bin ich einfach zu müde, um noch etwas zu unternehmen. Ich kann schon verstehen, dass sie es nervt, den ganzen Tag bei den Kids zu Hause zu sein und den Wunsch hat, am Wochenende rauszukommen. Aber ich habe einfach keine Kraft dafür. Außerdem sind wir einfach in zu vielen Dingen unterschiedlicher Ansicht. Ich halte das nicht mehr aus."
- „Meine Kinder sind mein Ein und Alles. Wenn ich nach Hause komme, freue ich mich auf sie, aber es kostet mich auch extrem viel Kraft, mit ihnen zu spielen, Hausaufgaben zu machen, sie zu ihren Vereinen zu fahren und so weiter und so fort. Ich brauche einfach Ruhe, wenn ich nach Hause komme. Daher knallt es zu Hause auch des Öfteren, wenn ich daheim bin."
- „Dann habe ich noch einen Rechtsstreit mit meinen Schwiegereltern am Laufen, die uns beim Hausbau finanziell unterstützt haben. Die Schwiegereltern verfügen zwar über ein sehr gut funktionierendes Kleinunternehmen und sind

finanziell sehr gut aufgestellt, sodass das geliehene Darlehen nicht unmittelbar zurückgezahlt werden müsste. Die Problematik ist auch weniger das ausstehende Geld als mehr die Akzeptanz des Schwiegersohnes für die Tochter. Die Situation ist ziemlich verfahren, eine Lösung nicht in Sicht."

Unterstützung von seinen Eltern ist/war nicht zu erwarten. Sein Vater hatte die Familie verlassen, als er zwei Jahre alt war. Seit jener Zeit hatte er nie wieder Kontakt zu ihm. Seine Mutter hatte einen neuen Lebenspartner, mit dem sie noch ein gemeinsames Kind (Tochter) bekommen hat. Als die Stiefschwester geboren wurde, fühlte sich Herr H. nur noch als Anhängsel der Familie und nicht als vollwertiges Mitglied. Zu seiner Mutter hat er auch seit vielen Jahren keinen Kontakt mehr, die Stiefschwester ist der einzige kleine Bezugspunkt zur Familie.

In einem langen Gespräch schilderte mir Herr H. sehr ausführlich seine Lebenslage. Am Ende seiner Ausführungen war er von sich überrascht, wie viel er von sich preisgegeben hatte, da er ansonsten ein eher zurückhaltender, introvertierter Typ sei. Seine Ausgangslage war zwar noch unverändert, dennoch spürte Herr H., dass es ihm guttat, sich die Probleme von der Seele zu reden (siehe Zuhören und Zeit für Offenheit).

Dass im Fall von Herrn H. Zuhören zwar wichtig, aber nicht die Lösung seines Problems war, lag auf der Hand. Dass hinter seiner beruflichen Überlastung mehr stecken musste, als die reine Arbeitsmenge und dass hinter seinen ehelichen Problemen mehr stecken musste, als ein „normaler" partnerschaftlicher Konflikt, lag nahe. Es fehlten jedoch noch weitere Indizien.

Zunächst galt es Herrn H. zu stabilisieren und ihn Schritt für Schritt aus seinem Sumpf zu begleiten. Erste Schritte waren daher:

- Kontaktaufnahmen zum Werks- bzw. Hausarzt, um Herrn H. ein paar Tage des Durchatmens zu ermöglichen.
- Kontaktaufnahme zu einem Schuldnerbegleiter, um seine finanzielle Angelegenheit in den Griff zu bekommen.
- Vereinbarung eines weiteren Coachinggesprächs, um die Gründe seiner Überlastung zu ergründen und weitere Maßnahmen daraus abzuleiten.

8.5.3 Die sieben Schlüsselfaktoren der Resilienz

Der Grundstein für Resilienz wird in der Kindheit gelegt,

- durch eine enge Bindung an eine oder mehrere Bezugspersonen innerhalb der Familie, die Sicherheit und Zuverlässigkeit vermittelt,

- durch die Erfahrung, akzeptiert und respektiert zu werden und Herausforderungen selbst angehen und bewältigen zu können sowie
- durch Unterstützung aus dem persönlichen Umfeld.

Resilienz lässt sich jedoch in jedem Lebensalter weiterentwickeln und stärken – auch wenn die Voraussetzungen in Kindheit und Jugend vielleicht nicht die besten waren. In meinen Coachinggesprächen habe ich es häufig erlebt, dass allein die Fokussierung auf die sieben Schlüsselfaktoren der Resilienz eine Besserung der psychischen Widerstandsfähigkeit hervorgerufen hat. In einigen Fällen mussten aber noch weitere persönliche oder familiäre Hintergründe erforscht, aufgedeckt und aufgelöst werden. Da sich viele Mitarbeiter/Coachees zunächst etwas überrumpelt fühlen, wenn man sogleich mit der Ahnenforschung beginnen möchte, eignen sich die sieben Schlüsselfaktoren der Resilienz sehr gut, um zum einen bereits die psychische Widerstandsfähigkeit zu stärken und zum anderen die Basis für eine möglicherweise notwendige Aufarbeitung der Familiengeschichte zu legen.

Die sieben Schlüsselfaktoren der Resilienz lauten:

1. Optimismus
   - Optimismus bedeutet, auch in schwierigen Situationen darauf zu vertrauen, dass es sich um einen vorübergehenden Zustand handelt. Eine optimistische Grundhaltung hilft uns dabei, gut mit Veränderungen und unbekannten bzw. ungewohnten Situationen zurechtzukommen.
   - Versuchen Sie immer wieder die positiven Aspekte einer Situation wahrzunehmen und Stück für Stück eine optimistischere Grundhaltung einzunehmen!
2. Akzeptanz
   - Was geschehen ist, lässt sich nicht mehr ändern. Akzeptanz bedeutet, Vergangenes (Erfahrungen, getroffene Entscheidungen und Geschehnisse) und Unvermeidbares anzunehmen, als Meilensteine unserer Persönlichkeitsentwicklung zu begreifen und neben Situationen auch sich selbst und andere mit allen Stärken und Schwächen, Eigenheiten und Verhaltensweisen anzunehmen. Widerstand lässt uns auf der Stelle treten, Akzeptanz schafft Raum für Neues.
   - Lernen Sie zu akzeptieren was ist (auch sich selbst) und sich auf dieser Basis immer wieder selbst zu motivieren!

3. Lösungsorientierung
    - Statt um seine Probleme zu kreisen und in der Ursachenforschung zu verharren, bedeutet Lösungsorientierung, seinen Blick auf mögliche Alternativen und Chancen zu richten, umzudenken und Neues auszuprobieren.
    - Vertrauen Sie auf Ihre Fähigkeiten und Stärken. Richten Sie Ihren Blick nach vorne, ziehen Sie alternative Lösungen in Betracht und versuchen Sie, gewohnte Pfade zu verlassen!
4. Verlassen der Opferrolle
    - Oftmals scheint es einfacher, die Umstände oder andere Menschen für die eigene Situation verantwortlich zu machen. So kann man sich leicht aus der Verantwortung stehlen und braucht sein Verhalten nicht zu hinterfragen oder zu ändern. Das führt jedoch zu einer stetigen Wiederholung von Problemsituationen und Konflikten.
    - Betrachten Sie Krisen nicht länger als unüberwindliche Probleme und sich selbst als Opfer, sondern werden Sie aktiv und nehmen Sie Ihr Schicksal selbst in die Hand!
5. Übernahme von Verantwortung
    - Verantwortung zu übernehmen, ist eine echte Bereicherung und bedeutet, zu dem zu stehen, was wir tun und die Konsequenzen dafür zu übernehmen. Dazu gehört übrigens auch, seine eigenen Grenzen zu erkennen und zu beachten. Die innere Stimme und das Bauchgefühl sind dabei ein guter Wegweiser.
    - Übernehmen Sie Verantwortung und sorgen Sie für sich selbst!
6. Netzwerkorientierung
    - Ein stabiles soziales Netzwerk (Familie, Freunde, Kollegen) an Menschen, die uns wohlgesonnen sind, bietet Stabilität und Sicherheit und fördert unsere innere Stärke. Pflegen Sie Ihre Kontakte – auch oder gerade zu Menschen, die „anders" sind. Sie erweitern den eigenen Horizont. Scheuen Sie sich nicht davor, bei Herausforderungen um Unterstützung zu bitten.
    - Bauen Sie soziale Kontakte auf und pflegen Sie Ihre Kontakte!
7. Zukunftsplanung
    - Zukunftsplanung bedeutet, sich zu überlegen, was man will, sich aktiv auf die Suche nach Handlungsmöglichkeiten zu machen und diese in die Tat umzusetzen. Kurz-, mittel- und langfristige Ziele sollten

> immer positiv und konkret formuliert und aus eigener Kraft erreichbar sein. Ebenfalls wichtig: die richtige Größe eines Ziels und ein Termin, bis zu dem es erreicht sein soll.
> - Setzen Sie sich realistische Ziele und entwickeln Sie eine Langzeitperspektive!

Belastungen und Herausforderungen werden Ihnen immer wieder begegnen. Doch Sie können lernen, konstruktiv damit umzugehen, sodass Sie trotz Schwierigkeiten ein erfüllteres Leben führen (Zitat aus: Heller 2013).

8.5.4 Drittes Praxisbeispiel: Teil 2A

In den folgenden Coachinggesprächen galt es zunächst, Herrn H. zu einem etwas selbstbestimmteren Leben zurückzuführen. Da Herr H. zunächst weiter stark in seiner Situation gefangen war, galt es ihn aus seiner Mikrobetrachtung herauszuführen und ihn in eine etwas übergeordnete Sicht- und Denkweise zu führen. Hierfür ist es zunächst notwendig, dass der Coachee an seinen vorhandenen Ressourcen und Kompetenzen andockt, um gestärkt und mit Urvertrauen neue Sichtweisen zuzulassen.

In diesen Situationen arbeite ich mit meinen Coachees gerne mit leichten Trancetechniken, wie jenen, die von Milton Erickson entwickelt wurden. In diesem Beispiel kam der sogenannte Ressourcentransport zum Einsatz.

8.5.5 Ressourcentransport

In seiner Grundtheorie ging Erickson davon aus, dass in einem Menschen alle Ressourcen vorhanden sind, um ein eigenständiges und selbstbestimmtes Leben führen zu können. Aufgrund bestimmter Lebensumstände, Umwelteinflüsse, Gewohnheiten oder Erfahrungen nutzt ein Mensch jedoch nur einen bestimmten Teil seiner Fähigkeiten. Führt man den Menschen durch bestimmte Techniken in sein Unterbewusstsein, können dort die verborgenen Fähigkeiten und unbewusste Selbstheilungskräfte aktiviert werden, sowie kreative Ressourcen genutzt werden.

Beim Ressourcentransport geht es zunächst darum, mit dem Coachee eine Situation zu finden, in der er sich wohl und sicher fühlt und aus der heraus er souverän und eigenbestimmt agieren kann. Dies kann eine Situation aus dem Alltag, aus der Arbeit, aus der Freizeit oder aus der Familie sein. Es spielt hierbei keine Rolle, woher der Coachee seine Stärke bezieht.

Hat man eine solche Situation gefunden, geht es darum, den inneren Zustand des Coachees zu erfragen. Hierfür eignen sich Fragen zu den Gefühlen des Coachees, der Körperhaltung, der Atmung, des Energiezustandes, innerer Dialoge oder Bilder, die diesen Zustand hervorrufen. Folgende Fragen bieten sich hierfür an:

- Was fühlen Sie? Wie fühlt es sich an?
- Wo im Körper spüren Sie es am deutlichsten?
- Wie geht Ihre Atmung?
- Wie ist Ihre Körperhaltung? Wie ist Ihre Körperspannung?
- Welche Gestik oder Mimik haben Sie?
- Wie ist Ihr Energiezustand? Wie fühlt sich dieser an? Wo spüren Sie diesen am deutlichsten?
- Wie sind Ihre Bewegungen?
- Welche Gedanken gehen Ihnen durch den Kopf?
- Haben Sie Bilder im Kopf und wenn ja, welche?
- Gibt es andere Personen?

Bereits beim Erfragen der inneren Ressourcen erlebt man häufig, dass die Coachees eine andere Körperhaltung einnehmen, sich ihre Mimik verändert, sie auf einmal viel präsenter und selbstsicherer wirken und eine ganz andere Aura von ihnen ausgestrahlt wird. Mithilfe der Transporttechnik versucht man, dies auch auf den Problembereich zu übertragen.

Ist durch die Befragung der Ressourcenraum beim Coachee gestärkt, kann das weitere Vorgehen folgendermaßen sein:

8.5.6 Drittes Praxisbeispiel: Teil 2B

Bei der Erfragung seiner Ressourcen, schilderte mir Herr H. folgenden persönlichen Ressourcenraum: Karatetraining.

Während des Karatetrainings befindet sich Herr H. in folgendem Zustand:

- Gefühl von Entschlossenheit, Klarheit, Konzentriertheit, Unverwundbarkeit.
- Energetisch voll aufgeladen.
- Aufrechte Körperhaltung, die Muskeln sind angespannt, die Fäuste geballt.

- Der Geist ist wach und zu allem bereit.
- Der Atem fließt ruhig und tief.
- Innerer Dialog: „So nicht! *Das lasse ich mit mir nicht machen!*"
- Inneres Bild: Highlander „*Ich bin unsterblich/unverwundbar.*"

Als das Bild und das Gefühl von Herrn H. durch die Befragung am stärksten war, wurde mit dem Ressourcentransport begonnen:

- „Wenn Sie nun das Gefühl von Entschlossenheit und Unverwundbarkeit verspüren, dann schließen Sie einfach die Augen und genießen dieses Gefühl. Dieses Gefühl von Klarheit und Konzentriertheit, in dem Ihr Körper energetisch voll aufgeladen ist, Sie die Anspannung in Ihren Muskeln spüren und Ihre Atmung ruhig und tief fließt."
- „Wenn Sie dieses Gefühl gut spüren können, können Sie mir dies durch leichtes Anheben Ihres linken Zeigefingers signalisieren." (auf das Signal warten).
- „Dann stellen Sie sich vor, wie Sie mit all diesen positiven Gefühlen an Ihrem Arbeitsplatz sitzen und Ihr Projekt bearbeiten, während Sie gleichzeitig dieses unbeschreiblich tolle Gefühl von Entschlossenheit, Unverwundbarkeit und Klarheit spüren."
- „Ich möchte Sie einladen, sich auf dieses Gefühl einzulassen und zu erleben, was sich alles in Ihrem Denken, Handeln und Fühlen verändert."
- „Dabei ist es gar nicht wichtig, dass Sie alle kleinen Veränderungen bewusst wahrnehmen, sondern einfach nur wahrnehmen, wie sich Ihr Gefühl der Entschlossenheit und Klarheit ausbreitet."
- „Wenn das Gefühl schwächer werden sollte, können Sie mir dies mit Ihrem linken Zeigefinger anzeigen." (Signal abwarten).
- „Stellen Sie sich noch einmal vor, wie Sie als Highlander in Ihrem Trainingsraum stehen. Sie können vielleicht noch einmal fühlen, wie Ihre Muskeln voll angespannt sind, wie Ihr gesamter Körper energetisch aufgeladen ist und Sie zu sich innerlich sagen: ‚Mit mir nicht!' Wenn Sie diese Gefühle verspüren, heben Sie wieder den linken Zeigefinger." (Signal abwarten).
- Erneutes Wiederholen der Problemsituation, anschließend noch ein weiteres Mal der Wechsel zwischen der Ressourcensituation und der Problemsituation.
- „Zum Abschluss: Es kann für Sie interessant sein, auch bei uns in der Firma, Zugang zu Ihren positiven Gefühlen wie Entschlossenheit und Klarheit, Unverwundbarkeit und Konzentriertheit zu haben. Und Sie dürfen dies genießen, Sie dürfen dies mitnehmen in Ihren Berufsalltag, sodass Sie dieses unbewusste Gefühl überall und jederzeit zur Verfügung haben, wenn Sie es benötigen. Tief

in Ihrem Inneren wissen Sie nun, dass Sie mutig und entschlossen auftreten können, dass Sie die anderen zurückweisen können, indem Ihnen Ihre innere Stimme sagt ‚Mit mir nicht!', und indem Sie Ihren energiegeladenen Körper spüren. Ihr Unbewusstes weiß dies, Ihr Unbewusstes kann dies, ohne darüber nachzudenken, von ganz alleine."

- „Und wenn es für Sie an der Zeit ist, die Augen zu öffnen, dann dürfen Sie dies tun. Kommen Sie ganz in Ihrem Tempo wieder in das Hier und Jetzt zurück, strecken und räkeln Sie sich und atmen Sie zum Abschluss noch ein paarmal tief durch."

Mithilfe des Ressourcentransports schaffte Herr H. einen ersten Schritt, um an seinen Stärken und Gefühlen anzudocken und diese zum Leben zu erwecken. In alltäglichen Situation, wie z. B. in Gesprächen mit seiner Frau, seinem Vorgesetzten oder den Kollegen konnte er endlich wieder seine Meinung vertreten.

8.5.7 Werde achtsam mit dir

> In der Meditation geht es ganz einfach darum, man selbst zu sein und sich allmählich darüber klarzuwerden, wer das ist.
> (Jon Kabat-Zinn)

Überlastete Personen haben sich in der Regel vollkommen von sich selbst entfremdet. Eigene Bedürfnisse zu erkennen, diese wahrzunehmen und umzusetzen, ist für viele Menschen nicht mehr möglich und vollkommen fremd. Die Personen leben zwar noch *in* ihrem Körper und *mit* ihrem Geist, eine Verbindung *zu* ihrem Körper und *zu* ihrem Geist besteht jedoch oftmals nicht mehr oder nur noch sehr eingeschränkt. In den ersten Coachinggesprächen sieht man sich daher häufig Coachees ausgesetzt, die sehr stark in ihrem Gedankenkarussell gefangen sind. Reframingangebote werden mit „ja – aber Sätzen" beantwortet und eine aktive Veränderungsbereitschaft ist noch nicht vorhanden. In den Coachinggesprächen gilt es daher, diese Veränderungsbereitschaft zu aktivieren.

In meinen Gesprächen lasse ich daher häufig die Grundprinzipien der Achtsamkeit einfließen, die in meinen Augen wunderbar die innere Offenheit beschreiben, mit der man in jeden neuen Tag starten sollte, die einem bei jeder neuen Begegnung begleiten sollte und die wir auch bei jedem neuen Projekt uns zu Herzen nehmen sollten.

Die Grundprinzipien lauten

1. Wertneutralität:
Behalten Sie eine offene innere Haltung gegenüber all den Ereignissen, die in Ihrem Leben passieren. Nehmen Sie die Vorkommnisse einfach nur wahr, ohne diese zu bewerten. So leicht dies klingt, so schwierig ist die Umsetzung. Wenn Sie aber erkennen, dass Sie werten, haben Sie eine Wahlmöglichkeit, in der Sie entscheiden können, ob Sie Ihre Bewertung belassen oder ob Sie Ihre Meinung revidieren. Eine innere Freiheit entsteht.
2. Anfängergeist:
Bewahren Sie sich den Geist der Anfängerzeit, in der Sie sich wie ein kleines Kind völlig unvoreingenommen und neugierig einer Situation widmeten. Seien Sie allem Neuen gegenüber offen und verlassen Sie Ihre Routine. Dadurch ist es Ihnen möglich, neue Sichtweisen kennenzulernen und neue Erfahrungen zu sammeln.
3. Geduld:
Ein afrikanisches Sprichwort lautet: „Ihr habt die Uhr, wir haben die Zeit." Lassen Sie sich und bestimmten Prozessen Zeit, um Raum für Entwicklung und Entfaltung zu schaffen.
Und erneut passt das alte Gebet: „Lieber Gott, gib mir die Kraft, die Dinge zu verändern, die ich verändern kann, gib mir die Geduld, anzunehmen, wenn ich sie nicht ändern kann, und gib mir die Weisheit, das eine vom anderen zu trennen."
4. Vertrauen:
Werden Sie wieder vertraut mit sich und Ihren Körpersignalen. Ganz gleich ob Sie bei einem Gebet, bei einem guten Glas Wein, bei einer sportlichen Aktivität oder bei einer belastenden Situation im Job Ihre Signale spüren, schenken Sie diesen wieder vermehrte Aufmerksamkeit und achten Sie auf Ihr Bauchgefühl.
5. Akzeptanz:
Akzeptanz und Dankbarkeit ist die Grundlage jeglicher Heilung. Werden selbst schwere und traumatische Ereignisse bei klarem Bewusstsein angenommen, stehen diese nicht mehr blockierend im weiteren Leben im Weg. Wird ein einschneidendes Erlebnis jedoch passiv akzeptiert, im Sinne von Hinnehmen, können dadurch Blockaden entstehen.

6. Teflongeist:
   Eine schönere Bezeichnung wäre evtl. die Lotusblume. Stellen Sie sich vor, dass an Ihnen Reize/Stressoren, ähnlich wie bei einer Lotusblume das Wasser, einfach abperlen. Aufkommende Reize werden von Ihnen gar nicht mehr als störend oder belastend empfunden oder müssen von Ihnen unterdrückt werden, sondern diese gleiten einfach an Ihnen herunter.
7. Loslassen:
   Um ein Problem zu lösen, muss man sich deshalb manchmal nur von dem Problem lösen. Um Loslassen zu können, muss uns bewusst sein, dass wir etwas festhalten.
   Nehmen Sie „einfach" den Moment wahr.
8. Liebe und Mitgefühl:
   Liebe und Mitgefühl helfen uns, freundlich und gelassen mit uns und anderen umzugehen und nicht wütend oder enttäuscht zu sein, wenn die guten Vorsätze (noch) nicht umgesetzt werden. Liebe und Mitgefühl schaffen ein Gegengewicht zu negativen inneren Stimmen.

Die Erfahrung aus der Praxis zeigt, dass nachhaltige Veränderungen auf mehreren Beinen stehen müssen. Hierfür ist einerseits der Veränderungswillen des Coachee erforderlich, auf der anderen Seite müssen im Firmenkontext häufig ebenfalls Anpassungen vorgenommen werden, um die Gesundheit des Mitarbeiters nachhaltig zu verbessern. In der Praxis erlebe ich, dass Anpassungen an die Tätigkeit, Arbeitszeiten, Absprachen u. v. m. unter Berücksichtigung vorhandener Rahmenbedingungen und Richtlinien bereitwillig vorgenommen werden, da oftmals kleine Anpassungen bereits große Auswirkungen auf die Leistungsfähigkeit des Mitarbeiters haben.

8.5.8 Drittes Praxisbeispiel: Teil 3

Man kann einen Menschen nichts lehren, man kann ihm nur helfen, es in sich selbst zu entdecken.
(Galileo Galilei)

Der Gesundheitszustand von Herrn H. verbesserte sich zwar stetig, dennoch war Herr H. nach wie vor weit entfernt von einem lebensfrohen, energiegeladenen und gesunden Menschen. Die bisherigen Coachinggespräche und Unterstützungsmethoden konnten Herrn H. jedoch soweit stabilisieren, dass er im Unterbewusstsein bereit und offen war, den nächsten Schritt zu gehen.

Im Gespräch mit Herrn H. rückte das Thema Beruf immer weiter in den Hintergrund. Nicht zuletzt aufgrund eines offenen Gespräches mit dem Vorgesetzten, der ihm Unterstützung in der kommenden Zeit zusicherte. Herr H. verspürte, dass sein wahres Problem tiefer saß. Immer häufiger berichtete er mir von seiner Ursprungsfamilie, der er sich nicht wirklich zugehörig fühlte und in der immer nur die Leistungen der beiden Geschwister gewürdigt wurden bzw. nach wie vor werden. Herr H. sprach mit Wut und großer Enttäuschung über den fehlenden Kontakt zu seinem leiblichen Vater, über die Verleumdungen von Seiten der Mutter, die er über seinen Vater in der Kindheit immer wieder ertragen musste, über den anscheinenden Alkoholkonsum seines Vaters, über die Beziehung zu seiner Mutter, bei der materielle Dinge immer mehr in den Vordergrund rückten anstatt einer gefühlvollen Beziehung zu ihrem Sohn. Herr H. berichtete liebevoll von seiner Beziehung zu seiner älteren Schwester (von den gemeinsamen Eltern) und dem für ihn belastenden Verhältnis zu seinem jüngeren Bruder (von seiner Mutter und seinem Stiefvater), den er, selbst noch ein Kind, aufziehen musste. An diesem Verhältnis ärgerte ihn besonders, dass die Lorbeeren für erbrachte Leistungen immer nur sein Bruder bekommt (ein mehr oder weniger erfolgreicher Künstler), nie jedoch er selbst. Herr H. bezog dies zum einen auf die noch fehlende Anerkennung in der Zeit, in der er seinen Bruder erziehen musste, wie auch auf Leistungen in der näheren Vergangenheit oder Gegenwart.

Animiert durch das für Herrn H. seelenreinigende Gespräch, wuchs bei Herrn H. der Wunsch mehr und mehr über seine Ursprungsfamilie und somit auch über sich zu erfahren. Was er dann auch in die Tat umsetzte.

In den folgenden Monaten erhielt ich folgende Rückmeldungen von Herrn H.:

Ca. drei Monate nach dem letzten Gespräch bekam ich folgende Karte zugesendet:

Hallo Herr Lutz,
viele Grüße aus Ihrer Heimatregion Allgäu, Oberstaufen. Ich bin so froh, dass Sie meine Not damals erkannt haben und mich nicht mehr losgelassen haben. Sie haben mir mein Leben zurückgegeben, bzw. gerettet. Somit sind Sie eine Art Lebensretter ☺. Vielen Dank.

Weitere sechs Monate später liefen Herr H. und ich uns zufällig im Unternehmen über den Weg. Doch er berichtete mir Folgendes freudestrahlend:

„Ich nutzte meinen Urlaub, um eine Reise zu mir und meinen Ursprüngen zu unternehmen. Ich begab mich auf eine Roadshow durch Deutschland, um eine

Wiedervereinigung mit meiner Mutter zu begehen, traf mich quasi erstmalig mit meinem Vater und ich bereiste noch weitere für mich biografisch wichtige Orte, um meine Vergangenheit aufzuarbeiten.

Das Treffen mit meiner Mutter verlief, wie ich es mir erhofft hatte. Wir beide haben Rotz und Wasser geweint, dass wir uns nach der langen Zeit der Funkstille wiedergefunden haben, konnten uns relativ schnell auf einer sehr persönlichen und emotionalen Ebene austauschen und haben eine neue Ebene gefunden, auf der wir zukünftig weiter aufbauen können. Natürlich gab es auch wieder Situationen, in denen ich vor wenigen Monaten noch tierisch ausgeflippt wäre oder in mir implodiert wäre, aber dieses Mal zogen die ‚Angebote' und Anspielungen meiner Mutter einfach an mir vorbei, ohne, dass ich sie annahm oder ablehnen musste. Bei der Verabschiedung erhielt ich auch von meiner Mutter die positive Rückmeldung, dass ich mich verändert hätte. Ich sei wesentlich weicher geworden und längst nicht mehr so aggressiv.

Vom Treffen mit meinem Vater hätte ich mir mehr erwartet, aber rückblickend muss ich auch dort sagen, dass wir eine gute Basis für die Zukunft gefunden haben. Natürlich haben sich in mir 40 Jahre Hoffnung, Frust und Sehnsucht nach diesem einen Treffen gebündelt. Da ist mir auch klar, dass ich ein Stückchen weit enttäuscht werden würde. Das Treffen mit meinem Vater war leider sehr kurz. Gerade einmal zwei Stunden hat er sich für mich Zeit genommen und dies auch nur nach einer Intervention von Seiten meiner Schwester. Nachdem zunächst zwischen uns eine regelrechte Eiszeit bestanden hatte und wir uns nach dem Motto ‚mein Haus, mein Auto, meine Yacht' ausgetauscht hatten, nahm ich all meinen Mut zusammen und sagte zu ihm: ‚Gib mir bitte deine Hände, ich möchte dich spüren!' Nachdem sich mein Vater anfänglich noch sträubte, mir dann zunächst die eine Hand entgegenstreckte, nach der erneuten Bitte mir auch seine zweite Hand entgegenbrachte, ergriff ich seine Hände und sagte zu ihm: ‚Ich bin dein Sohn. Was geschehen ist, ist geschehen. Ich nehme dich als meinen Vater an und ich wünsche mir von dir, dass auch du mich als deinen Sohn annimmst.' Ab diesem Zeitpunkt war das Eis zwischen uns gebrochen. Die bis dahin im Raum stehende Angst meines Vaters, dass ich ihn mit Vorwürfen bombardieren würde, war wie weggefegt. Wir konnten uns ganz normal unterhalten und bereits etwas kennenlernen. Daher kann ich doch ein positives Fazit aus dem Treffen ziehen, auch wenn ich in mir einen Durst verspüre, meinen Erzeuger und Vater näher kennenzulernen, der bisher noch nicht gestillt wurde. Aber ich sehe der Zukunft positiv entgegen.

In meiner Kindheit musste ich alle zwei Jahre umziehen und konnte mich deshalb nirgends so richtig heimisch fühlen. Das war mir nur in der letzten Stadt, in der ich dann meinen Schulabschluss und meine Berufsausbildung gemacht habe, möglich. Deshalb war es für mich ebenfalls sehr wichtig, nochmals die Städte und Orte zu besuchen, die mich in meiner Kindheit und Jugend geprägt hatten. Ich konnte viele Geschichten und Erlebnisse nochmals vor dem geistigen Auge erleben und sie auch meiner Partnerin vor Ort viel realitätsnaher erzählen und ihr ihre Bedeutung klarmachen. Beim Besuch dieser Orte verspürte ich ebenfalls, dass ich noch offene Themen abschließen konnte. So beschlich mich bisher immer ein Gefühl von Heimweh zu der Stadt, in der ich meinen Schulabschluss und meine Berufsausbildung gemacht habe. Beim diesjährigen Besuch fühlte ich mich nach wie vor sehr wohl dort, aber es war nicht mehr meine Stadt, es ist nicht mehr meine Heimat. Ich weiß nun, wo mein Zuhause ist.

Auf dem Heimweg schloss sich dann der Kreis vollständig. Als ich auf der Autobahn gen Süden fuhr und meine Gedanken schweifen ließ, beschlich mich ein Gefühl der Dankbarkeit darüber, wie ich groß geworden und aufgewachsen bin. Auf einmal war ich auch meinem Stiefvater sehr dankbar für all das, was er mir ermöglicht hatte und welche Werte er mir mit auf den Weg gegeben hat. Etwas, worauf ich vor kurzer Zeit noch mein letztes Hemd verwettet hätte, dass dies in meinem Leben niemals der Fall sein wird. Bisher habe ich meinem Stiefvater meinen Dank noch nicht ausgesprochen. Dies werde ich bald nachholen.

Wie es weitergeht? Ich kann es Ihnen nicht sagen, aber ich spüre, dass ich auf dem richtigen Weg bin. Jetzt ist mir erst bewusst geworden, was Sie am Anfang meinten, als Sie sagten, dass ich von mir entfremdet bin und ich nicht ich selbst bin. Endlich spüre ich mich wieder. Es gibt nach wie vor Tage, an denen ich mich belastet fühle und ich mich dann sowohl im Beruflichen als auch im Privaten herausnehmen muss. Aber insgesamt verspüre ich, dass meine Kräfte zurückkommen, ich ein viel offenerer Mensch geworden bin und mir dadurch auch die Menschen viel offener und ehrlicher gegenübertreten. Ich spüre, dass ich zum ersten Mal im meinem Leben zu dem stehe, was mein Herz mir mitteilt. Ich bin gespannt, was kommt und nehme es so an, wie es kommt."

8.6 Schlussgedanken

Die World Health Organisation (WHO) definiert Gesundheit als „Zustand des vollkommenen körperlichen, seelischen und sozialen Wohlbefindens und nicht die bloße Abwesenheit von Krankheit oder Gebrechen".

Unsere Gesundheit begleitet uns durch unser gesamtes Leben. Sie ist unser höchstes Gut. Sie gilt es zu bewahren und zu beschützen. Und dennoch gibt es für jeden von uns unterschiedliche gesundheitliche Rahmenbedingungen, denen wir unterworfen sind oder die wir uns selbst bereiten. Mit unserem Denken, Handeln und Fühlen haben wir starken Einfluss auf unsere gesundheitliche Verfassung und sind in der Lage, unsere physische, psychische und seelische Gesundheit in Einklang zu bringen. Selbst schwere gesundheitliche Schicksalsschläge lassen sich durch ein perfektioniertes Präventionsverhalten nicht verhindern. Befindet sich aber die seelische Gesundheit im Gleichgewicht, ist auch ein positiverer Umgang mit einer schweren Erkrankung möglich, was wiederum den Krankheitsverlauf positiv beeinflussen kann. Mehrfach habe ich es in unserem Unternehmen erlebt, dass schwer krebserkrankte Mitarbeiter, die Anspruch auf eine Vollerwerbsminderungsrente besaßen, diese abgelehnt haben, da sie nicht vor ihrer Krankheit kapitulieren wollten und ihre Arbeit als Teil der Behandlung und Genesung ansahen. Der Erfolg gab den Mitarbeitern recht. Trotz körperlicher Einschränkungen blühte ihre psychische und seelische Gesundheit auf. Mit aufkommenden Rezidiven konnte ebenfalls besser umgegangen werden.

In diesem Zusammenhang kann man daher auch nicht von einer Work-Life-Balance sprechen. Arbeit und Leben lassen sich nicht scharf trennen. Beide Felder beeinflussen sich gegenseitig. Der Arbeitsseite wird auch immer der Makel angeheftet, sie würde den Menschen aufgrund der neuen Technologien und der größer werdenden Anforderungen auf dem Arbeitsmarkt krankmachen. Selten gibt es die Betrachtung, dass auch der Mensch die Arbeit bzw. sein Arbeitsumfeld krankmachen kann. Lösen wir jedoch die strikte Trennung zwischen Arbeit und Leben auf und betrachten alles was in unser Leben tritt

- als dazugehörig,
- als von einer höheren Macht bestimmt,
- als Chance, unseren Bezugsrahmen zu erweitern,
- als liebenswerte Besonderheit.

Dadurch wird man sicher mit temporären Problemen bei der Arbeit besser und leichter umgehen können.

Man hinterfragt manch einen Konflikt mit dem Vorgesetzten oder Kollegen und kommt vielleicht auch zu dem Entschluss, dass dieser unnötig ist. Dadurch verlagert man seine Konzentration und Kraft von Gedanken über Probleme, die man nicht lösen oder beeinflussen kann, auf schöne, positive Erlebnisse mit unseren Liebsten und Nächsten. Wenn das gelingt, sich bewusst auf die Dinge auszurichten, die einem guttun, entsprechen und tatsächlich erfüllen, dann hat man wohl die höchste Stufe der Gesundheit erreicht und kann ein gesundes, glückliches und erfolgreiches Leben führen.

> Denn eine Gesundheit an sich gibt es nicht, und alle Versuche, ein Ding derart zu definieren, sind kläglich missraten. Es kommt auf dein Ziel, deinen Horizont, deine

Antriebe, deine Irrtümer und namentlich auf die Ideale und Phantasmen deiner Seele an, um zu bestimmen, was selbst für deinen Leib Gesundheit zu bedeuten habe. Somit gibt es unzählige Gesundheiten deines Lebens.
(Friedrich Wilhelm Nietzsche (1844–1900), deutscher Philosoph und Schriftsteller)

8.7 Selbsttest: Resilienz

Und wie ist es um Ihre Resilienz bestellt?

Folgende Fragen können Ihnen dabei helfen, ein erstes Gefühl für Ihre psychische Widerstandsfähigkeit zu bekommen. Sollte sich daraus resultierend ein neuer Blickwinkel auf bestimmte Aspekte Ihres Lebens ergeben, vertrauen Sie auf sich selbst und geben diesen neuen Aspekten in Ihrem Leben Raum für Offenheit, für Veränderung oder für Auflösung.

Worin sehen Sie Ihre Begabung, Ihre (Lebens-)Aufgabe?
_____
_____

Was ist das Faszinierende an Ihrer Begabung oder was reizt Sie an dieser Aufgabe, an einer bestimmten Vorstellung?
_____
_____

Können Sie Ihre Begabung, Ihre Aufgabe auch (aus-)leben?
_____
_____

Worauf kommt es Ihnen dabei vor allem an? Welchen Sinn/Zweck verfolgen Sie?
_____
_____

Welche Gestaltungsmöglichkeiten haben Sie, um Ihre Wunschvorstellung/-aufgabe verwirklichen zu können?
_____
_____

Wer oder was könnte Ihnen helfen, um Ihre Wunschvorstellung zu verwirklichen?

Was wäre noch erforderlich, um Ihre Wunschvorstellung zu verwirklichen?

Welche Kriterien legen Sie sich zugrunde, nach denen Sie entscheiden, ob die Umsetzung Ihre Ansprüche erfüllt?

Könnten diese Kriterien auch nach einem anderen Maßstab gemessen werden?

Wie geht es Ihnen, wenn Sie die von Ihnen gesetzten Maßstäbe erfüllen/nicht erfüllen?

Wie geht es Ihnen, wenn Sie die an Sie gesetzten Maßstäbe erfüllen/nicht erfüllen?

Literatur

Heller, J. (2013). *Resilienz. 7 Schlüssel für mehr innere Stärke*. München: Gräfe & Unzer.
Selye, H. (1974). *Stress: Bewältigung und Lebensgewinn*. Zürich: Piper.

Weiterführende Literatur
Carbone, M., & Jung, J. (2012). *Friedrich Nietzsche: Die Kunst der Gesundheit*. Freiburg: Alber.
Dehner, R., & Dehner, U. (2004). *Coaching als Führungsinstrument*. Frankfurt New York: Campus.
Dehner, R., & Dehner, U. (2006). *Steh dir nicht im Weg*. Frankfurt New York: Campus.
Dehner, R., & Dehner, U. (2013). *Transaktionsanalyse im Coaching*. Bonn: managerSeminare.

Dehner, R., & Dehner, U. (2015). *Introvision. Die Kunst, ohne Stress zu leben.* Freiburg im Breisgau: Kreuz.

Grün, A. (2007). *Bleib deinen Träumen auf der Spur.* Freiburg im Breisgau: Herder.

Grün, A., & Donders, P. (2011). *Wertschätzung.* Münsterschwarzach: Vier-Türme.

Heinemann, H. (2013). *Warum Burnout nicht vom Job kommt.* München: Adeo.

Kabat-Zin, J. (2006). *Gesund durch Meditation.* Frankfurt am Main: Fischer.

Neumann, M., & Heck, K. (2016). *Introvision bei Stress- und Angstbewältigung.* Wiesbaden: Springer.

Prost, W. (1999). *Glasperlenspiele.* Köln.

Prost, W. (2003). *Aus Partituren des Schicksals.* Köln: Books on Demand.

Prost, W. (2008). *Dialektik – die Psychologie des Überzeugens.* Wiesbaden: Gabler.

Prost, W. (2010a). *Führe dich selbst.* Wiesbaden: Gabler.

Prost, W. (2010b). *Coaching-Brevier.* Köln.

Prost, W. (2011). *Ganzheitliches Coaching als Mitarbeiter an der Evolution.* Köln.

Prost, W. (2012). *Coaching… erkennen, verstehen, lösen.* Köln.

Prost, W. (2014). *Freiraum für die Seele.* Köln: Gerhard Hess.

Richter, H. J., & Heilmeyer, P. (2009). *Gesund durch Stress.* Lünen: Systemed.

Schneider, M. (2012). *Stressfrei durch Meditation.* München: O.W.Barth.

Uhle, T., & Treier, M. (2013). *Betriebliches Gesundheitsmanagement.* Berlin Heidelberg: Springer.

Wagner, A. C. (2011). *Gelassenheit durch Auflösung innerer Konflikte.* Stuttgart: Kohlhammer.

http://www.harvardbusinessmanager.de/blogs/a-839487.html. Zugegriffen: 27. Juli 2016.

http://www.spektrum.de/lexikon/neurowissenschaft/angst/641. Zugegriffen: 19. Juli 2016.

Christian Lutz geboren 1980, ist Diplom-Sportwissenschaftler und Sporttherapeut DVGS. Nach ersten beruflichen Erfahrungen in der Arbeit mit Patienten in einer Rehabilitationsklinik arbeitet er seit 2008 im betrieblichen Gesundheitsmanagement eines großen internationalen Unternehmens. In seinen Beratungen lässt er neben seiner gesundheitsorientierten Grundhaltung auch die Einflüsse verschiedener Coaching-Ausbildungen wie zum Beispiel des DBVC (Deutscher Bundesverband Coaching e.V.) oder der Akademie für Ganzheitliche Führung einfließen. Er lebt mit seiner Familie im wunderschönen Allgäu.

Der Coach als Sparringpartner, wenn ich mir selbst im Wege stehe

Julia Schulz

> **Zusammenfassung**
>
> In diesem Beitrag geht es darum, dass sich Menschen sowohl in privaten als auch beruflichen Themen immer wieder selbst im Wege stehen und dieses oft gar nicht bemerken. Aber selbst wenn sie darum wissen, heißt es noch lange nicht, dass sie die selbst gelegten Steine oder Barrieren aus dem Wege räumen können.
>
> Dafür sind zum einen der Coach als Sparringpartner und zum anderen das Coaching als Prozessbegleitung und Mittel sehr gut geeignet.
>
> Im Folgenden werden regelmäßig vorkommende Fragestellungen im Coachingprozess und typische Hürden der Coachees kurz angerissen und Anwendungsbeispiele vorgestellt.
>
> Leser, die sich angesprochen fühlen, können durch die Beispiele Ermutigung finden und im Bedarfsfall Coaching als Prozessbegleitung in Anspruch nehmen.

9.1 Wann und wie wir uns selbst im Wege stehen

9.1.1 Einleitung

Ich erlebe in meiner Coachingpraxis immer wieder, dass ich ganz klar sehe, was gut für den Coachee wäre und was er tun müsste, um „weiter zu kommen", sich dieser aber selbst im Wege steht und dadurch das Leben selbst beschwert.

J. Schulz (✉)
Frankfurt a.M., Deutschland
E-Mail: j.schulz@mindscout.info

© Springer Fachmedien Wiesbaden GmbH 2018
W. Prost (Hrsg.), *Das Leistungsspektrum von Coaching*,
https://doi.org/10.1007/978-3-658-18935-8_9

Es ist oft ein Tunnelblick, der den Coachee dann davon abhält, sich der Vision des Erfolges zu stellen und den eigenen Anteil am Gelingen oder am Scheitern zu erkennen.

Wenn der Coachee sich bei einem bestimmten Vorhaben und einem wichtigen Entwicklungsschritt selbst im Weg steht, dann geht auch sonst nichts mehr voran. Man sollte sich dies einmal bildlich vorstellen: Ich will vorankommen, stelle mich mir aber selbst in den Weg.

Hier wird spätestens klar, dass da zwei Bestrebungen aufeinanderprallen und in eine Art Wettstreit miteinander gehen.

Wenn ich mir also darüber klar werde, dass nicht irgendjemand anderes, sondern ich selbst mir im Wege stehe, dann erkenne ich, dass ich mich selbst boykottiere und eine ambivalente Haltung einnehme. Etwas in mir (wir nennen es einen „Anteil") will voranschreiten, während ein anderer Anteil genau dieses verhindert!

Die gute Nachricht ist, dass ich selbst etwas tun kann und nicht abhängig bin von anderen Personen, die sich mir zum Beispiel in den Weg stellen (auch hier sollte man genauer hinschauen, ob da nicht etwas auf andere projiziert wird ...).

Im Grunde müsste ich ja nur den Weg frei räumen! Doch wenn es so einfach wäre, wie hier gerade beschrieben, dann wäre es sicher kein Dauerthema im Coaching- und Beratungskontext.

Jeder hat solche Situationen im Kleinen oder Großen schon erlebt:

- Ich weiß, ich bräuchte mehr Zeit für mich selbst, nehme mir diese aber nicht.
- Ich will eine Sache erledigen, bekomme es aber nicht hin.
- Ich will mich gesünder ernähren, greife aber wieder zu Fastfood.

Die Palette an Möglichkeiten, wie man sich selbst blockieren kann, ist sehr groß und oft können wir uns selbst nicht verstehen. Häufig sind wir dann auch nicht besonders gut auf uns (selbst) zu sprechen, was die Angelegenheit noch zusätzlich erschwert.

Es muss also etwas sortiert und verstanden werden, bevor sich an der verworrenen Situation aus zwei sich so gegenüberstehenden Bestrebungen etwas ändert.

9.2 Bewusstwerdung unserer Einstellung und Haltung

Es ist elementar wichtig, sich der eigenen Einstellung und Haltung bewusst zu sein, die richtungsweisend sind und den Verlauf eines Vorhabens entscheidend prägen.

Die Einstellungen und Maßstäbe eines Menschen verraten viel über dessen Bewertungen und lassen damit einhergehende Muster erkennen, die wiederum zu entsprechenden Verhaltensweisen und Reaktionen führen.

Jeder Mensch hat eine Art Grundhaltung oder Gesinnung, die von multidimensionalen Faktoren (soziales Umfeld, Erziehung, Lernerfahrungen etc.) geprägt wurde und wird.

Es ist gut, die inneren Einstellungen und Grundhaltungen zu kennen, denn sie beeinflussen permanent, wie wir die Welt um uns herum wahrnehmen. Sie sind sozusagen die Grundpfeiler unseres Denkens und lenken damit maßgeblich unser Verhalten, also das Handeln bzw. das Nichthandeln.

Es handelt sich um eine Art Programm oder inneren Ablaufplan, der sich fast automatisch abspielt und sich bereits manifestiert hat – ob wir es merken oder nicht.

Unsere Gedanken entstehen nicht frei und beliebig in einem „luftleeren Raum", sondern aus unseren eigenen Überzeugungen und Glaubenssätzen heraus. Das ist eine wichtige Erkenntnis für mehr Selbstbestimmung und Unabhängigkeit.

Wir müssen also unsere Wahrnehmung schärfen und unser Denken besser kennenlernen, besonders in Bezug auf eigene negative Gedankenspiralen, Abwertungen, Selbstzweifel und Ähnliches.

Wenn uns etwas davon abhält, in die Klarheit und die Entscheidung zu gehen, dann haben unsere Denkstrukturen oft begrenzende Strukturen angenommen, die uns auf der einen Seite auf Trab halten und uns auf der anderen Seite davon abhalten, zielgerichtet in eine bestimmte Richtung zu gehen.

Gerade dann, wenn Ausreden uns am Handeln hindern, sind diese aus unserer Sicht oft an äußere Umstände gekoppelt. Dann klagen wir an, machen Vorwürfe und sehen lauter „Gespenster".

Der Coach kann dabei unterstützen, zunächst die typischen Denk- und Glaubensmuster herauszuarbeiten. Er benutzt dabei neben bestimmten Fragetechniken auch konkret abgeleitete Annahmen, die er dem Coachee „anbietet" und stützt sich auf seine Erfahrung mit typischen, sich wiederholenden Glaubensmustern.

Nach diesem so elementaren Prozessschritt wird es einfacher, Rückschlüsse auf die aktuelle Fragestellung oder konkrete Situation des Coachees zu ziehen. Gemeinsam eruiert man, warum sich der Coachee selbst blockiert beziehungsweise warum er sich zum Beispiel mit negativen Prognosen selbst gefangen hält und als Konsequenz nicht in die Aktivität gehen kann oder will.

In diesem Zusammenhang helfen Fragen, die darauf abzielen, woher ein bestimmtes Verhaltensmuster stammt (Entstehungsursache), was genau im Weg steht (Materialursache) und wie es im Weg steht (Formursache).

Eine gute Frage zur Selbstreflektion ist auch, welchen Zweck es erfüllt, dass man sich im Wege steht (Zielursache).

Die letzte Frage verwirrt aus meiner Erfahrung den Coachee besonders, da sie eher ungewohnt ist. Irritierende Fragen lassen keine vorgegebenen Antworten aus dem Repertoire zu und regen daher einen neuen oder anderen Denkprozess an.

Durch diese neue Betrachtungsweise wird der Coachee sozusagen „aus der Reserve gelockt".

Der Coachee soll sich fragen, welche Haltung und Einstellung für sein Vorhaben und den Erfolg angemessen und nötig wäre. Damit beginnt eine gute Denk- und Umwandlungsphase, die der Coach durch Fragen steuert und durch seine Prozesssicherheit im Coaching aktiv begleitet.

Dabei soll der Coachee möglichst interaktiv lernen, dass eine günstige Einstellung zu günstigem Verhalten führt.

Als Coach übe ich auch – je nach Coachee und Situation – anhand von interaktiven und spielerischen Methoden mit dem Coachee, welche Haltung er hat und wie authentisch das auf mich wirkt beziehungsweise was zum Beispiel seine Körperhaltung ausdrückt. In diesem Falle werden aus Grundeinstellungen erlebbare Selbsterfahrungen für den Coachee. Danach verändern wir die Ist-Haltung und üben gemeinsam die Haltung, die positiv wäre für einen guten Ausgang. Der Coachee merkt den Unterschied dann weniger abstrakt, sondern ganz konkret und macht eine körperliche Erfahrung, die er entsprechend verankern kann.

Der sogenannte „Gedankenstopp" und andere mental-kognitive Übungen helfen dabei, die innere Haltung in Form von Gedanken zu kontrollieren. Manchmal ist es hilfreich, auch die echten Herzenswünsche des Coachees dahingehend zu überprüfen, was den Coachee bisher davon abgehalten hat, sich diese zu erfüllen. Der Coachee soll die positive Erfahrung machen, dass es sich lohnt, sich aktiv für seine Wünsche und Ziele zu bemühen und einzusetzen – mögen die tatsächlichen oder gefühlten Barrieren auch noch so groß und unüberwindbar erscheinen.

9.3 Blockaden erkennen, Ängste auflösen und Barrieren aus dem Wege räumen

Es gibt einen häufig vorkommenden Zustand, den ich aus dem Englischen „stuck in"[1] ableite. Wir verharren in einer Position, selbst wenn sie noch so schädlich oder ungesund ist und von außen betrachtet einfach aufzulösen wäre.

Blockaden oder innere Widerstände sowie Ängste und andere Barrieren verhindern den nötigen Energiefluss in Richtung Lösung oder Auflösung. Hier ist eine Bewusstwerdung nötig, eine „awareness"[2] für den eigenen inneren Kampf, der den Weg versperrt.

---

[1] Stuck (engl.): stecken, to stuck in: stecken bleiben in etwas.
[2] Awareness (engl.): Bewusstsein.

Es gibt gegebenenfalls reale Hindernisse (im Außen), mit denen wir uns dann auseinandersetzen müssen, aber auch solche, die innerlich in uns arbeiten und unseren Zugang versperren.

Nachfolgend möchte ich auszugsweise auf verschiedene Aspekte aufmerksam machen, die zeigen, wie wir uns selbst im Wege stehen können:

9.3.1 Angst vor dem Scheitern

Wenn ich Angst vor Fehlern oder dem eigenen Scheitern habe, fehlt mir der Mut für den nächsten Schritt. Die Betroffenen bleiben stehen, damit nichts passieren kann, denn hier gilt nach der Logik der Angst: Wer nichts tut, kann auch nicht scheitern.

Die Betroffenen sehen unsichtbare oder tatsächliche Barrieren und füttern diese mit den Gedanken an das Scheitern und sind unfair zu sich selbst. Sie betrachten dann nicht, wie die Dinge wirklich sind und sein könnten, sondern fokussieren sich auf diesen Zwischenraum, der einengt und das Denken und die Gefühle dahingehend blockiert, die Richtung zu wechseln.

Die Betroffenen sehen entsprechend die Gefahren und Risiken und wagen sich entweder gar nicht vorwärts, wobei sie wertvolle Chancen verpassen, oder sie wählen den (vermeintlich) sichersten Weg.

In jedem Fall heißt „sich wagen" auch immer, dass man sich oder etwas überwindet. Im Sport zum Beispiel muss man sich für den Sieg einsetzen und Handlungsbereitschaft zeigen, was bedeutet, dass man sich aktiv in Bewegung setzt.

Wer zu viel abwägt und wenig Risikobereitschaft zeigt, hat aber eventuell auch eine der anderen Formen der Angst.

Der Coach sollte sich mit Ängsten auskennen, also über Grundkenntnisse der Psychologie verfügen. Dies ist zum einen wichtig, weil Ängste, Zwänge und eine ähnliche Symptomatik, aus meiner Erfahrung sehr häufig im Coachingkontext in Erscheinung treten und weil ohne deren Bearbeitung eine echte Veränderung schwer möglich ist. Zum anderen gehört es zur Verantwortung des Coachingberufes, seine eigenen beruflichen und damit inhaltlichen Grenzen zu kennen, in der sich der Coachingansatz bewegen kann. In diesem Kontext gilt es auch, tiefer liegende Ängste oder Panik im Ansatz zu eruieren und den Coachee auf eine Behandlung dieser Symptomatik durch einen Experten hinzuweisen.

9.3.2 Angst vor Enttäuschungen

Wenn man Angst vor Enttäuschungen hat, wurde man vermutlich durch negative Begegnungen oder Situationen geprägt, die vermutlich noch gar nicht oder nicht in Gänze überwunden wurden, die also weiterhin aktiv innerlich arbeiten und sich spätestens dann melden, wenn eine Situation an die alte Enttäuschung erinnert.

Der Enttäuschung gehen bestimmte Vorstellungen und Erwartungen an die eigene Person oder andere Menschen voraus, die im Vordergrund standen und unerfüllt blieben.

Das Maß der Enttäuschung wächst mit zunehmenden Erwartungen und (subjektiv) zunehmender Wichtigkeit der Situation.

In der Folge sind wir ärgerlich, wütend, traurig oder frustriert bis verbittert. Viele Menschen machen sich nach Enttäuschungen selbst viele Vorwürfe und setzen sich nicht richtig mit der entstandenen Enttäuschung auseinander. Auch hierbei kann ein Experte von außen gut unterstützen, insbesondere, wenn die Lernerfahrungen dazu führen, dass der Betroffene sich selbst nicht genug annimmt und es ihm nicht gelingt, in das Selbstvertrauen und die Selbstwirksamkeit der eigenen Handlungen zu kommen.

Ganz besonders wichtig ist diese Auseinandersetzung dann, wenn der Betroffene sich gar nicht erst bewegt, um nicht enttäuscht zu werden oder um zu vermeiden, andere zu enttäuschen. Menschen mit dieser Angst sind zu sehr mit den negativen Folgeemotionen beschäftigt und daher blockiert.

Eine andere Erscheinungsform, die mir oft begegnet ist, zeigt sich in einer (zu) hohen Anforderung des Coachees an sich selbst, die schwer erfüllbar ist. Sehr häufig erlebe ich Coachees, die sich und ihren Fähigkeiten generell misstrauen. Manche Coachees trauen sich entweder nicht mehr zu, die Leistung zu erbringen, die zum Erfolg führt, oder sie haben Angst, mit einer neuen Enttäuschung nicht zurechtzukommen.

Dabei ist ein wichtiges Lernfeld innerhalb des Coachings, sich zu erlauben, nicht immer perfekt zu sein, Enttäuschungen als Teil des Lebens zu integrieren und die eigenen Erwartungen zu überprüfen, denn auch in Bezug auf Erwartungen gilt: „Große Erwartungen machen klein."

9.3.3 Angst vor Entscheidungen

Menschen, die keine Entscheidung treffen, obwohl diese ansteht, haben oft Angst vor der Verantwortung und den Konsequenzen.

Diese Angst kann sehr blockierend sein und zu einer dauerhaften Entscheidungsschwäche und im schlimmsten Fall zu Panik führen, die dann bei jeder (neuen) Entscheidung entsteht.

Entscheidungen gehören zu unserem alltäglichen Leben und sind Teil unseres Selbst. Wir haben die Wahlmöglichkeit zwischen verschiedenen Optionen und können unterschiedliche Entscheidungswege und -strategien anwenden.

Manche Menschen brauchen sehr viele Informationen, bevor sie wichtige Entscheidungen treffen. Sie wollen ganz sicher sein und dabei nichts außer Acht lassen. Im übertriebenen Sinne wollen sie alle Eventualitäten durchgehen und können sich schwer damit abfinden, dass ein restliches Risiko und eine bestimmte Ungewissheit bleiben. Während die Entscheidung eigentlich schon längst getroffen sein müsste, grübeln sie immer noch über bestimmte Faktoren und umgehen dabei die eigentliche Entscheidung.

Bei wirklich großen Entscheidungen lohnt es sich natürlich, über die kurz-, mittel- und langfristigen Folgen nachzudenken und das Thema zu durchleuchten, aber die Phase sollte überschaubar sein und auch zu einem Ergebnis führen.

Wenn zum Beispiel ein Jobwechsel das Thema ist und „die perfekte Stelle" vakant ist, dann gibt es dennoch Coachees, die sich gar nicht erst bewerben und in ihrem Vermeidungsverhalten stecken bleiben. Genau hier kann ein erfahrener Berufscoach eingreifen. Hier können Kriterienlisten und andere Entscheidungshilfen erstellt, sowie erste Schritte gemeinsam unternommen werden, um aus der Spirale der Unentschlossenheit herauszukommen.

Der Coachee erfährt dabei seine eigene Wirksamkeit bei Veränderungen, was das große unbekannte „Gespenst" von Risiko und möglicher Fehlentscheidung etwas kleiner macht. Aus meiner Erfahrung wird es wesentlich leichter, sich zu entscheiden, wenn man ein Stück in Richtung Veränderung gegangen ist, sich also einen kleinen Schritt vorwagt.

Je nach Situation ist der Entscheidungsprozess, den man durchläuft, anders geartet und man muss sich, wenn man zum Beispiel ein bestimmtes Ziel erreichen will, der erforderlichen Vorgehensweise anpassen. Gegebenenfalls stehen eher kleinere Teilentscheidungen an, die den Verlauf bestimmen und die nächsten Eckpfeiler darstellen. In diesem Fall kann man viel von Projektmanagementmethoden ableiten, in denen Meilensteine gesetzt werden, zu denen man sich in strukturierten und sukzessiven Schritten hinarbeitet. Auch hier stellen das Nichtentscheiden und die inaktive Haltung keine zielführenden Alternativen dar, was nicht bedeutet, dass es im Leben nicht auch Situationen geben kann, in denen eine abwartende Haltung gut wäre.

Der Spruch „Wo die Angst ist, ist der Weg." bedeutet in diesem Zusammenhang, dass wir, nur weil wir Angst vor einem bestimmten Weg oder dessen Konsequenzen haben, diesen nicht einfach ignorieren sollten. Die Angst kann oft ein Wegweiser sein, von dem wir wichtige Informationen über uns selbst erhalten können. So lohnt es sich aus meiner Sicht immer, sich mit der Angst konstruktiv und bewusst auseinanderzusetzen, denn Ängste lassen sich transformieren, wenn sie gesehen, verstanden und letztlich integriert werden.

Wir können in ehrlicher Auseinandersetzung mit der Angst, auch in Verbindung mit unseren Glaubenssätzen, lernen, diese anzunehmen und damit zu einer umfassenderen reiferen Persönlichkeit werden.

Im nächsten Schritt werden nach Bedarf Chancen, Risiken und Worst-Case-Szenarien durchgespielt. Wenn man einmal mental in die Bewegung gekommen ist, ist der nächste Schritt, der darin besteht, mutig vorwärts zu gehen, meist schon viel einfacher. Später kann der Sollzustand beschrieben und gegebenenfalls auch visualisiert werden.

In manchen Fällen ist auch ein Schritt zurück zu erwägen und kann eine Veränderung des „stuck in"-Zustandes nach sich ziehen.

Bei der Angst vor Entscheidungen sind erfahrungsgemäß folgende Fragen relevant:

- Wo hat der Coachee seine eigenen Hemmungen oder Zwänge und warum?
- Wo sind Widerstände gegen Veränderungen?
- Was genau wird abgelehnt und abgewehrt?
- Lehnt der Coachee sich selbst (oder Anteile) ab?

Der Coach muss hier sehr achtsam und empathisch vorgehen und die Geschwindigkeit des Coachees beachten. Im besten Fall können diese Fragen bahnbrechend sein, weil sie die echten Barrieren durchleuchten und aufbrechen können.

Wenn wir uns selbst sabotieren, machen wir das nicht mit Absicht. Oft kommt es dem einen oder anderen sogar selbst irritierend vor. Meist sind das aus Erfahrungen resultierende Selbstschutzmechanismen, die einst hilfreich waren, aber überholt sind und uns nun an der Weiterentwicklung hindern.

9.3.4 Die Vergangenheit

Wenn wir das Alte nicht loslassen können und damit auch nicht in das neue Feld gehen (können), lähmt uns die Vergangenheit. Wir haben negative Vorerfahrungen gemacht, die uns geprägt haben und uns heute und in der aktuellen Situation teilweise oder stark limitieren. Vielleicht schützt man sich selbst davor, enttäuscht zu werden oder man denkt, es mache keinen Sinn, weiterzukommen und resigniert entsprechend.

Natürlich prägen und steuern uns alte Vor- und Lernerfahrungen, vor allem die Negativszenarien, die wir nicht vergessen können. Andererseits gibt es immer wieder auch positive Erfahrungen aus der Vergangenheit, die uns zeigen, wann etwas wo geklappt hat und was wir dabei aktiv getan haben und insofern sollten wir verschiedene Situationen auch entsprechend heranziehen und reflektieren.

Passende Fragen des Coaches an dieser Stelle wären:

- Wo hat in der Vergangenheit etwas durch den eigenen Anteil, die eigenen Bemühungen, funktioniert (Selbstwirksamkeit)?
- Was genau hat zum Erfolg geführt?
- Was davon kann auf heute übertragen werden?

Bei dem ständigen Verharren und Stöbern in der Vergangenheit verpassen wir die Chance, ganz neue Ideen zu entwickeln, die es so in unserem Leben noch nicht gab.

Wenn wir also blockiert sind aufgrund vergangener, nicht bearbeiteter Situationen, ist es ratsam, sich anders als bisher und mit einem höheren Bewusstsein und Fokus diesen alten Themen zu stellen. Nur indem wir „inneren Frieden" schließen, können wir den Weg freiräumen für neue Lernerfahrungen und uns auf die wichtigen Wandlungsschritte einstellen.

9.3.5 Die Komfortzone

Die Komfortzone muss nicht komfortabel sein, denn das, was wir kennen, ist zwar vertraut und bekannt, aber noch lange nicht „gut". Viele Menschen wehren sich gegen Veränderungen, mögen diese auch noch so nötig sein. Menschen fühlen sich mitunter bedroht, wenn in wesentlichen Lebensbereichen große Veränderungen anstehen oder sie sich wandeln müssen.

Auf der Liste der Lebenskrisen stehen nicht ohne Grund auch vermeintlich positive Situationen wie „Geburt eines Kindes" oder „Heirat". Auch diese Situationen können uns Menschen derart stressen und so herausfordern, dass wir trotz der Freude eine große Belastung erleben (aus positiven werden negative Stressoren) und einen Widerwillen entwickeln können.

Vielleicht hat man Angst, aus der eigenen Bequemlichkeit herauszugehen, aus Unbehagen vor dem Unbekannten und Neuen. Entsprechend groß sind dann häufig die Anstrengungen, den Status quo zu halten und man verharrt lieber in der eigenen Komfortzone, auch wenn das nicht zielführend ist. Hier fehlt es dann an der konsequenten Bereitschaft zur Veränderung und der Motivation, diese aktiv und federführend mitzugestalten.

Menschen, die in der Komfortzone bleiben wollen, sitzen oft Dinge aus, in der Hoffnung, sie würden sich dadurch erübrigen. Sie sind es mitunter auch gewöhnt, dass andere für sie Themen lösen oder einspringen.

Motivation und die Bereitschaft, etwas für die Veränderung zu tun, sind wichtige Voraussetzungen für den Erfolg (auch des Coachingprozesses). Insofern sollte der Coach die Motivation hinterfragen und sich davor in Acht nehmen, hier selbst in die Handlungsebene zu gehen oder gar den Coachee zu überreden oder zu überrumpeln.

9.3.6 Der Selbstwert

Wenn unser Selbstwertgefühl und damit unsere Selbstsicherheit angeschlagen sind, boykottieren wir oft unseren eigenen Weg, da unsere inneren Bilder uns einholen.

Es kommt zu selbstproduzierten Lebenskonzepten. Menschen mit einem sehr schwach ausgeprägten Selbstwert, die an sich selbst zweifeln und sich zu wenig zutrauen, organisieren ihren Alltag entsprechend den inneren Prinzipien.

Im beruflichen Kontext werden diese Menschen entweder verschont und zu wenig herausgefordert oder sie sind im Gegenteil dauernd im inneren Stress, weil sie glauben, verschiedenen Erwartungen gerecht werden zu müssen und beweisen und leisten dann in der Folge sehr viel, um anerkannt zu werden. Oft handelt es sich dabei auch um sehr beliebte Menschen, die sich selbst aber nicht annehmen und wertschätzen können.

Es gibt aber auch Menschen, die ein starkes inneres Gefühl von sich haben (Selbstbild), welches gegebenenfalls etwas „verschönt" wird. Dieses Bild wurde dann im Laufe der Zeit auf die Probe gestellt und musste sich verändern im Sinne der eigenen Schwächen und Schattenseiten. Wenn die Selbstbilder nicht (mehr) übereinstimmen mit unseren Erfahrungen, sind wir angehalten, das Bild von uns (oder Aspekte davon) zu korrigieren, auch wenn wir dies nicht so gerne tun.

Viele Menschen hadern an dieser Stelle mit sich selbst und kommen wieder nicht voran oder es bleibt bei einem verzerrten Selbst- und Fremdbild. Sie halten ein vielleicht altes und überholtes Selbstbild aufrecht, was tendenziell sehr anstrengend ist und einen Menschen nicht authentisch erscheinen lässt. Gleichzeitig wissen sie aber auch, dass da etwas nicht stimmig an der Selbstbetrachtung ist und sind eventuell unausgeglichen.

In jedem Fall befinden sich diese Menschen aus unterschiedlichen Ausgangspunkten heraus in hoher Anspannung und in einem inneren Konflikt. Sie sind nervös oder negativ mit sich selbst beschäftigt und der „innere Kritiker" bindet viel Aufmerksamkeit und Energie und kann auf diese Weise jedes Vorhaben im Keim ersticken.

Betroffene können dabei mitunter gefährliche Minderwertigkeitskomplexe entwickeln. Sie sind von Selbstzweifeln umgeben und haben einen defizitären Blick auf sich und auf alles, was sie tun. Sie sind dann nahezu abhängig auf die Anerkennung und Bestätigung der äußeren Umgebung fokussiert und haben große Angst vor Ablehnung.

Diese Menschen trauen sich dann gegebenenfalls selbst nicht über den Weg. Es fehlt ihnen an Mut und Selbstvertrauen und sie können deshalb auch nicht entschlossen voranschreiten. In diesem inneren Dilemma werten sie sich selbst und ihre zur Verfügung stehenden Ressourcen ab. Das dahinterstehende Lern- und Entwicklungsziel wäre die Überwindung der Selbstablehnung, die Gewinnung von innerer Selbstsicherheit und die Annahme des eigenen, realen Selbst.

Ein gesundes Selbstwertgefühl gibt uns Kraft und lässt uns viele Grenzen überwinden. Wir wissen dann, wer wir sind und was unser Wert ist und wir haben ein Selbstverständnis in Bezug darauf, was wir können (Zugang zu den eigenen Ressourcen), was wir haben und was wir brauchen beziehungsweise wonach wir streben.

Ein stabiles Selbstwertgefühl gibt uns immer wieder innere Stabilität und Balance. Es führt uns auch durch schwierige Zeiten und Krisen und beflügelt das Selbst, die Herausforderungen des Lebens anzunehmen und die eigene Wahrhaftigkeit zu leben.

Gerade in heutigen Zeiten ist eine innere Stabilität wichtig, weil wir permanent zu Höchstleistung und neuen Herausforderungen aufgefordert werden und auch unsere inneren Grenzen beachten müssen. Eigenbestimmung und Eigenverantwortung werden zunehmend wichtige Aspekte unseres gesunden Daseins und all das entspringt aus einem gesunden Selbstwertgefühl, dessen Quelle wir selbst sind.

Ein spezialisierter Coach kann dabei unterstützen, die Selbstwertproblematik aufzuarbeiten. Es geht im Prozess darum, das Selbstwertgefühl des Coachees positiv zu fördern, indem dieser abwertende Gedanken eruiert und sein tatsächliches Selbst, also sein „Ich", besser kennenlernt. Der Coach stellt dabei die wichtigen Fragen und der Coachee erkennt relevante Zusammenhänge. Das Ziel ist es, dass der Coachee lernt, sich selbst genug zu sein und eine wertschätzende Haltung sich selbst gegenüber einzunehmen. Dazu gehört auch, seine positiven Eigenschaften anzunehmen und auf diese zu vertrauen und seinem eigenen Potential Raum zur Entfaltung zu geben.

9.3.7 Die Träume

Wir alle kennen Träume und bereits als Kind erträumen wir uns bestimmte Szenarien. Viele von uns träumen von einer besseren Welt, was manchmal sehr abstrakt im großen Sinne stattfindet oder aber ganz konkret mit unserem kleinen Universum zu tun hat, wo wir sehnsüchtig sind nach unserer eigenen „besseren" Welt.

Träume sind eine Facette unserer Lebendigkeit und können uns Großes vorstellen oder denken lassen. Mit dem Träumen kommen wir unseren Wünschen näher und entwickeln dabei auch erstrebenswerte Zustände und Visionen. Ohne Träume ist es viel schwerer, sich zu verändern.

Mit den Träumen entwickeln wir Motivation und Ambition, uns für unsere Ziele einzusetzen. Träume sind also auch Antreiber dafür, einen lohnenswerten und verbesserten Zustand zu erreichen.

Träume lassen uns erfinderisch, fantasievoll und kreativ sein. Im Traum scheint alles möglich. Insofern brauchen wir Träume und können uns auch in den nicht so positiven Momenten im Leben in eine andere Welt und Form bringen. Träume zeigen uns oft auf, wo unser Potential und die Weite unserer Möglichkeiten liegen. Geträumte Träume sind also wertvolle Wegweiser!

Manche Menschen erlauben sich das Träumen nicht (mehr) oder sie verwerfen die dahinterstehenden Sehnsüchte, weil sie von ihrer Kreativität abgespalten sind. Sie werden dann zu nüchternen Vertretern der harten Realität und der Faktenlage und tun Träume als „Spielerei" ab. Für diese Menschen liegt genau darin ihr eigenes Lern- und Erlebnisfeld. Die Betroffenen sollen dabei begleitet werden, wieder spielerisch kreative und träumerische Ansätze zu finden, sich ihren Sehnsüchten zu stellen, neue Optionen und Ideen für ihr eigenes Leben zu entdecken und wieder neue Impulse zu empfangen.

Andere Menschen hingegen verlieren sich in ihren Träumen und Sehnsüchten und verharren darin. Sie lenken vielleicht sogar ihre Träume in so unrealistische Ziele, die kaum erreicht werden können und finden entsprechend keinen realen Ansatz. Mit der Verfolgung von utopischen Zielen verhindern sie, ihrem Glück wirklich näher zu kommen und das zu bekommen, was sie brauchen.

Viele Träumer träumen zwar, wissen aber erstaunlich oft nicht, was sie wirklich wollen und brauchen. Oft wissen sie sogar besser, was sie nicht wollen, anstatt zu wissen, was sie wollen und kommen so nicht weiter. Das Lern- und Entwicklungsfeld der Träumer ist, vom Träumen in das Handeln zu kommen und konkrete Ziele abzuleiten und zu verfolgen.

Bei vielen Träumern machen sich schnell Ängste breit, wenn es um die Traumverfolgung geht und es melden sich viele innere Stimmen, die sie davon abhalten können, in die Umsetzung zu gehen.

Man sollte sich darüber im Klaren sein, dass, wenn wir unserem Traum näherkommen wollen, wir es mit Veränderung zu tun haben. Die Selbstbestimmung, wenn wir sie verfolgen, führt eben zu Folgen, und bei Veränderung geht es direkt auch um Konsequenzen, um Aufwand und entsprechende Selbstverantwortung.

Zunächst ist es ratsam, sich seiner elementaren Träume bewusst zu werden und diese als reichhaltige Informationsquelle zu verstehen und entsprechend zu nutzen. Dazu gehört auch, die Träume auszusprechen und gegebenenfalls auch aufzuschreiben und zu visualisieren.

In der aktiven Phase ist es entscheidend, sich dem Traumbild zu nähern, es von der abstrakten Ebene auf die konkrete zu heben und die Zielerreichung in den Alltag einzubauen.

Der Coach kann bei dem gesamten Prozess sehr gut unterstützen, weil er neutral ist und Distanz zu dem Traumbild hat. So vertritt er im Außen die Haltung des Prozessbegleiters, der die anstehenden Schritte klarer sehen kann und den Coachee ermutigt, realistische Ziele abzuleiten und diese tatkräftig zu verfolgen. Es geht bei dieser Phase auch darum, dass der Coachee innere und äußere Ressourcen nutzt, sich bei Bedarf noch Kompetenzen aneignet, beziehungsweise weitere Unterstützungsangebote in Erwägung zieht.

9.3.8 Die Ausreden und Ablenkungen

Viele Menschen stellen aus unterschiedlichen Gründen auch immer wieder gerne andere Dinge oder Personen in den Mittelpunkt, weil sie (unbewusst) von dem ablenken (wollen), was gerade eigentlich ansteht.

Hier gibt es eine Endlosschleife an Dingen, die „vorher noch" erledigt werden müssen oder Menschen, die etwas „noch ganz dringend" brauchen und somit das eigentliche Vorhaben unmöglich wird. Ein Beispiel wäre, sich hinter vermeintlichen Pflichten zu verstecken, welche einem nicht erlauben, sich um sich selbst und die eigenen Ziele zu kümmern.

Es werden bewusst oder unbewusst Nebenschauplätze und Ablenkungsmanöver benutzt. Dabei gerät das Relevante selbst ins Abseits und der Betroffene hat vor sich selbst und anderen eine gute Erklärung dafür gefunden.

Selbst diejenigen, die sich einen klaren Plan gemacht haben, aber die Verfolgung immer wieder aufschieben, handeln nach diesem Muster. Sie verschieben alles immer wieder auf eine vage Zeit in der Zukunft und reden sich dabei ein, der richtige Zeitpunkt würde sich schon irgendwann (wie von selbst) einstellen.

Dann gibt es auch die Perfektionisten, die sich häufig aufgrund des hohen eigenen Anspruchs verzetteln und nicht finalisieren, was sich manchmal auch gut als

Ausrede dafür eignet, sich zu verstecken. Oft verbirgt sich dahinter die Angst, den eigenen Erwartungen nicht gerecht werden zu können oder es handelt sich um eine der anderen bereits vorgestellten Ängste.

Der Coachee wird in einem Coachingprozess dazu angeleitet, sich darauf zu fokussieren, welche Aktion beziehungsweise Aktivität jetzt konkret ansteht und sich genau dafür zur Selbsttreue zu verpflichten.

In dieser Phase ist es wichtig, dass der Coachee in die Selbstbestimmung und Selbststeuerung kommt und sich für sich selbst mit aller Energie und Ernsthaftigkeit einsetzt.

Bei der richtigen Vorbereitung kann man im Coachingprozess dann auch gut dazu überleiten, wie der Coachee bisher im Leben schon Barrieren überwunden hat, um genau daran wieder anzuschließen.

Eine weitere Erscheinungsform, die ich hier in diesem Zusammenhang erwähnen möchte, ist das sogenannte „Endlosgrübeln". Viele Coachees grübeln langwierig darüber nach, warum sie so sind, warum sie etwas Bestimmtes nicht können, wie etwas hätte sein können, ob sie für etwas oder jemanden gut genug sind oder wie sie etwas Bestimmtes bewältigen können beziehungsweise warum etwas Bestimmtes so verlaufen ist.

Sie zerbrechen sich buchstäblich den Kopf über bestimmte Situationen oder sich selbst und entfernen sich dabei immer mehr von ihrer Lebensrealität und -qualität. Der Kopf kommt nicht zur Ruhe und weil die Gedanken ziellos herumkreisen, finden die Coachees auch keine Lösungen und belasten sich mit einer Endlosschleife an Sorgen und Selbstvorwürfen. Hierzu gesellt sich erfahrungsgemäß gerne eine andere Gefahr, nämlich die Entwicklung von Gesundheitsschäden durch Schlafdefizit oder Kopfschmerzen, was wiederum andere Probleme nach sich zieht. Die Betroffenen kommen nur schwer alleine aus diesen Mustern heraus und entfernen sich immer mehr von den realen Anforderungen des Alltags, weil die meiste Aktivität innerhalb ihrer eigenen „Grübelfalle" stattfindet.

Weil in diesem Zustand, der auch Teil einer depressiven Verstimmung sein kann (wenn es sich um länger anhaltende Grübelattacken handelt, die sich steigern), keine Lösungen „erbrütet" werden, ist es wichtig, den Zustand schnell zu verlassen.

Es gibt dafür verschiedene Möglichkeiten und je nach Schwere müssen gegebenenfalls ein verhaltenstherapeutisches Konzept oder andere alternative Behandlungen herangezogen werden. Bei leichteren Erscheinungsformen, vor allem in der Entstehung, kann der Coach, sofern er mit diesem Thema vertraut ist und über entsprechende Methoden- und Prozesssicherheit verfügt, mit Achtsamkeits- oder Atemübungen den Coachee weg vom Denken hin zum Aufbau von Selbstaufmerksamkeit begleiten.

Entspannungsübungen aus Qigong und der Progressiven Muskelrelaxation sowie das Autogene Training beziehungsweise Yoga oder Fokustechniken können diesen Prozess positiv und nachhaltig unterstützen.

Ziel ist es, dass der Coachee eine Distanz zu seinen Gedanken aufbaut, also zum Beobachter seiner Gedanken wird, und diese als Gedanken und nicht Realitäten entlarvt oder die Gedanken zu kontrollieren lernt.

Im späteren Prozess werden negative Gedanken durch positive ersetzt. Erst dann können Lösungen erzielt werden. Sowohl der Coachee als auch der Coach benötigen sehr viel Geduld und Hingabe für diesen Prozess.

Verzweiflung und die Suche nach schnellen Lösungen des Coachees sind immer wieder Herausforderungen, die den Prozess gefährden können.

9.3.9 Der Zugang zu den Ressourcen

Wenn wir einen guten Zugang zu unseren Ressourcen haben, bedeutet dies zunächst, dass wir diese kennen und anwenden.

Ressourcen sind die uns zur Verfügung stehenden Kompetenzen in Form von Fähigkeiten und Fertigkeiten, Erfahrungen, Knowhow, Expertise sowie Interessen, Neigungen und Talenten.

Man kann hier noch die Aufteilung zwischen Wissen und Können vornehmen. Diese Differenzierung ist aus meiner Erfahrung besonders im Umgang mit Coachees wichtig, die sich wenig zutrauen und sich selbst auch wenig kennen. Man geht Thema für Thema gemeinsam durch, um hier wichtige Aspekte zu sammeln, die der Coachee mitbringt.

Auch die eigenen Rahmenbedingungen gehören berücksichtigt, und sagen etwas darüber aus, welche Aspekte der Coachee hat und braucht. Dazu gehören neben den Lebensbedingungen auch die körperliche Verfassung, die Gesundheit und das eigene Wohlbefinden.

Weitere Berücksichtigung müssen auch externe Ressourcen finden, da sie eine große Rolle spielen und unsere Veränderungspläne beeinflussen. Hierzu gehören Ressourcen wie Sicherheit, soziale Ressourcen wie Kontakte und Familie sowie die Wohnsituation, das externe Unterstützungssystem und Ähnliches.

Habe ich einen guten Zugang zu meinen Ressourcen, kann ich über das weite Feld meines Potentials verfügen, beziehungsweise meine Ressourcen aktiv steigern.

Das eigene Potential wird hier als Maßstab angesetzt und nicht das Potential anderer Menschen. Ich kann nur das Beste aus mir selbst hervorbringen und ich bin einzigartig in meiner ureigenen Mischung, mit dem, was ich als Mensch mitbringe.

Manche Menschen verschwenden einen Teil ihrer Ressourcen an unrelevante Dinge oder opfern sich auf, obwohl sie gleichzeitig viele Träume haben. Nur weil wir Möglichkeiten haben, heißt es noch nicht, dass wir auch Chancen nutzen und in die Umsetzung gehen, also unsere Ressourcen gut für uns einsetzen und zum Klingen bringen. Im besten Falle kann das eigene Potential in unserem Sinne und im Sinne der Gesellschaft genutzt werden!

Ist der Zugang versperrt, ist man nicht in seiner vollen Entfaltungskraft.

Der Coach kann hier gut begleiten und dabei helfen, den Weg, der gegebenenfalls den Zugang zu den Ressourcen versperrt, gemeinsam mit dem Coachee freizulegen.

9.3.10 Der Plan

Manche Menschen reden viel über Pläne, werden aber nicht konkret und gehen nicht in die Handlung selbst.

Da gibt es solche, die zwar wissen, wohin sie wollen, aber keine Vorstellung und keinen konkreten Plan für die Umsetzung haben. Das ist oft für die Umwelt nicht nachvollziehbar, aber es gibt eine Vielzahl an Menschen, die nicht so praktisch veranlagt sind und nicht wissen, wie sie sich von A nach B bewegen können.

Diese Menschen brauchen eine Begleitung in Form von konkreten Handlungsempfehlungen, eine Schritt-für-Schritt-Anleitung, die gemeinsam erarbeitet wird. Das Gemeinsame ist elementar wichtig, damit der Coachee lernt, wie man Pläne in die Umsetzung bringt, im Sinne eines „empowerment" des Coachees. Dabei sollte man darauf achten, dem Coachee keine Vorgaben oder zu viele Anregungen beziehungsweise Angebote zu machen. Der Coachee soll in seiner Eigenbevollmächtigung und Eigenverantwortung gefördert werden und die Hauptrolle besetzen. Das Lernthema dabei ist auch, dass sich der Coachee entsprechend stark für sich selbst einbringt bzw. einsetzt und merkt, dass es dann auch vorangehen kann.

Hier ist eine entsprechende Vorbereitung wichtig und auch das Besprechen von Herausforderungen, die beim Umsetzen der Intention in Form von Handlungen auftreten könnten (wie Risiken, Schwachstellen, Abhängigkeiten).

Enorm relevant ist auch das eigentliche Ziel, das der Coachee verfolgt. Das muss sehr konkret und auch nachweisbar, beziehungsweise messbar sein (mit bestimmten Kriterien), an denen man den Erfolg beurteilen kann.

Danach werden konkrete Handlungsplanungen (Wann-Wo-Wie-Pläne) gemacht, die dann zu Aktionen führen. Da die meisten meiner Coachees bereits in Projekten mitgearbeitet haben, ermutige ich sie, die eigenen, persönlichen Pläne genau wie einen Projektplan zu behandeln und zu verfolgen, mit entsprechenden Termineinträgen, Wiedervorlagen und ähnlichen Hilfsmitteln (Excel-Listen, Mindmap etc.).

Aus meiner Erfahrung ist es auch sehr bedeutend, dass der Coachee eine Erfolgsabsicht, also eine klare Vision des Erfolges, vor sich sieht.

Letzten Endes ist auch eine Selbstverpflichtung bzw. Selbstüberwindung elementar, damit der Coachee in der Eigenverantwortung bleibt und voller Tatendrang und Disziplin die definierten Schritte und Maßnahmen verfolgt und auch bei Rückschlägen nicht aufgibt, sondern diese reflektiert.

9.4 Alte Wege verlassen

Bereits gegangene Wege oder auch von anderen oft genutzte Wege sind nicht unbedingt die Wege, die zum Erfolg führen, da jeder Mensch individuell und jede Situation einzigartig ist. Gerade wenn wir von vorgegebenen Wegen abweichen, unsere persönliche Note einbringen und dabei unseren eigenen Rahmenbedingungen und Kriterien Raum geben, ist der eigene Erfolg authentischer.

Dabei können wir den Coachee dahingehend begleiten und ermutigen, dass dieser mitunter die alten Wege verlassen kann, die ihm nicht (mehr) dienlich sind, hin zu einer Art Neuausrichtung seines Selbst, also einer neu zu kreierenden Wahrheit und inneren Landkarte.

Alte Wege stellen häufig Begrenzungen dar und es geht darum, diese Grenzen und Mauern zu durchbrechen hin zu etwas Neuem, Visionärem, Einzigartigem.

Der neue Weg sollte in der Vorstellung flexibel sein. Umwege, Irrwege und Umgestaltungsmöglichkeiten kann man je nach Situation zulassen. Der neue Weg soll den Coachee ermutigen, aber auch Struktur und Halt geben.

Indem sich der Coachee den Weg vorstellt und einen Plan für die ersten Schritte entwickelt, kommt er seinem Vorhaben näher und arbeitet aktiv am Veränderungsprozess.

Die Tendenz „weg von" reicht hier nicht aus. Sie ist gut, um Altes zu verlassen. Aber es braucht auch eine „hin zu"-Tendenz, die bestimmt, welche Türen man öffnen möchte. Aus meiner Erfahrung ist die zuletzt erwähnte Tendenz oft die stärkere, weil sie die nötige Energie freisetzt, die es braucht, um mit Mut und Zuversicht voranzuschreiten und auch aufkommende Hindernisse zu überwinden.

Der Coach begleitet den Prozess und kann gegebenenfalls von außen besser sehen, wo sich der Coachee gerade im Prozess befindet und was er braucht.

9.5 Vom Vorhaben in die Aktivität und Eigenverantwortung

Ein Coaching kann bei diesem Anwendungsfeld gut unterstützen, indem der erfahrene Coach da einsetzt, wo der Coachee stecken geblieben ist und Unterstützung benötigt.

Je nach Persönlichkeit des Coachees stehen verschiedene Methoden zur Auswahl.

Es gibt Coachees, die gewisse Strategien und Tools brauchen, um das Thema für sich einzukreisen und in die Bewusstwerdung zu gehen. Auch können gewisse Methoden mitunter Sicherheit geben, um sich auf den Prozess einlassen zu können.

Andere Coachees brauchen einen Sparringpartner auf dem Weg durch die Barrieren in Richtung Veränderung und Aktion.

Der Coach sollte dabei berücksichtigen, dass die Lösungsfindung im Vordergrund steht, aber die bisherigen Barrieren in der Person selbst liegen und somit Beachtung finden müssen.

Genau jenen wichtigen Schritt in Richtung Aktivität versucht der Coachee oft selbst zu verhindern!

Zum anderen braucht jeder Coachee seine eigene Geschwindigkeit für den eigenen Prozess und somit dürfen wichtige Schritte nicht übersprungen werden. Lernen hat seine eigene Zeit und Weiterentwicklung seine eigene Qualität mit entsprechenden Phasen.

Menschen, die glauben, sie hätten durch ihr eigenes Handeln Einfluss auf Situationen und Umstände, haben eine positive Erwartungshaltung an den Ausgang einer Situation. Entsprechend strengen sie sich mehr an, zeigen größere Ausdauer und ein entsprechendes Durchhaltevermögen. Sie nutzen dabei ihre Ressourcen (Potential, Fähigkeiten, Netzwerk o. ä.) und vergleichen die Herausforderung oder (neutral) Fragestellung mit bisher gemeisterten Situationen und verlassen sich letztendlich darauf, dass der Erfolg eintritt.

Entsprechend verhält es sich umgekehrt, wenn eine negative Erwartungshaltung da ist und der Klient resigniert hat und davon ausgeht, dass, egal was er unternimmt, die Situation statisch bleibt.

Der Coachee übernimmt in diesem Fall keine Verantwortung für die eigene Haltung, das eigene Denken, die eigenen Gefühle und das eigene Handeln (oder Nichthandeln) und befindet sich daher in einer Opferhaltung.

Vor allem, wenn der Coachee auffällig oft und hartnäckig die äußeren Umstände und Rahmenbedingungen erwähnt und Personen aufführt, die ihn am Vorhaben hindern, kann man das innere Feld und die innere Landkarte des Coachees als Coach entsprechend einkreisen durch Fragen und Vermutungen.

Manchmal hilft in der Coachingpraxis auch die paradoxe Intervention durch Provokation. Man pflichtet zum Beispiel dem Coachee bei und gibt ihm recht. Man bedauert die komplexen Umstände, die nicht änderbar sind und zeigt Verständnis dafür auf, dass der Coachee nicht weiterkommen kann.

Viele Coachees rechnen nicht mit dieser ungewöhnlichen Intervention, weil sie oft wenig Verständnis von ihrer Umwelt, aber viele gute Ratschläge erhalten. Die Chance steigt, dass der Coachee in eine ehrliche Auseinandersetzung mit sich geht und sich innerlich wehrt gegen die angeblich aussichtslose Situation.

Das Ziel ist es in diesem Fall, den Coachee in seine Selbstverantwortung und Selbststeuerung zu entlassen, die es ihm ermöglicht, das „eigene Feld zu bestellen".

Als Coach sehe ich meine Aufgabe darin, einen Coachee zu begleiten und seine Eigenverantwortung zu steigern, sodass der Coachee sich für sein eigenes Handeln verantwortlich fühlt und somit für die Konsequenzen und Erfolge seines Handelns. In der Folge akzeptiert der Coachee besser, dass es darum geht, klare und eigenmotivierte Entscheidungen zu treffen, die wiederum zu Erfahrungen führen.

Das Überwinden der Barrieren und das konsequente Verfolgen der eigenen Vorhaben und das „dranbleiben", selbst wenn die Umstände schwierig sind und das Umfeld gegebenfalls wirklich in den Widerstand geht und sich wehrt, ist es, was der Coachee im Coachingsetting sehr gut lernen kann.

Bei einer Verhaltensänderung spricht man von verschiedenen Phasen auf der Verhaltenstreppe oder Stufen der Veränderung.

Hier ist eine sorgfältige und achtsame Begleitung durch den Coach nötig, der Orientierung gibt. Es geht um eine Begleitung aus der

Phase 1. Sorglosigkeit (Coachee ist sich des Problemverhaltens nicht bewusst oder sieht den persönlichen Bezug nicht, zum Beispiel, dass er sich selbst im Wege steht) in die

Phase 2. Bewusstwerdung (was gleichzeitig eine Ausbildung der Intention bedeutet), dann in die

Phase 3. Vorbereitung (die Phase der Handlungsplanung ist entscheidend, um die Verhaltenslücke zu schließen), letztlich in die

Phase 4. Handlung (Phase der Ausführung der Handlung, also der Aktion – hier gibt es viele Coachees, die abbrechen) und am Ende in die

Phase 5. Aufrechterhaltung des neu erlernten Verhaltens.

In den ersten Phasen unterstütze ich meine Coachees bei der Anregung zu kritischer Selbstreflexion. Dann begleite ich durch die Förderung ihrer Verhaltensmotivation und unterstütze sie später bei der konkreten Planung zur Umsetzung.

9.5.1 Anwendungsbeispiele

Zur Anwendung kommt diese Form der Begleitung durch Coaching für Menschen, die

- sich in einer Umbruchstimmung befinden und spüren, dass es Zeit für eine Veränderung ist,
- eine aufgeregte Vor-/ oder Verstimmung umtreibt,
- am Scheideweg stehen und sich entscheiden müssen oder wollen,
- zwar wissen, was sie nicht mehr wollen, aber zu wenig darüber wissen, was sie wollen,
- merken, es geht so einfach nicht weiter,
- zu viel grübeln, ohne weiterzukommen,
- merken, sie kommen mit ihrem Vorhaben nicht weiter, die den Blick von außen oder eine klare Perspektive brauchen oder vielleicht ein Feedback,
- nicht in die Umsetzung gehen und zu viele Hürden sehen und vielleicht einen freundlichen „Stupser" brauchen.

Nach einem Vorgespräch und gegenseitigen Kennenlernen bespricht man gemeinsam die Ziele und den Prozess. Die Dauer eines solchen Prozesses umfasst in der Regel drei bis zehn Coachingsitzungen, je nach Thema und Fragestellung der Veränderung.

Der Coach sollte über gute verhaltenspsychologische Grundkenntnisse verfügen und zwingend umfangreich wissen, was Veränderungsprozesse für einzelne Menschen, sowohl im Inneren als im Äußeren, bedeuten können und was mit ihnen einhergeht. Der Coach sollte ressourcenorientiert und systemisch arbeiten und Potentiale erkennen und fördern können. Im beruflichen Kontext sollte der Coach darüber hinaus über eine gute Kenntnis verschiedener Unternehmensstrukturen und -kulturen verfügen.

Der Coachee sollte bereit sein, über seine inneren Vorgänge zu sprechen und eine hohe Eigenmotivation für Veränderung mitbringen. Ein solcher Prozess beinhaltet verschiedene Phasen und Elemente, für die man sich Zeit nehmen sollte und einen starken Fokus braucht.

Erst unter diesen Voraussetzungen kann eine gemeinsame Partnerschaft eingegangen und können gemeinsame Ziele erfolgsversprechend erreicht werden.

9.6 Zusammenfassung

Wenn wir uns selbst im Weg stehen, sehen die Dinge komplex und kompliziert aus. Wenn wir uns auf den Weg machen und uns ehrlich begegnen und dabei Unterstützung in Form von Coaching annehmen, haben wir einen Partner an der Seite, der uns ermutigt und uns Schritt für Schritt begleitet.

Wenn wir dann die oben genannten Prozessschritte in der Vorbereitungsphase gegangen sind, sind wir gleichzeitig mehr und mehr beflügelt und erleben einen neuen Lebensabschnitt.

Ich als Coach bin überzeugt davon, dass wir dann eine andere Haltung bekommen, die unter anderem ausstrahlt:

„Ja, ich will!", „Ja, ich kann!" und „Ja, ich schaffe es!".

Der Coachee sendet dies dann für sich selbst und für seine Umwelt aus. Er hat eine sichere Ausstrahlung und diese öffnet ihm Türen, die er dann auch öffnet beziehungsweise durchschreitet und sich selbst nicht mehr boykottiert.

Was mich immer wieder fasziniert, ist, dass der Coachee am Ende die nötige Durchsetzungs- beziehungsweise Durchschlagskraft und die richtigen Hebel sowie die volle Energie für alle seine Vorhaben hat und genau damit das Gelingen auslöst.

Es macht sehr viel Freude, Menschen in dieser sich so sehr lohnenden Verwandlung hin zu ihrem eigenen Selbst zu begleiten. Mich berühren diese Geschichten und diese Menschen, die mutig ihren eigenen Weg gehen!

9.7 Glossar

Awareness Awareness in der Psychologie bezieht sich auf das aktuelle, situationsbezogene Bewusstsein oder „Gewahrsein" einer Person über ihre Umgebung, sowie die sich daraus ergebenden Handlungsimplikationen.
Wikipedia (zugegriffen am 29.08.2016) https://de.wikipedia.org/wiki/Awareness_(Psychologie)

Empowerment Mit Empowerment (von engl. empowerment = Ermächtigung, Übertragung von Verantwortung) bezeichnet man Strategien und Maßnahmen, die den Grad an Autonomie und Selbstbestimmung im Leben von Menschen oder Gemeinschaften erhöhen sollen und es ihnen ermöglichen, ihre Interessen (wieder) eigenmächtig, selbstverantwortlich und selbstbestimmt zu vertreten.
Wikipedia (zugegriffen am 29.08.2016) https://de.wikipedia.org/wiki/Empowerment

Gedankenstopp eine im Rahmen der Verhaltenstherapie in den 1950er Jahren entwickelte Technik, um sich häufig wiederholende und belastende Gedanken zu unterbrechen.

stuck (engl.): stecken stuck in = stecken bleiben in …

Stufen der Veränderung – angelehnt an das Transtheoretische Modell (TTM, „Transtheoretical Model") ein Konzept zur Beschreibung, Erklärung, Vorhersage und Beeinflussung von Verhaltensänderungen. Das von James O. Prochaska von der University of Rhode Island und seinen Kollegen entwickelte Modell basiert auf der Annahme, dass Änderungsprozesse mehrere qualitativ unterschiedliche und sukzessive aufeinander aufbauende Stufen durchlaufen. Deshalb wird das Transtheoretische Modell auch als Stufenmodell der Verhaltensänderung bezeichnet.

Worst-case In der Wirtschaft wird der Begriff vor allem im Bereich der Planung und Prognose verwendet. Der gedachte Worst Case dient dazu, auch auf die denkbar ungünstigste Entwicklung bei der Verwirklichung eines Plans vorbereitet zu sein.

Wikipedia (zugegriffen am 29.08.2016) https://de.wikipedia.org/wiki/Worst_Case

Julia Schulz Beratungspsychologische und verhaltenstherapeutische Ausbildung, Systemisches und ressourcenorientiertes Coaching, Trainerin für Entspannungstechniken, Zertifizierter Coach für Ganzheitliches Führungs- und Persönlichkeits-Coaching.

16 Jahre Berufserfahrung in der freien Marktwirtschaft, 11 Jahre im Personalbereich namhafter internationaler Unternehmen, 8 Jahre in Führungspositionen (Operative Leitung von Teams und Großprojekten, Mitglied der Geschäftsleitung bei Global Playern aus der IT-/Hightech-Branche, Personalleiterin).

Seit 12 Jahren selbstständige Unternehmerin im Tätigkeitsumfeld Coaching, Beratung & Moderation mit den Schwerpunkten Selbst-/Stressmanagement, (integrativer) Change- und Kulturwandel, Change Management sowie Organisationsentwicklung.

(www.mindscout.eu und www.der-weibliche-erfolgspfad.de)

Entrümpelung und Neumöblierung des Lebens

Wie die Seele wieder frei wird

Angelika Grimm

> *Der Höhepunkt des Glücks ist es, wenn der Mensch bereit ist, das zu sein, was er ist.*
> *(Erasmus von Rotterdam)*

Zusammenfassung

Wie schwer fällt es vielen Menschen Bücher, Geschenke, Erbstücke und Möbel auszumisten und den Ballast abzuwerfen? Ballast lähmt uns und raubt Energie für Neues. Ein Großteil dessen, was uns umgibt, hatte vielleicht eine Bedeutung in der Vergangenheit. Doch manche sitzen auch wie in einem Museum oder in der Rumpelkammer ihres Lebens. Sie sehnen sich nach freiem Raum, Luft zum Atmen und einem Tapetenwechsel.

In diesem Kapitel stelle ich Ihnen Fallbeispiele für die Entrümpelung und Neumöblierung des Lebens vor, die ich aus meiner Coachingarbeit übertragen habe.

Es geht also kurz gesagt darum, wie die menschliche Seele wieder frei werden kann.

10.1 Einleitung

10.1.1 Vorwort

Jeder Mensch ist unterschiedlich und baut sich seine individuelle „Lebenswohnung". Mit der Metapher, das Leben als ein Haus, Wohnung oder Palast mit vie-

---

A. Grimm (✉)
Leverkusen, Deutschland
E-Mail: info@angelika-grimm.de, URL: www.angelika-grimm.de

© Springer Fachmedien Wiesbaden GmbH 2018
W. Prost (Hrsg.), *Das Leistungsspektrum von Coaching*,
https://doi.org/10.1007/978-3-658-18935-8_10

len verschiedenen Zimmern (Lebensabschnitten), lassen sich viele Probleme oder Konflikte veranschaulichen. Und wenn Konflikte greif- und fühlbar geworden sind, können sie auch gelöst werden. Dieses Kapitel möchte Ihnen anhand einiger Beispiele verdeutlichen, wie offensichtlich Lösungsansätze werden, wenn man die richtigen Fragen stellt und die Antworten sinnvoll in einen metaphorischen Rahmen stellt.

10.1.2 Start

Die Metapher „Entrümpelung und Neumöblierung" habe ich bewusst gewählt, da ich auch in meiner Coachingarbeit regelmäßig dieses rhetorische Stilmittel verwende, um Bedeutungen bildhaft zu übertragen. Metaphern unterstützen sowohl den Klienten als auch mich dabei, Eindrücke im Gespräch bildhaft darzustellen, dabei bestimmte Gefühle zu assoziieren und Vorstellungen zu wecken. Sie helfen uns auch, unterschiedlich assoziierte Vorstellungen und Gefühle klarzustellen, beziehungsweise abzugrenzen. Die Titel der einzelnen Unterkapitel habe ich subjektiv gewählt. Die Bedeutung der jeweiligen Metaphern, also der bildhaften Darstellungen, assoziierten die Klienten und ich in unserer Arbeit übereinstimmend. Der Leser hat die Freiheit, seiner eigenen Assoziation zu folgen und gedanklich gegebenenfalls einen anderen Entrümpelungs- bzw. Neumöblierungstitel zu wählen.

10.2 Fallbeispiele

10.2.1 Ein Lächeln wagen oder Verzierungen wieder sichtbar machen

Frau L., 27, ist Referendarin für die Fächer Englisch und Geografie an einem Gymnasium. Sie lebt mit ihrem Freund zusammen, der erfolgreich in einem Unternehmen arbeitet und an sich liefe alles gut – wenn die Vorbereitungen für ihre Unterrichtsstunden sie nicht ständig unter Druck setzen würden!

Also kam sie eines Tages zu einem Coaching zu mir. Als wir darüber sprachen, ergab sich, dass ihre Versagensängste bereits ein erhebliches Ausmaß angenommen hatten und sie sprach ständig davon, auf dem Weg zum Burnout zu sein.

In der Analyse ihrer Hintergründe und des Familiensystems ergab sich, dass ihren Eltern Normen, Regeln und Leistung besonders wichtig war. Sie hatte also früh eine Angst gelernt, mit Liebesentzug bestraft zu werden, wenn sie nicht die erwartete Leistung brachte. Mehr und mehr übertrug sich dieses Prinzip auf ihre aktuelle

Situation in der Schule: Erst etwas leisten, dann würde sie akzeptiert werden. Um die bedrohliche Angst, abgelehnt zu werden, nicht entstehen zu lassen, machte sie „überfleißig" alles, was ihre Mentoren und insbesondere die sie betreuende Fachleiterin von ihr verlangte. So war sie ständig in der Rolle des angepassten Kindes, das aus Angst vor Liebesentzug sich immer weiter funktionalisiert.

Frau L. kam also mit der Erwartungshaltung zu mir, dass ich sie dabei unterstütze, im Leben stabiler zu sein, vorrangig jedoch Stabilität im Unterrichten zu finden.

Bisher hatte Frau L. versucht, Sicherheit zu finden, indem sie sich umfangreich und zeitintensiv alles Wissen aneignete, was sie für die kommenden Unterrichtsstunden für nötig hielt. Dennoch hatte sie ständig das Gefühl, noch zu viele Wissenslücken zu haben. Sie agierte sehr stark kopfgesteuert und kommunizierte auch in der Schule fast ausschließlich auf einer Sachebene mit Schülern und Kollegen. Sie klammerte sich an die Vorstellung, allein über ihr Wissen ihre Aufgaben meistern zu können und sich dadurch gut mit dem Fachleiter, den Mentoren und Schülern stellen zu können.

Frau L. machte den Eindruck, als würde sie sich ständig in einer Prüfungssituation befinden. Ihre leise Stimme, die blasse, etwas schwitzige Haut vermittelten schon äußerlich das Bild eines vom Druck bestimmten Menschen. Ich bat sie, einen ihrer Arbeitstage im Schulunterricht zu beschreiben. Es wurde dabei deutlich, dass sie auch unter der Angst litt, eine zu ihrem Thema gehörende Wissensfrage nicht beantworten zu können. Auf die Frage hin, wie wichtig ihr die Beziehungsebene in der Kommunikation in ihren Unterrichtsstunden sei, erwiderte sie nur, dass dafür keine Zeit sei, weil sie ja den vorgegebenen Stoff vermitteln müsse.

Also machten wir eine kleine Gedankenreise, in der ich sie bat, wieder an ihre eigene Schulzeit zurückzudenken und darauf zu achten, bei welchen Lehrpersonen sie sich am wohlsten gefühlt hatte und am meisten lernen konnte. Sie erinnerte sich, dass Lehrer und Lehrerinnen mit Humor und Heiterkeit ihr das Lernen erleichtert hatten, stockte dann und meinte, dass sie diese Eigenschaften ja nicht besäße.

Da erinnerte ich sie an unsere letzte gemeinsame Sitzung, in der sie mit großer Freude von ihren Jugendfreizeiten erzählt hatte. Sie war damals im Leitungsteam, hatte abends die Jugendlichen mit ihrer Gitarre begleitet und am Feuer gesungen.

Ich fragte sie, ob es eine ähnliche Situation in ihrer bisherigen Referendarzeit gegeben habe? Und spontan fiel ihr dabei nur eine negativ geprägte Situation ein. Sie habe bei einem Referendarenabend gesungen, bei der die sie anleitende Fachleiterin laut bemerkte, dass Frau L. ja gar nicht singen könnte. Seitdem schämte sie sich zu singen und war verunsichert im Einsatz ihrer Stimme.

Frau L. sänge heute noch gerne, jedoch nur, wenn niemand sie hören könne. Also ermutigte ich sie, offener und mutiger mit ihrer Stimme umzugehen. Nach etwas gutem Zureden hatte sie sogar Lust, ein einfaches, bekanntes Lied mit mir zu singen, was wir dann auch taten!

Danach interessierte mich ihre Eigenwahrnehmung. Sie sagte etwas schüchtern, dass sie „richtig" gesungen habe. Ich versicherte ihr ebenfalls, dass sie sowohl im Rhythmus, der Melodieführung als auch im Treffen der Töne richtig lag und mir neben all der Stimmtechnik auch ihre Gesangsstimme an sich gut gefiele.

Also fragte ich weiter nach der musikalischen Kompetenz ihrer Fachleiterin, die damals eine abfällige Bemerkung über ihr Singen gemacht hatte. Ich wollte wissen, ob sie auch Fachlehrerin für Musik war, Musikerin oder gar eine musikalische Ausbildung hatte; doch Frau L. verneinte alles. Nach ihrer Einschätzung sang die Fachleiterin selber eher schlecht und habe vermutlich eine altersbedingte Schwerhörigkeit.

Dennoch gab sie der Meinung dieser Fachleiterin so viel Raum und Macht über sie: Einfach „nur", weil sie ihre Fachleitung war.

„Was hätten Sie ihr gerne in der Situation gesagt?" fragte ich sie. Darauf erwiderte Frau L. mit einem fröhlichen Blitzen in den Augen: „Könnten Sie mir das vielleicht mal vorsingen, damit ich die richtigen Töne finden und übernehmen kann?"

Ich gab Frau L. dann die Gelegenheit, mich stellvertretend als ihre Fachleiterin wahrzunehmen und „ihr" gegenüber diesen Satz bestimmt und gut hörbar zu wiederholen. Frau L. lächelte. Ich sagte ihr, dass ihr Lächeln sehr sympathisch wirke, woraufhin sie mich regelrecht anstrahlte und den Satz wiederholte!

Ich fragte sie, ob sie sich vorstellen könne, im Unterricht öfter mal zu lächeln. Ein Lächeln würde auch ihrem Körper mehr Signale geben, sodass Glückshormone ausgeschüttet würden. Auch würde jede zwischenmenschliche Beziehung durch ein Lächeln herzlicher und vertrauter. Frau L. beschloss, dies in der nächsten Unterrichtsstunde mal auszuprobieren.

Die Angst zu versagen und das alte Muster aus der Familie in der Schule auf Leistung funktionalisiert worden zu sein, hatte ihre natürliche „Verzierung", ihr Lächeln, verschüttet. Als die Angst-Verhaltensmuster ins Licht des Bewusstseins gerückt wurden und die Problematik aus einer neuen Perspektive sinnstrukturiert und lösbar erschienen, konnte auch das Lächeln wieder durchkommen. Gutes verschwindet nicht – es kann nur verschüttet worden sein.

10.2.2 Mut zur Einzigartigkeit oder Raumwechsel

Es ist wieder eine Sitzung mit Frau L., der Referendarin für die Fächer Englisch und Geografie und wie schon deutlich wurde, ist sie sehr ehrgeizig und möchte am liebsten alles perfekt machen. Wir greifen ein aus der letzten Sitzung zurückgestelltes Thema auf und ich frage nach ihrem Verhältnis zu ihren Kollegen und den anderen Referendaren.

Sie berichtet, dass sie sich nur mit einer Kollegin ausgetauscht habe, die sich an der Schule auch nicht wirklich wohlfühle. Doch gemeinsames Vorbereiten der Unterrichtsstunden käme nicht infrage, da sie verschiedene Fächer unterrichten würden und ältere Kolleginnen möchte sie auch nicht um Unterstützung bitten. Eigentlich fühle sie sich relativ isoliert im Team. Nach einer kurzen Pause fügt sie noch hinzu, dass sie ja auch gar nicht wirklich die Zeit für neue Kontakte habe.

Ich rufe Frau L. nochmal ins Gedächtnis, dass ihr die frühere Jugendarbeit im Leitungsteam viel Freude bereitet habe und bitte sie, aufzuschreiben, welche eigenen Eigenschaften an ihr damals diesem Team gefielen.

Und sie schreibt auf: „Unbeschwert – geborgen zu sein – integriert in die Gruppe – lächelnd – sich keinen Kopf machen müssen, was kommt – offen für Neues sein – Spaß am Singen haben", wobei sie „Spaß am Singen" auf dem Blatt kreativ mit dem musikalischen Zeichen einer Viertelnote mit Fähnchen ergänzt. Wir beenden die Sitzung mit der Einsicht, dass all diese Verhaltensmuster noch ein Teil von ihr sind und in der richtigen Umgebung auch wieder aufblühen können.

Nach ein paar Wochen, in denen Frau L. im Urlaub war, kommt sie erneut und beendet das Coaching. Frisch verheiratet hatte sie sich in ihrer freien Zeit entschieden, den Job an der Schule zu beenden und als Assistenz in der Firma ihres Mannes anzufangen. Dort sei sie integriert in die Gruppe der Mitarbeiter und könne wieder lächeln. Sie hatte während unserer Arbeit ihre Kraft zur Erneuerung entwickelt. Nach dem großen Kräfteverlust, den ihr anhaltender Stress mit sich gebracht hatte, wirken die unbeschwerten Erlebnisse ihrer neuen Arbeitsstelle wie Balsam für ihre Seele. Ich wünsche ihr für die Zukunft alles Gute und weise sie dennoch freundlich darauf hin, dass ungeklärte Themen immer wieder hochkommen können, bis sie gelöst seien und ich daher jederzeit für sie als Gesprächspartnerin bereitstehen würde.

Mit der Entscheidung für die neue Arbeitsstelle erlaubt sie sich, in Liebe zu sich selbst zu gehen. Im Schuldienst wäre sie wahrscheinlich ohne tiefere Bearbeitung ihrer noch bestehenden Versagensangst und ohne fremde Unterstützung ins Burnout gerutscht oder vielleicht sogar in eine Depression. Zum Glück hat sie vorher die Räume ihres Lebens gewechselt und dabei liebgewonnene Eigenschaften an sich wiederentdeckt!

10.2.3 Altes neu entdecken oder alte Räume neu beleben

Herr Q. war damals ein 82-jähriger, in sich gekehrter Mann, der seit einiger Zeit teilnahmslos einer Tagesgruppe dementer Senioren beiwohnte. Seit seinem Unfall einige Jahre zuvor ist er auf einen Rollator angewiesen und seitdem hatte sich sein Bewegungsradius sukzessiv verkleinert. Früher war er selbstständig, in seiner Freizeit fuhr er Autorennen und war allgemein ein sehr aktiver Mann. Mit 79 Jahren schwang er mit seiner Ehefrau noch das Tanzbein, als sie ihre Goldhochzeit feierten.

Doch auch das Tanzen hatte er seit dem Unfall vollständig sein gelassen. „Diese Tür ist zu" war sein knapper Kommentar zu diesem Thema. Im Laufe unserer Biografiearbeit wurde immer deutlicher, dass er diesen toten Raum nicht mehr betreten wollte. Früher zog er viel Kraft und Freude aus seiner Tanzleidenschaft, doch im Coaching saß er nur da, energielos, den Kopf gesenkt. Er sagt, dass seine Ehefrau ihn hergeschickt habe und er nur ihr zuliebe gekommen sei.

Ich interessiere mich für seine Lebensgeschichte, frage ihn, wo er vor dem Krieg gelebt habe. Er erzählte, er komme aus Siebenbürgen und zeigte bei seiner Beschreibung eine echte Verbindung zu seiner Heimat. Zu unserem nächsten Termin brachte ich ein vermeintliches Musikstück aus Siebenbürgen mit.

Als ich die „Hora aus Siebenbürgen" abspielte, hob er bei den ersten Tönen den Kopf und ich konnte die strahlend blauen Augen sehen, als er mir sagt, dass dies die „falsche Hora" sei! Ich hatte mich wohl mit der Region des landestypischen Musikstücks, der Hora, vergriffen. Frauen und Männer hätten zur Siebenbürgenhora in Trachten getanzt, erzählt er. Es gäbe bestimmte Arm- und Fußbewegungen dazu. Die Jugend von heute würde ja keine besondere Tracht mehr anziehen, wenn sie zum Tanzen ginge und außerdem tanze ohnehin jeder für sich alleine.

Während er so sprach, begann er wirklich Freude an dem Gespräch zu entwickeln und erzählte mir von seiner alten Heimat. Und wieder brachte ich zum nächsten Termin eine vermeintliche Erinnerung mit: Diesmal waren es Rosen, die ihn an die duftenden Rosen erinnern sollte, die damals die Auffahrt zu seinem Elternhaus zierten. Er genoss sichtlich den schönen Duft und zeigte dabei gleichzeitig sein Verhaltensmuster, sich in Lethargie in sich zurückzuziehen. Er war wie ein verborgener Schatz, der nur dann seine Kraft zeigte, wenn man ihn entdecken könne und Themen berührte, die ihn begeistern konnten. Doch diesmal hatte ich nicht nur die Rosen, sondern auch die „richtige Hora" mitgebracht. Ich bemerkte sein leichtes „unauffälliges" Wippen im Takt der Musik. Ich bewegte mich im Takt und begann meine Arme mit folkloristischen Bewegungen ebenfalls im Rhythmus der Musik hin und her zu bewegen. Dann kam mir eine Idee:

Ich ging grenzwahrend und mutig, darauf gefasst, gegebenenfalls „einen Korb zu bekommen", ein Experiment ein und fragte, ob Herr Q. mir zeigen wolle, wie die richtigen Armbewegungen zur Hora aussahen? Er staunte, sah mich kurz verwundert an und sagte: „Eigentlich will ich das nicht, doch Ihnen zuliebe zeige ich Ihnen die Bewegungen. Ich bin ja auch stolz auf meine Heimat und deren Tra-

ditionen. Und wenn sich mal jemand dafür wirklich interessiert, was bei meinen Enkeln nicht der Fall ist, ist es mir auch eine Ehre!"
Wie mit einem ausgewechselten Blick bewegte er seine Arme in einer ihm vertrauten Choreografie.
„Die Frauen machen natürlich andere Bewegungen", auch diese führte er mir lächelnd, mich klar, bestimmt und freundlich anblickend vor.

Ich bedankte mich nach unserer kleinen Tanzeinlage und bemerkte im Verlauf unserer weiteren Sitzung, dass er immer wieder die Hora summte und mit den Fingerspitzen und Schultern den Takt seiner innerlichen Musik angab.

Zum nächsten Termin erschien Herr Q. mit neuen Schuhen und seine Frau begleitete ihn. Sie strahlte mich an und fragte, welchen Zaubertrank ich ihrem Mann gegeben hätte! Er habe seit langem mal wieder ihre gemeinsame Musik aus alten Zeiten aufgelegt und wirkte regelrecht fröhlich!

Ich merkte, dass dieses Gespräch Herrn Q. unangenehm war und er schob seine Frau mit sanfter Bestimmtheit aus dem Raum. Danach kostete es ihn sichtlich Mühe in seine alte Musterhaltung mit gesenktem Kopf und hängenden Schultern zurückzukehren. Doch die Haltung war nicht mehr authentisch – er hatte einen alten Raum neu beleben können und wenn sich die innere Haltung verändert, folgt nach einer gewissen Zeit automatisch auch die äußere Haltung. Ich freute mich darauf, weiter mit Herrn Q. zu arbeiten und seine Metamorphose weiter zu erleben.

10.2.4 Der Mehrwert von Opferhaltung – Ein Schlüssel der Mutter öffnet Türen der Tochter

Frau U. war Anfang fünfzig, alleinerziehend und nervlich ziemlich belastet. Ihre pubertierende Tochter forderte sie enorm heraus. Auch die Lehrer der Tochter bezeichneten sie als schwierig und machten ihre weitere Unterstützung von einem Schulwechsel abhängig. Die Situation war also sehr ernst und ich stellte behutsam die ersten Fragen, was die Tochter denn suchen könnte. Frau U. meinte, sie würde nach einem starken Gegenüber, nach beherzter Resonanz und Unbeirrbarkeit geradezu „schreien".

In diesem Zusammenhang fiel auf, dass Frau U. selbst seit Jahren mit der Bewältigung ihres eigenen Lebens und den Vorwürfen gegenüber ihren Eltern beschäftigt war. Und vermutlich wollte dieser Konflikt sie darauf hinweisen, dass sie zu ihrer Kraft und Selbstbehauptung finden solle.

In den Konflikten konfrontierte sie ihre Tochter mit ihren echten Gefühlen, ohne jedoch konstruktive Lösungen vorzuschlagen oder aktiv auf sie einzugehen. Seit Jahren dreht sie sich in einer Spirale aus Selbstmitleid, ohne dabei in der Lage zu sein, sich selbst wirklich herauszuziehen. Hier ist es wichtig zu betonen, dass wir alle gewisse Grundverhaltensmuster haben. Unser Unterbewusstsein arbeitet gemäß der (Psycho)Logik dieser Grundverhaltensmuster und strebt dabei immer in Richtung Lustgewinn. Das bedeutet, dass auch destruktive Verhaltensmuster, wie eine endlose Spirale aus Selbstmitleid, in der Wahrnehmung der betreffenden Person dennoch einen Mehrwert darstellen können. Würde es diesen nicht mehr geben, würde auch die Handlung selbst infrage gestellt und entsprechend angepasst werden. Doch der Mehrwert ihrer Opferhaltung ist immer noch größer als der erwartete Wert einer Musterdurchbrechung, beziehungsweise Lebensskript-Veränderung. Ihre Tochter „schreit" danach, dass Frau U. ihre Probleme löst, und ihre Aufmerksamkeit auch auf das Schöne im Leben richtet.

Also empfahl ich ihr entsprechende Übungen und Techniken, die es ihr ermöglichten, einen Musterbruch und eine Musterveränderung herbeizuführen. Und sie bestätigte mir in den Sitzungen regelmäßig, dass sie ihre Probleme lösen und ihr Verhalten ändern wollte, setzte aber Absprachen in dieser Richtung nicht um. Da Frau U. noch nicht wirklich bereit war, ihr Verhalten zu verändern, beendete ich unsere gemeinsame Arbeit mit dem Hinweis, dass ich derzeit nichts weiter für sie tun könne.

Ich sicherte ihr zu, dass ich gerne bereit wäre, wieder mit ihr zu arbeiten, wenn sie zu Verhaltensveränderungen bereit wäre und damit die Verantwortung für ihr eigenes Leben übernehmen möchte. Dazu gehöre die Bereitschaft, auch die Schuldzuweisungen gegenüber ihren Eltern neu zu betrachten und somit in ihrer negativen Qualität aufzulösen. Sie würde viel Kraft zurückgewinnen, wenn sie ihren Eltern verzeihen könnte und das Positive für sich aus der Situation ziehen würde. Die dann gewonnene Stärke könnte ein Schlüssel in der Beziehung zu ihrer Tochter sein und ganz neue Räume eröffnen. Dieses Beispiel verdeutlicht nicht nur die psychologischen Verstrickungen der Verhaltensmuster in einer Familie und wie sie sich gegenseitig bedingen – es zeigt auch, dass Coaching nur dann funktioniert, wenn der Coachee auch selber wirklich für eine Veränderung bereit ist.

10.2.5 Albträume als Hinweise zu Räumen der Kraft

Frau R., 71, kam zu mir wegen Albträumen. Einen besonders lebhaften und heftigen Albtraum, der sie erst neulich geplagt hatte, war der Einstieg in unser Coaching:

Frau R.: „Ich bin in einem leeren Raum. Ein Baby liegt im Bett. Eine andere Person kommt, will sich einfach auf das Baby drauflegen, als würde es erdrückt werden. Und ich stehe da und kann nicht helfen."

Ich: „Welches Gefühl verbinden Sie damit?"

Frau R.: „Ohnmacht und das Gefühl nicht helfen zu können."

Ich: „Kennen Sie dieses Gefühl?"

Frau R: „Ja, aus einer Kindheitserinnerung."

Ich: „Bitte erzählen Sie mir von dieser Erinnerung."

Frau R.: „Ich lag im Alter von drei Jahren nach einer Operation im Krankenhaus und meine Eltern durften nicht bleiben."

Ich: „Was hätten Sie sich gewünscht?"

Frau R.: „Ich hätte meine Eltern gebraucht und habe mir sehr gewünscht, dass sie geblieben wären. Aber es war ja Krieg."

Ich: „Wo fühlen Sie diese Situation in Ihrem Körper?"

Frau R.: „Ich fühle sie an meinem Bein."

Ich: „Und was verbinden Sie damit?"

Frau R.: „Eine schlimme Krankheit. Mein Bein hatte am Oberschenkel Hautschäden, die durch mehrere Operationen behandelt wurden. Meine Eltern wiesen mich an, mein Bein zu verbergen. Egal, wo ich hinkam. Wenn es irgendjemand in der Sportumkleide durch Zufall sah und darauf hinwies, wollten es alle Mitschülerinnen sehen. Ich habe mich geschämt. Das passierte sowohl in der Schule, als auch in der Ausbildung. Dann hieß es immer: ‚Zeig mal! Zeig mal!' Sogar mein Ehemann sagte, dass er mich nicht geheiratet hätte, wenn er das vorher gesehen hätte. Meine Güte, sogar vor meinen Kindern habe ich mein Bein versteckt."

Ich: „Meine Mutter ging nach einer Brustamputation sehr natürlich mit dieser Veränderung um und zeigte meinen Kindern und mir ihren Oberkörper. Sie gab uns damit die Möglichkeit, mit der neuen Situation offen umzugehen. Ich könnte mir vorstellen, dass ich mit der gleichen Natürlichkeit auch Ihrem Bein begegnen könnte. Möchten Sie die Chance nutzen, ein positives Verhalten auf Ihr Bein zu erfahren und es mir zu zeigen?"

Mutig zeigt Frau R. im vertrauten Raum ihr Bein. Dass ich weder angeekelt wegschaute, noch sie für das Aussehen des Beines verurteilte, tat ihr sichtlich gut.

Sie kann eine positive Reaktion auf ihr Bein als „Ankerpunkt" in ihre Erinnerungen aufnehmen und sich diese Reaktion immer wieder hervorrufen.

Wir sortieren die Reize, die wir von der Welt empfangen, nach unseren Erwartungen aus. Wenn Frau R. sich häufig genug an diese Situation erinnert, kann sie eine positive Erwartungshaltung ihrem Bein gegenüber aufbauen und kann daraus resultierend auch mit Zurückweisung souveräner umgehen.

Ich spreche Frau R. anerkennend zu: „Das war damals bestimmt traurig und auch sehr schwer für Sie und ich erkenne Ihre große Leistung, durch diese Demütigungen gekommen zu sein, hoch an."

Frau R. schaut mich mit Tränen in den Augen an, als sie sagt: „Das hat noch nie jemand zu mir gesagt."

Ihren Traum könnte man als Hinweis an ihre Ur-Erfahrung von Ohnmacht sehen, als sie als kleines Kind im Krankenhaus lag und sich selbst nicht helfen konnte. Gemeinsam holen wir in die gegenwärtige bewusste Betrachtung – was damals sicher ebenso, wenn nicht gar schlimmer war – dass ihre Eltern ihr auch nicht helfen konnten. Diese große Ohnmacht in der ganzen Familie, in den Nöten des Krieges, hatte sich in das junge Bewusstsein der Frau R. eingebettet. Dass Frau R. den Hänseleien ihrer Mitschülerinnen, Kolleginnen und Bekannten nicht souverän begegnen konnte, hing sicher auch im hohen Maße mit ihrem Ohnmachtsgefühl zusammen, dass sich in so jungen Jahren eingeprägt hatte. Der Traum war also eine Botschaft ihres Bewusstseins, noch einmal bewusst in diese Erfahrung zurückzugehen, sie anzunehmen und dann zu integrieren. Die Erinnerung an sich blieb – die negativen Auswirkungen gehen. Ein Ernstnehmen der Träume, eine professionelle Analyse des Familiensystems und das Integrieren der belastenden Erinnerungen ermöglichten es Frau R., ganz neue Räume der Kraft im Haus ihres Lebens zu finden. In unserer gestalttherapeutischen Arbeit hatte sich Frau R. ermächtigt, sich zu zeigen, und nun positive Reaktionen als neue Erfahrung speichern zu können.

Der nächtliche Albtraum hatte sofort aufgehört und in unserem kürzlich geführten Telefonat konnte sie sich noch nicht mal mehr an diesen Traum von vor sieben Jahren erinnern.

10.2.6 Neues Raumklima

Wie abrupt und konsequent manche Musterveränderungen sein können, zeigt das Beispiel von Frau H. Sie erzählte mir, dass sie vor 53 Jahren bei der Geburt ihrer Tochter im Krankenhaus nicht gut behandelt wurde. Die Hebamme war ruppig und kümmerte sich nicht um sie, obwohl sie damals unter großen Schmerzen litt. Sie „drückte" ihr sogar noch „einen Spruch rein", nach dem Motto: „Ja rein geht's immer leicht und raus wird gejammert." Sie fühlte sich total hilflos und ohnmächtig.

Als sie dann nach der Geburt ins Ehehaus, auf dem Arm ihre Neugeborene haltend, zurückkehrte, begannen sie Rückenschmerzen zu plagen. Über die Jahre entwickelte sich eine Fibromyalgie, also eine komplizierte Schmerzerkrankung.

2016 fand dann eine Wochenendveranstaltung mit Übernachtung im damaligen Krankenhaus statt. Als Frau H. das Krankenhaus betrat, wurden plötzlich alle alten Erinnerungen an ihr traumatisches Geburtserlebnis wach. Ihr Blutdruck stieg gefährlich hoch, als sie feststellte, dass man ihr einen Raum auf eben jener Etage zugewiesen hatte, auf der sie damals ihre Tochter geboren hatte. Sie begann in Gedanken noch einmal durch die mitleidslose Begleitung der Hebamme von damals zu leiden und erneut machte sich Ohnmacht in ihr breit. Doch diesmal war sie in der Lage, aktiv zu handeln und sie beschloss, sofort zu gehen. Ohne Zeitverzug nahm sie ihre Sachen und fuhr nach Hause zurück. Gemeinsam arbeiteten wir die Situation aus der Sicht der reifen selbstbewussten Frau, zu der sie sich im Alter entwickelt hatte, konstruktiv auf, unter Würdigung, dass sie diese damalige Demütigung überstanden hatte. Sie hatte nun aktuell, mitten in einem Prozess, aktiv die Richtung gewechselt und ihrem Unterbewusstsein damit ein klares Signal gegeben, dass ein solches „Raumklima" nicht weiter geduldet würde. Indem sie noch einmal in das positive Gefühl einstieg, dass mit ihrer aktiven Handlung verbunden war, verankerte sich die positive Erfahrung und überlappte damit negative Erinnerungen der Vergangenheit. Vielleicht wirkte sich das sogar positiv psychosomatisch auf die Schmerzen ihrer Fibromyalgie aus.

10.2.7 Grenzen setzen oder Menschen in Schubladen stecken

Weitere Grenzziehungsmöglichkeiten sind der Wechsel der Tiefungsebenen auf die nächsthöhere Stufe, das bedeutet, von der nicht steuerbaren autonomen Körperreaktion (5. Ebene) beim Klienten durch die Frage, „Wo fühlst Du es im Körper?", auf die Körperebene (4. Ebene) zu wechseln. Durch Inszenierung und Ausprobieren der Situation kann auf die Ebene des Handels (3. Ebene) gewechselt werden, hin zur Ebene des Fühlens (2. Ebene), z. B. mit den Fragen „Wie geht es Dir dabei? Was löst es bei Dir aus?" Die oberste Ebene, „erzählen" (1. Ebene), mit seinem Denken, Handeln und Wollen ist stark am Alltagsbewusstsein ausgerichtet.

In einer Sitzung bitte ich Frau J., 65 Jahre, ein Bild über ihre Situation zu malen. Ihr Mann ist sterbenskrank, während Frau J. ihn auf seinem Weg begleitet. Im Anschluss beschreibt sie ihr Bild. Ich stelle ihr prozessbegleitend ein paar Fragen. Plötzlich zerreißt sie wütend, laut schreiend ihr Bild, sie zittert stark, Tränen strömen aus ihren Augen. Ich lasse sie weinen. Biete ihr, nachdem ihr Gefühlsausbruch in leises Schluchzen übergegangen ist, wortlos meinen Arm an, in dem sie weinend versinkt. Frau J. entschuldigt sich, weil es ihr unangenehm ist. Ich bin einfühlsam, bleibe in meiner Mitte und Ruhe. Diese Ausstrahlung verbunden mit einem verbalen Zuspruch gibt ihr fortan das Vertrauen und die Freiheit, bei mir im vertrauten

Raum Gefühlsausbrüche haben zu dürfen. „Du darfst hier sein, so wie Du bist und es in Dir ist." Auf ihre leise Anmerkung, sie möchte ihren Ballast nicht auf mich abladen, erwidere ich ohne weitere Ausführungen, dass ich die Kompetenz habe, mit ihren Themen gut umgehen zu können.

Ich spüre, dass sie mich unbewusst steuernd in das sogenannte „Drama-Dreieck" aus Retter/Opfer/Verfolger ziehen möchte, worauf ich nicht eingehe. Frau J. ist meist in der Opferrolle, versucht jedoch häufig durch unbewusste nonverbale Empathieforderungen an mich, zu manipulieren und andere in das Bewusstsein eines Opfers zu bringen, um diese aus der Opferrolle zu hören, um dann als Retterin zu Hilfe zu kommen. Behutsam und verantwortungsbewusst spiele ich manchmal dieses Spiel zeit- und energiebegrenzt mit, indem ich ihre Hilfe annehme. Sogleich wird sie zur Verfolgerin, indem sie mitleidslos mit ihrem Sprachton und Wortschatz ins kritische Eltern-Ich wechselt. Danach spiegle ich ihr fürsorglich, angemessen und nüchtern von der Metaebene aus die Situation und lade sie zur Reflexion und anschließenden Gedanken zur möglichen Musterveränderungen ein.

Jeder Mensch hat natürlicherweise ein ständiges „Regulativbewusstsein", das wie eine zweite Stimme im Hinterkopf die Situation nach unseren eigenen Maßstäben beurteilt und Verbesserungsimpulse gibt. Durch dieses Training der direkten und nüchternen Spiegelung lernt sie ihr eigenes Regulativ besser wahrzunehmen und so immer schneller und bewusster ihr Verhalten ändern zu können. Wichtig ist jedoch, sich vorher ein klares Bild von dem Wertekanon eines Menschen zu machen, da jedem Regulativbewusstsein andere Regeln für Bewertungen zugrunde liegen. Trifft man jedoch die „passenden" Fragen und reflektiert das Verhalten der Person nüchtern und doch kritisch nach deren eigenen Maßstäben, kann das sehr schnell zu einer tiefen Verhaltensveränderung führen!

An diesem Beispiel kann man grundlegende Dynamiken einer Opfermentalität erkennen und man sieht, wie Reflexion und ein geschützter Raum dabei helfen können, solche Muster zu durchbrechen.

10.2.8 Kein Mitspracherecht oder Teddys unerlaubt entrümpeln

Frau L. ist um die 40 Jahre alt und besuchte mich anlässlich einer Erbstreitigkeit. Sie kam sehr aufgebracht in unsere Sitzung und begann direkt zu erzählen, dass ihre Cousins fast alle Schmucktruhen von der Großmutter geerbt hätten und sie keine einzige.

Daraufhin bat ich sie erstmal zu erzählen, was geschehen sei und was sie bewegen würde. Und sie begann zu erzählen, von den Streitereien in der Familie und im Bekanntenkreis über das Erbe der Großmutter. Und als das Erbe dann verteilt gewesen sei und Frau L. leer ausgegangen war, geriet sie in eine Stimmung aus Traurigkeit und Grübeleien.

Ich bat sie, mir ihre Gefühle zu beschreiben. Frau L. sagte, sie sei wütend, dass ihre Cousins die Schmucktruhen bekamen, obwohl sie doch gar nicht viel mit der Großmutter zu tun gehabt hätten. Ich hatte bereits erfahren, dass die besagte Großmutter ihre anderen Enkel, die Cousins von Frau L., die ganze Zeit hindurch bevorzugt behandelt habe und das sogar so deutlich, dass dies auch zu einem Konflikt mit ihrer Schwiegertochter, der Mutter von Frau L., geführt hatte.

Ich bat Frau L. von ihrem Verlangen nach der Schmucktruhe zu erzählen. Frau L. sagte mir, dass es ihr ja eigentlich nur um das Prinzip der gerechten Verteilung ginge. Daraufhin frage ich sie, wie wohl ein gerechter Richter in dieser Streitfrage entscheiden würde. Frau L. antwortete, dass ein gerechter Richter wohl dafür sorgen würde, dass sie auch etwas bekäme und nicht nur ihre Cousins.

Ich bat sie, mir die Situation zu nennen, die sie gerade vor Augen hätte. Frau L. erzählt:

„Damals, als ich noch ein Kind war, haben die beiden alle meine Spielsachen bekommen, auch die, die ich eigentlich noch behalten wollte." Ich wollte von ihr wissen, wer sie ihnen gegeben hatte. Sie antwortete: „Meine Großmutter." Ich bat sie, die Situation aus ihrer frühen Erinnerung heraus so genau wie möglich zu erzählen und zwar in der Gegenwartsform, als wäre sie das Mädchen, dem gerade die Spielsachen genommen wurden.

Sie gab diesen Erinnerungen den Titel „Meine Spielsachen gehören mir", mit dem Gefühl von Ohnmacht, still zusehen zu müssen. Sie erzählte:

„Ich bin neun Jahre alt. Im Keller sind meine alten Teddys. Ab und zu gehe ich heimlich in den Keller und spiele mit ihnen. Meine Eltern wollen das nicht. Sie sagen, ich bin doch kein kleines Kind mehr. Eines Tages stehen meine Eltern und meine Oma im Keller mit einem großen Sack und packen meine Teddys ein. ‚Die sind für Deine kleinen Cousins, die haben nicht viel', sagt die Oma. Ich fange an zu weinen und will sie festhalten. Doch meine Eltern schicken mich auf mein Zimmer und ich gehorche."

Ich bitte Frau L. zu sagen, wie sie sich fühle und darüber nachzudenken, was ihr in der Situation wohl geholfen hätte. Sie sagte, sie sei traurig und fährt fort, zu berichten:

„Es hätte mir wohl sehr geholfen, wenn meine Eltern mich gefragt hätten, ob ich die Teddys nicht noch behalten wolle."

„Hätten Sie den Jungs denn damals selber ihre Teddys geschenkt?"

Frau L.: „Nun, nicht alle, aber sicher einige!"

„Ok. Und unter welchen Umständen hätten Sie Ihre Teddys mit Ihren Cousins geteilt?"
„Nun, wenn sie auf mich zugegangen wären und gesagt hätten: Hör mal zu, Emil und Ted haben keine Spielsachen und du hast so viele. Was hältst du davon, wenn du ihnen ein paar deiner Teddys schenken würdest, damit sie auch spielen können?" Und die Großmutter hätte warten müssen, bevor sie mit ihren Eltern aussortiert. Sie wollte nicht, dass die Großmutter im Keller steht und mitentscheidet, welche ihrer Spielsachen sie nicht mehr benötigen würde.

Aus heutiger Sicht erschien es Frau L. schon seltsam, dass ihre Eltern keinen Einspruch erhoben haben, als die Großmutter über ihre Spielsachen entschied. Und wenn sie das auf heute beziehen würde, dann sei es ja immer noch so, dass ihre Eltern sie „vergessen" haben, wenn es darum geht, das Erbe der Großmutter gerecht zu verteilen. Sie wüsste gerne, wie diese bei der Erbverteilung mit den Tanten vorgegangen waren.

Ich fand, wir waren hier bei einem sehr guten Punkt angelangt, da wir anscheinend von Verhaltensmustern sprachen, die sich damals wie heute zeigen würden. Ich fragte Frau L., ob sie sich vorstellen könne, ihre Eltern direkt auf das Thema anzusprechen. Frau L. verneinte jedoch, weil sie nicht den Eindruck vermitteln wolle, sie wäre nur auf das Erbe aus. Als Kind wurde ihr immer gesagt, dass sie brav zu sein hätte und nichts „wollen" dürfte, sondern „abwarten solle, was ihr zugeteilt würde." Und bis heute verhielt sie sich brav und wartete darauf, dass man ihr etwas zuteilte: Was natürlich den Freiraum schuf, dass man sie immer wieder großzügig vergessen konnte. Frau L. schien plötzlich einen ähnlichen Gedanken zu haben und wurde sehr traurig und das Gefühl entwickelte sich weiter.

Wut, Ohnmacht und Traurigkeit liegen nah beieinander. Ihr liefen die „Tränen des kleinen Mädchens" die Wangen herunter und ich konnte beinahe hören, wie ihr inneres Kind weinte. Ich bot ihr eine Einstellungsänderung gegenüber ihren Eltern an und formulierte diese wie folgt: „Ich bin eine erwachsene Frau und ich kann gut für mich sorgen. Ich bin eine erwachsene Frau und ich darf meine Bedürfnisse und Wünsche äußern, wo und wann immer ich möchte."

Ich forderte Frau L. auf, diese Worte nicht nur zu sagen, sondern sie auch zu meinen und zu fühlen. Also stellte Frau L. sich hin und wiederholte die Sätze wie eine Affirmation: „Das fühlt sich gut an", sagte Frau L.

Bezogen auf die aktuelle Situation frage ich sie, inwieweit sie sich vorstellen könne, auch einen Teil des Erbes für sich zu beanspruchen. Da verriet mir Frau L., dass sie eigentlich gar nichts vom Erbe haben wolle und es ihr im Grunde nur um das Prinzip der Gerechtigkeit ginge. Das verstand ich, doch stellte die nächste Frage, ob sie sich dann vorstellen könne, Ihre Eltern nach dem Verteilungsprinzip zu befragen und nach welchen Maßstäben sie verteilt hätten. Das hielt Frau L. für eine gute Idee und nahm sich fest vor, ihre Eltern beim nächsten Treffen danach zu fragen.

Bei unserem nächsten Treffen berichtete sie mir, dass sie ihren Vater auf die „gerechte Verteilung" angesprochen habe und er habe sie wohl tatsächlich nachvollziehen können. Es täte ihm leid und er bot seiner Tochter an, sich auszusuchen, was sie haben wolle und er würde es ihr schenken, wenn es in seiner Macht stünde. Frau L. hatte sich durchgesetzt. Ob sie sich nun wirklich etwas aussuchen würde, ist zweitrangig, denn sie hat gelernt für sich selbst einzustehen und hat somit das Muster grundlegend geändert.

10.2.9 Raum für Freizeit oder neue Möbel für die neue Wohnung

Frau K., 54, macht sich seit Jahren bereit für den Umzug in die neue Wohnung. In ihrer vollen Wohnung stehen in einer Ecke Kartons mit verpackten, neuen Möbeln. Ihre Wohnung ist dunkel, die Rollläden sind meist auch tagsüber nicht hochgezogen. Sie ist aber auch kaum zuhause, arbeitet oft 7 Tage die Woche. Sie träumt von einer Wohnung in einer anderen Stadt, weit weg von dieser Stadt, in der es ihr so schrecklich geht. Regelmäßig prüft sie die Wohnungsanzeigen. Am Anfang unserer gemeinsamen Coachingarbeit wollte sie hier alles abbrechen und weit weg gehen, wo sie niemand kennt. Doch ihre Arbeit und Leistung geben ihr Sicherheit im Leben. Daher orientiert sie sich bei ihrer Suche daran, wo eine Filiale ihres Arbeitgebers ist.

Ihr fehlendes Selbstbewusstsein in der Vergangenheit hatte sie relativ schnell durch die Säule „Arbeit und Leistung" gestärkt. Das sich damit überschneidende Thema „soziales Netz" ist beim Thema Wohnungswechsel, wie auch insgesamt für sie, ihre „brüchigste Säule" ihrer Identität. Um eine gesunde Einstellung zu sich selbst zu entwickeln, sollte sie lernen, ihre Ich-Akzeptanz über ihre Leistungsgedanken hinaus zu erleben und ihren Ich-Wert auch in den Momenten anzuerkennen, in denen sie nichts direkt leistet.

Auch für ihre Freizeitgestaltung ist in ihrem Leben kaum Platz. Sie sehnt sich nach schönen Erlebnissen mit netten Menschen, ein sehr emotionales Thema für sie, bei dem sie meist feuchte Augen bekommt. Doch sie glaubt, dass erst mit der neuen Wohnung alles gut werden wird.

Immer wieder wird sie von ihrer Vergangenheit und den schlimmen Erlebnissen ihrer ersten Ehe eingeholt. Sie trifft auf alte Bekannte, die sie damals sehr unter Druck gesetzt haben und die sie nun, so gut sie kann, zu meiden versucht. Doch sie wird versetzt und bekommt eine Filiale zugewiesen, die genau in dem Wohngebiet liegt, das sie so sehr zu meiden versucht. Doch ihr Pflichtbewusstsein und ihr Leistungsgedanke verbieten es ihr, diese kurzfristige Versetzung abzulehnen. Durch Gespräche und im Rollenspiel der Konfrontation gehen wir mögliche Situationen durch, die auf sie zukommen könnten.

Ich frage sie, ob es starke Personen in ihrem Leben gäbe, die ihr bei wichtigen Schritten im Leben Unterstützung und Kraft zukommen lassen könnten. Frau K. überlegt und beschreibt dann eine Bekannte, die sie als starke Frau erlebt habe und deren Gesicht und Humor ihr helfen könnten. Sie hieße Frau R. und sie hatte ihr damals schon mit einem schwierigen Kollegen geholfen, seine Position besser verstehen zu können und gleichzeitig sich selber klarer abgrenzen zu können.

Also machten wir eine Strategie: Frau K. solle sich vorstellen, sie wäre mit ihrer Freundin Frau R. in der Filiale und einer der „üblen Bekannten" würde den Laden betreten. Wie würde sich Frau R. wohl verhalten bzw. welches Verhalten würde Frau R. wohl Frau K. empfehlen?

Wir gingen verschiedene Optionen durch, die allesamt von Frau K. selber stammten, unterstützt nur durch meine Fragen. Am Ende machten wir noch einen Notfallplan, der darin bestand, dass sie mich anrufen könne, wann immer sie mit den anderen Techniken zu überfordert sei.

Ein paar Tage später kam es dann tatsächlich zu der Situation, dass Frau K. in der Filiale stand und einer der „Bekannten" hereinkam. Doch anstatt in Angst zu versinken konnte Frau K. „ihre Frau stehen" und souverän mit der Situation umgehen. Sie war aus dieser realen Situation heraus gestärkt, dass sie nun auch weitere Konfrontationen meistern könnte.

Diese bewältigte Situation machte ich ihr in einer Folgesitzung noch einmal bewusst. Sie betonte, dass sie immer noch ein mulmiges Gefühl habe bei dem Gedanken an diese schreckliche Frau (die „Bekannte", die in die Filiale kam), aber sie weiß, dass sie ihr nichts mehr antun kann, da sie jetzt eine erwachsene Frau sei und nicht mehr das junge Mädchen von damals.

Nachdem wir positive Erfahrungen in ihrer Selbstbehauptung gemacht hatten, ging ich mit Frau K. noch einmal auf das Thema des Wohnungswechsels ein, mit der konkreten Frage, ob es ein bewusster Neuanfang sei oder eine Flucht. Um dem Nachzuspüren, bat ich sie, mir aus der Zukunftsperspektive heraus zu beschreiben, wie es sich in der neuen Stadt, in der neuen Wohnung mit den neuen Möbeln anfühlte und wie ihr Leben dort aussehen würde.

Frau K. beginnt sofort zu sprechen und ich merke, dass sie sich schon viele Gedanken dazu gemacht hat. Sie beschreibt mit vielen Details, wie ihre neue Wohnung aussehen soll und dabei fällt mir auf, dass sie nahezu alle alten Möbel mitnehmen möchte und die Neuen dazu stellen wird. Ich spüre, dass Frau K. die Kraft hat, ihre Situation um eine Perspektive zu erweitern: die Menschen in ihrem Umfeld. Also bitte ich Frau K. zu beschreiben, welche Menschen in ihrem neuen

Umfeld sind. Sie sagt, ohne Unsicherheit, ihre neuen Kollegen und Kolleginnen. Diese Situation ist ihr aus den bisherigen Filialeinsätzen vertraut, doch das stellt mich noch nicht zufrieden und ich bitte sie, zu beschreiben, was sie in ihrer Freizeit machen wird. Ich denke dabei an ihre Beschreibung, dass ihre alten Bekannten im derzeitigen Wohnort sie in der Vergangenheit in depressive Phasen gebracht hatten.

Doch Frau K. sagt, dass sie so viel arbeiten würde, dass sie sicher keine Freizeit haben würde und daher, neben der Filiale, meist in ihrer Wohnung sein würde. Ich schaue sie an und frage sie, was der Unterschied zu ihrer jetzigen Freizeitgestaltung wäre. Sie bleibt still. Eine Antwort ohne Worte.

Ich beschloss diese Coachingsitzung mit der Conclusio, dass sie das Projekt des Wohnungswechsels sicher weiterverfolgen sollte, da es ihr Kraft gäbe. Doch sollte sie vorher noch gründlich daran gearbeitet haben, dass dieser Umzug ein bewusster Neuanfang für sie bedeuten solle und nicht eine Flucht. Bei einer Flucht würde sie am Ende all die Dinge in der neuen Stadt reproduzieren, unter denen sie aktuell auch litt und nur wenig hätte sich verbessert. Doch ein Neuanfang würde ihr die Chance geben, neben ihrer Arbeit auch ein gesundes Privatleben aufzubauen, mit Freundschaften, lebendigen Beziehungen und Freizeitgestaltung, kurzum, ein Neuanfang könnte für sie der Beginn einer gesunden Work-Life-Balance sein.

10.3 Nachwort

Jeder Mensch hat es selber in der Hand, sein Leben zu entrümpeln und neu zu möblieren, Ballast von der Seele zu werfen, um seine Seele wieder frei werden zu lassen. Oft sind sich Menschen nicht bewusst, wie stark Körper, Geist und Seele miteinander verflochten sind und sich gegenseitig beeinflussen. Ich erlebe regelmäßig, wie die, in Symptomen eines Problems/einer Krankheit gebundene, Energie eines Klienten, vorsichtig befreit, in die Kraft fließt, andere ganzheitliche Lösungsmöglichkeiten zu betrachten und auszuprobieren. Die Veränderungsprozesse der Klienten können jedoch nur heilsam sein, wenn diese genügend dabei unterstützt werden, sich den ursprünglichen Problemen im Leben auf einer anderen Weise zu stellen. Indem der Veränderungswillige auch auf professionelle Hilfe zurückgreift, zeigt er seine Stärke und seinen Mut, sein Problem ganzheitlich aktiv anzugehen. Ich begegne den Menschen und ihren Problemen dabei mit Respekt und Demut.

> Wann bin ich zum letzten Mal frei und laut lachend einem unbekannten Horizont entgegengelaufen? Was sagt die Stimme meiner Seele in diesem Augenblick?
> (Pinkola Estés, Die Wolfsfrau, 1993, München, Heyne)

Weiterführende Literatur

Boysen, G., & Bergholz, P. (2003). *Dein Bauch ist klüger als du. Stress umwandeln ... Sex beleben ... Ängste lösen ... Entspannt schlafen ... Täglich Glück empfinden.* Hamburg: Miko-Edition.

English, F. (1998). *Transaktionsanalyse: Gefühle und Ersatzgefühle in Beziehungen.* Salzhausen: iskopress.

Estés, C. Pinkola (1993). *Die Wolfsfrau.* München: Heyne.

Grimm-Baust, A. (2011). *Senioren in Ihrer Kraft zum Sein.* Eschweiler: IHP Bücherdienst.

Kirchner, B. (1995). *Die Wende im Ich. Über die Beziehung zum Göttlichen in uns* (2. Aufl.). Ulm: Cosma.

Längle, A. (2000). *Sinnspuren: Dem Leben antworten.* Salzburg-Gnigl: Residenz.

Lumma, K. (Hrsg.). (1999). *Orientierungsanalyse. Biografisches Lernen in Beratung, Therapie und Weiterbildung.* Eschweiler: IHP Bücherdienst.

Prost, W. (2014). *Freiraum für die Seele. Wie ganzheitliches Coaching öffnen und Weite schaffen kann.* Köln: Gerhard Hess.

Angelika Grimm ist ganzheitlicher Coach, Gestalttherapeutin und Transaktionsanalytikerin. Sie arbeitet selbstständig als Mediatorin und Persönlichkeitscoach, Beraterin und Orientierungsanalytikerin.

Persönlichkeitscoaching

Kommunikation mit Persönlichkeitsteilen

11

Stefan Heiligtag

Zusammenfassung

In diesem Beitrag geht es um die Kommunikation mit Persönlichkeitsteilen (auch „Teilearbeit" genannt), etwas, dass jeder Mensch permanent und meist unbewusst macht. Insofern ist der Beitrag für alle Menschen interessant, die den zielgerichteten Einsatz der hier aufgezeigten Methoden an sich selbst ausprobieren möchten oder für die, die wissen möchten, welche Anliegen mit der Teilearbeit bearbeitet werden können. Eine weitere Zielgruppe sind Coaches, Berater und therapeutisch arbeitende Menschen, die ihr methodisches Repertoire erweitern möchten.

Nach einer Definition von Persönlichkeitsteilen möchte ich Ihnen einen ersten Eindruck von der Teilearbeit geben, indem ich von einem persönlichen Erlebnis mit einem „schwierigen" Teil berichte. Von den vielen unterschiedlichen Teilemodellen, welche die Psychotherapie hervorgebracht hat, werde ich einige kurz darstellen, bevor ich auf das Teilemodell des Neurolinguistischen Programmierens eingehe, das ich in der Praxis vorwiegend anwende und an Beispielen veranschauliche.

11.1 Kommunikation mit uns selbst

„Zwei Seelen wohnen, ach! in meiner Brust", sagt Doktor Faust in Goethes berühmtesten Werk und drückt damit eine grundlegende Erfahrung des Menschseins aus: nämlich die, dass wir mit uns selbst oft nicht im Einklang sind und dass wir

---

S. Heiligtag (✉)
Köln, Deutschland
E-Mail: heiligtag@sh-kommunikation.de

uns zerrissen fühlen können zwischen inneren Impulsen, die in unterschiedliche Richtungen drängen. Oft tun wir Dinge, die wir im Nachhinein nicht verstehen und auch nicht gut finden. Wir sind uns selber fremd. „Der Mensch ist nicht Herr im eigenen Haus", sagte Sigmund Freud bereits Ende des 19. Jahrhunderts und formulierte in der von ihm entwickelten Psychoanalyse die These, dass Menschen von unbewussten Impulsen gesteuert werden. Er unterteilte die Gesamtpersönlichkeit in Ich, Über-Ich und ES. Das ES steht für die unbewussten Triebe, Impulse und Motive. Das Über-Ich repräsentiert die Regeln und Normen, denen wir uns durch unsere Eltern etc. verpflichtet fühlen. Das Ich stellt jene psychische Instanz dar, die durch vernünftiges, rationales Denken, zwischen ES, Über-Ich und den Anforderungen der Umwelt vermittelt.

Die Erfahrung des „nicht im Einklang mit sich selbst zu sein" ist nur deshalb möglich, weil Menschen die Fähigkeit besitzen, über sich selbst zu reflektieren; im Gegensatz zum Tier, das sich immer im Einklang mit sich selbst befindet (Grochowiak 2013, S. 722). Die Fähigkeit zur Selbstreflexion eröffnet uns viele Chancen und ist die Grundbedingung dafür, dass persönliche Weiterentwicklung überhaupt möglich ist. Dies impliziert als Kehrseite die Möglichkeit, mit uns selbst in Konflikt zu geraten. Wir kämpfen, wir hadern mit uns, manchmal so tiefgreifend, dass es an die Grundfesten unserer Existenz geht. Viele Menschen entscheiden in solchen Situationen, die Hilfe eines professionellen Coachings in Anspruch zu nehmen. Aus meiner Erfahrung gelingt es dabei oft schon in wenigen Sitzungen, die entscheidenden Punkte herauszuarbeiten und Lösungsmöglichkeiten zu entwickeln. Coaching kann wesentlich dazu beitragen, sich selbst und andere besser zu verstehen und angemessener zu kommunizieren. Es kann einen wesentlichen Beitrag zur persönlichen Entwicklung leisten.

Ein paar Alltagsbeispiele mögen dies verdeutlichen. Wir wollen auf Süßigkeiten verzichten, um abzunehmen, und dann stehen beim Besuch bei den Eltern die leckeren Kuchenstücke auf dem Tisch. Und schon hören wir die Stimmen in unserem Kopf:

- „Nur ein Stückchen Kuchen kann doch nicht so schlimm sein; es sieht so lecker aus!"
- „Du willst deine Mutter doch nicht vor den Kopf stoßen."
- „Tu es nicht! Du wolltest doch abnehmen, und das schaffst du nie, wenn du bei der ersten Gelegenheit umfällst."

Solche Situationen geschehen jedem von uns täglich und zwar immer dann, wenn wir Handlungsmöglichkeiten abwägen oder wenn in einer Situation verschiedene Bedürfnisse relevant sind, die einander entgegenstehen (vgl. Abb. 11.1).

11 Persönlichkeitscoaching

Abb. 11.1 Innere Impulse, die einander entgegenstehen

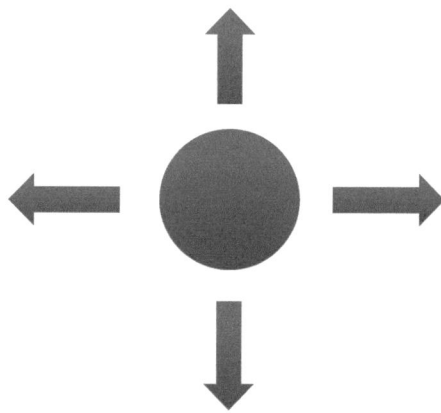

In der Alltagssprache finden wir viele Formulierungen, die nahelegen, dass hinter solchen Impulsen und Bedürfnissen unterschiedliche Persönlichkeitsteile stecken könnten:

- „Da hat mich mal wieder mein innerer Kritiker ausgebremst."
- „Da hast du dich wie ein Kind verhalten."
- „Er ist ein richtiger Draufgänger."

usw.

Wenn Führungskräfte ins Coaching kommen, geht es auf der Sachebene oft um folgende Themen:

- Konflikte in der Zusammenarbeit.
- Rollen- oder Wertekonflikte im Zusammenhang mit Umstrukturierungen in der Organisation.
- Schwierigkeiten, denen Menschen bei der Übertragung einer neuen Aufgabe oder in eine neue Position begegnen.
- Soll ich die angebotene Position im Ausland annehmen, obwohl meine Frau schon signalisiert hat, dass sie dagegen ist?
- Inwieweit ist die Kritik meiner Vorgesetzten an mir korrekt?
- Wo kann, wo darf, wo sollte ich Grenzen gegenüber meinem Vorgesetzten setzen? Darf ich einem langjährigen, loyalen Mitarbeiter den Aufstieg verwehren, weil ich ihn fachlich für ungeeignet halte?

Abb. 11.2 Innere Impulse streben in dieselbe Richtung

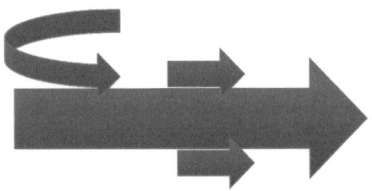

Je stärker Sie als Coach den Eindruck haben, dass Ihr Coachee innerlich ambivalent ist oder das eigene Verhalten nicht versteht, desto eher ist aus meiner Erfahrung der Einsatz von Teilearbeit sinnvoll. Das Ziel bei der Arbeit mit Persönlichkeitsteilen besteht darin, den Teilen zu helfen, zu innerer Einigkeit zu gelangen. Bildlich ausgedrückt, streben dann die inneren Impulse alle in dieselbe Richtung (vgl. Abb. 11.2).

11.2 Persönliches Beispiel

Die Psychotherapie hat unterschiedliche Konzepte hervorgebracht, in denen „Persönlichkeitsteile" eine Rolle spielen. Bevor ich auf einige dieser Modelle eingehe, möchte ich von meiner ersten bewussten Erfahrung mit einem inneren Teil berichten, der mir zu Beginn der 90er-Jahre enorme Schwierigkeiten bereitet hatte. Das Beispiel soll Ihnen einen ersten Eindruck davon verschaffen, wie und in welchen Situationen Teilearbeit ein Coaching bereichern kann.

Damals schrieb ich für einen Verlag Musterreden zu allen möglichen betrieblichen und privaten Anlässen: zum Beispiel eine Rede zur Betriebsfeier – es spricht der Chef. Oder eine Rede zur Hochzeit – es spricht der Brautvater. Jeden Monat musste ich viele solcher Reden schreiben, und fühlte mich bald ausgelaugt. Meine Kreativität schwand und mit ihr meine Motivation und Lebensfreude. Die ständige Anforderung, Reden zu verfassen, ließ mich als Leistungsziel formulieren: Fünf Seiten pro Tag. Meistens schaffte ich es nicht, und wenn doch, hatte ich den Eindruck, dass die Qualität auf der Strecke geblieben war. Ich reagierte mit drakonischen Selbstbeschimpfungen, zwang mich, am Schreibtisch sitzen zu bleiben, aber es half alles nichts.

In dieser Zeit besuchte ich ein dreitägiges Einführungsseminar im Neurolinguistischen Programmieren (NLP), das an der Kölner Volkshochschule angeboten wurde. Am dritten Tag stellte uns der Dozent die Technik des „6-step-Reframing" (übersetzt: 6-Schritte-Umdeuten) vor und fragte nach einem Freiwilligen, auf den folgende Problembeschreibung zutraf: „Ich möchte mit X aufhören, aber ich kann nicht" oder „Ich möchte Y machen, aber etwas hält mich zurück."

Die zweite Beschreibung passte perfekt auf mein Problem. Etwas in mir hinderte mich daran, die geforderte Anzahl an Seiten pro Tag zu schreiben, obwohl ich die Fähigkeit dazu besaß. Ich werde den gesamten Ablauf des „6-step-Reframing" im Abschn. 11.4.2 beschreiben. Hier konzentriere ich mich nur auf den Punkt, der mich meine Schwierigkeiten innerhalb eines Moments aus einer ganz anderen Perspektive sehen ließ und in dem auch die Lösung enthalten war. Das 6-Schritte-Reframing geht davon aus, dass ein bestimmter Persönlichkeitsanteil X verhindert, Y zu machen und dass dieser Teil damit eine gute Absicht verfolgt.

Für den Ablauf des „6-step-Reframing" ist es entscheidend, Kontakt zu dem X-Teil herzustellen. Der Trainer forderte mich auf, diesen Teil respektvoll zu bitten, mir ein Signal zu schicken, ob er bereit sei mit mir zu kommunizieren. Ich verspürte sofort ein starkes Druckgefühl im Solarplexus. In den nächsten Minuten gelang es über ja-nein-Signale erstaunlich mühelos, eine Kommunikation mit dem Teil zu etablieren. Er war auch bereit, mir mitzuteilen, warum er mich daran hinderte, die Reden so zu schreiben, wie ich es für richtig hielt. Seine Antwort lautete: „Damit du dich nicht totarbeitest."

Ich war mir sicher, dass ich diesen Gedanken noch nie zuvor gedacht hatte, aber er leuchtete mir sofort ein. Leistung war in meiner Familie immer sehr hochgehalten worden. Wenn niemand mich aufhielt, dann bestand tatsächlich die Gefahr, dass ich Reden schrieb, bis ich psychisch vollkommen ausgebrannt war.

Es war meine erste Erfahrung, dass etwas in mir Informationen besaß, die mir bewusst nicht zugänglich waren.

Im weiteren Verlauf der Sitzung nahm ich Kontakt zum sogenannten „kreativen Teil" auf. Er sollte Handlungsalternativen entwickeln, welche die positive Absicht des X-Teils berücksichtigten und die mein Schreibproblem lösten. Im Wesentlichen lief es darauf hinaus, dass ich auf mein „Druckgefühl" im Solarplexus hörte und Pausen machte, wenn ich erschöpft war.

Eine einfache Lösung, sicher. Aber eine Lösung, die meinem gesamten damaligen Denken fremd war: Man ruhte sich nicht einfach aus, wenn man müde war, sondern erst, wenn die Arbeit getan war. Aus dieser 15-minütigen Intervention nahm ich viel mehr mit als nur eine Methode, wie ich mein Redenschreiben gut organisieren konnte. Ich lernte, dass es wichtig war, auf meine Erschöpfungssignale zu hören und wie man mit Persönlichkeitsanteilen Kontakt aufnimmt und mit ihnen eine Kommunikation führt. Deren Signale waren eine gutgemeinte Warnung, mich nicht zu überarbeiten.

> Es vereinfacht und bereichert das Leben, wenn man achtsam mit sich selbst umgeht und dabei auf leisere Impulse, auf Einwände achtet, die unseren bewussten Entscheidungen entgegenstehen. Im Coaching können dadurch Antworten gefunden werden, die auf einer tieferen Ebene liegen als dem Coachee bewusst ist und dadurch Lösungen generieren, die stimmig mit der Gesamtpersönlichkeit sind.

11.3 Was sind Persönlichkeitsteile?

11.3.1 Definition und Abgrenzung zur dissoziativen Störung

„Wir sind viele", schrieb Robert Ornstein 1989 in seinem Buch *Multimind* und machte das Teilemodell einem größeren Publikum bekannt. Er und viele andere Psychologen bezeichneten den menschlichen Geist als eine unendliche Ansammlung selbstständiger Einheiten (Module). Es sind Teile der Gesamtpersönlichkeit, die entsprechend ihrer Erfahrungen, Gefühle, Werte, Normen, Überzeugungen und Bedürfnisse überwiegend autonom und unbewusst in uns agieren. In den Momenten, wo sie ihre Gefühle, Überzeugungen, Werte und Bedürfnisse stark zum Ausdruck bringen, haben sie einen direkten Einfluss auf unser Denken und Handeln. Diese Persönlichkeitsteile agieren also relativ unabhängig voneinander.

Natürlich existieren diese Teile nicht physisch im Kopf der jeweiligen Person; der Begriff „Teil" ist eine Metapher für tiefere Schichten der eigenen Person, die weitgehend autonom von unserem bewussten Denken agieren.

Persönlichkeitsteile sind nicht zu verwechseln mit dem Zustand, in dem Gefühle, Körperwahrnehmungen, Erinnerungen etc. völlig vom Bewusstseinsstrom (d. h. von der Kernpersönlichkeit) abgespalten sind. In diesem Fall würde es sich um eine dissoziative Störung handeln, ein Krankheitsbild, das aufgrund von Traumata oder schweren psychischen Störungen zustande kommt.

Nehmen Sie als Beispiel einen langjährigen Alkoholiker. Wenn Sie ihn in nüchternem Zustand fragen würden, was er in betrunkenem Zustand erlebt, dann wird er oft tatsächlich nicht in der Lage sein, es Ihnen mitzuteilen – ganz abgesehen davon, dass er es vielleicht nicht will. Umgekehrt wird es ihm im betrunkenen Zustand schwerfallen, zu sagen, wie es ihm geht, wenn er nüchtern ist. Die Zustände „nüchtern" und „betrunken" sind voneinander dissoziiert; es handelt sich um unterschiedliche Wirklichkeiten, die ein und dieselbe Person erlebt. Man könnte ihn als multiple Persönlichkeit in dem Sinne beschreiben, dass er zwei unterschiedliche Umgangsweisen mit der Welt hat, die er in seinem Erleben nicht zusammenbringen kann.

11.3.2 Persönlichkeitsteile im Alltag

Die Alltagserfahrung zeigt, dass Menschen voller Widersprüche sind. Jede(r) von uns hat Ansichten und Verhaltensweisen, die einander diametral entgegenstehen. Wir schimpfen als Autofahrer auf die rücksichtslosen Radfahrer, die rot nicht von grün unterscheiden können und fahren am nächsten Tag mit unserem Fahrrad über rote Ampeln. Wir treten für den Umweltschutz ein und fliegen auch innerhalb Deutschlands statt mit dem Bus oder der Bahn zu fahren. Wir protestieren gegen die Massentierhaltung und kaufen trotzdem genau dieses Fleisch im Supermarkt. Ähnlich verhält es sich bei der Bewertung des Verhaltens anderer und von uns selbst. Wir kennen Menschen, die sich über Vielredner beschweren und die sich selbst oft so verhalten.

Im Coaching können Persönlichkeitsteile direkt angesprochen werden.

Nehmen Sie das Beispiel eines Coachee, der sich bei der kleinsten Kritik sofort schwer verletzt fühlt und der in anderen Situationen andere in Grund und Boden kritisiert.

Coach: „Was ist so schlimm daran, wenn ein Kollege Sie darauf aufmerksam macht, dass Sie die Unterlagen falsch zugeordnet haben?"
Coachee: „Ich fühle mich verletzt."
Coach: „Wo spüren Sie diese Verletzung in Ihrem Körper?"
Der Coachee spürt nach und legt nach einer Weile die Hand auf den Bauchnabel: „Hier."

Nun können Sie den Coachee bitten, mit diesem Teil Kontakt aufzunehmen und zu erfragen, worum es ihm geht, wie er sich fühlt, was er erreichen will und so weiter.

Analog könnte der Coach nun Kontakt zu dem Teil aufnehmen, der dafür verantwortlich ist, dass der Klient andere Leute niedermacht und auch dessen Gefühle und Intentionen herausarbeiten.

▶ Diese Technik können Sie mit ein wenig Übung leicht mit sich selbst durchführen und so zu oftmals überraschenden Einsichten gelangen.

11.3.3 Psychologische Teilemodelle

In der Psychologie hat sich eine Vielzahl von Teilemodellen entwickelt. Manche, wie „Voice Dialogue", konzentrieren sich auf die inneren Stimmen. Theaterorientierte Ansätze bringen Persönlichkeitsteile auf die Bühne und lassen sie schauspielerisch darstellen.

Ein sehr bekanntes Modell, die Transaktionsanalyse (TA), entwickelte der amerikanische Psychiater Eric Berne Mitte des 20. Jahrhunderts. Seitdem hat er die TA stetig weiterentwickelt. Er beobachtete, dass wir in der Kommunikation mit anderen zwischen verschiedenen Ich-Zuständen hin und her wechseln und erkannte es unter anderem an der Wortwahl, dem Tonfall, an Mimik und Gestik und am Inhalt des Gesagten. Nach Berne trägt jeder in seinem Inneren seine Eltern mit sich herum, das Eltern-Ich. Es äußert sich z. B. darin, dass wir Gesprächspartner bevormunden, indem wir ihnen sagen, was sie tun sollen, indem wir ihr Verhalten missbilligen oder sie bemuttern. Hingegen ist unser Erwachsenen-Ich in der Lage, Situationen weitgehend sachlich und objektiv zu beurteilen. In diesem Ich-Zustand behandeln wir unser Gegenüber auf Augenhöhe. Wir kommunizieren respektvoll und sind sachlich-konstruktiv. Nach Berne lebt das Kind, das wir einmal waren, immer noch in uns. Wir können es daran erkennen, wenn wir trotzig reagieren oder spielerisch-albern oder wenn wir Unsicherheiten zeigen, die der Situation nicht angemessen sind. Obwohl es vorkommen kann, dass eine Person innerhalb eines Gespräches zwischen diesen drei Ich-Anteilen hin und her springt, bedeutet das nicht, dass es ihr bewusst sein muss. Oft sind die drei Ich-Anteile relativ dissoziiert zueinander, wobei auch hier keine psychische Störung gemeint ist, sondern die Tatsache, dass bestimmte mentale Prozesse und Inhalte nicht miteinander verbunden sind. Man spricht hier von dissoziativen Phänomenen wie sie im Alltag oft vorkommen; zum Beispiel, wenn ein Kinozuschauer während des Films so tief in der Handlung versinkt, dass er das Gefühl für die Zeit verliert.

Es sei noch darauf hingewiesen, dass Bernes dreistufiges Modell im Laufe der Jahrzehnte zu einem System weiterentwickelt worden ist, in dem jedem der drei Ich-Zustände drei Unterzustände zugeordnet wurden. Das Kind-Ich unterteilt sich zum Beispiel in das angepasste, das freie und das rebellische Kind usw.

Wenn es um die Frage geht, ob innere Teile der Persönlichkeit mit ihrem Verhalten stets eine konstruktive Absicht verfolgen, werde ich noch einmal auf die TA zurückkommen.

Ein weiteres bekanntes Teilemodell stammt von dem Kommunikationspsychologen Schulz von Thun (1998): das Modell des Inneren Teams. Er geht davon aus, dass wir verschiedene Persönlichkeitsteile in uns haben, die sich in ihren Normen und Werthaltungen voneinander unterscheiden und die einander nicht selten im Weg stehen.

Typische Persönlichkeitsteile können sein:

- Der innere Antreiber: *Los, nun mach schon weiter. Ausruhen kannst du dich, wenn die Arbeit erledigt ist!*
- Der Kommunikative: *Ich brauche den Austausch mit anderen.*

- Der kreative Kopf: *Da eröffnet sich ja eine Unmenge an neuen Möglichkeiten.*
- Der Abenteurer: *Ich brauche den gewissen Kick, damit mir nicht langweilig wird. Ich liebe Herausforderungen.*
- Der kühle Kopf: *Bleib bei den Fakten und lass dich nicht von deinen Gefühlen mitreißen. Man sollte die Vor- und Nachteile sorgsam abzuwägen.*
- Der Selbstzweifler: *Kann das wirklich gut gehen?*
- Der Vorsichtige: *Lass besser die Finger davon. Wer weiß, wo das noch hinführt.*
- Der Bequeme: *Schon wieder was Neues! Lass uns doch einfach mal entspannen.*

Schauen Sie einmal, welche Teile Sie im folgenden Beispiel finden: Stellen Sie sich einen Mann vor, der mit seiner Frau durch die Stadt geht. Sie schlägt vor, in einem teuren französischen Restaurant essen zu gehen. Der Mann zögert, weil die Familie in den letzten Monaten teure Anschaffungen getätigt hat und ziemlich pleite ist. Andererseits weiß er, wie sehr sich seine Frau über den Restaurantbesuch freuen würde und dass er ihr schon vor Wochen versprochen hatte, dass sie mal wieder zusammen essen gehen würden. – In diesem Beispiel könnte man sagen, dass der innere Finanzminister Bedenken gegen den Wunsch der Frau hat. Der Teil, der eine gute Atmosphäre mit seiner Frau herstellen und ihr eine Freude bereiten möchte, wäre bereit, mit ihr in das Lokal zu gehen.

Schulz von Thun spricht vom inneren Team, das ständig in einem – meist unbewussten – Dialog steht und der einen Großteil unseres alltäglichen Denkens ausmacht. In seinen Seminaren brachte er Konfliktsituationen innerhalb dieses Teams oft auf die Bühne, in dem er Teilnehmende die einzelnen Persönlichkeitsteile spielen ließ. Ein typischer Grundkonflikt ist zum Beispiel der zwischen dem Antreiber und dem Bequemen.

Das Modell des inneren Teams ist dem NLP-Teilemodell recht ähnlich, wobei man im NLP die Teile grundsätzlich nach der positiven Absicht benennt. Den Antreiber könnte man zum Beispiel Leistungsteil nennen und den Bequemen den Entspannungsteil wie es auch in meinem Eingangsbeispiel geschehen war.

▶ Das Teilmodell ist eine Metapher, die fast allen Menschen unmittelbar einleuchtet und die sich hervorragend eignet, Probleme abzubilden und Lösungen zu generieren.

11.4 Teilearbeit im NLP

Nun möchte ich etwas ausführlicher auf die Teilearbeit im NLP eingehen, namentlich auf das 6-Schritte-Reframing (vgl. Bandler und Grinder 1994).

11.4.1 Vorannahmen des NLP-Teilemodells

Das NLP-Teilemodell geht von mehreren Vorannahmen aus, von denen ich einige wichtige hier diskutieren möchte.

In uns existieren innere Teile mit bestimmten Bedürfnissen
Zunächst einmal wird vorausgesetzt, dass es überhaupt innere Teile gibt, die etwas wollen und die uns antreiben, bestimmte Dinge zu tun. Wenn Ihre Coachees dies akzeptieren, dann haben Sie möglicherweise schon einen Durchbruch erreicht, weil die Metapher der inneren Teile eine innere Vielfalt impliziert: dass in einer Person weitgehend autonome Gefühls- und Denkprozesse ablaufen, von denen sie nichts merkt, und andere Phänomene.

Es ist nützlich, klare Sinneseindrücke von dem Teil zu gewinnen
Eine weitere Vorannahme des NLP besteht darin, dass es nützlich ist, möglichst klare innere Repräsentationen der inneren Teile zu haben. Klienten sollten diese möglichst in allen Hauptsinnessystemen (sehen, hören und spüren) wahrnehmen. Je klarer die innere Repräsentation ist, desto einfacher und klarer gestaltet sich in aller Regel die Kommunikation mit dem Teil und umso glaubwürdiger sind die Impulse, die von dem Teil ausgehen. Beispiel: Wenn Sie einen Teil bitten, Ihnen ein klares Signal für „JA" zu senden und ein zweites Signal, das „NEIN" bedeutet, dann ist es notwendig, dass sich die Signale klar und eindeutig voneinander unterscheiden.

Wenn zwei Teile miteinander im Konflikt stehen, dann kann es eine gute Intervention sein, den Coachee zu bitten, Teil A in die rechte und Teil B in die linke Hand wandern zu lassen, weil das die Plastizität der Teile deutlich steigern kann, namentlich über die Kinästhetik (Gewicht, Form, Empfinden etc. in der Hand). Auf diese Art und Weise fällt es auch leichter, die Teile sich gegenseitig betrachten und kennenlernen zu lassen. Es gelingt dann zumeist sehr leicht, dass sie sich mitteilen, was für Wünsche sie an den jeweils anderen haben.

Jedes Verhalten (egal wie negativ es ist) hat eine positive Absicht
Die wohl wichtigste Vorannahme des NLP-Teilemodells besteht darin, dass jedes Verhalten (und damit jeder Teil) eine positive Absicht für die Gesamtperson verfolgt. Wenn Sie abnehmen wollen, dann kann es eine nützliche Intervention sein, mit dem Teil Kontakt aufzunehmen, der Sie essen lässt und ihn zu fragen, warum er das für Sie tut. Vielleicht will er Sie durch eine große Körperfülle vor Verletzungen schützen. Vielleicht ist es die einzige Form, die er kennt, sich liebevoll um Sie zu kümmern. Was immer es ist, häufig werden Sie erstaunt sein,

dass hinter augenscheinlich negativen Verhaltensweisen gute Gründe und Absichten stehen.

▶ Wenn Sie bei anderen (oder auch bei sich selbst) Verhaltensweisen feststellen, die Sie nicht verstehen oder die Sie für rein destruktiv halten, dann versuchen Sie zu ergründen: Was hat die andere Person davon? Meistens werden Sie eine oder mehrere positive Absichten finden können.

11.4.2 Reframing und Teilearbeit

Reframing bedeutet Umdeuten, und genau ein solches Umdeuten findet während des „6-step-Reframing" statt. Grundsätzlich gibt es zwei Formen des Umdeutens (vgl. Bandler und Grinder 1995): das Kontext- und das Bedeutungsreframing. Häufig leiden Menschen unter Folgen negativer Selbstverbalisierung, etwa indem sie sich für zu unfähig, zu schüchtern, zu arrogant etc. halten. In meinem Eingangsbeispiel litt ich unter meiner Schwachheit und Unfähigkeit, die selbst gestellte Aufgabe zu meistern. Nach dem Reframing wurde mir klar, dass ich nicht per se schwach und unfähig war, sondern, dass es in manchen Situationen (Kontexten) sinnvoll und nützlich ist „schwach" zu sein: nämlich, um sich auszuruhen und sich danach wieder mit neuer Kraft den Aufgaben zuzuwenden. Daher findet bei einem gelungenen „6-step-Reframing" ein Kontextreframing statt. Es geht also um einen Prozess, der den gefühlsmäßigen Inhalten Sinn verleiht, indem es in einen passenden Kontext gestellt wird.

Bandler und Grinder berichten von einem weiteren Beispiel während einer Familientherapie. Der Vater beklagte die Sturheit seiner 15-jährigen Tochter. Erst als die Therapeutin ihm aufzeigte, wie nützlich die Fähigkeit „Nein zu sagen" in einer Situation ist, wenn sie auf Jungen mit unlauteren Absichten trifft, erkannte er, dass es Kontexte gab, in denen Sturheit eine nützliche Eigenschaft war.

Ein inhaltliches Reframing fand in dieser Paartherapiesitzung statt: Die Mutter einer großen Familie litt an dem Zwang, alles putzen und saubermachen zu müssen. Ihre Familie kam recht gut damit klar bis auf die Sache mit dem Wohnzimmerteppich. Es störte die Mutter, wenn jemand auf den Wohnzimmerteppich trat: nicht nur, wenn er schmutzig wurde, schon ein Fußabdruck störte sie. Die Therapeutin bat die Frau, die Augen zu schließen und sich einen sauberen Teppich ohne einen einzigen Fußabdruck vorzustellen. Die Mutter strahlte über das ganze Gesicht. Dann sagte die Therapeutin: „Und machen Sie sich bewusst, dass das bedeutet, dass Sie vollkommen allein sind: die Menschen, die Sie lieben und für die Sie sorgen, sind nirgendwo in Ihrer Nähe." – Der Gesichtsausdruck der Frau veränderte sich dramatisch; sie fand die Vorstellung entsetzlich.

Beim Bedeutungsreframing bleibt der Inhalt gleich („sauberer Teppich"), doch die Bewertung des Inhalts verändert sich grundlegend.

Solche Umdeutungen bieten sich im Coaching in vielen Situationen an.

▶ Der Mensch ist das einzige Lebewesen, das über sich selbst reflektieren kann. Wir können jedem Ereignis beliebig viele unterschiedliche Bedeutungen beimessen. Manchmal sind es genau diese Bedeutungsgebungen, die uns krankmachen. Reframing hilft uns, sowohl als Coach als auch als Coachee, nützlichere Bedeutungen zu generieren. Teilearbeit ist also immer in den Phasen besonders hilfreich, wo alte Lösungen in neuen Situationen nicht mehr funktionieren und so die Notwendigkeit entsteht, eine neue Gesamtinterpretation zu erschaffen.

11.4.3 Ablauf des 6-Schritte-Reframings

Mit dem 6-Schritte-Reframing hat das NLP, wie der Name schon sagt, eine 6-schrittige Ablaufstruktur zur Arbeit mit Teilen entwickelt.

Die Ablauffolge gestaltet sich wie folgt (vgl. Bandler und Grinder 1995, S. 193):

1. Problem identifizieren,
2. Kommunikation mit dem „Problemteil" etablieren,
3. die positive Absicht des „Problemteils" herausarbeiten,
4. den kreativen Teil einbinden und Lösungen finden,
5. Ökologiecheck,
6. Future Pace/Transfersicherung.

Im ersten Schritt identifizieren Sie den Teil (X), der für das Muster, das verändert werden soll, verantwortlich ist. Es kann in zwei Formen auftreten:

a) *„Ich möchte mit X (z. B. dem Rauchen) aufhören, kann aber nicht."* oder,
b) *„Ich möchte Y machen (z. B. arbeiten), aber etwas hindert mich daran."*

Im zweiten Schritt nehmen Sie Kontakt zum X-Teil auf und etablieren ein ja-nein-Signal: „Bist du bereit, jetzt mit mir im Bewusstsein zu kommunizieren?" Dabei sollen die Klienten darauf achten, wie sich der Teil meldet (über Gefühle, Bilder, Geräusche etc.).

Im dritten Schritt wird das Verhaltensmuster von X von der positiven Absicht des Teils getrennt. Fordern Sie den Klienten auf, den X-Teil zu fragen: „Wärst du bereit, mich im Bewusstsein wissen zu lassen, was du mit dem Muster X für mich zu tun versuchst?" In diesem Schritt findet das Reframing statt. Der Coachee erkennt den Unterschied zwischen Absicht und Verhalten und lernt, dass ein bestimmtes Verhalten in manchen Situationen nützlich und in manchen Situationen weniger nützlich sein kann. Man muss es nicht generell verdammen.

Im vierten Schritt binden Sie den kreativen Teil ein. Der Klient soll diesen Teil auffordern, weitere Lösungsmöglichkeiten zu finden, die ebenfalls die positive Absicht des X-Teils erfüllen. Der X-Teil soll drei dieser Möglichkeiten auswählen, die mindestens so gut oder besser sind als die bisherige Lösung. Danach wird der X-Teil gefragt, ob er bereit ist, die Verantwortung für die tatsächliche Umsetzung der Lösungen zu übernehmen.

Der Ökologiecheck folgt im fünften Schritt. Hier geht es darum, sicherzustellen, dass es keine Einwände anderer Teile gegen die neuen Lösungen gibt. Sollte es solche Einwände geben, kann man mit dem Einwand erhebenden Teil zurück zu Schritt 4 gehen und weitere Lösungen sammeln oder zu Schritt 2, falls die Einwände so gravierend sind, dass alle Lösungen von dem neuen Teil blockiert werden.

Der „Future pace" verfolgt das Ziel, sicherzustellen, dass die gefundenen Lösungen in der Praxis tatsächlich funktionieren. Der Coachee wird aufgefordert, sich vorzustellen, wie er die neuen Lösungen in einer zukünftigen Situation ausprobiert.

▶ Meist lässt sich Teilearbeit (ähnlich wie Reframing) im Coaching ganz nebenbei anwenden.

11.4.4 Positive Absicht und Introjekte

Die Erfahrung zeigt, dass Teile nicht immer positive Absichten verfolgen. Das gilt zum Beispiel für Introjekte. Der Begriff stammt aus der Gestalttherapie (vgl. zum Beispiel Blankertz und Doubrawa 2005). Es bezeichnet die „unverdaute" Aufnahme von (geistiger) Nahrung. Fremde Anschauungen, Motive, Normen und Verhaltensweisen werden ins eigene Ich übernommen, ohne es wirklich mit dem eigenen Erfahrungshintergrund zu verbinden. Eine häufig anzutreffende Form im Coaching ist die Übernahme von nicht verstandenen und auch nicht eingesehenen Normen der Eltern. Klienten haben sie heruntergeschluckt ohne sie verarbeitet, d. h., ohne sie sich zu eigen gemacht zu haben. Im besten Fall verfolgten die Eltern bei der Vermittlung dieser Normen eine gute Absicht; zum Beispiel, dass die Befolgung der Normen den Kindern in ihrem späteren Leben helfen soll, gut zurechtzukommen. Manchmal entsprechen Introjekte dem, was man in der TA als das gehässige Eltern-Ich im Kind-Ich bezeichnet. Befragt man diese Introjekte nach ihrer positiven Absicht, dann erhält man oft Antworten wie: „Ich will dich fertigmachen" oder „Du sollst für immer von mir abhängig sein".

Solche Introjekte sind Fremdteile. Verhandeln oder kommunizieren mit ihnen wird nichts bringen. Eher lohnt es sich, mit dem Coachee zu reflektieren, warum sich der Coachee damals entschieden hat, sie in sich aufzunehmen. Oft geschah dies, um die Zugehörigkeit zu den Eltern zu wahren o. Ä. Eine mögliche Intervention könnte darin bestehen, die Fremdteile aus dem eigenen Energiesystem zu verbannen (vgl. Grochowiak 2010, S. 23 ff).

Der Weg zu einem Coach kann dann sinnvoll sein, wenn Sie den Eindruck haben, dass Introjekte einen wichtigen Einfluss auf Ihr Leben haben. Das Coaching kann hier helfen, die eigenen Anteile von den fremden zu trennen bzw. letztere aus dem eigenen System zu verbannen.

11.5 Die Praxis der Teilearbeit im Coaching

In diesem letzten Abschnitt gehe ich auf einen Aspekt ein, der im Coaching generell wichtig ist, bei der Teilearbeit jedoch eine ganz besondere Bedeutung hat. Er hat etwas mit der Persönlichkeitsstruktur des Klienten zu tun und wie dieser sich während des Prozesses verhält.

11.5.1 Arbeiten im „felt sense"

Der Psychotherapeut Eugen Gendlin hat umfangreich untersucht, was erfolgreiche Klienten (Coachees) anders machen als weniger erfolgreiche (Gendlin 1981, S. 15). Er fand heraus, dass manche Klienten aus jeder Therapiesitzung etwas Nützliches für sich herausholen konnten, während andere fast gar keine Fortschritte machten. Was machte den Unterschied aus? Die Antwort war überraschend einfach: Erfolgreiche Klienten beantworteten die Fragen des Coaches aus dem „felt sense", dem gefühlten Sinn, heraus. Hierbei spüren sie dem nach, was ihnen Schwierigkeiten bereitet, und sie versuchen, dies in passende Worte zu fassen. Es entsteht „eine körperlich gespürte Bedeutung" (Gendlin 1981, S. 21), indem sie Kontakt zu tieferen Schichten der Persönlichkeit aufnehmen. Sie zapfen damit das große unbewusste Potenzial an Wissen, Erfahrungen etc. an, das wir uns im Laufe unseres Lebens angeeignet haben. Gendlin nennt diesen Prozess „experiencing".

Sie können das ganz leicht bei sich selbst testen, indem Sie zum Beispiel an eine unangenehme Erfahrung denken. Wie fühlen Sie sich dabei? In welche Worte würden Sie diese Erfahrung zusammenfassen? – Nehmen wir an, Sie hätten gesagt, Sie fühlten sich hilflos und verkrampft: Woher wissen Sie, dass die Begriffe „hilflos" und „verkrampft" die Erfahrung treffend beschreiben, dass sie eine kongruente Versprachlichung darstellen? – Menschen machen dies an einer körperlichen Stimmigkeit fest. Wir haben ein unbewusstes Wissen darüber, was wir für richtig und was wir für falsch halten und was Personen, Dinge etc. für uns bedeuten. Bedeutung repräsentiert sich in unserem Körper; sie wird dort als unbewusstes Wissen gespeichert. Ein Beispiel: Stellen Sie sich Ihre Eltern vor. Achten Sie nun auf die „innere Aura", die entsteht, wenn Sie an Ihren Vater bzw. an das Gefühl „alles über meinen Vater" denken. Diese Aura setzt sich nicht aus Daten zusammen, die Sie bewusst aneinanderreihen (wie „Er ist 1,80 Meter groß, hat scharfkantige Gesichtszüge, liebt das Fischen etc."). Sie zählen nicht die tausenden von Daten auf, die Sie über ihn wissen, sondern Sie haben ein direktes körperliches Bewusstsein über „alles über meinen Vater". Vergleichen Sie diesen „felt sense" mit dem Gefühl „alles über meine Mutter", der sich vermutlich ganz anders anfühlt.

Unsere Aufgabe als Coaches besteht darin, Interpretationen anzubieten, die bei unseren Coachees Stimmigkeit hervorrufen. Ich lege es jedem Coach ans Herz, darauf zu achten, dass Klienten Ihre Fragen aus dem „felt sense" heraus beantworten.

▶ Achten Sie einmal bei Ihren Coachings darauf, inwieweit Ihre Klienten Fragen im „felt sense" beantworten.

11.5.2 Fallbeispiele

Ich möchte das „experiencing" im „felt sense" während der Teilearbeit an einem Fallbeispiel verdeutlichen. Meine Klientin, eine 50-jährige Führungskraft, wollte Strategien beigebracht bekommen, um die Schikanen ihres Chefs auf eloquente Weise zu parieren. Mit Coaching oder Psychotherapie hatte sie noch nie in ihrem Leben etwas zu tun gehabt. Nach ihren Erläuterungen stellte sich der Sachverhalt wie folgt dar: Ihr Chef verfügte über ein cholerisches Temperament. Wenn er schlechte Laune hatte, schrie er seine Mitarbeiter für jede Kleinigkeit an. Kritik an seinem eigenen Verhalten wies er harsch zurück. Vielen Mitarbeitern ging es ähnlich wie meiner Klientin, aber sie fühlten sich bei weitem nicht so hilflos wie sie, sondern waren eher genervt. Die Klientin verhielt sich in Gegenwart des Chefs auffällig ungeschickt: sie stotterte in seiner Gegenwart oder ließ Sachen fallen, was ihr sonst nicht passierte.

Nachdem wir die Situation besprochen hatten, formulierte sie folgende Ziele:

1. Sie wollte verstehen, wieso sie sich in Gegenwart des Chefs so hilflos fühlte, wieso sie sich nicht wehrte.
2. Sie wollte realistische Handlungsalternativen entwickeln, was sie in der Situation tun konnte.

Wenn es um die Einschätzung von komplexen Situationen geht, dann ist es für Coaches wichtig, das Themenfeld zu ordnen und dafür zu sorgen, sinnvolle Ziele zu entwickeln bzw. die Themenfelder so zu ordnen, dass sinnvolle Ziele entwickelt werden können. Im obigen Fall unterschieden sich die konkreten Ziele deutlich von der Ausgangssituation, mit der die Klientin ins Coaching gekommen war.

Ich bat die Klientin, sich an die letzte Situation zu erinnern, als sie sich in Gegenwart ihres Chefs so hilflos gefühlt hatte. Ihre Atmung wurde sofort flacher, ihr Gesicht rötete sich.

„Er braucht nur in meine Richtung zu sehen, dann fühle ich mich verunsichert und hilflos", sagte sie.

Mit der Idee, dass die Klientin Kontakt zu dem Teil aufnehmen sollte, der für das Gefühl der Hilflosigkeit verantwortlich war, fragte ich sie, wo in ihrem Körper sie diese Hilflosigkeit fühlte. Sie sagte, sie verspürte einen starken Druck auf dem Herzen. Dann fügte sie hinzu:

„Es ist komisch: Wenn ich da hin spüre und meinen Chef vor mir sehe, dann denke ich dauernd an Verachtung."

Es stellte sich heraus, dass ihr Chef sie an ihren Stiefvater erinnerte. Seine Abscheu ihr gegenüber hatte sich in Schimpftiraden und abwertenden Bemerkungen geäußert. Die kongruente Versprachlichung „Mein Chef ist so wie mein Stiefvater" führte zu einer ersten veränderten Wahrnehmung der Situation. Gendlin spricht hier von einem „shift", einer spürbaren Veränderung im Körper (Gendlin 1981, S. 18).

Meine Aufgabe in dieser Phase des Coachings bestand lediglich darin, sicherzustellen, dass die Klientin diesen Bedeutungen nachspürte. Auf die Frage, was diese Erkenntnis für sie bedeutete und ob sie etwas an ihrer Wahrnehmung der Situation mit ihrem Chef verändere, sagte sie spontan: „Es verändert alles!"

Was dann doch nicht ganz stimmte. Das merkte sie, als sie sich noch einmal in die Situation hineinfühlte und erneut diese Hilflosigkeit spürte. Sie nannte den Teil, der dafür verantwortlich war, „die kleine Johanna". Dieser Teil wollte vor dem Chef beschützt werden.

Im Folgenden nahm sie Kontakt zu Teilen auf, die ihrem Chef etwas entgegensetzen konnten, wobei ich als Coach darauf achtete, dass sie im „felt sense" blieb. Die Namen der Teile wurden im Gespräch zwischen uns entwickelt, wobei die Klientin den endgültigen Namen bestimmte. Ich fasse das Ergebnis kurz zusammen:

Frau Oberst stand für Disziplin. Sie war der Ansicht, dass man im Arbeitsleben nichts geschenkt bekomme und eine gewisse Härte im Umgang aushalten müsse. Ihr zur Seite stand die Finanzministerin, die fürchtete, nie wieder einen so gut bezahlten Job zu bekommen, falls Auseinandersetzungen mit dem Chef zu einer Kündigung führen sollten. Deren härteste Gegenspieler waren zum einen der Harmonieteil, dem vor allem eine gute Arbeitsatmosphäre wichtig war und zum anderen Frau Selbstbewusst, die sich zunehmend über die miese Behandlung des Chefs ärgerte. So etwas brauche sie sich nicht gefallen zu lassen; es müsse möglich sein, den Ausbrüchen des Chefs etwas entgegen zu setzen. Andere Kollegen täten das ja auch. Nachdem alle relevanten Teile und Anliegen zu Wort gekommen waren, entwickelten wir mit Hilfe des kreativen Teils eine Lösungsstrategie, die auch die Möglichkeit implizierte, unter bestimmten Bedingungen die Stelle zu kündigen und sich woanders zu bewerben.

Worauf es mir bei diesem Beispiel ankommt, ist dies: Als die Klientin ins Coaching kam, war ihr gar nicht klar gewesen, wie ambivalent sie ihrem eigenen Verhalten dem Chef gegenüberstand. Sie spürte nur ihre Hilflosigkeit. Die Teilearbeit förderte wichtige Anliegen hervor, die Bestandteil ihres unbewussten Erfahrungsschatzes gewesen waren und die sie sich so noch nicht klargemacht hatte: Wollte sie in so einem angespannten Umfeld arbeiten? Lohnte es sich überhaupt, sich mit so einem unangenehmen Menschen auseinanderzusetzen? War es wirklich wichtig, so viel Geld zu verdienen? Wäre ein weniger hoher Verdienst bei einer guten Kollegialität nicht viel erstrebenswerter? Sie erkannte, dass ein Kind in ihr steckte, das Schutz benötigte und dass es an der Zeit war, es erwachsen werden zu lassen. Insgesamt half ihr die Teilearbeit, das Problem in einen viel größeren Rahmen einzuordnen und ihr unbewusstes Potenzial umfassender für die Lösung zu nutzen.

▶ Der Coach hilft Klienten beim Ordnen ihrer Themen und Anliegen und beim Formulieren der Ziele. Bei der Teilearbeit, wie bei jeder anderen Intervention, begleitet er den Prozess inhaltlich und emotional und stellt sicher, dass die Klienten aus dem „felt sense" heraus agieren. Welcher Weg und welche Lösungen die richtigen sind, bestimmen die Klienten aus ihrem impliziten Wissen über die eigene körperliche Stimmigkeit.

11.6 Zusammenfassung

In unserer schnelllebigen Zeit stellt es für viele Menschen eine Herausforderung dar, mit der hohen Veränderungsgeschwindigkeit der zunehmenden Vernetzung aller Lebensbereiche mitzuhalten. Der Zwang, ständig erreichbar zu sein und auf Anforderungen reagieren zu müssen, lässt wenig Zeit zum Innehalten und zur Reflexion dessen, was wir wirklich wollen.

Der Coach kann hier helfen, indem er die Themen und Anliegen des Klienten ordnet und konkrete Ziele formuliert. Er fungiert als Berater und Feedbackgeber bei der Bewertung von Situationen und kann aus dieser Außenperspektive oftmals wertvolle Impulse geben, die zu überraschenden Einsichten führen. Coaches können Klienten unterstützen, konstruktiver mit sich selbst zu kommunizieren. Eine Möglichkeit ist die Kommunikation mit (unbewussten) Persönlichkeitsteilen. Der Coach begleitet den Prozess sachlich und emotional während er darauf achtet, dass der Klient sich im „felt sense" befindet. Er fungiert zunächst als Prozessbegleiter und später als Trainer von Methoden, die Klienten dann in ihrem Alltag selbständig anwenden können. Klienten sollen lernen, die Herausforderungen des Alltags selbständig anzugehen und zu bewältigen. Die Teilearbeit bietet einen einfachen und schnellen Weg, um zum eigenen unbewussten Erfahrungsschatz vorzustoßen und ihn zu nutzen.

Literatur

Bandler, R., & Grinder, J. (1994). *Neue Wege der Kurzzeittherapie* (11. Aufl.). Paderborn: Junfermann.
Bandler, R., & Grinder, J. (1995). *Reframing* (6. Aufl.). Paderborn: Junfermann.
Blankertz, S., & Doubrawa, E. (2005). *Lexikon der Gestalttherapie*. Wuppertal: Peter Hammer.
Gendlin, E. T. (1981). *Focusing*. Salzburg: Otto Müller.
Grochowiak, K. (2010). *Das NLP-Master Handbuch*. Wiesbaden-Taunusstein: Cnlpa.
Grochowiak, K. (2013). *Theoretische Grundlagen*. Framing, Bd. 3. Wiesbaden-Taunusstein: Cnlpa.

Ornstein, R. (1989). *Multimind*. Paderborn: Junfermann.
Von Thun, S. (1998). *Miteinander reden*. Bd. 3. Reinbeck bei Hamburg: rororo.

Weiterführende Literatur
Fischer-Epe, M. (2002). *Coaching*. Reinbeck bei Hamburg: rororo.
Grochowiak, K., & Heiligtag, S. (2011). *Die Magie des Fragens*. Wiesbaden-Taunusstein: CNLPA.
Stone, H., & Stone, S. (1997). *Du bist viele. Das Selbst und seine Entdeckung durch die Voice-Dialogue Methode* (3. Aufl.). München: Heyne.

Dipl. Kfm Stefan Heiligtag ist seit 1991 als Trainer, Berater und Coach in Unternehmen und öffentlichen Institutionen tätig. Er ist certified Trainer der International Trainer Association (INLPTA) und Autor des Coaching-Buches „Die Magie des Fragens". Er lebt und arbeitet mit seiner Familie in Köln. Er coacht nach einem ganzheitlichen, lösungsorientierten Ansatz, der unterschiedlichste psychotherapeutische Methoden umfasst.
(http://www.sh-kommunikation.de)

MIX
Papier aus verantwortungsvollen Quellen
Paper from responsible sources
FSC® C105338

If you have any concerns about our products,
you can contact us on
ProductSafety@springernature.com

In case Publisher is established outside the EU,
the EU authorized representative is:
**Springer Nature Customer Service Center GmbH
Europaplatz 3, 69115 Heidelberg, Germany**

Printed by Libri Plureos GmbH
in Hamburg, Germany